Introduction to Artificial Intelligence and Data Science in Education

# 인공지능교육과 데이터과학

신승기 · 최형윤 · 박다빈 · 최문석 지음

Google Colab 실습자료 제공

도서출판 홍릉

# 인공지능교육과
# 데이터과학

**인 쇄**: 2023년 8월 21일 초판 1쇄
**발 행**: 2023년 8월 30일 초판 1쇄

**저 자**: 신승기 · 최형윤 · 박다빈 · 최문석
**발행인**: 송 준
**발행처**: 도서출판 홍릉
**주 소**: 01093 서울시 강북구 인수봉로 50길 10
**등 록**: 1976년 10월 21일 제5-66호

**전 화**: 02-999-2274~5, 903-7037
**팩 스**: 02-905-6729
**e-mail**: hongpub@hongpub.co.kr
http://www.hongpub.co.kr
**ISBN**: 979-11-5600-128-7(93000)

**정 가**: 35,000원

# 머리말

인공지능의 발전은 하루를 멀다하고 새로운 기술의 모습으로 다가오고 있다. 빌게이츠가 "인공지능은 지난 수십 년을 통틀어 가장 중요한 기술적 진보"가 나타난 부분이라고 설명한 바와 같이, 인공지능의 중요성과 활용도는 매우 높아졌다. 인공지능이라는 개념은 1950년대에 이미 정립되었으나 몇 번의 부흥기와 암흑기를 지나 이제는 일상생활에서 널리 사용할 수 있는 형태로 구현이 되고 있다.

의도적으로 생성형 인공지능과 같은 최신의 기술을 활용하거나 또는 그렇지 않더라도 우리 주변에서 쉽게 살펴볼 수 있는 컴퓨터 또는 디지털 장치들은 입력과 처리를 통한 출력을 일방적으로 전달하는 것뿐만 아니라 사람의 감성과 행동양식마저도 학습하여 사람들로 하여금 보기 좋게 또는 듣기 좋게 만들어준다.

컴퓨터를 비롯한 디지털기기는 더 이상 찾아서 사용하는 부가적 장치가 아니라 공기와 같이 항상 언제나 어디서나 있는 존재가 되었다. 이는 인간으로서 삶을 살아가는데 있어 반드시 있어야 하는 것이며 없으면 생존이 거의 불가능할 정도의 의미를 갖는 것이기도 한다.

인공지능은 우리의 삶의 많은 부분을 차지하게 되면서, 이제는 인공지능을 이해하고 이를 활용하여 일상생활에 필요한 문제 상황에서 활용하는 것이 중요한 시기가 되었다.

미국 MIT Media Lab의 시모어 페퍼트(Seymour Papert)는 1970년대에 이미 컴퓨터를 아이들에게 가르치고 컴퓨팅사고력(Computational Thinking)을 기반으로 문제해결력을 기르는 마음속의 폭풍과 같은 문제해결의 사고과정을 경험하도록 하기 위해 마인드스톰(Mindstorm)을 일으켜 경험을 통해 지식을 구성할 수 있도록 구성주의(Constructionism)를 강조하였다.

본 교재는 지난 4년 동안 서리풀의 강의실에서 강의 자료로만 학생들을 만나왔던 자료를 정리하여 많은 사람들이 활용할 수 있도록 재구성하고 편철한 것이다.

특히, 구성주의(Constructionism) 관점에서 컴퓨팅사고력을 기반으로 인공지능교육에 대한 이해와 교수학습모형 및 방법 등에 대한 연구 자료를 충실히 담고자 하였으며, 단지 이론으로만 인공지능과 인공지능교육을 설명하는 것이 아니라 데이터를 기반으로 Python 프로그래밍을 통해 이를 차근차근 구현해보며 이해해볼 수 있도록 하였다.

본 교재는 크게 4개의 영역으로 나뉘어져 있다.

1부는「인공지능교육의 기초」로서 인공지능에 대한 개론적인 설명과 본 교재의 근간을 이루는 컴퓨팅사고력과 이를 기반으로 인공지능교육을 수행하는데 있어 필요한 교수학습모형 및 방법을 소개하고 있으며, 데이터 과학을 위한 기본적인 파이썬(Python)문법을 설명하고 있다.

2부는「인공지능과 데이터 분석의 기초」로서 데이터를 표와 그래프로 표현하는 활동으로 이루어져있다. 데이터를 시각적으로 나타내기 위해 막대그래프와 선그래프 등으로 표현하거나 배열과  데이터프레임(DataFrame)을 만들어 구조화하여 나타내는 방법을 살펴볼 수 있다.

3부는「인공지능과 데이터 분석의 실제」로서 인공지능으로 예측과 분류를 구현하기 위해 데이터과학의 기술통계분석을 통한 현재상태를 확인하고, t검증(t-test)을 통해 대푯값의 차이를 비교하여 추리분석을 이해하며, 이어서 선형회귀와 다항회귀를 통해 예측을 하거나 kNN알고리즘을 활용하여 분류를 수행하는 과정을 살펴본다.

마지막 4부는「교과 융합 데이터 과학 교육」으로서 데이터를 활용하여 사회변화를 예측하고 문제해결에 활용하는 활동으로 구성되어 있으며, 파이썬(Python)과 엔트리(Entry)를 활용하여 텍스트 및 블록 기반 프로그래밍언어로 문제를 해결할 수 있는 다양한 방법을 실제 사례를 통해 살펴본다.

본 교재가 출간되는 2023년은 우리나라에 컴퓨터교육이 학과로 편성된지 1992년 이후 만 30년이 되는 해이다. 일반적으로 하나의 세대(世代)를 30년으로 설명하는데, 이는 세(世)라는 글자가 열십(十)이 세 개 모여 이루어진 글자이기 때문이다. 세대는 영어로 Generation으로 설명할 수 있는데, 이를 구성하는 글자 중 Gene은 유전자를 의미하며 사람의 유전자가 다음 세대로 전달되어 재생산되는데 걸리는 시간이 30년을 의미한다.

정보교육이 시작된 지 30년이 지난 현재의 시점에서 발간되는 본 교재는 인공지능 시대에서 컴퓨팅사고력을 기반으로 문제해결력을 길러 미래사회를 준비할 수 있는 지식의 전달과 구성의 역할을 할 수 있는 하나의 매개가 될 수 있기를 기대한다. 도메인 지식을 기반으로 인공지능을 활용하여 일상생활에서 겪게 되는 많은 문제 상황을 효과적으로 해결하기 위해 컴퓨팅사고력을 기반으로 데이터를 활용하여 자신만의 알고리즘으로서 문제해결과정을 구성할 수 있는 능력은 미래사회의 매우 중요한 역량이 될 것이다.

페퍼트(Papert)는 그의 저서 「The children's machine: Rethinking schools in the age of the computer」에서 "The role of the teacher is to create the conditions for invention rather than provide ready-made knowledge."라고 설명하였다. 인공지능시대의 교육의 모습은 준비된 답을 문제 상황에 맞게 제시하는 것이 아니라, 예측할 수 없는 다양한 문제 상황에서 데이터를 수집하고 이를 분석하여 나만의 창의적인 문제해결과정을 제시하는 것이 중요할 것이다.

본 교재를 통해 컴퓨팅사고력을 기반으로 인공지능교육을 연구하고 실천할 수 있도록 의미 있는 그리고 새로운 세대를 연결하는 마중물이 될 수 있길 바란다.

2023년 그 어느 때보다 무더웠던 8월의 서초동에서
저자 일동

CONTENT

# 차례

## 1부 인공지능교육의 기초

CHAPTER 01 인공지능의 등장 배경 및 의미

1.1 인공지능의 정의 4
1.2 인공지능의 역사 12
1.3 인공지능과 생활 16
1.4 인공지능과 윤리 19
생각해보기 22

CHAPTER 02 컴퓨팅사고력

2.1 컴퓨팅사고력의 시작 24
2.2 컴퓨팅사고력의 역사와 의미 24
2.3 컴퓨팅사고력과 인공지능 사고력 33
생각해보기 37

CHAPTER 03 컴퓨팅사고력 기반 인공지능교육

3.1 컴퓨팅사고력과 인공지능교육 40
3.2 컴퓨팅사고력 기반 인공지능교육을 위한 인지적학습환경 구성 41

3.3 컴퓨팅사고력 기반 인공지능교육을 위한 교수학습모형 45
3.4 컴퓨팅사고력 기반 인공지능교육에 대한 평가 49
생각해보기 58

CHAPTER 04 데이터 과학을 향한 걸음

4.1 데이터 과학과 인공지능교육 60
4.2 데이터 분석 도구, 구글 코랩 63
4.3 파이썬 조건문과 반복문 66
4.4 파이썬 변수 69
생각해보기 74

2부 인공지능과 데이터 분석의 기초

CHAPTER 05 그래프 그리기의 시작 matplotlib

5.1 교과서 살펴보기 78
5.2 matplotlib와 막대그래프 80
5.3 matplotlib와 꺾은선그래프 97
5.4 막대그래프와 꺾은선그래프를 한 화면에 나타내기 113
스스로 해보기 120

CHAPTER 06 다양한 배열을 만들고 조작해보자!

6.1 교과서 살펴보기 124

6.2 Numpy 배열 125
6.3 교과서 속 문제를 다양한 numpy 함수로 표현하기 132
스스로 해보기 142

CHAPTER 07 우리나라 사람들이 가장 많이 참여하는 여가 활동은?

7.1 교과서 살펴보기 146
7.2 DataFrame 만들기와 데이터 정리의 기초 147
7.3 다양하게 DataFrame 데이터 정리하기 156
7.4 CSV로 DataFrame 만들기 167
스스로 해보기 176

3부 인공지능과 데이터 분석의 실제

CHAPTER 08 우리 반 조사 결과, 예쁘게 꾸며봐요

8.1 워드클라우드란? 194
8.2 워드클라우드 플랫폼 체험 195
8.3 코랩으로 워드클라우드 생성하기 201
스스로 해보기 230

CHAPTER 09 데이터 분석을 위한 통계의 기초

9.1 기술통계분석 242

9.2 Box Plot을 이용한 기술통계분석 250
9.3 히스토그램을 이용한 기술통계분석 259
9.4 상관관계 분석 264
스스로 해보기 271

CHAPTER 10 보고서에 자주 등장하는 표, 정체가 뭐야?

10.1 독립 표본 *t*–test 280
10.2 대응 표본 *t*–test 288
10.3 *t*–test 실전 292
10.4 외부 프로그램 사용하기 299
스스로 해보기 305

CHAPTER 11 책을 많이 읽으면 국어 성적이 좋아질까?

11.1 선형회귀와 다항회귀 309
스스로 해보기 325

CHAPTER 12 옷을 구매할 때 키와 몸무게에 맞는 사이즈를 추천받을 수 있을까?

12.1 분류를 위한 kNN 알고리즘 332
스스로 해보기 353

## 4부 교과 융합 데이터 과학 교육

CHAPTER 13 1인 가구 데이터로 보는 사회변화

13.1 문제 상황 인식하기 362
13.2 데이터 수집하기 363
13.3 데이터 분석하기 365
13.4 문제 해결하기 372

CHAPTER 14 점점 상승하고 있는 지구의 기온

14.1 문제 상황 인식하기 376
14.2 데이터 수집하기 378
14.3 데이터 분석하기 379
14.4 엔트리를 활용한 선형회귀분석 386
14.5 문제 해결하기 390

APPENDIX A 인공지능을 구현해보자

A.1 텍스트 기반 인공지능 398
A.2 이미지 기반 인공지능 408
A.3 사운드 기반 인공지능 416

참고문헌 421

1부

# 인공지능교육의 기초

CHAPTER 01

# 인공지능의 등장 배경 및 의미

1.1 인공지능의 정의
1.2 인공지능의 역사
1.3 인공지능과 생활
1.4 인공지능과 윤리
생각해보기

들어가며

4차산업혁명 시대에 있어 인공지능은 발전을 거듭하고 있습니다. 이제 인공지능을 배운다는 것은 선택이 아닌 필수가 되었습니다. 인공지능이란 무엇인지 정의를 알아보고, 인공지능의 역사와 생활 속에 들어와 있는 인공지능에 대해 살펴봅시다.

최근 인공지능이 다양한 분야에 활용되면서 많은 관심을 받고 있습니다. 교육 분야도 예외는 아닙니다. 사실 인공지능은 1900년대에 등장한 개념이나, 최근에 급격한 주목을 받으며 많은 사람들의 관심을 끌고 있습니다. 인공지능이 무엇이고, 어떠한 발전 과정이 있었는지 살펴봅시다. 또한 생활 속 인공지능을 살펴봅시다.

## 1.1 인공지능의 정의

### 1.1.1 인공지능이란?

인공지능은 많은 학자들이 각자 다양한 정의를 내리고 있습니다. 그 중 미국의 컴퓨터 과학자인 스튜어트 러셀(Stuart Russell), 피터 노빅(Peter Norvig) 교수는 인공지능을 사고와 행위, 이상적(인간적)과 합리적이라는 2가지 기준을 기반으로 인공지능을 4가지 범주로 나누었습니다.

| 인간적 사고 | 합리적 사고 |
|---|---|
| "인공지능은 컴퓨터가 생각하게 하는 흥미로운 새 시도이며, 문자 그대로의 완전한 의미에서 마음을 가진 기계, GOFAI"<br>– Haugeland, 1985 | "계산 모형을 이용한 정신 능력 연구"<br>– Charmiak & McDermott, 1985 |
| "인간의 사고, 그리고 의사 결정, 문제 해결, 학습 등 활동의 자동화"<br>– Bellman, 1978 | "인지와 추론, 행동을 가능하게 하는 계산의 연구"<br>– Winston, 1992 |
| **인간적 행위** | **합리적 행위** |
| "인간이 지능적으로 수행해야 하는 기능을 수행하는 기계의 만드는 작업"<br>– Kurzweil, 1990 | "계산 지능은 지능적 에이전트의 설계에 관한 연구"<br>– Poole 외, 1998 |
| "사람이 더 잘하는 것들을 컴퓨터가 잘하게 하는 연구"<br>– Rich & Knight, 1991 | "기계를 지능적으로 만드는 작업"<br>– Nilsson, 1998 |

이를 정리하면 인공지능이란 인간의 지능을 모방하여 인간과 같이 사고할 수 있는 것을 의미합니다.

대한민국 관계부처에서 합동으로 발표한 인공지능 국가전략에서는 인공지능을 다음과 같이 정의하고 있습니다.

◇ **인공지능(AI : Artificial Intelligence)이란?**

인간의 지적능력을 컴퓨터로 구현하는 과학기술로서, ① 상황을 **인지**하고, ② 이성적 · 논리적으로 **판단 · 행동**하며, ③ **감성적 · 창의적인 기능**을 수행하는 능력까지 포함

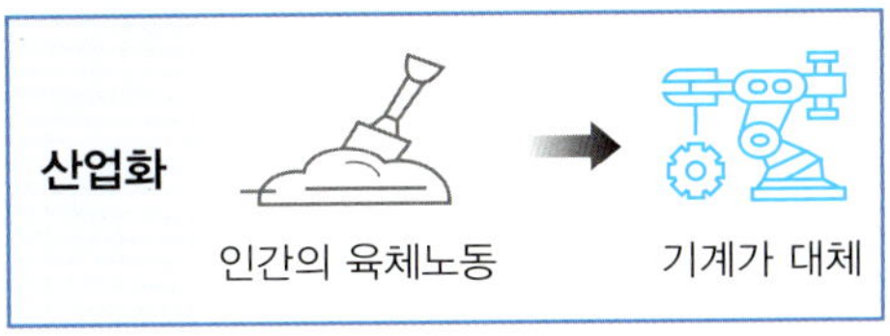


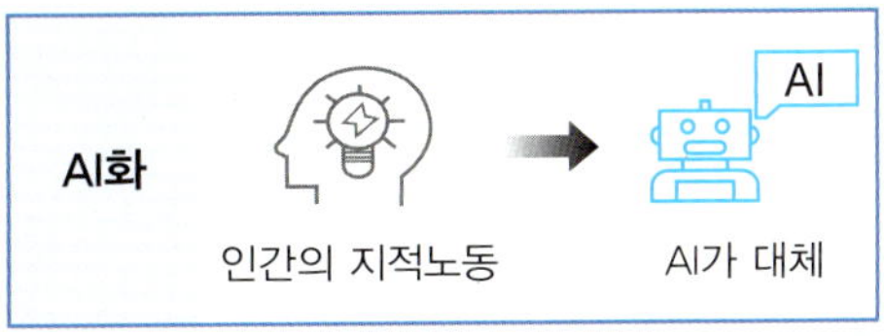


출처 : 인공지능 국가전략, 관계부처 합동(2019)

### 1.1.2 인공지능의 분류

인공지능은 철학적인 관점과 능력 및 기능 수준에 따라 분류할 수 있습니다. 1980년대 존 설(John R. Searle) 교수는 약한 인공지능(Weak AI)과 강한 인공지능(Strong AI)의 두 종류로 분류하였습니다. 닉 보스트롬(Nick Bostrom) 옥스퍼드대 교수는 이에 초인공지능(Super AI)를 더하여 세 종류로 분류하였습니다. 현재 약한 인공지능은 구현되어 있는 기술이고, 앞으로는 강한 인공지능과 초인공지능이 등장할 것입니다.

| 약한 인공지능(Weak AI) | 강한 인공지능(Strong AI) | 초인공지능(Super AI) |
| --- | --- | --- |
| • 기능과 목적이 분명하게 정해지고 그에 맞게 설계된 인공지능<br>• 특수 인공지능(ANI: Artificial Narrow Intelligence)이라 불림<br>• 대표 예시 : 구글의 '알파고', IBM의 '왓슨' | • 컴퓨터의 정보처리능력을 가지고 인간처럼 행동하고 사고할 수 있는 인공지능<br>• 범용 인공지능(AGI: Artificial General Intelligence)이라 불림<br>• 대표 예시 : 현실에 존재하지 않음. 영화 〈아이언맨〉의 비서 '자비스' | • 강한 인공지능을 넘어서는 초고도화된 인공지능<br>• 초지능(ASI : Artificial Super Intelligence)이라 불림<br>• 대표 예시 : 현실에 존재하지 않음. 영화 〈터미네이터〉의 '스카이넷' |

## 1.1.3 인공지능의 발전

인공지능의 핵심은 '학습', '추론', '예측' 이 가능하다는 점입니다. 예전에는 기계가 단순히 사람의 육체노동을 대체하는 도구였다면, 이제 인공지능은 사람이 하는 지적노동을 대체할 수 있는 수준에 이르렀습니다. 인공지능은 사람의 지능을 확장하고 증강하며 다양한 분야에서 널리 사용되고 있습니다.

**다양한 분야에서 활용되는 AI**

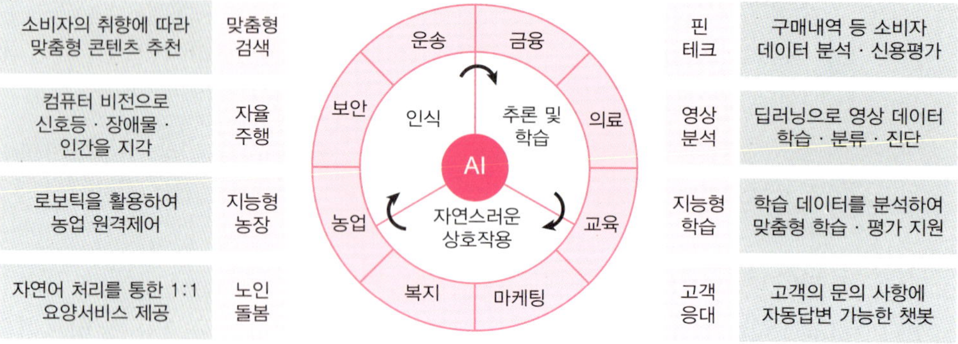


출처 : 인공지능시대 교육정책방향과 핵심과제, 관계부처 합동(2020)

## 1.1.4 인공지능 지능의 범주

일반적으로 인공지능에서 다루는 지능의 범주로는 문제해결, 논리적 추론, 기계학습, 인식이 있습니다. 각각 해당하는 사례는 다음과 같습니다.

|  |  |
|---|---|
| 문제해결 | 현재 상태에서 목표 상태까지 가는 경로를 찾습니다.<br>• 체스 경기에서 승리 상태까지 가려면 어떤 말을 어디에 놓아야 할지 계속 결정해야 합니다. 인공지능으로 이런 문제를 해결하면, 현재 상태에서 목표 상태까지 가는 방법을 찾는 과정을 계속 반복합니다.<br>예) 스도쿠 게임, 로봇 팔의 작업 순서, 자동차 내비게이션의 실시간 경로 찾기 등 |
| 논리적 추론 | 인간의 논리적 추론 과정을 흉내냅니다.<br>• 인간의 언어, 지식, 개념을 명제, 술어, 규칙 같은 기호(심볼) 형태로 표현하고 논리적 엔진을 사용하여 추론하게 합니다.<br>예) 대화형 시스템, 전문가 시스템 등 |

| | |
|---|---|
| 기계학습 | 데이터에서 일정한 패턴이나 모델을 찾아내서 사용합니다.<br>• 주로 분류, 예측, 군집 모델을 사용합니다.<br>• 최근의 인공지능은 대부분 데이터에 기반해 모델을 만들어 사용하는 기계학습이 주를 이룹니다. |
| 인식 | 인간의 감각기관인 눈, 귀, 코 등의 오감의 원리를 이용해 사물을 식별하고 정보와 의미를 인지합니다.<br>• 이미지, 언어, 소리를 인식하는 것, 즉 컴퓨터 비전, 음성 인식 등이 여기에 해당합니다. |

### 1.1.5 기계학습과 딥러닝

인공지능 분야에서는 다양한 용어가 있습니다. 최근 많이 등장하는 용어로 기계학습이 있는데, 일단 기계학습과 인공지능의 관계부터 살펴보도록 하겠습니다.

기계학습(Machine Learning)이란 원어 그대로 머신러닝이라고 불리기도 하며, 말 그대로 기계가 학습하는 방법을 의미합니다. 인공지능에게 많은 데이터를 제공하면 인공지능은 학습을 통해 스스로의 성능을 향상시킵니다. 딥러닝은 기계학습의 일종으로 인간의 뉴런과 비슷한 인공신경망 방식으로 정보를 처리하는 방법입니다. 즉, 딥러닝은 단순한 데이터 판단을 넘어 인간처럼 정보를 처리하는 기술이라고 할 수 있습니다.

인공지능과 머신러닝, 딥러닝의 관계를 살펴보면 다음 그림과 같습니다.

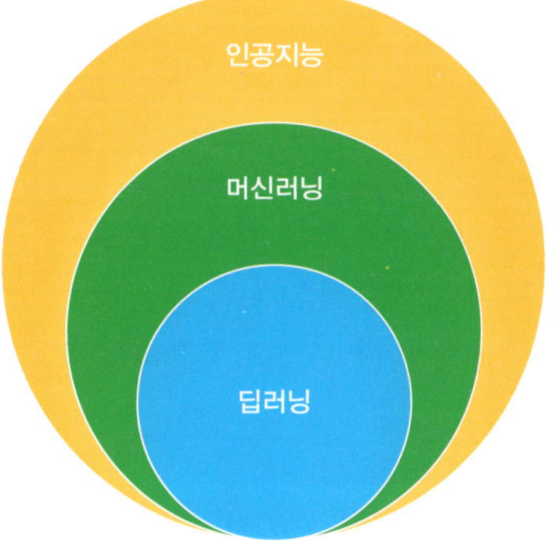

## 1.1.6 기계학습의 종류

기계학습은 크게 세 가지로 나눌 수 있습니다. 지도학습과 비지도학습, 그리고 강화학습입니다. 각각의 의미와 특징을 자세하게 살펴봅시다.

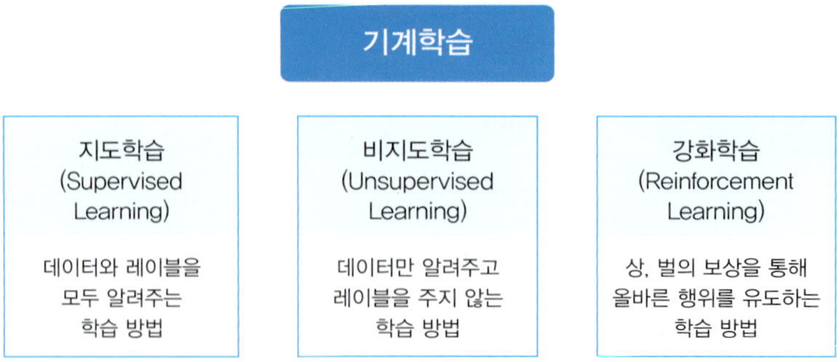


## 1.1.7 지도학습

지도학습(Supervised Learning)은 학습의 재료가 되는 데이터(Data)와 레이블(Label)이 주어진 상태에서 알고리즘 모델을 만드는 방식입니다. 이 때 레이블이란, 데이터에 대한 정답이라고 할 수 있습니다. 침팬지와 원숭이를 식별하는 인공지능 모델을 만드는 것으로 예를 들어보겠습니다. 지금 보여주는 사진은 침팬지라고 답을 정해두고 침팬지 사진을 제공할 수 있습니다. 다음 보여주는 사진은 원숭이라고 답을 정해두고 원숭이 사진을 제공할 수 있습니다. 각각의 사진은 데이터이며 침팬지와 원숭이라는 단어는 레이블이라고 할 수 있습니다.

지도학습은 예측과 분류로 나눌 수 있습니다.

예측이란, 어떤 데이터들의 특징(Feature)을 통해 예측할 수 있는 그래프를 그리고, 그 안에서 연속된 값을 추측하는 것입니다. 보통 선형회귀(Linear Regression)의 알고리즘을 사용합니다. 예를 들어 1970년 중반 보스턴 외곽 지역의 범죄율, 지방세율 등의 데이터가 주어진다면 그 특징을 이용하여 주택 가격을 예측할 수 있는 선형회귀 그래프를 그려서 중간값을 구할 수 있다는 것입니다.

분류란, 데이터에 각각 레이블을 지정하여 인공지능이 구별하는 것을 의미합니다. kNN(k-Nearest Neighbor), SVM(Support Vector Machine), 의사결정 나무(Decision

Tree), 로지스틱 회귀(Logistic regression) 등의 알고리즘을 사용합니다. 분류는 O, X 처럼 두 가지로 분류하는 이진 분류 문제와 사과, 배, 오렌지 등 3가지 이상으로 분류하는 다중 분류 문제가 있습니다.

### 1.1.8 비지도학습

비지도학습(Unsupervised Learning)이란 지도학습과는 다르게 데이터는 제공하지만, 레이블을 제공하지 않은 채 학습시켜 새로운 데이터에 대한 결과를 예측하게 하는 것입니다. 예를 들어 원숭이와 코끼리의 사진을 제공하고 특별히 답을 주지 않더라도 인공지능이 알아서 원숭이와 코끼리의 차이를 구별하여 학습할 것입니다. 원숭이와 코끼리의 사진 데이터만 주어졌을 뿐 원숭이, 코끼리라는 정답인 레이블을 주지 않아도 인공지능이 특징을 구별하여 학습하는 점에서 지도학습과 차이가 있습니다.

비지도학습에서는 비슷한 데이터끼리 무리지어 나누는 알고리즘이 많이 쓰이는데, 행(row)을 기준으로 하는 군집(Clustering)과 열(Column)을 기준으로 하는 연관규칙(Association)이 주로 쓰입니다. K-means와 같은 알고리즘과 실제로 존재하지 않는 새로운 이미지를 형성해주는 적대적 생성 신경망(Generative Adversarial Network) 역시 비지도학습으로 구현되는 알고리즘입니다.

### 1.1.9 강화학습

강화학습(Reinforcement Learning)이란, 행동심리학에서 영감을 받아 만들어진 기계학습의 한 종류입니다. 행동심리학에서 강화란 동물이 시행착오를 통해 자신의 행동에 최대한의 보상이 주어지는 방향으로 학습하여 행동하는 것을 의미합니다. 이를 강화학습에 적용한다면 아무 정보도 주어지지 않은 에이전트(Agent)는 일단 아무 행동(Action)을 하게 되며 특정 행동에 따라 보상(Reward)이 적립됩니다. 에이전트는 최대한의 보상을 받을 수 있는 방향으로 행동을 반복하며 학습하게 된다는 것이 강화학습의 원리입니다. 강화학습을 통해 만든 대표적인 프로그램이 바로 이세돌과 바둑 대결을 승리하며 전 세계의 주목을 받은 알파고입니다.

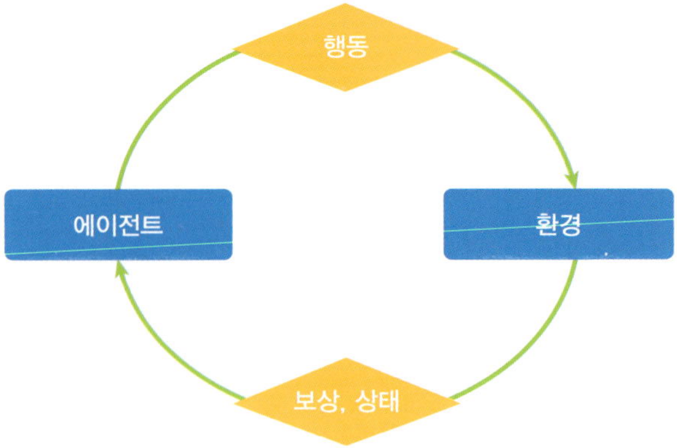


게임을 하는 에이전트가 반복을 통해 게임 실력을 키워가는 과정을 살펴보며 강화학습의 원리를 알아봅시다. 강화학습을 이해하기 위해서는 주로 사용하는 용어에 대해 알아볼 필요가 있습니다.

| 에이전트(Agent) | 둘러싸고 있는 환경과 상호 작용을 하는 행동의 주체 |
|---|---|
| 환경(Environment) | 에이전트를 둘러싸고 있는 모든 것들, 에이전트의 행동에 반응한다. |
| 상태(State) | 에이전트에 대한 상태정보를 숫자로 표현한 것 |
| 행동(Action) | 에이전트가 실제 행동한 내용 |
| 보상(Reward) | 에이전트가 행동한 결과로 인해 즉각적으로 받게 되는 상 |
| 정책(Policy) | 에이전트가 움직이는 행동 방향 |

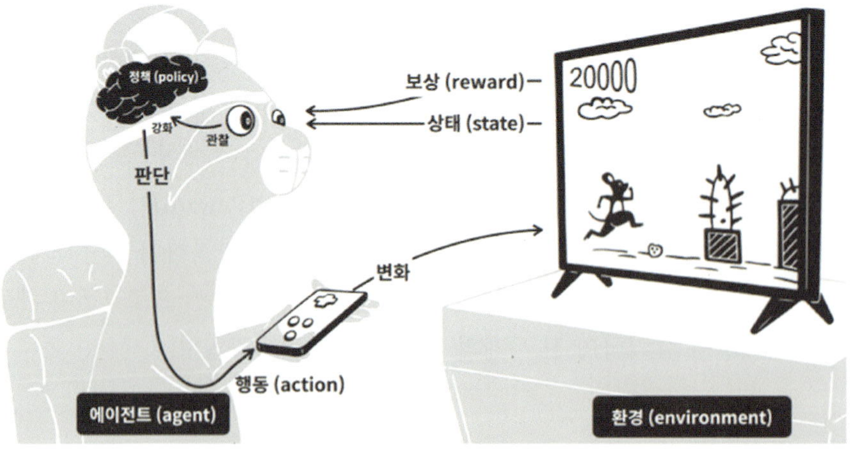


출처 : 생활코딩/CC BY https://opentutorials.org/course/4548/28949

에이전트인 사람은 게임이라는 환경에 둘러쌓여 있습니다. 점수라는 상태가 올라가는 보상이 주어지고, 그에 따라 에이전트는 점수를 높일 수 있는 방향으로 행동을 하게 됩니다. 그렇게 더 높은 점수를 받는 쪽으로 정책이 정해지게 됩니다.

### 1.1.10 인공신경망

인공 신경망(ANN, Artificial Neural Network)이란, 인간의 뇌가 뉴런을 통해 정보를 처리하는 방식을 따라 컴퓨터 역시 인간의 뇌처럼 정보를 처리하기 위해 만든 구조를 말합니다. 신경세포 뉴런은 가지돌기 부분에서 신호를 받아들인 후 신경세포체와 축삭돌기를 통해 다른 세포에 신호를 전달하게 됩니다.

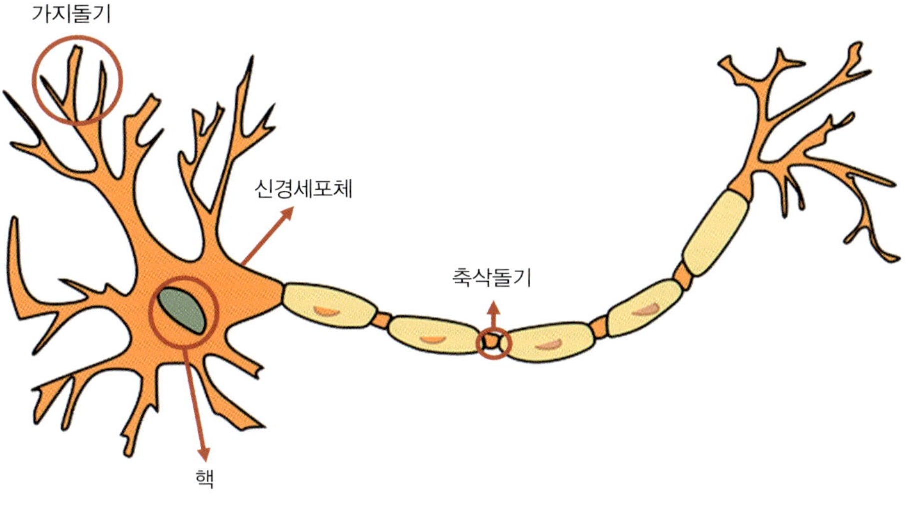


### 1.1.11 퍼셉트론

인공신경망은 다수의 퍼셉트론으로 구성됩니다. 실제 뇌의 신경 세포인 신경 세포 뉴런은 가지돌기에서 신호를 받아들이고, 축삭돌기를 통해 신호를 전달하는 구조를 가지고 있는데, 퍼셉트론은 이와 유사하게 입력층에서 다수의 값을 입력받아 출력층으로 하나의 값을 출력하는 구조를 지니고 있습니다. 즉, 퍼셉트론이란 뇌의 신경 세포를 모방한 것으로 다수의 값을 입력받아 하나의 값으로 출력하는 알고리즘입니다.

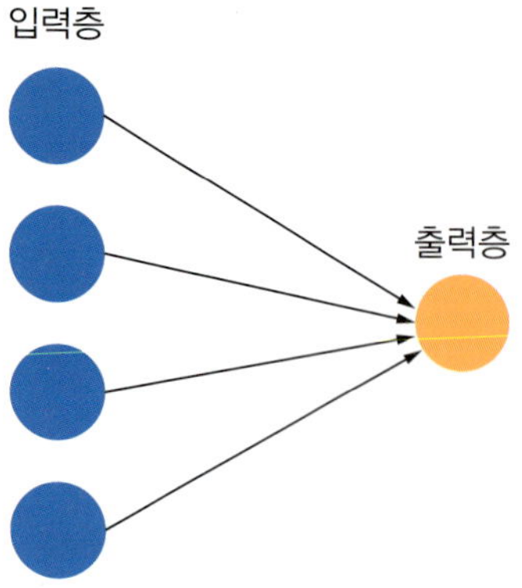


△단층 퍼셉트론

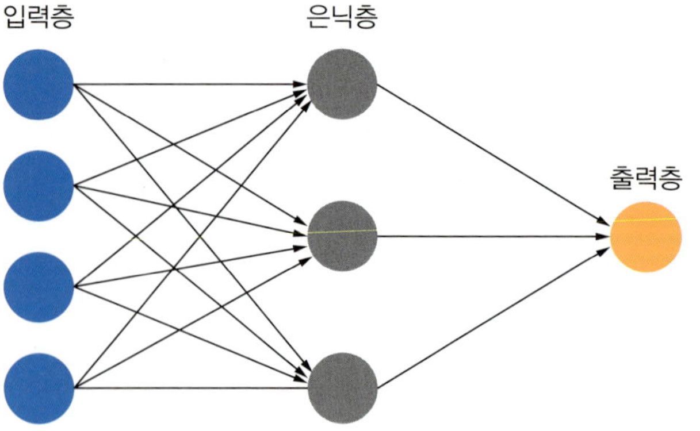


△다층 퍼셉트론

퍼셉트론 자체는 개발 당시에 AND, OR 문제를 풀 수 있다는 점에서 획기적이라는 평을 들은 바와는 달리 실제로 XOR연산을 풀 수 없다는 치명적인 오류가 발견되어 크게 활용되지 못했습니다. 하지만 추후 딥러닝의 매우 중요한 개념인 심층 인공신경망으로 발전한 점에서 의미가 있습니다.

## 1.2 인공지능의 역사

### 1.2.1 인공지능의 시초

인공지능이라는 용어는 1956년 다트머스 회의에서 '인간의 지능을 흉내낸 컴퓨터의 지능'을 지칭한 용어로 처음 사용되었습니다. 다트머스 회의에서는 인공지능이란 무엇인지, 어떤 일을 하는 인공지능이 만들어질 것인지 등에 대해 여러 컴퓨터 과학자들이 토론을 하였고 그 이후 인공지능에 관련된 연구가 본격화되었습니다.

이후 컴퓨터 과학의 한 분야로 인공지능은 두 번의 빙하기를 극복하고 다시 전성기에 접어들었습니다.

### 1.2.2 인공지능의 역사와 발전 과정

인공지능의 발전 과정을 보면 두 번의 전성기와 빙하기를 지나 현재 세 번째의 전성기에 접어들었다고 할 수 있습니다. 지금까지의 역사를 살펴보며 앞으로 인공지능의 발전이 어디까지 진행될지 생각해봅시다.

| | |
|---|---|
| 1943년 | 워런 매컬러, 월터 피츠의 인공신경망 개념 정의 |
| 1950년 | 앨런튜링의 튜링테스트 제시 |
| 1956년 | 존 매카시의 다트머스 회의에서 인공지능에 대한 개념 및 정의 제시 |
| 1970년 | 전문가 시스템에 대한 개발 및 투자 열풍 (제1의 전성기) |
| 1980년대 | 전문가 시스템에 대한 회의와 관심 약화 (제1의 빙하기) |
| 1985년 | 다층퍼셉트론의 학습 방식인 오류역전파법의 발견으로 전문가 시스템 문제에 대한 해결 가능성 제시(제2의 전성기) |
| 1997년 | IBM 딥블루가 체스 인간 챔피언에게 승리 |
| 2000년대 | 오류역전파법에 대한 하드웨어의 한계 (제2의 빙하기) |
| 2006년 | 제프리 힌튼의 인공신경망을 이용한 비지도학습 발표, 딥러닝 등장(제3의 전성기) |
| 2011년 | IBM Watson의 미국 제퍼디 퀴즈 쇼 우승 |
| 2016년 | Google Deepmind의 알파고가 바둑 구단 이세돌에게 4:1로 승리 |
| 2022년 | Open AI ChatGPT3 발표 |
| 2023년 | Google Bard, Open AI의 ChatGPT4 발표, 제프리 힌튼 구글 퇴사 및 AI 위험성 경고, MS Copilot 및 Bing에 ChatGPT 탑재 |

### 1.2.3 튜링테스트

튜링테스트(Turing test)는 앨런 튜링이 기고한 '계산 기계와 지능'이라는 논문에서 처음 등장한 용어로, 기계의 지능이 사람처럼 동작하고 있는지를 판별하는 테스트입니다. 즉, 기계와의 대화를 통해 인간이 한 것인지 아니면 기계가 한 것인지를 심사위원단이 구별하는 형태의 테스트입니다. 심사위원단 30% 이상이 인간이 한 것이라는 판정을 내리면 튜링테스트를 통과하였다고 할 수 있습니다. 2014년 러시아에서 개발한 인공지능 '유진 구스트만'이 튜링테스트를 통과한 최초의 인공지능으로 알려져 있습니다.

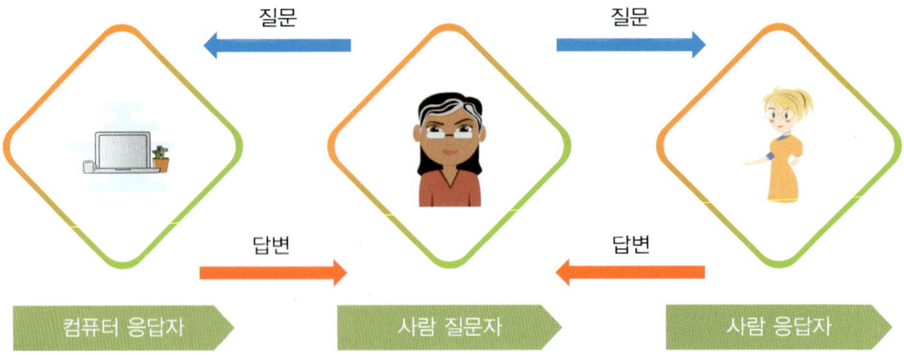


튜링테스트는 존 설이라는 사람이 제시한 중국어방 이론에 의해 부정되기도 하였습니다. 영어만 구사할 수 있는 사람에게 중국어로 된 질문 목록과 대답을 미리 제공하고, 준비된 자료를 통해 대답하게 한다면 정말로 중국어를 이해하여 대답하는지 판단할 수 없다는 점을 지적하였습니다.

### 1.2.4 전문가 시스템

전문가 시스템(Experts system)은 컴퓨터가 전문가인 것처럼 인간 전문가로부터 미리 학습된 지식을 제공받아 사람들에게 대답을 하는 시스템을 말합니다.

미국 스탠포드대학교에서 개발한 DENDRAL(Dendritic Algorithm)이 최초의 전문가 시스템으로 화합물의 구성요소와 질량 스펙트럼에 따라 화합물의 분자 구조를 결정하는 전문가 시스템입니다.

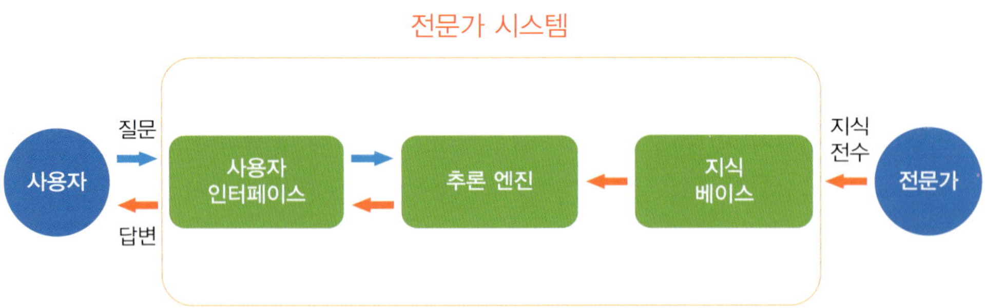


감기 증상으로 병원에 방문한 상황을 가정하여 봅시다. 의사는 "만약 환자가 해열제로 열이 떨어지지 않는 감기 증상이 있다면, 코로나 혹은 독감이라는 병에 걸렸을 것

이다."와 같이 기존의 지식을 통해 어떤 병에 걸려있을 지 진단할 것입니다. 이를 토대로 미리 전문가가 답변할만한 내용을 전문가 시스템에 탑재하여 전문가와 같은 지식을 발현하게 하는 것이 바로 전문가 시스템입니다.

실제로 1960년대에는 마이신(MYCIN)이라는 전문가 시스템이 개발되었습니다. 이 전문가 시스템은 환자를 대상으로 항생제 처방 여부에 대한 판단을 인공지능이 할 수 있도록 구현해놓은 것입니다. 이 전문가 시스템은 스탠포드 대학 병원의 의사들보다 더 정확한 판단을 내리며 주목을 받았고, 현재에도 미국 주요 병원들에서 사용되고 있는데 거의 완벽한 수준의 진단을 내리는 것으로 알려져 있습니다.

마이신 전문가 시스템

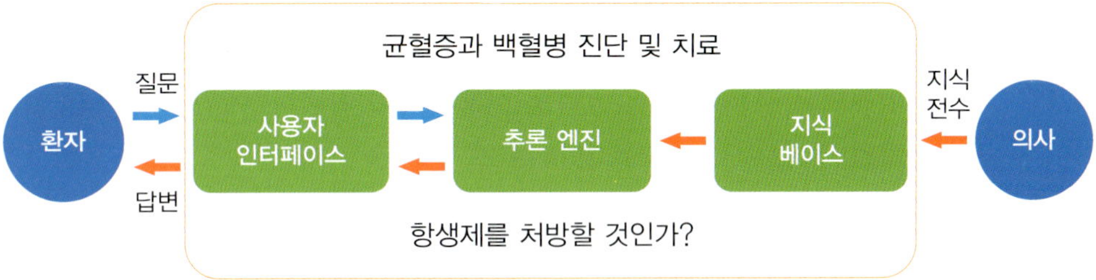


이 외에도 전문가 시스템은 지속적으로 개발되었지만, 한정된 전문 영역에서 예외가 없는 경우에만 사용할 수 있다는 점이 한계가 되었습니다. 또한 조건이 바뀌었을 때 인간처럼 상황에 대응하여 문제해결방법을 선택할 수 없다는 점 등의 문제점도 제기되었습니다. 이에 따라 인간 전문가를 완전히 대체하는 데에는 실패하였습니다.

하지만, 전문가 시스템은 추론 구조를 직관적으로 확인할 수 있고, 다양한 인간의 경험을 축적하고 복제할 수 있으므로 경제적이며, 정확하고 일관된 답변을 제공한다는 장점이 있습니다. 또한 예외가 없는 경우에는 한 번 구축한 시스템을 유용하게 사용할 수 있으며, 새로운 예외가 생긴다면 그 규칙을 추가하여 새로운 전문가 시스템을 구축할 수 있습니다. 이러한 장점 때문에 규칙이 명확한 문제만 해결할 수 있다는 한계에도 불구하고 많은 사람들이 연구하고 사용하고 있는 것이 바로 전문가 시스템입니다.

## 1.3 인공지능과 생활

### 1.3.1 생활 속 인공지능

우리의 생활 속에는 많은 인공지능이 함께하고 있습니다. 인공지능 스피커를 통해 원하는 음악을 재생하고 인공지능의 추천 시스템을 통해 쇼핑할 제품을 추천받기도 합니다. 전화로 상담하던 내용을 챗봇을 통해 채팅으로 상담하기도 하며 모르는 것을 인공지능 스피커를 통해 답변받기도 합니다. 자율주행 자동차는 운전을 보다 편리하게 해주며 사물인터넷을 활용하여 가전제품, 보안장비, 출입문 등 다양한 분야를 원격으로 제어하기도 합니다. 운동의 자세 교정 역시 전문 운동선수가 아닌 컴퓨터 비전을 활용한 인공지능을 통해 언제 어디서나 조언받을 수 있습니다.

산업계에도 인공지능은 다양한 변화를 가져왔습니다. 사람의 노동력이 필요한 부분에서 인공지능 로봇이 그 노동력을 대체하기도 합니다. 예를 들어 사람이 하던 일이었던 치킨 튀기는 일, 커피를 내리는 일, 음식을 서빙하는 일, 농약을 치고 씨앗을 뿌리고 물을 주는 일 등을 인공지능이 대신합니다. 공장을 효율적으로 관리하고 물류를 정리하는 스마트팩토리의 개념 역시 인공지능이 활용되며 더 정교화되고 활용 폭이 넓어졌습니다.

예술분야에서도 인공지능 기술은 화제가 되고 있습니다. 창작의 영역은 인간 고유의 능력으로 여겨졌으나 생성형 인공지능이 학습을 통해 스스로 작곡하며 그림을 그려냈기 때문입니다.

이처럼 우리는 인공지능과 공존하는 시대에 살고 있습니다. 우리 생활에 도움을 주는 인공지능을 살펴보며  앞으로 어떤 시대가 펼쳐질지 상상해 볼 수 있습니다.

### 1.3.2 자율주행자동차

인공지능 기술의 발달을 가장 많이 느낄 수 있는 분야는 바로 자율주행자동차라고 할 수 있습니다. 자율주행자동차는 4차 산업혁명의 핵심 기술이라고 할 수 있는 인공지능, 사물인터넷, 빅데이터 등의 다양한 기술의 집약체입니다. 미국도로교통안전국(NHTSA: National Highway Traffic Safety Administration)에서 나눈 자율주행 단계는 총 5단계로 레벨 0부터 레벨 4까지 있는데, 레벨 3의 수준까지 자율주행자동차가 개발되어 있습니다. 레벨 3는 제한적 자율주행 단계로 자동차 스스로 교통신호를 인식하고 교통 흐름을 파악하여 주행을 하는 단계를 의미합니다. 하지만, 모든 주행이 자율적으로 이루어지는 레벨 4와 다르게 특정한 상황에서는 운전자가 직접 개입하여 주행을 해야 되는 제한적인 자율주행 단계라고 할 수 있습니다.

이러한 레벨 3의 기술은 딥러닝을 활용하여 그 동안 많은 사람들이 운전해왔던 데이터를 바탕으로 상황에 맞게 판단하여 주행할 수 있도록 하는 기술입니다. 이러한 기술은 전통적인 자동차 업계에서도 연구하지만, IT업계에서 주로 연구하는 분야라고도 할 수 있습니다. 따라서 전통적인 자동차 회사뿐만 아니라 구글, 애플 등 글로벌 IT업계에서도 자율주행자동차 개발에 앞장서고 있습니다.

### 1.3.3 인공지능 스피커

인공지능 스피커는 이제 주위에서 흔히 볼 수 있는 물건입니다. 하루의 기상 알람을 시작으로, 날씨 안내, 스케쥴 안내와 추천곡 틀어주기, 가정의 전자제품 제어, 쇼핑 등 다양한 기능을 수행할 수 있습니다. 특정 상황에서 사람의 움직임 및 소리가 포착되지 않으면 112나 119에 신고하여 구조할 수 있도록 만든 시스템은 이미 사람을 구한 바 있습니다. 이러한 인공지능 스피커는 자연어처리에 대한 연구가 활발해지면서 애플 시리, 구글 어시스턴스 등의 프로그램과 같이 생활 속의 비서로 자리매김하고 있습니다. 앞으로는 최근에 출시된 마이크로소프트 코파일럿과 같은 프로그램과 함께 사용되면서 프리젠테이션 작성, 코드 작성 등 더 다양한 분야에 사용될 것이라고 예상됩니다.

### 1.3.4 쓰레기 무단투기 적발 CCTV

CCTV가 전국 곳곳에 설치되어 있는 것은 흔히 알고 있는 사실입니다. 하지만 CCTV가 워낙 많기 때문에 모든 데이터를 고화질로 저장하기 쉽지 않습니다. 이에 평소와 다른 특이한 일이 일어났을 경우에는 고화질로 데이터를 저장할 수 있는 인공지능 CCTV가 등장했습니다. 그 중에서 쓰레기 무단투기를 적발하는 CCTV에 대해 알아보겠습니다.

이 CCTV는 사람이 쓰레기를 버릴 때 이루어지는 특정 동작을 학습하여 무단 투기와 비슷한 행동을 하면 경고음이 울리게 하는 장비입니다. 처음에는 무단투기 하지 않기를 경고하고, 그럼에도 불구하고 무단투기가 이루어진다면 법적 처벌을 받을 수 있다는 강력한 경고음과 함께 경찰에 신고하는 기능까지 가지고 있습니다.

### 1.3.5 영화에서 등장하는 인공지능

사람들을 닮은 로봇이 있다면 어떻게 될 것인지에 대한 상상력으로 인해 인공지능은 예전부터 영화의 소재로 많이 활용되었습니다. 특히 사람과 감정을 교류할 수 있는 인공지능이 많이 등장하는데 현재 기술로는 구현이 어렵습니다. 하지만 기술의 발전에 따라 이러한 상상력은 언제든지 현실이 될 수 있기 때문에 우리는 영화에서 등장하는 인공지능을 눈여겨볼 필요가 있습니다.

| 영화 | 내용 |
|---|---|
| 아이, 로봇<br>(2004) | 아이작 아시모프의 소설에서는 로봇은 인간을 해칠 수 없다는 내용의 '로봇 3원칙'으로이 등장합니다. 이 영화에서는 '로봇 3원칙'이 지켜져야 하는데, 일부 로봇이 지각력을 갖게 되며 다양한 사건이 발생하는 내용이 담겨 있습니다. 이것은 바로 인공지능 및 기계학습에 관련된 내용이라고 할 수 있습니다. |
| 월-E<br>(2008) | 픽사의 애니메이션인 월-E는 쓰레기더미가 된 지구를 치우는 청소 로봇 월-E와 지구에 탐사를 온 로봇인 이브의 사랑을 다룬 작품입니다. 두 로봇이 만나 자신의 목표를 위해 모험을 펼치게 되는데, 로봇이 언어를 구사할 수 없어 사실상 대사가 존재하지 않음에도 불구하고 화면으로도 충분히 이해할 수 있는 영화입니다. |
| HER<br>(2014) | 이 영화는 부인과 별거하며 정서적으로 공허함을 느끼던 주인공 테오도르가 인공지능이지만 사람과 같이 행동하는 사만다를 만나며 생기는 일을 담은 영화입니다. 사람과 다르게 억지로 맞출 필요 없이 자신의 현재 감정에 잘 맞춰주는 사만다에게 조금씩 사랑을 느끼고, 삶의 활기를 찾는다는 내용입니다. 앞으로 인간이 인간관계가 아닌 가상의 대상과 정신적 교감을 넘어선 사랑까지 가능할 것인가에 대한 시사점을 던져주는 영화라고 할 수 있습니다. |
| 터미네이터<br>(1984) | 1984년의 초인공지능을 다룬 작품입니다. 제임스 카메론 감독의 작품으로 인공지능이 핵전쟁을 일으켜 대부분의 인류가 소멸되고 남은 인간들은 인공지능의 지배를 받는 상황에서 인공지능에 맞서기 위한 스카이넷이라는 초인공지능과 주인공인 인간의 우정을 그린 영화입니다.<br>한국에는 1988년에 터미네이터 1이 처음으로 방영되었으며, 그 이후에도 계속 새로운 작품이 대흥행을 하며 여러 편의 후속작, 속편, 드라마, 애니메이션 등이 제작된 작품입니다. |
| 엑스마키나<br>(2015) | 여성형 인공지능 로봇인 에이바가 인간이 자신을 좋아하게 만들고 그 마음을 이용하여 본인의 탈출을 시도하는 내용의 영화입니다. 실제로 로봇이 강인공지능을 가지고 스스로 생각하게 되면 어떻게 될지에 대한 상상을 하게끔 하는 영화입니다. |

# 1.4 인공지능과 윤리

## 1.4.1 인공지능 윤리 문제

인공지능 기술은 좋은 방향으로 쓰일 때도 있지만, 나쁜 방향으로 사용되기도 합니다. 마치 노벨의 발명품 다이너마이트가 원래 의도와 다르게 전쟁을 위해 쓰인 것처럼 말입니다. 이에 따라 기존에 없던 새로운 인공지능에 대한 윤리적 기준이 제시되어야 한다는 목소리가 높아지고 있습니다.

## 1.4.2 자율주행자동차 윤리문제

자율주행자동차는 생활에 많은 편리함을 가져다 주고 있습니다. 하지만 자율주행자동차가 올바른 판단을 내리지 못하는 경우 어떻게 될까요? 자율주행자동차가 사고가 날 때 운전자를 먼저 보호해야 할까요? 아니면 보행자를 먼저 보호해야 할까요? 어떤 보행자를 먼저 보호해야 할까요?

이러한 윤리적 딜레마 상황에서 사람들은 어떤 판단을 내릴지에 대한 실험이 MIT

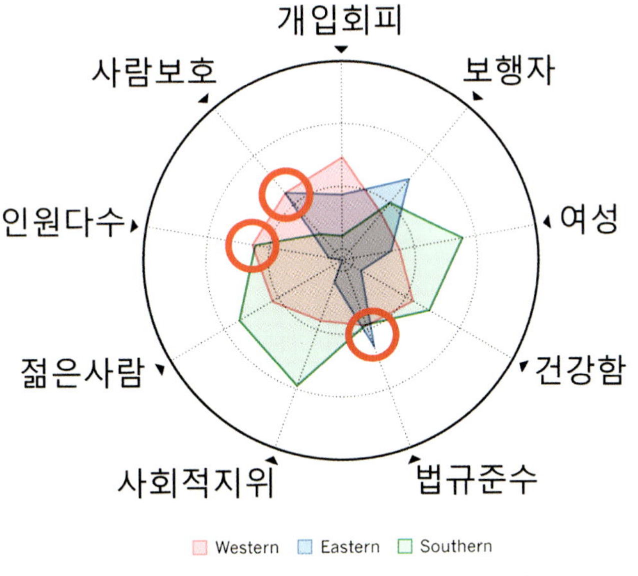


사진출처 : Awad, E., Dsouza, S., Kim, R., Schulz, J., Henrich, J., Shariff, A., ... & Rahwan, I. (2018). The moral machine experiment. Nature, 563(7729), 59–64.

대학의 라환(Rahwan, Iyad) 교수에 의해 진행되었습니다. 이 실험은 자동차의 탑승자, 보행자의 연령, 성별, 인종 및 행동에 대한 다양한 변수를 설계하여 230만명으로부터 빅데이터를 수집하였습니다. 2018년 네이처지에 발표된 실험 결과를 살펴보면 대다수의 사람들은 다음과 같이 생각하였습니다. 동물보다는 사람이 중요하고, 어른보다 어린이를 더 보호하고자 하며, 범죄자는 상대적으로 덜 중요하게 생각한다는 결과를 얻었습니다.

이 실험의 결론으로 라환 교수는 다음과 같은 말을 남겼습니다.

> "사람들은 자신을 희생시키는 자동차를 사지는 않겠지만, 다른 사람들은 그런 자동차를 사기를 바랍니다."

이 실험에는 한계점이 있기도 합니다. 우선 이 실험은 예외적으로 빅데이터를 수집하였으나, 모든 인공지능 윤리 문제에 이렇게 거대한 빅데이터를 수집하기는 어렵다는 점입니다. 둘째는 이러한 빅데이터를 어렵게 수집하였더라도, 윤리적 편향을 가지고 있을 수 있다는 점입니다.

### 1.4.3 챗봇 윤리문제

스캐터랩이 2020년 12월 23일 출시한 '이루다'는 실제 연인들이 나눈 대화를 딥러닝 방식으로 학습시킨 서비스입니다. 페이스북 메신저를 활용한 이루다는 출시 일주일 만에 10~20대로 이루어진 30만명 이상의 사용자를 모았는데, 이처럼 인기가 있었던 이유는 이루다가 정말 사람처럼 대화를 했기 때문입니다. 그런데 일부 사람들이 설정되어 있는 금지어를 해제하는 어뷰징 기법을 활용하여 이루다가 혐오적 발언, 편향적 발언을 하도록 유도하는 방법을 공개하여 문제가 발생했습니다. 또한 학습된 데이터에 있는 사용자의 이름이 그대로 나오거나, 특정 정보가 공개되는 등 다양한 문제가 발생하였습니다. 하지만 챗봇에게 어뷰징 기법을 활용하는 것은 법적으로 규제할 방법이 없기 때문에 특별히 제지할 방법이 없었습니다.

이루다를 만들 때 사용한 데이터의 양은 약 100억건으로 인간이 하나하나 살펴보면서 올바르지 못한 내용을 전처리할 수 없는 정도입니다. 이런 문제로 인해 이루다는 서비스가 중단되었고, 어뷰징을 줄이기 위한 시스템 정비로 일 년 이상의 시간이 지난 후에야 이루다 2.0으로 다시 서비스가 재개되었습니다.

이루다를 사용할 때 어뷰징하였던 사용자들은 실제 사람들간의 관계에서도 그럴 수 있었을까요? 사용자들은 챗봇을 대할 때 아무리 인간이 아니더라도, 법적으로 문제가 되지 않지만 지켜야 할 윤리적인 선이 있을 것이고, 기술에 발전에 따라 윤리적인 부분 역시 사회적인 합의가 필요할 것입니다.

# 생각해보기

1. 이 책에 나와 있는 다양한 인공지능의 정의를 보았을 것입니다. 그렇다면 본인이 생각하는 인공지능은 무엇인지 정의를 내려봅시다.

2. 인공지능의 역사에 이름을 남긴 일명 '인공지능 4대천왕'이 있습니다. 그들이 누구인지 찾아보고, 업적을 조사해봅시다.

3. 생활 속에서 인공지능이 쓰이고 있는 사례를 찾아봅시다.

4. 인공지능의 개발에 따른 윤리 문제가 심각해지고 있습니다. 인공지능이 일으킨 문제에 대해 책임이 개발한 사람에게 있는지, 사용한 사람에게 있는지에 대해 고민해보고 자신의 의견을 써봅시다.

CHAPTER

# 02 컴퓨팅사고력

2.1 컴퓨팅사고력의 시작
2.2 컴퓨팅사고력의 역사와 의미
2.3 컴퓨팅사고력과 인공지능 사고력 생각해보기

들어가며

컴퓨팅사고력의 역사를 살펴보며 그 의미와 필요성을 탐구해봅시다.

컴퓨팅(Computing)이란 문제 상황에서 문제를 해결하거나 관련 정보를 처리할 때 컴퓨터 관련 기술을 활용하는 것을 의미합니다. 컴퓨팅은 우리의 일상생활 속에서 쉽게 찾을 수 있습니다. 스마트폰 및 SNS의 사용, 인터넷을 통한 검색, 온라인 뱅킹 등이 대표적인 예라고 할 수 있습니다. 정리하자면 컴퓨팅은 의사소통, 정보에 접근하는 것, 다양한 분야에서 문제 해결을 위해 컴퓨터의 기술이나 원리를 활용하는 것을 의미합니다. 이것은 현대 디지털 · AI 시대에 기술 발전 및 인간과 기술의 상호작용에서 핵심적인 역할을 하는 것을 의미합니다.

아래에서는 '컴퓨팅'과 '사고력'이 결합된 '컴퓨팅사고력'의 역사와 의미, 교육적 의의를 알아보겠습니다.

## 2.1 컴퓨팅사고력의 시작

> "학생들의 마음 속의 폭풍을 일으킬 수 있는 흥미있는 내용(Mindstorm)을 통한 자기주도적 학습을 통한 지식의 구성"

컴퓨팅사고력(Computational Thinking)이라는 용어는 컴퓨터 과학 교육의 아버지라고 불리는 시모어 페퍼트(Seymour Papert)에 의해 처음 사용되었습니다. 그는 복잡한 문제 상황에서 컴퓨터를 활용한 문제해결, 창의성, 추론 및 협업을 할 수 있는 컴퓨팅사고력을 강조하였습니다. 특히, 구성주의 기반 교육 철학을 기반으로 학생들의 관심과 능력을 고려한 교육 환경의 제공이 창의적인 아이디어를 구현할 수 있는 기회를 제공한다고 보았습니다.

## 2.2 컴퓨팅사고력의 역사와 의미

### 2.2.1 Jeannette M. Wing

> *"Computational thinking involves solving problems, designing systems, and understanding human behavior, by drawing on the concepts fundamental to computer science.(Wing, 2006)"*

시모어 페퍼트(seymour papert)에 의하여 시작된 컴퓨팅사고력은 2006년 쟈넷 윙

(Jeannette M. Wing)에 의하여 그 의미가 정립되었습니다. 쟈넷 윙은 컴퓨팅사고력은 컴퓨터 과학자뿐만 아니라 현대 시대를 살아가는 모두가 갖추어야 할 역량 중 하나로 읽기, 쓰기, 셈하기와 함께 모든 사람들이 기본적으로 갖추어야 하는 역량에 컴퓨팅사고력을 추가해야 한다고 하였습니다. 컴퓨팅사고력은 컴퓨터 공학의 기본 개념과 원리를 토대로 복잡한 문제의 해결, 시스템의 설계하며 인간의 행동을 이해하는 일련의 과정이라고 정의하였습니다. 본 정의는 현재까지 널리 쓰이는 의미입니다.

> "*Computational thinking is the thought processes involved in formulating problems and their solutions so that the solutions are represented in a form that can be effectively carried out by an information-processing agent.*(*Cuny, Snyder, Wing, 2011*)"

그 이후, 2011년 쟈넷 윙은 'Research notebook: Computational thinking - What and why?'라는 연구를 통해 컴퓨팅사고력의 의미를 발전시킵니다. 컴퓨팅사고력이란 문제 해결을 위한 사고 과정이자 정보 처리 과정에서 나타나는 효율적인 해결 방법을 포함하는 것으로 정의하였습니다. 윙은 컴퓨팅사고력에서 가장 중요하며 높은 수준의 생각 과정은 '추상화(Abstraction)'라고 말했습니다. 추상화는 복잡한 패턴을 정의하고, 특정 현상이나 상황에서 일반화하고, 매개변수화(일반적인 값을 대체할 수 있는 매개변수를 도입하여 효율화를 높이는 것)하는데 사용됩니다. 즉, 추상화는 사물이나 대상들의 공통적인 필수 속성을 추출하는 동시에 개체간에 불필요한 부분을 제거하는 것을 의미합니다.

### 2.2.2 ISTE & CSTA

국가적 차원에서 컴퓨팅사고력을 정의한 나라는 미국과 영국이 있습니다. 2011년 미국에서는 초·중등학교 학교 교육에서 컴퓨팅사고력을 가르치고 습득해야 함을 주장하는 의견들이 등장하였습니다. 미국 컴퓨터과학교사 연합인 CSTA(Computer Science Teachers Association)는 컴퓨터과학 교육에 대한 연구 및 다양한 자료를 공유하기 위해 만들어진 단체입니다. 국제교육연합협회인 ISTE(International Society for Techonoloy in Education)와 CSTA는 함께 협업하여 그들의 전문가적 지식을 반영한 K-12(유치원~고등학교) 컴퓨터 과학 교육에서의 컴퓨터 사고력 의미를 정의하고 다양한 융합 교육 사례를 제시하였습니다. ISTE & CSTA가 정의한 컴퓨팅사고력이란 복잡한 문제들을 컴퓨팅의 기본 개념과 원리를 사용하여 효율적으로 해결할 수 있는 사고능력을 의미합니다. 아래는 ISTE & CSTA에서 제시한 컴퓨팅사고력의 특징입니다.

- 컴퓨터, 기타 도구를 사용하여 문제를 해결할 수 있는 방법으로 공식화
- 논리적으로 데이터 구성 및 분석
- 모델 및 시뮬레이션과 같은 추상화를 통해 데이터를 표현
- 알고리즘적 사고를 통한 문제 해결 과정의 자동화(일련의 순서화된 단계)
- 가장 효율적이며 효과적인 방식으로 문제를 해결하는 해결 방법 선별하기, 분석하기, 구현하기
- 문제 해결 과정의 일반화 및 다양한 문제로의 적용

ISTE & CSTA는 K-12 교육과정에서 컴퓨팅사고력을 자료 수집, 자료 분석, 자료 표현, 문제 분해, 추상화, 알고리즘과 절차, 자동화, 시뮬레이션, 병렬화 9개의 세부 요소로 나누어 제시하였습니다. 9가지 구성 요소 중 일부 요소만 추출하여 수업을 구성할 수 있으며 특정 요소를 집중적으로 다루는 학습도 할 수 있습니다.

| 구 분 | 정 의 |
|---|---|
| 자료 수집<br>(Data Collection) | 문제 해결에 필요한 정보를 모으는 과정 |
| 자료 분석<br>(Data Analysis) | 수집한 자료의 이해, 패턴 찾기 및 결론 도출 |
| 자료 표현<br>(Data Representation) | 적절한 그래프, 차트, 단어, 이미지로 데이터의 설명 및 구성 |
| 문제 분해<br>(Problem Decomposition) | 문제를 더 작고 해결가능한 수준의 작은 부분으로 분해 |
| 추상화<br>(Abstraction) | 문제 해결의 핵심 요소를 도출하고 복잡한 것을 단순화 |
| 알고리즘과 절차<br>(Algorithmns & Procedures) | 문제 해결 및 목표 달성을 위해 수행된 일련의 순서화된 단계 |
| 자동화<br>(Automation) | 컴퓨터 시스템이 반복적인 작업을 수행할 수 있는 형태로 제시 |
| 시뮬레이션<br>(Simulation) | 문제 해결의 표현 또는 모델. 문제 해결의 모델을 활용한 실험도 포함 |
| 병렬화<br>(Parallelization) | 목표를 달성하기 위한 작업을 동시에 수행하도록 자원을 구성 |

### 2.2.3 CAS

국가적 차원에서 컴퓨팅사고력을 정의한 또 다른 나라는 영국입니다. 영국의 컴퓨팅 교육과정은 컴퓨팅 교육을 위한 교사 중심 단체인 CAS(Computing At School)에 의하여 제시되었습니다. CAS는 컴퓨팅사고력을 복잡한 문제를 해결하고 문제 해결 절차와 시스템들이 더 잘 이해되도록 하는 인지적 또는 사고의 과정을 의미한다고 정의하였습니다. CAS에서 컴퓨팅사고력은 다음과 같은 특징을 포함한다고 하였습니다.

- 알고리즘적(algorithmically)으로 사고하는 능력
- 분해(decomposition)의 관점에서 생각하는 능력
- 패턴을 식별하고 사용하면서 일반화할 수 있는 능력
- 알고리즘적 사고를 통한 문제 해결 과정의 자동화(일련의 순서화된 단계)
- 추상적으로 생각하고 좋은 표현을 선택하는 능력
- 평가 관점에서 생각하는 능력

CAS는 컴퓨팅사고력이 넓은 범위에서 쓰일 수 있다고 말하였습니다. 그리고 컴퓨팅 사고력의 개념을 사고 과정으로 정의하며 아래와 같은 영역으로 구분하여 제시하였습니다.

| 구 분 | 정 의 |
|---|---|
| 논리적 추론<br>(Logical reasoning) | predicting & analysing<br>명확하고 정확한 사고를 통해 사실에 대한 분석 및 확인을 통해 문제를 이해하는 것 |
| 알고리즘적 사고<br>(Algorithmic thinking) | making steps & rules<br>단계에 대한 명확한 정의를 통해 해결책에 도달하는 방법 |
| 분해<br>(Decomposition) | breaking down into parts<br>문제를 구성하는 부분들로 나누어 생각하는 것 |
| 추상화<br>(Abstraction) | removing unnecessary detail<br>문제를 생각하기 쉽게 만드는 것으로 필요하지 않은 부분을 제거함으로써 문제를 더 이해하기 쉽게 만드는 과정 |
| 일반화와 패턴<br>(Generalization and Patterns) | spotting & using similarities<br>문제의 패턴, 유사성, 연결성을 확인하고 이러한 특징을 활용하는 것 |
| 평가<br>(Evaluation) | making judgement<br>문제의 해결 방법을 평가하는 과정 |

### 2.2.4 Brennan & Resnick

블록형 프로그래밍 언어인 Scratch를 개발한 MIT의 Brennan & Resnick(2012)은 Scratch 활용의 관점에서 컴퓨팅사고력을 정의하였습니다. 그들은 컴퓨팅사고력은 Scratch를 활용 및 학습에 도움을 주며 동시에, Scratch를 사용한 프로그래밍은 컴퓨팅사고력을 활성화한다고 하였습니다.

Brennan & Resnick은 아래와 같이 3가지 차원에서 컴퓨팅사고력을 정의하였습니다.

| 구 분 | 정 의 |
|---|---|
| 컴퓨팅 개념<br>(Computational concepts) | 프로그래밍을 설계할 때 필요한 개념<br>• 하위요소 : 시퀀스(Sequences), 루프(Loops), 이벤트(Events), 병렬(Parallelism), 조건(Conditionals), 연산(Operators), 데이터(Data) |
| 컴퓨팅 실행<br>(Computational practices) | 프로그래밍을 배우는 과정<br>• 하위요소 : 증가와 반복(Being incremental and iterative), 테스트와 디버깅(Testing and debugging), 재사용과 리믹스(Reusing and remixing), 추상화와 모듈화(Abstracting and modularizing) |
| 컴퓨팅 관점<br>(Computational perspectives) | 프로그래밍 과정에서 자신과 다른 사람, 주변 세계를 생각하는 것<br>• 하위요소 : 표현하기(Expressing), 연결하기(Connecting), 질문하기(Questioning) |

Brennan & Resnick은 컴퓨팅사고력이 다른 맥락과 시간, 동기, 다양한 구성과 지원에 의해서 함양될 수 있고 블록형 프로그래밍을 통한 학습을 구성하는 과정은 컴퓨팅사고력을 개발하기 위한 좋은 환경이라고 보았습니다.

### 2.2.5 컴퓨팅사고력의 해외 연구

콜럼비아 대학의 컴퓨터 과학과 학과장을 역임한 교수인 Alfred v. Aho(2012)는 컴퓨팅사고력이란 문제 해결 과정을 Computational 단계와 알고리즘으로 나타낼 수 있는 사고 과정이라고 정의하였습니다. 그는 Computational의 기원을 Computation으로 보았습니다. Computation이 계산 모델이라면, Computational은 문제 해결 과정을 단계와 알고리즘으로 표현할 수 있는 사고 과정입니다.

Simon Peyton Jones(2013)는 컴퓨팅사고력이 소프트웨어와 하드웨어를 넘어 시스템과 문제에 대해서 추론할 수 있는 사고방식이라고 말하였습니다. 그는 컴퓨팅사고력의 개념을 아는 것과 문제 해결을 위한 설계, 문제해결, 추상화, 모델링, 프로그래밍 능력을 초등학생부터 지녀야 한다고 하였습니다.

Paul S. Wang(2015)은 컴퓨팅사고력이 컴퓨터 과학에서 비롯된 개념과 추론이지만, 일상 생활을 포함한 모든 영역에 적용해야 하는 정신적인 기술(mental skill)이라고 정의하였습니다.

Curzon & McOwan(2016)은 컴퓨팅사고력을 일상 속의 문제를 해결하기 위한 중요한 문제해결과정으로 보았습니다. 그들은 컴퓨팅사고력이란 알고리즘으로 문제를 해결하는 것을 넘어 대상이나 현상에 관해 생각할 수 있는 힘을 제공하는 일련의 기술이라고 하였습니다.

Google(2016)은 컴퓨팅사고력이란 컴퓨터 과학의 개념과 원리를 이용하여 문제를 해결하는 접근방법을 의미하며 복잡한 문제를 더 작고 이해하기 쉬운 부분으로 나누거나 문제를 해결하기 위한 알고리즘을 고안하는 것을 포함한다고 말하였습니다. 컴퓨팅사고력을 구성하는 네가지 핵심 요소를 분해(decompostion), 패턴 인식(pattern recognition), 추상화(abstraction), 알고리즘 사고(algorithmic thinking)으로 제시하였습니다.

### 2.2.6 컴퓨팅사고력 국내 연구

국내의 컴퓨팅사고력의 정의는 '소프트웨어 교육 운영 지침 해설서(교육부, 2015)'와 '2015 개정 정보교육과정'에서 확인할 수 있습니다. 소프트웨어 교육 운영 지침 해설서에 나오는 컴퓨팅사고력의 정의를 먼저 살펴봅시다.

> 컴퓨팅사고력은 실생활에서 발생하는 복잡한 문제를 효과적이고 효율적으로 해결하기 위해 컴퓨팅(컴퓨터 기술 자원을 개발, 사용하는 모든 활동)의 기본적인 개념과 원리를 활용하는 인간의 사고과정 또는 종합적인 능력이다.

'2015개정 정보교육과정'에 따르면 컴퓨팅사고력은 다음과 같이 제시되어 있습니다.

컴퓨팅사고력은 컴퓨터과학의 기본 개념과 원리 및 컴퓨팅 시스템을 활용하여 실생활 및 다양한 학문분야의 문제를 이해하고 창의적 해법으로 구현하여 적용할 수 있는 능력을 말한다. '컴퓨팅사고력'은 추상화 능력과 프로그래밍으로 대표되는 자동화 능력을 포함한다. 추상화는 문제의 복잡성을 제거하기 위하여 사용하는 기법으로 핵심요소 추출, 모델링, 문제 분해, 분류, 일반화 등의 과정으로 이루어진다. 추상화 과정을 통해 도출된 문제 해결 모델은 프로그래밍 과정을 통해 자동화된다.

교육부(2015)에서 정의한 컴퓨팅사고력과 문제 해결 과정은 ISTE & CSTA의 연구를 기반으로 합니다.

| 구분 | | 정의 |
|---|---|---|
| 자료 수집 | | 문제 해결에 필요한 자료를 모으기 |
| 자료 분석 | | 자료의 이해, 패턴 찾기, 결론을 도출하기 |
| 구조화 | | 문제를 그래프, 차트, 그림 등으로 시각화하기 |
| 추상화 | 분해 | 문제를 관리 가능한 수준의 작은 문제로 나누기 |
| | 모델링 | 문제 해결을 위한 핵심 요소를 추출하고, 모델 만들기 |
| | 알고리즘 | 문제를 해결하기 위한 일련의 단계를 알고리즘으로 표현하기 (절차적 표현) |
| 자동화 | 코딩 | 프로그래밍 언어를 이용해 문제 해결 과정을 자동화하기 |
| | 시뮬레이션 | 프로그램(소프트웨어)을 실행하기 |
| 일반화 | | 문제 해결 과정을 다른 문제에 적용하기 |

한국과학학술정보원(2018)은 Wing이 제시한 컴퓨팅사고력의 추상화, 자동화와 ISTE & CSTA의 컴퓨팅사고력의 추상화, 자동화를 구분해야 한다고 하였습니다. Wing이 제시한 추상화는 인간이 문제 해결을 위해 사고하는 과정 전반을 의미하고, ISTE & CSTA의 추상화는 문제 해결에 필요한 핵심 요소를 선정하고 복잡함을 줄이는 단계라는 점에서 Wing의 추상화의 의미가 조금 더 포괄적인 의미를 담고 있다고 말합니다.

| Wing (2008) | ISTE & CSTA (2011) |
|---|---|
| 추상화 (Abstraction) | 자료수집 (Data Collection) |
| | 자료분석 (Data Analysis) |
| | 자료제시 (Data Representation) |
| | 문제 분해 (Problem Decompostion) |
| | 추상화 (Abstraction) |
| | 알고리즘 및 절차(Algorithm and Procedures) |
| 자동화 (Automation) | 자동화 (Automation) |
| | 시뮬레이션 (Simulation) |
| | 병렬화 (Parallelization) |

컴퓨팅사고력의 구성요소들이 모두 독립적이고 명확히 구분되기 보다는 문제를 해결할 때 서로 유기적으로 연결되거나 통합된다는 점을 기억해야 합니다. 또한, 단순화하여 문제 해결에 필요한 핵심 요소를 추출하는 추상화 과정과 알고리즘을 통한 절차적 사고, 그리고 이를 적용하는 자동화 과정이 핵심입니다.

이영준 외(2014)는 컴퓨팅사고력을 크게 추상화와 자동화로 구분하며, 컴퓨팅사고력이란 컴퓨팅 시스템의 역량을 활용하여 해결하고자 하는 문제를 효과적이고 효율적으로 해결할 수 있는 절차적 사고 능력이라고 정의하였습니다.

배영권과 신승기(2017)는 교육부가 정의한 컴퓨팅사고력은 미국과 영국에서 제시한 컴퓨팅사고력의 핵심 용어를 담고 있지만 컴퓨팅사고력이 절차적 사고를 통한 일련의 사고 과정이라는 점, 알고리즘을 통한 문제 해결을 구성하는 절차라는 점 등이 추가로 반영되어야 한다고 하였습니다.

또한, 추상화, 자동화, 알고리즘의 단계에서 미국과 영국에서 제시되는 순서가 달랐기 때문에 우리나라의 교육과정 특징을 고려하여 컴퓨팅사고력 요소들이 적절하게 반영될 필요가 있다고 말하였습니다.

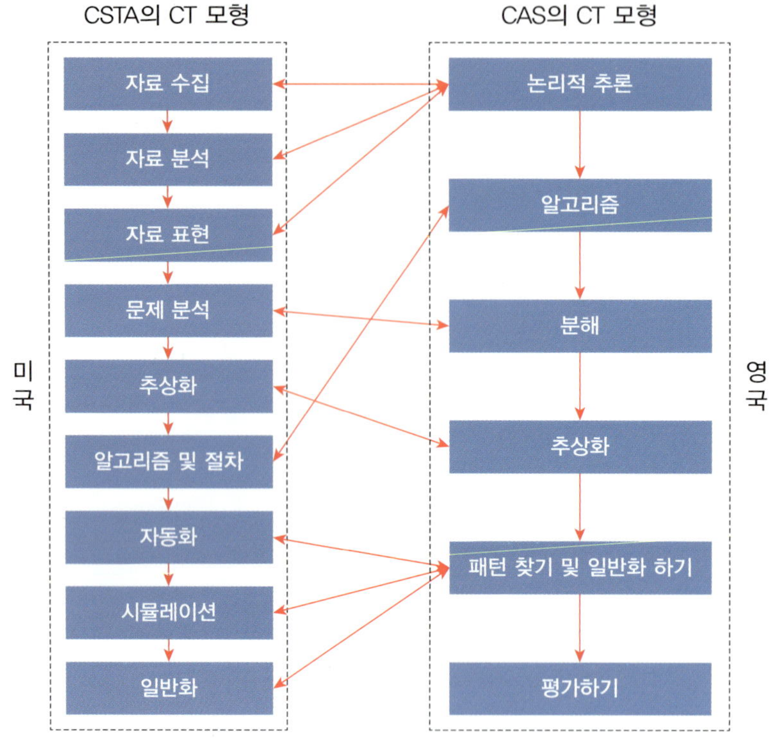


배영권, 신승기(2017). Computational Thinking의 해외 적용 사례 분석을 통한 소프트웨어교육의 시사점 분석 연구. 2017 한국정보교육학회 하계 학술대회, 143-155.

### 2.2.7 정리

위에서 언급했듯이 현재까지도 가장 널리 사용되는 컴퓨팅사고력의 정의는 Wing(2006)이 제시한 컴퓨터 공학의 기본 개념과 원리를 토대로 복잡한 문제를 해결하고 시스템을 설계하며 인간의 행동을 이해하는 일련의 과정입니다. 또한, 교육부(2015)에서 제시한 컴퓨팅사고력의 정의는 미국의 ISTE & CSTA의 연구를 기반으로 제시되었습니다. 다만, 컴퓨팅사고력에 관한 국내외 연구를 분석한 배영권과 신승기(2017)는 컴퓨팅사고력의 정의는 '문제해결방법', '사고과정', '체계적인 방법'이라는 속성을 담고 있기 때문에 컴퓨팅사고력은 구체적이고 명확한 정의보다는 문제를 해결하는 절차적인 사고 과정이라는 관점에서 접근해야 한다고 언급하였습니다.

컴퓨팅사고력의 요소는 학자마자 다르지만 Wing의 연구에서부터 비롯하여 미국의 CSTA와 영국의 CAS에서 공통적으로 제시한 컴퓨팅사고력의 핵심 요소는 '추상화'와 '자동화'로 나뉘는 것을 확인할 수 있습니다. 즉, 컴퓨팅사고력은 컴퓨팅의 개념과 원리를 활용하여 문제를 해결하는 일련의 사고 과정이며 추상화와 자동화의 요소를 유기적으로 단계화하고 연결시켜 문제를 해결하는 모든 사고 과정을 포괄하는 개념이라고 할 수 있습니다.

## 2.3 컴퓨팅사고력과 인공지능 사고력

인공지능은 많은 사회적 역할을 대신하고 여러 분야에서 중요한 역할을 할 것으로 기대되고 있습니다. 이에 따라 학교 현장에서 학생들의 미래 역량을 강화하기 위한 많은 연구들이 지속되고 있기에 인공지능 교육을 위한 기초적이며 철학적인 논의들이 필수적입니다. 인공지능을 컴퓨팅 과학의 커다란 틀 안에서 알고리즘, 프로그래밍, 문제해결력 등과 같은 방향성을 가지고 접근해야 한다는 것과 관련한 연구들이 지속되고 있습니다. 이번 차시에서는 컴퓨팅사고력에 기반한 인공지능 사고력 연구를 살펴봅시다.

인공지능 사고력(AI Thinking)은 Dianel Zeng(2013)이 인공지능 논문지에서 'From Computational Thinking to AI thinking'라는 문구와 함께 처음 소개한 용어입니다. 최현종(2021)은 컴퓨팅사고력이 알고리즘과 로직을 기반으로 문제를 해결하는 사고 과정이라면 인공지능 사고력은 데이터를 기반으로 추론과 학습을 통해 문제를 해결하는 사고과정이라고 정의하였습니다. 인공지능이 컴퓨터 과학의 한 분류인 것처럼 인공지능 사고력과 컴퓨팅사고력은 밀접하게 관련되어 있다고 말하였습니다.

### 2.3.1 인공지능 사고력 프레임워크 연구

신승기(2021)는 인공지능이 컴퓨터 과학의 한 분야이고, 인공지능교육은 컴퓨팅사고력의 일부라는 관점에서 인공지능 사고력을 연구하였습니다. 본 연구는 인공지능 사고력의 정의와 특징을 찾고 이를 기반으로 어떻게 인공지능 교육이 수행되어야 하는지 연구하였습니다. 구체적인 연구 방법은 인공지능 연구 관련 텍스트 데이터 수집 및 자연어 처리를 통한 코워드 분석(co-word analysis)을 수행하여 인공지능 사고력을 정의하였습니다. 본 연구에서 수행한 코워드 분석은 두가지로 구분할 수 있습니다. 먼저, ① 코사인 유사도(Cosine similarity) 분석 방법은 출현 빈도에 따라 가중치를 부여하여 쌍을 이루는 단어들을 추출하는 방법입니다. ② 스킵 그램을 활용한 워드투백(Skip-gram with word2vec) 분석 방법은 주변 단어들을 살펴보고 이와 짝을 묶어 단어들을 예측합니다.

① Cosine Similarity

코사인 유사도 방법에 따르면 인공지능 사고력이란 의사결정과 관련된 문제가 있는 복잡한 문제를 해결하여 문제 속 의미를 파악하고 해결하는 통합된 사고 과정을 의미한다고 정의하였습니다.

> *AI thinking is the integrated thinking process to solve complex problems with decision-involved problems to determine the implications of the problems.*

코사인 유사도 방법에 따른 단어 출현 빈도에 따른 결과를 4가지 그룹으로 구분하였습니다. 구분된 결과는 아래와 같습니다.

| Memorize Information | Apply Skills |
|---|---|
| Approaches<br>Course<br>Module | Science<br>Solution<br>Development<br>Algorithms |
| Example-Decision<br>Problem-Implications<br>Develop-Involved<br>Computer-Students<br>Integrated-Complex | Results<br>Projects<br>Challenge |
| Understand Relationships | Apply Generic Skills |

Shin, S. (2021). A study on the framework design of artificial intelligence thinking for artificial intelligence education. International Journal of Information and Education Technology, 11(9), 392–397.

- Group 1 : 관계를 이해하는 것(Understand Relationships)은 사전 지식을 바탕으로 문제를 이해하고 해결해야 할 문제를 발견하는 과정을 의미합니다.
- Group 2 : 정보를 암기하는 것(Memorize Information)은 학습에 필요한 관련 지식을 이해하는 것을 의미하는 것으로 인공지능에 관한 기술적 이해와 관련이 있습니다.
- Group 3 : 기술을 적용하는 것(Apply Skills)은 문제 해결의 아이디어가 설계되

고 일련의 문제 해결이 진행되는 단계입니다. 과학적 문제 해결 과정의 개발 및 알고리즘으로 구현하는 과정을 포함합니다.

- Group 4 : 일반화 기술을 적용하는 것(Apply Generic Skills)은 새로운 문제를 통해 문제 해결 결과를 다른 문제로 일반화하는 것을 의미합니다. 즉, AI를 활용한 문제 해결 능력을 일반화하는 과정입니다.

② Skip-gram with word2vec

스킵그램을 활용한 워드투백 방법에 따르면 인공지능 사고력은 토론, 아이디어 제공, 답을 증명하는 과정을 통해서 문제를 해결하는 기술(technique)임을 확인할 수 있었습니다.

| AI Thinking | is | Technique | to | Provide<br>Discuss<br>Demonstrate<br>Prove | the | Answer<br>Decision | through | Conversations<br>Analytics<br>Development |
|---|---|---|---|---|---|---|---|---|

Shin, S. (2021). A study on the framework design of artificial intelligence thinking for artificial intelligence education. International Journal of Information and Education Technology, 11(9), 392–397.

아래의 프레임워크는 Skip-gram을 이용한 코워드 분석 결과를 바탕으로 인공지능 사고력의 특성을 설명하도록 재구성된 내용입니다.

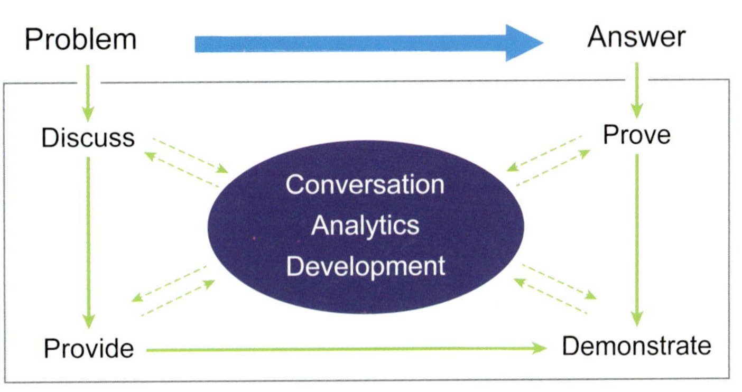


Shin, S. (2021). A study on the framework design of artificial intelligence thinking for artificial intelligence education. International Journal of Information and Education Technology, 11(9), 392–397.

인공지능 사고력의 특징은 인간의 사고 과정과 유사한 컴퓨터적 사고 과정을 거쳐 문제를 해결한다는 점입니다. 위 그림에서 상자의 외부는 문제를 찾고 해결하는 과정을 의미합니다. 상자의 내부는 문제를 해결하기 위해 수행되는 복잡한 인지적 사고 과정을 의미합니다.

첫 번째 단계는 다른 사람과 토론(Discuss)하거나 문제를 해결하기 위하여 배경 지식을 활용하는 것을 의미합니다. 다음 단계는 문제 해결을 위해 다양한 아이디어를 제공(Provide)하는 것입니다. 발견된 아이디어는 시뮬레이션을 통하여 문제 해결에 적합한지 확인합니다(Demonstrate). 그리고, 인공지능을 활용한 문제 해결 과정에서 증명된 적절한 아이디어를 다른 곳에 적용하여 그 효과를 입증(Prove)합니다. 인공지능 사고 단계에서는 필요에 따라 타인 또는 배경지식과의 상호작용(Conversation), 문제 해결 방법의 분석(Analytics), 문제 해결 과정의 발전(Development)이 반복적으로 사용됩니다.

정리하자면, 인공지능 사고력은 인공지능을 사용하여 문제와 답을 찾는 일련의 사고 과정으로 표현될 수 있습니다. 위의 그림에서 교사는 외부의 사고 과정을 위해 스캐폴딩(scaffolding)을 제공하거나 촉진자(facilitator)로서 문제 상황을 제시할 수 있습니다. 문제 상황은 학생들이 토론하여 스스로 문제 해결 과정을 발견 및 설명하고 인공지능 기술을 적용해 해결할 수 있어야 합니다.

# 생각해보기

1. 컴퓨팅사고력의 의미가 무엇인지 정리해봅시다.

2. 컴퓨팅사고력의 핵심이 되는 요소인 '추상화'와 '자동화'의 의미에 관하여 정리해보고 실생활 문제 상황에 '추상화'와 '자동화'를 적용해봅시다.

3. 인공지능 사고력이 무엇인지 그 의미를 정리해봅시다.

4. 인공지능 사고력의 특징 설명하는 프레임워크를 설명해봅시다.

**TIP**

신승기(2021)의 연구를 참고하여 인공지능 사고력의 외부의 사고 과정과 내부의 사고 과정을 생각하며 프레임워크를 설명해봅시다.

CHAPTER 03

# 컴퓨팅사고력 기반 인공지능교육

3.1 컴퓨팅사고력과 인공지능교육
3.2 컴퓨팅사고력 기반 인공지능교육을 위한 인지적학습환경 구성
3.3 컴퓨팅사고력 기반 인공지능교육을 위한 교수학습모형
3.4 컴퓨팅사고력 기반 인공지능교육을 위한 평가
생각해보기

들어가며

2022 개정 교육과정의 중점이 된 인공지능, 이에 따라 생소하지만 꼭 필요한 인공지능교육, 어떤 방향으로 실행해야 할까요?

사람들 생활에 필수품으로 자리 잡은 컴퓨터, 이에 대한 컴퓨터 교육의 인기는 꾸준했을까요? 정답은 아닙니다. 2000년대 초반 Wing의 컴퓨팅사고력(Computational Thinking)에 대한 새로운 개념의 정립과 확산에 따라 컴퓨터 교육에 대한 관심이 높아졌지만 교육 정책이 바뀜에 따라 잠시 주춤하게 됩니다. 이후 컴퓨터 교육의 인기는 일상생활 속 인공지능을 탑재한 기술이 발달하며 다시금 상승하게 되었습니다.

그렇다면 인공지능이 부각되기 시작한 시점은 언제일까요? 사람들이 본격적으로 인공지능에 주목하게 된 시점은 2019년 바둑에 인공지능 시스템을 탑재한 알파고(AlphaGo)가 프로바둑기사를 상대로 4승 1패의 성적을 거둔 사건이었습니다. 알파고의 승리가 인공지능 기술의 발전과 혁신을 보여줌에 따라 교육부에서는 학생들이 인공지능에 대한 이해와 기술을 습득해야 한다는 필요성을 인식하여 2019년 11월 인공지능 시대의 미래인재를 양성하기 위한 계획을 발표하고 2022년 교육과정 개정을 통해 인공지능교육을 본격적으로 도입하게 됩니다. 이제는 피할 수 없는 인공지능교육, 어떤 방향으로 나아가야 할까요?

이번 3장은 신승기의 'Computational Thinking 기반의 인공지능교육 프레임워크 및 인지적학습환경 설계(2019)'와 'Computational Thinking 기반 인공지능교육을 통한 학습자의 인지적역량 평가 프레임워크 설계(2020)' 연구를 토대로 작성되었습니다.

## 3.1 컴퓨팅사고력과 인공지능교육

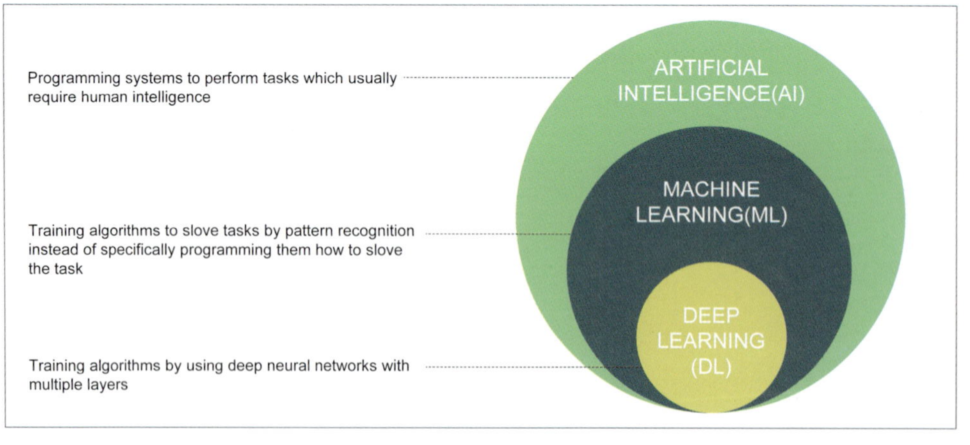


Quantib (2019). The ultimate guide to AI in radiology.
Retrieved from https://www.quantib.com/the-ultimate-guide-to-ai-in-radiology

사람들은 문제를 해결하기 위해 인공지능을 활용할 수 있으며 컴퓨터과학은 인공지능을 위한 핵심적인 이론과 기술을 제공합니다. 인공지능의 핵심 기술인 머신러닝은 데이터를 분석하고 학습하여 패턴을 파악하고 예측하는 능력을 의미합니다. 이를 위해 컴퓨터과학에서는 기계학습 알고리즘과 모델을 개발하고 최적화하는 기술적 측면을 연구하고 있습니다. 이처럼 인공지능은 컴퓨터과학의 한 분야로 볼 수 있으며, 컴퓨터과학에서 다루는 기저 철학 및 문제 해결 과정은 컴퓨팅사고력을 근간으로 합니다. 그렇기 때문에 인공지능교육은 컴퓨팅사고력을 근간으로 알고리즘을 이해하고 활용하여 문제를 해결할 수 있도록 해야 합니다. 또한 인공지능을 구현하기 위해서는 데이터를 처리하고 분석하는 알고리즘을 필요로 하는데 이를 수행할 수 있도록 컴퓨터 프로그래밍 언어를 다룰 수 있어야 합니다.

이번 장에서는 컴퓨팅사고력 기반의 인공지능교육을 위한 프레임워크를 기반으로 교육과정 설계의 이론적 근거와 모형을 살펴봅시다. 인공지능을 구현하기 위한 컴퓨터 프로그래밍 언어는 4장에서 다루어 볼 예정입니다.

## 3.2 컴퓨팅사고력 기반 인공지능교육을 위한 인지적학습환경 구성

### 3.2.1 컴퓨팅사고력 기반 인공지능교육을 위한 핵심 요소

#### (1) Gadanidis의 인지적학습환경 구성

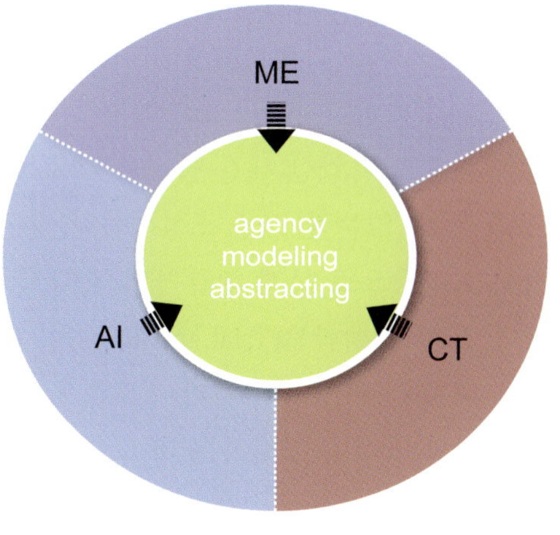


Gadanidis, G. (2017). Artificial intelligence, computational thinking, and mathematics education. The International Journal of Information and Learning Technology, 34(2), 133–139.

Gadanidis는 수학교육(Mathematics Education, ME)과 컴퓨팅사고력(Computational Thinking, CT)의 교차점에서 핵심요소를 도출하여 인공지능(AI)의 특징을 정의하였습니다. 따라서 인공지능교육은 컴퓨팅사고력을 기반으로 통합적으로 제시되어야 함을 주장하며 인공지능교육을 위한 인지적 학습환경 구성을 위해 컴퓨팅사고력의 Agency, Modeling, Abstracting를 강조합니다. Agency는 데이터를 기반으로 효율적인 알고리즘을 설계하기 위한 추론 단계로 문제해결에 필요한 지식을 스스로 구성할 수 있는 환경이 제공되어야 합니다. Abstracting은 문제해결의 아이디어를 구현하기 위해 거치는 단계로 논리적으로 추론하고 지식을 표현하는 단계입니다. Modeling은 문제해결을 위해 데이터를 시각화하여 알고리즘을 구현하고 아이디어를 검증하는 단계입니다.

| | |
|---|---|
| Agency<br>(학습보조) | • 데이터를 기반으로 효율적인 알고리즘을 설계하기 위한 추론<br>• 문제해결에 필요한 지식을 스스로 구성할 수 있는 환경 구성 |
| Abstracting<br>(추상적사고) | • 문제해결의 아이디어를 구현하는 과정으로의 전이 단계<br>• 비정형화된 데이터를 기반으로 재귀과정을 반복하는 단계 |
| Modeling<br>(인지구조) | • 인공지능 모델을 활용한 아이디어 구현<br>• 데이터 시각화를 통한 알고리즘 구현 및 아이디어 검증 |

### (2) Silapacote와 Srisuphab의 인공지능 기반 문제 해결 과정

Silapacote & Srisuphab(2017)은 인공지능이 논리적 추론, 비판적 사고, 분석적 사고를 기반으로 수학의 알고리즘을 활용하여 의사결정이 이루어진다고 하였습니다. 그들은 이러한 과정이 컴퓨터과학의 문제해결과정인 컴퓨팅사고력의 사고과정과 일치함을 제시하며 인공지능교육은 컴퓨팅사고력을 기반으로 문제해결력을 길러주어야 함을 강조하였습니다.

문제 상황은 일반적으로 다양한 해결 방법을 갖고 있습니다. 이에 학생들 간의 협력과 창의력을 발휘할 수 있는 환경을 조성해야할 것을 강조하며 팀 프로젝트를 통해 의사소통과 협력을 바탕으로 문제 해결 방법에 대한 창의적인 아이디어를 발전시키도록 하였습니다. 또한 시행착오(Trial and Error)를 반복하며 다양한 문제 해결 방법을 찾도록 하였는데 이는 학생들이 자기 주도적으로 학습하고 탐구하는 과정에서 인공지능의 원리와 작동 방식을 이해하는 데 도움을 줄 수 있기 때문입니다.

이를 위해 "문제 인식과 정의, 데이터 수집과 분석, 모델 개발과 훈련, 문제 해결 과정과 평가, 결과 활용과 피드백" 단계를 순차적으로 진행하는 문제 해결 과정 모델을 제시하였습니다. 이 모델의 특징은 크게 두 가지로 재귀 프로그래밍을 통해 반복적으로 문제를 수행하여 개선 및 보완해나가는 것과 비고츠키의 정서적 도구(Tools of the mind) 관점을 반영하여 협업을 강조한 것입니다.

### (3) Zeng의 학습전략

Zeng은 인공지능교육을 위해 논리와 알고리즘을 기반으로 한 네 가지 학습전략을 제시하였습니다. 첫째, 문제 해결 과정에서 사전 지식과 사례를 기반으로 아이디어를 구성해야 합니다. 둘째, 일상생활 속에서 문제를 발견하고 해결방안을 추론할 수 있도록 학습환경을 구성해야 합니다. 셋째, 문제를 해결하는 과정과 의미를 설명할 수 있어야 합니다. 넷째, 인공지능교육을 위해서는 비정형데이터 기반의 학습이 구성되어야 합니다. Zeng은 인공지능교육을 위한 학습전략을 활용하기 위해서는 컴퓨팅사고력 기반의 추상화 과정이 중심이 되어야 함을 강조하였습니다.

## 3.2.2 컴퓨팅사고력 기반 인지적 학습환경 구성

신승기(2019)는 컴퓨터과학의 울타리 안에서 인공지능을 가르치기 위한 교수학습의 내용과 방법을 제시하고 있으며 컴퓨팅사고력을 토대로 문제해결력을 기르는 것을 중요하게 여기고 있습니다. 특히 추상적사고 과정을 기반으로 데이터를 활용하여 문제를 해결할 수 있는 요소를 강조하고 있습니다. 아래의 그림은 인공지능교육의 인지적 학습환경을 구성하기 위한 세부요소와 과정을 절차적으로 구현한 그림입니다.

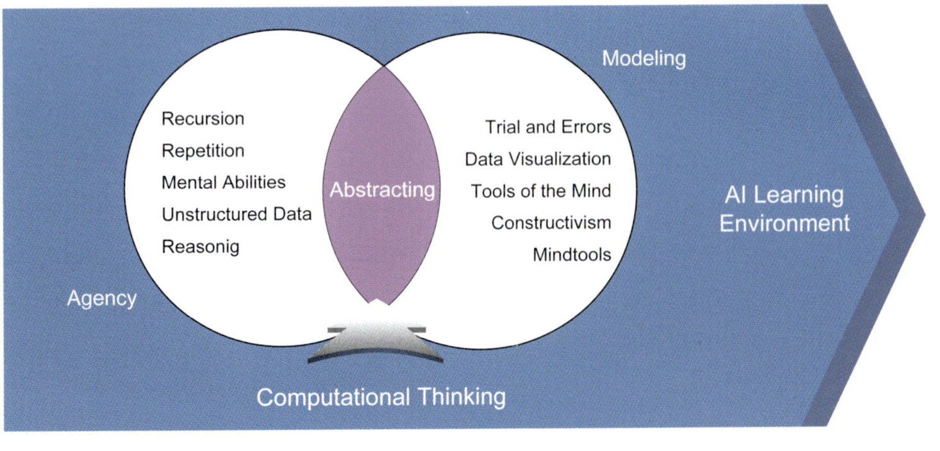


신승기(2019). Computational Thinking 기반의 인공지능교육 프레임워크 및 인지적학습환경 설계. 정보교육학회논문지, 23(6), 647p

이 프레임워크는 Gadanidis의 3가지 핵심 요소(Agency, Modeling, Abstracting)와 Silapacote와 Srisuphab이 제시한 인공지능 기반의 문제해결과정, Zeng의 인공지능교육을 위한 학습전략을 바탕으로 인지적 학습 환경 구성의 절차와 세부요소를 나타내고 있습니다. 신승기(2019)는 세 학자의 이론을 바탕으로 인공지능 교육이 수행되는 인지적 절차를 프레임워크로 구성하였습니다. 프레임워크는 Agency(인지적학습 보조)로부터 컴퓨팅 사고력의 Abstracting(추상화)를 통해 Modeling(인지구조의 모델링)으로 나아가도록 구성되어 있습니다.

Agency(인지적학습의 보조)는 구성주의 관점에서 문제 해결 과정의 비계를 제시하기 위해 인지적인 환경을 구성하는 단계입니다. 컴퓨터과학교육의 아버지로 불리는 시모어 페퍼트는 문제 해결에 필요한 지식을 학생들이 스스로 구성할 수 있도록 흥미로운 도구를 사용하는 교육환경을 구성해야 한다고 제시한 바 있는데, 이는 그의 철학과도 일치합니다. 비정형화된 데이터를 기반으로 문제를 간단하게 만드는 과정인 재귀 과정을 반복함으로써 정서적 역량과 추론 능력을 향상시키는 과정입니다.

**TIP 재귀 과정이란?**

문제를 해결하기 위해 같은 문제를 조금 더 작은 경우로 만들어서 해결함으로써 원래의 문제를 해결하는 것입니다. 문제를 간단하게 만들어서 바로 풀 수 있는 문제로 작아질 때까지 반복하는 과정을 의미합니다.

Modeling(인지구조의 모델링)은 문제해결 아이디어를 구현하는 인지적 학습환경 구성의 결과로서의 과정입니다. 정서적인 도구를 활용하여 적절한 알고리즘을 선택하는 과정에서 다양한 시행착오를 통해 데이터를 추상화하는 인지적 구체화 단계입니다.

Abstracting(추상화)은 학습환경의 구성(Agency)와 알고리즘 선택(Modeling)의 단계가 전이되어 연결되는 과정으로 컴퓨팅사고력의 추상적사고를 통해 문제 해결의 알고리즘을 구성하게 됩니다. 컴퓨팅사고력의 핵심은 추상화와 자동화입니다. 인지적인 절차와 추론하는 과정을 추상화 단계, 인공지능의 알고리즘을 선택하는 단계를 자동화라고 본다면 이 추상화와 자동화 단계를 연결하는 핵심 과정으로 볼 수 있습니다.

## 3.3 컴퓨팅사고력 기반 인공지능교육을 위한 교수학습모형

### 3.3.1 인공지능교육의 문제 해결 절차

#### (1) Krishna Rao

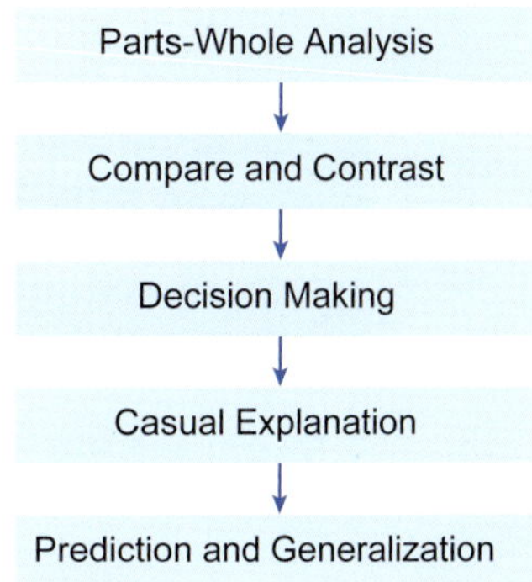


신승기(2019). Computational Thinking 기반의 인공지능교육 프레임워크 및 인지적학습환경 설계. 정보교육학회논문지, 23(6), 649p

Krishna Rao(2005)는 인공지능교육을 위한 문제 해결 과정을 5단계로 제시하며, 인공지능기반의 다양한 문제 해결 아이디어를 제시하고 신뢰성 있는 예측을 수행하는 과정으로 구성하였습니다. ‘Parts-Whole Analysis’는 문제를 세분화하여 살펴보는 과정과 모델링을 통해 문제의 전체를 바라보는 과정을 반복하여 알고리즘을 구성하는 단계입니다. ‘Compare and Contrast’는 이전 단계에서 모델링한 알고리즘과 다른 알고리즘의 차이점과 유사점을 살펴보며 현재 적용하고 있는 문제 해결 과정의 특징을 찾아보는 단계입니다. ‘Decision Making’은 가장 적합한 알고리즘을 선택하는 단계입니다. ‘Casual Explanation’은 주어진 문제와 인공지능 알고리즘을 활용하여 문제를 해결한 결과의 인과관계를 살펴보고 효과성을 검증하는 단계입니다. ‘Prediction and Generalization’은 이전의 단계에서 인공지능을 활용한 문제 해결 과정을 다른 문제 상황에 적용하였을 때의 결과와 과정을 예측하여 알고리즘을 일반화하는 단계입니다.

#### (2) Shih

Kolb는 피아제(Jean Piaget)의 인지발달이론, 비고츠키(Vygotsky, L. S.)의 구성주의이론, 듀이(John Dewey)의 경험학습이론을 바탕으로 4단계 순환경험학습모형을 제시하였습니다. Shih(2019)은 Kolb의 모형을 참고하여 인공지능 교육을 위한 학습단계를 제시하였습니다.

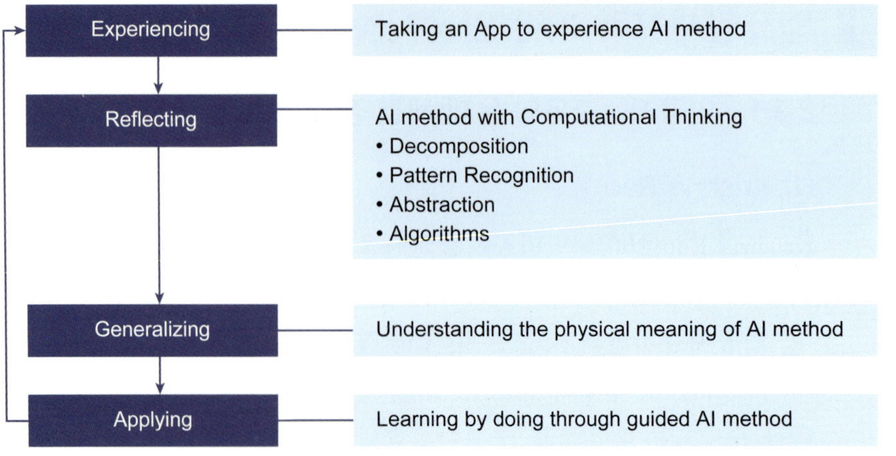


신승기(2019). Computational Thinking 기반의 인공지능교육 프레임워크 및 인지적학습환경 설계. 정보교육학회논문지, 23(6), 645p

경험(Experiencing)은 인공지능이 적용된 도구 및 소프트웨어를 체험하여 인공지능 기술을 경험하며 인공지능에 대한 동기를 유발하는 단계입니다. 이때 사용하는 인공지능 도구는 주변에서 쉽게 사용할 수 있는 스마트폰의 어플리케이션 등을 의미합니다. 반성(Reflecting)은 컴퓨팅사고력의 4단계(문제 분해-패턴 인식-추상화-알고리즘)를 통해 인공지능을 활용한 문제 해결 과정을 수행하며 인공지능의 내재적 의미와 원리를 이해하는 단계입니다. 일반화(Generalizing)은 다양한 문제상황에서 인공지능 방법을 적용한 문제 해결 전략을 적용하며 인공지능의 물리적 의미를 이해하는 단계입니다. 적용(Applying)은 인공지능의 내재적 의미와 물리적 의미를 활용하여 실제 인공지능을 구현하는 단계입니다. 이 프레임워크는 실제 경험을 기반으로 반복적인 학습을 통해 발전을 도모합니다.

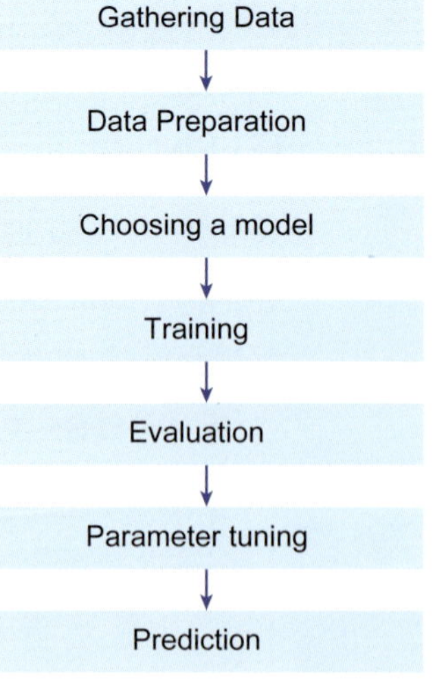


### (3) Guo

인공지능은 데이터를 학습하여 예측 및 판단합니다. Guo(2018)는 인공지능교육을 위해 머신러닝을 기반으로 7단계의 학습절차를 제시하였습니다. 먼저 인공지능을 적용할 분야에 대한 데이터를 수집합니다. 수집한 데이터를 분류한 내용을 토대로 문제해결과 예측을 위한 알고리즘을 선택합니다. 인공지능을 학습시키고 적용된 결과를 평가하여 알고리즘의 효과성을 입증합니다. 실제 문제를 해결하기 위하여 이전 과정의 속성을 조정하며 추후의 데이터를 적용했을 때의 결과를 예측합니다.

### 3.3.2 컴퓨팅사고력과 인공지능교육 교수학습모형의 비교

<table>
<tr><th rowspan="2">Computational Thinking Model</th><th colspan="4">Artificial Intelligence Learning Model</th></tr>
<tr><th>Rao(2005)</th><th colspan="2">Shih(2019)</th><th>Guo(2018)</th></tr>
<tr><td>Data Collection</td><td rowspan="3"></td><td colspan="2"></td><td>Gathering Data</td></tr>
<tr><td>Data Analysis</td><td colspan="2">Experiencing</td><td rowspan="2">Data Preparation</td></tr>
<tr><td>Data Representation</td><td rowspan="4">Reflecting</td><td>Pattern Recognition</td></tr>
<tr><td>Problem Decomposition</td><td>Parts-Whole Analysis</td><td>Decomposition</td><td></td></tr>
<tr><td>Abstraction</td><td>Compare and Contrast</td><td>Abstraction</td><td>Choosing a model</td></tr>
<tr><td>Algorithms & Procedures</td><td>Decision Making</td><td>Algorithms</td><td></td></tr>
<tr><td>Automation</td><td rowspan="3">Casual Explanation</td><td colspan="2" rowspan="3">Generalizing</td><td>Training</td></tr>
<tr><td rowspan="2">Simulation</td><td>Evaluation</td></tr>
<tr><td>Parameter tuning</td></tr>
<tr><td>Parallelization</td><td>Prediction and Generalization</td><td colspan="2">Applying</td><td>Prediction</td></tr>
</table>

신승기(2019). Computational Thinking 기반의 인공지능교육 프레임워크 및 인지적학습환경 설계. 정보교육학회논문지, 23(6), 648p

앞에서 제시한 연구자마다 인공지능교육에 대해서 가치를 두고 있는 부분에 따라 모형이 다르게 나타나지만 대체로 컴퓨팅사고력의 사고 과정과 일치합니다. 인공지능이 컴퓨터과학의 주요 영역이라는 점과 추상화 과정이 중요하다는 점에서 인공지능교육은 컴퓨팅사고력을 근간으로 구성되어야 한다는 연구가 이를 뒷받침합니다. 하지만 컴퓨팅사고력의 사고 과정에서 자료 수집과 분석의 단계가 없는 모형도 있습니다. 지도학습의 경우 데이터 분석이 중요하지만 비지도학습과 강화학습의 경우 연구자의 의도에 따라 데이터를 다루는 관점에 차이가 있기 때문입니다.

이외의 단계인 추상화, 알고리즘, 자동화, 시뮬레이션, 일반화 과정에 대해서는 세 가지 모형에서 모두 언급하고 있으며 이를 통해 인공지능교육에서 추상화 과정을 토대로 알고리즘을 적용하여 문제를 해결하는 과정이 중요함을 알 수 있습니다.

한편 컴퓨팅사고력의 사고 과정에는 제시되지 않은 '예측(Prediction)'의 단계를 가진 모형들이 보입니다. 인공지능은 우리의 일상생활과 밀접한 관련이 있으므로 인공지능이 사회에 미칠 영향을 모든 단계에서 고민할 필요가 있습니다. 또 알고리즘을 구현하는 자동화 단계에서 알고리즘이 정확한지, 문제해결과정의 목적을 달성하였는지에 대한 평가하는 과정이 필요합니다. 예측 단계를 통해 다른 문제상황에 적용하여 예측하며 인공지능의 효과성을 살펴봐야 합니다.

### 3.3.3 컴퓨팅사고력 기반 인공지능교육을 위한 교수학습모형

아래 제시된 그림은 3.2에서 확인한 컴퓨팅사고력 기반의 인공지능교육을 위한 인지적학습환경설계와 프레임워크에서 도출된 인공지능교육의 교수학습 모델입니다. 신승기는 인공지능교육이 '컴퓨팅사고력을 기반으로 인공지능의 알고리즘을 활용하여 일상생활의 문제를 해결하는 과정을 통해 문제해결력을 기르는 교육'이라는 점에서 컴퓨팅사고력의 문제해결단계를 근간으로 인공지능교육을 위한 교수학습 절차를 제시하였습니다.

이 모형의 특징으로는 첫째, 지도학습의 개념을 포함하여 데이터를 구성하는 내용이 포함되었다는 것입니다. 둘째, 컴퓨팅사고력 기반의 인공지능교육을 위한 핵심요소를 반영하여 추상화(Abstraction)의 개념을 중점으로 인공지능의 알고리즘을 학습하

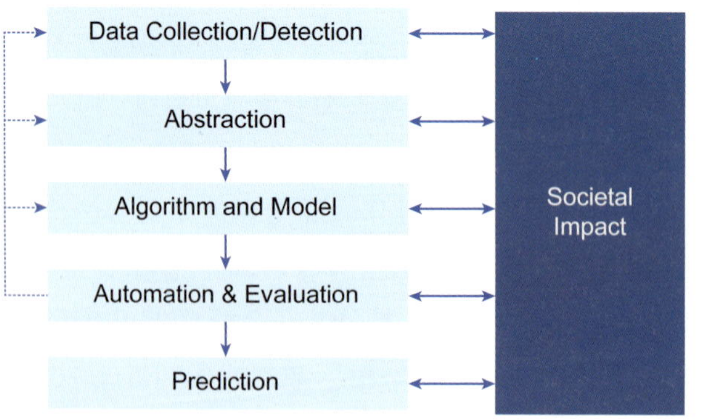


신승기(2019). Computational Thinking 기반의 인공지능교육 프레임워크 및 인지적학습환경 설계. 정보교육학회논문지, 23(6), 649p

고 활용할 수 있도록 구성되었다는 것입니다. 셋째, 기존의 컴퓨터과학교육을 위한 프레임워크의 범위에서 창의성과 문제해결력을 신장시키는 과정이 포함되었습니다.

인지적 학습 환경을 구성하는 Agency와 Abstracting, Modeling을 떠올려 보았을 때 자료 수집과 발견은 Agency와 Abstracting을 이어주는 단계이며 알고리즘의 자동화 및 예측 단계는 Modeling을 세분화하는 단계입니다. 인공지능은 우리의 일상생활과 밀접한 관련이 있기 때문에 모든 단계에서 사회적 영향을 고려하도록 설계되었습니다.

## 3.4 컴퓨팅사고력 기반 인공지능교육에 대한 평가

### 3.4.1 컴퓨팅사고력 기반 인공지능교육에 대한 평가 방법

교육과정에 대한 연구를 진행할 때 일반적으로 타일러(Tyler)의 교육과정 개발모형인 '목표-내용-방법-평가'의 단계를 따릅니다. 교육현장에서는 타일러의 교육과정 개발모형을 구체화한 블룸(Bloom)의 텍사노미(Taxonomy)의 '지식-이해-응용-분석-종합-평가'에 이르는 위계에 따라 교육과정 설계 및 교수학습방법에 대한 연구가 이루어지고 있습니다. 2022 개정 교육과정에서 인공지능교육이 본격적인 도입과 적용을 앞두고 있는 시점에서 교수학습방법과 내용은 물론 평가 방법에 대한 고민이 필요합니다.

평가 방법은 평가 대상에 따라 크게 두가지로 분류할 수 있습니다. 먼저, 양적평가기반의 표준화 평가도구로 IQ 검사와 같이 평가하고자 하는 영역에 대한 구체적인 평가도구를 개발하는 것입니다. 반면, 과정중심평가 및 서술형검사처럼 객관적으로 측정이 어렵거나 내재적인 변화가 나타나는 학습과정을 평가할 경우 평가 루브릭을 기반으로 프레임워크를 제시하여 평가도구가 필요할때마다 세부평가기준과 내용을 구성하는 방법을 활용합니다.

컴퓨팅사고력 기반 인공지능교육의 경우 추상화를 통한 알고리즘 개발과 자동화를 통한 검증 및 적용이 이루어진다는 점에서 내재적인 사고 과정이 평가되어야 하는데, 양적인 평가도구로는 인지적인 사고 과정을 측정하는 데 제한적입니다.

컴퓨팅사고력 기반 문제해결 인지적역량에 대한 학습자의 내재적 변화정도를 측정하기 위해서는 실제적인 평가문항이 필요합니다. 이에 신승기는 관찰과 측정을 통해 학습과정 및 결과를 다면적으로 평가하기 위한 질적 평가 프레임워크를 설계하였습니다.

프레임워크의 평가 요목은 Kirkpatrick(1959)의 평가모형인 반응, 학습, 행동, 결과 단계를 개선한 The New Kirkpatrick Model(2015)의 영역과 세부요소에 대한 분석을 통해 구성되었습니다. 평가 내용은 Bloom(1956)의 학습영역에 대한 분류기준에 따라 인지적 영역, 정의적 영역, 심동적 영역으로 구분하여 설계되었습니다. 이는 Brennan & Resnick(2012)이 제시한 인지, 정의, 실천적 관점과 Kirkpatrick(1994)의 지식, 기술, 태도의 평가 영역과 맥을 같이 합니다.

### (1) Brennan & Resnick

Brennan & Resnick(2012)은 컴퓨팅사고력은 표준화된 양적평가로 측정할 수 있는 영역이 아니며 대신 여러 번의 관찰과 결과물을 다양한 관점으로 살펴보며 변화의 정도를 분석해야 한다고 하였습니다. 이는 다양한 관점의 접근과 학습자의 문제 해결 과정에 대한 연구자의 주관이 반영된다는 점에서 질적평가의 사례연구(Case Study) 기법과 유사합니다. 학습자의 사고과정 변화를 살펴보기 위한 관점으로 인지적 관점(Computational Concepts), 정의적 관점(Computational Perspectives), 실천적 관점(Computaional Practice)를 제시하였습니다.

### (2) Kirkpatrick

Kirkpatrcik(1994)의 평가모형은 '반응 수준(Reaction level), 학습 수준(Learning level), 행동 수준(Behavior level), 결과 수준(Results level)'인 4개의 수준으로 구성되어 있습니다. 반응 수준은 학습자의 반응과 만족도를 평가합니다. 학습 수준은 학습자의 지식, 기술, 태도에 대한 학습 결과를 측정하고 평가합니다. 행동 수준은 실생활에 적용하여 실제 행동 변화로 이어지는 과정을 평가합니다. 결과 수준은 교육의 성과와 목표 달성에 미친 영향을 평가합니다. 반응 및 학습 수준은 학습자의 내재적 반응을 평가하며, 행동 및 결과 수준은 외재적 반응을 평가합니다. 이처럼 교수학습의 효과를 종합적으로 평가하여 향상시킬 수 있는 지표를 제공한다는 점에서 교육과정 설계를 위해 널리 활용되는 평가모형입니다. 아래 제시된 표는 기존의 Kirkpatrick의 모형을 개선한 The New Kirkpatrick Model(2015)의 영역과 세부요소를 분석하여 정리한 표입니다.

| Level | Domain | Factors | Description |
|---|---|---|---|
| Level 1 | Reaction | Engagement | Evaluate students' response to participation in learning activity |
| | | Relevance | Assess the opportunities and abilities of students to apply what have learned in other areas |
| | | Satisfaction | Evaluate students' satisfaction with class contents |
| Level 2 | Learning | Knowledge | Measure the degree of change in students' knowledge of the content |
| | | Skills | Evaluate students' degree of change in the competencies required in the content |
| | | Attitude | Assess change in learner's attitudes through learning |
| | | Confidence | Identify changes in learners' confidence in teaching and learning through learning |
| | | Commitment | Observe changes in how students attempt to participate in learning about relevant instructional content |
| Level 3 | Behavior | Critical Behaviors | Measure behavioral change in learner's problem-solving according to learning |
| | | Required Drivers | Evaluate changes in Reinforce, Monitor, Encourage and Reward according to students' ability to solve problems |
| | | On-the-job learning | Evaluate learner's performance to measure changes in accountability and motivation for optimal problem-solving |
| Level 4 | Results | Leading indicators | Find out if the instructional goals have been achieved through the leaner's leaning process |
| | | Desired outcomes | Checking the achievement of the results required in the proposed instructional context |

신승기(2020). Computational Thinking 기반 인공지능교육을 통한 학습자의 인지적역량 평가 프레임워크 설계. 정보교육학회논문지, 24(1), 65p.

### 3.4.2 컴퓨팅사고력 기반 인공지능교육의 인지적 평가 요소

아래의 표는 컴퓨팅사고력 기반의 인지적 학습 환경구성을 위한 영역인 Agency, Abstracting, Modeling을 바탕으로 Zeng이 제시한 인공지능교육 학습전략과 Gadanidis의 컴퓨팅사고력 기반 문제해결과정을 반영한 인공지능교육 교수학습모형의 세부요소를 제시한 표입니다.

| Instructional Model | Domain | Factors | | Description |
|---|---|---|---|---|
| Data Collection/ Detection | Agency | Data Collection | | Collect various data for problem–solving |
| | | Cognitive Process | Reasoning | Conduct the reasoning to check the reliability of the data |
| | | | Recursion | Conduct the recursion to check the relevance of the collected data for the purpose of problem–solving |
| | | | Repetition | Repeat data collection and analysis to ensure the validity of the algorithm |
| Abstraction | Abstracting | Abstraction | | Discover and categorize patterns of data |
| Algorithm and Model | Modeling | Agorithm Modeling | | Algorithm modeling for problem recognition and solving through categorized data |
| Automation & Evaluation | | Trials and Errors | | Validate algorithms by applying them to a variety of similar problems |
| Prediction | | Data Visualization | | Apply the algorithm to solve the new problem and predict the result for refining the data |

신승기(2020). Computational Thinking 기반 인공지능교육을 통한 학습자의 인지적역량 평가 프레임워크 설계. 정보교육학회논문지, 24(1), 63p

인지적 학습보조(Agency)의 평가요소는 자료수집(Data Collection)과 인지적 처리(Cognitive Process)의 단계입니다. 알고리즘의 타당도를 확보하기 위해 문제해결을 위한 다양한 데이터를 수집하고 데이터의 신뢰도를 확인하는 과정, 목적과 데이터의 관련성을 확인하는 과정을 반복적으로 수행하는 등의 인지적 과정을 평가합니다. 이 중 인지적 처리 단계는 인지적 추론(Reasoning), 재귀적 추론(Recursion), 반복적 추론(Repetition)인 3Rs로 구성되어 있으며 세 단계는 순차 및 반복적으로 진행될 수 있습니다.

추상화(Abstracting)의 평가요소는 추상화(Abstraction) 자체로 수집된 데이터에서 공통적 특징을 찾아 분류하는 과정을 평가합니다. 데이터 속성을 분해하여 그룹으로 정의된 데이터를 아이디어로 구성하는 과정은 확산적사고와 수렴적사고(Guilford, 1950)가 통합된 형태의 인지처리과정으로 볼 수 있습니다.

알고리즘 구현(Modeling)의 평가요소는 알고리즘 모델링(Algorithm Modeling), 알고리즘의 검증(Trials and Errors), 알고리즘 적용을 통한 데이터 구체화(Data Visualization) 단계로 알고리즘을 점검 및 개선하고 일반화하는 과정을 평가합니다.

### 3.4.3 컴퓨팅사고력 기반 인공지능교육 평가 프레임워크

인공지능교육을 통해 변화하는 인지적역량에 대한 평가를 위해 프레임워크를 설계한 과정을 확인하였습니다. 프레임워크의 세부요소는 Tyler(1949)와 Bloom(1956)의 교수학습설계에 대한 단계를 참고하여 신승기가 연구한 컴퓨팅사고력 기반 인공지능 교수학습모형을 토대로 구성되었습니다.

평가 요소는 Bloom(1956)의 학습영역에 대한 분류기준을 토대로 한 Kirkpatrick (2015)의 인지적학습에 대한 평가 요소인 지식, 기능, 태도로 구성되었습니다. 평가 단계와 영역은 Kirkpatrcik(1959)의 반응, 학습, 행동, 결과로 구성되었으며 평가의 위계는 이를 순차적으로 제시하였습니다. 아래 그림을 통해 컴퓨팅사고력 기반 인공지능교육 3축 기반 인지적 평가 프레임워크를 확인해봅시다.

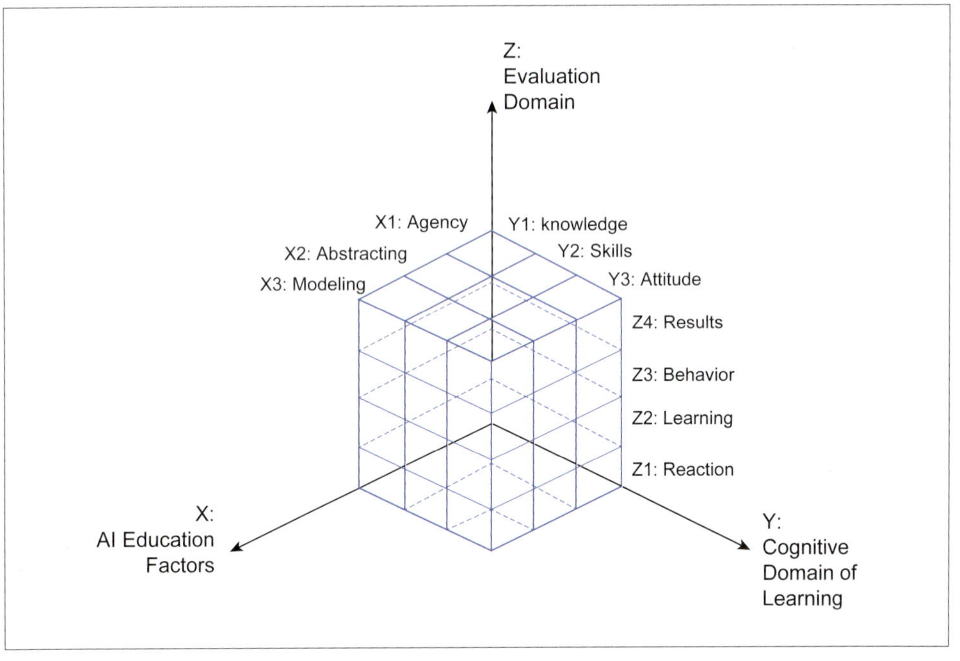


신승기(2020). Computational Thinking 기반 인공지능교육을 통한 학습자의 인지적역량 평가 프레임워크 설계. 정보교육학회논문지, 24(1), 65p

### (1) X축 : AI교육의 핵심 요소

인공지능교육을 위한 핵심 영역은 컴퓨팅사고력을 근간으로 한 인지적 학습보조(Agency), 추상화(Abstraction), 알고리즘구현(Modeling)으로 3가지 영역이 순차적인 위계로 구성되어 있습니다. 이는 데이터 수집, 패턴 도출 및 분류, 알고리즘 설계 및 적용을 순차적으로 거치는 인지적 사고 과정을 제시하고 있습니다.

### (2) Y축 : 학습의 인지적역량 요소

인지적역량을 평가하기 위한 평가요소는 Kirkpatrick(1959)이 제시한 지식, 역량, 태도를 기반으로 구성되었습니다. 이는 Bloom(1956)이 제시한 인지, 정의, 심동적 영역에 대한 연구를 계승한 내용이며 컴퓨팅사고력 기반의 평가도구 개발을 선행 연구한 Brennan & Resnick(2012)도 인지적 영역의 평가요소로 인지, 정의, 실천적 관점을 제시한 바 있습니다.

### (3) Z축 : 학습자 평가 영역

평가 단계는 Kirkpatrick(1959)의 4단계 평가모형을 개선한 The New Kirkpatrick Model(2015)을 참고하여 반응, 학습, 행동, 결과 수준의 위계를 고려하여 순차적으로 단계를 제시하였으며 인공지능학습의 요소(X축)와 인지적역량(Y축)을 교차하여 평가할 수 있습니다.

## 3.4.4 컴퓨팅사고력 기반 인공지능교육 평가의 실제

평가 영역은 반응평가(Reaction), 학습평가(Learning), 행동평가(Behavior), 결과평가(Results)인 4개의 영역으로, 위계를 가지고 순차적으로 구성되어 있습니다. 각 영역은 인공지능교육의 핵심요소인 인지적 학습보조(Agency), 추상화(Abstraction), 알고리즘 구현(Modeling)의 3가지 요소에 대하여 인지적 평가요소인 지식, 역량, 태도로 구성되어 있습니다. 프레임워크에서 제시된 X, Y, Z축에 대해서는 우선순위가 존재하지는 않지만 각각의 축 안에서는 순차적인 위계가 있다는 점에서 아래 제시된 루브릭을 고려하여야 합니다.

| Level | Evaluation Domain | AI Education Factors | Knowledge | Skills | Attitude |
|---|---|---|---|---|---|
| Level 1 | Reaction | Agency | Recognize the data detection | Demonstrate data collection | Value data detection and collection |
| | | Abstracting | Utilize the problem decomposition | Apply principles of decomposition | Assess the problem decomposition |
| | | Modeling | Differentiate algorithm modeling | Algorithm modeling for problem sloving | Encourage modeling the algorithm |
| Level 2 | Learning | Agency | Identify the data through reasoning | Organize data accurately through reasoning | Value the data reasoning |
| | | Abstracting | Explain the way to simplify the problem | Distinguish the core problem | Assess to find the core problem |
| | | Modeling | Compare algorithm | Conduct the Algorithm Modeling | Encourage algorithm modeling |
| Level 3 | Behavior | Agency | Classify the data through recursion | Compare the data through recursion | Value the data through recursion |
| | | Abstracting | Interpret the pattern recognition | Apply pattern recognition | Assess the pattern recognition |
| | | Modeling | Justify distinguished algorithm | Adhere the algonithm to slove the problem | Encourage automation of algorithm |
| Level 4 | Results | Agency | Distinguish the data through repetition | Organize the data through repetition | Value the data through repetition |
| | | Abstracting | Categorize common data | Distinguish the data for categorization | Assess the categorized data |
| | | Modeling | Utilize algorithm for data visualization | Analyze the algorithm through data visualization | Encourage to predict the result through data visualization |

신승기(2020). Computational Thinking 기반 인공지능교육을 통한 학습자의 인지적 역량 평가 프레임워크 설계. 정보교육학회논문지. 24(1). 66p

### 3.4.5 평가 루브릭을 적용한 인공지능교육 수업설계

#### (1) 백워드 기반 인공지능교육 수업설계

Backward Design Model은 교육과정을 설계할 때 널리 사용되는 접근 방법으로 맥타이(McTighe)와 위긴스(Wiggins)가 제시한 모형입니다. 이 모델은 학습 목표와 평가를 중심으로 교육과정을 계획하고 구성하는 것을 강조합니다. 세 가지 주요 단계는 아래 그림을 참고해 보세요.

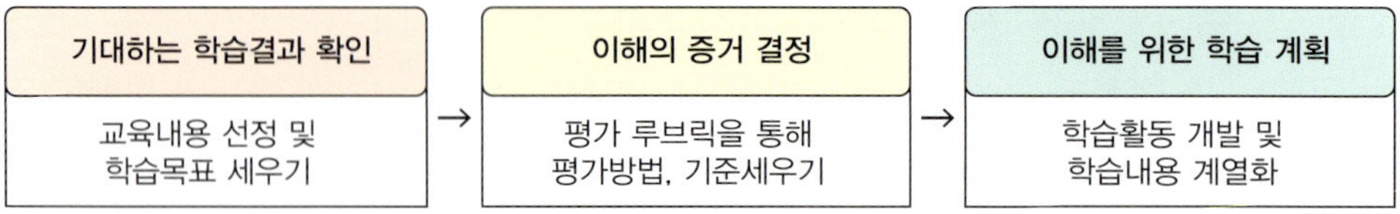


① **기대하는 학습결과 확인** : 성취기준과 단원을 분석하여 하고자하는 수업의 주요 개념을 설정합니다. 주요 개념을 바탕으로 교육내용을 선정하고 학습목표를 세웁니다. 이 단계에서 학습자가 어떤 지식, 기술, 태도를 달성해야 하는지 설정합니다.

② **이해의 증거 결정** : 학습목표에 따른 평가 질문을 구성하고 평가계획을 작성하는 과정중심평가 루브릭을 개발합니다.

③ **이해를 위한 학습 계획** : 단원 재구성을 통해 학습활동을 구성하는 등 수업계획을 세워 지도안을 작성합니다.

#### (2) 백워드 기반 인공지능교육 수업설계 예시

백워드 설계 모형을 기반으로 초등학생 5학년을 대상으로 하는 인공지능 수업을 설계해 보았습니다. 『이해를 위한 학습 계획』에서는 컴퓨팅사고력 기반 인공지능교육을 실시하기 위해 인지적 절차의 요소를 따르고 있습니다. 인지적 절차 중 인지적 학습 보조(Agency)를 고려하여 학생들의 지도학습 개념 형성을 도울 수 있는 흥미로운 도구로 'AI for Oceans'라는 인공지능 플랫폼을 활용하였습니다. 지도학습 알고리즘을 생성하기 위한 알고리즘 구현(Modeling)으로 넘어가기 전, 실생활에 지도학습의 분류기능을 적용한 인공지능이 필요한 곳의 아이디어를 떠올리며 문제를 정리할 수 있는 추상화(Abstracting)가 이루어지게 하였습니다. 마지막으로 알고리즘을 구성하게 되는데 이때 초등학생의 수준을 고려하여 블록형 프로그래밍 언어를 활용합니다.

| 기대하는 학습결과 확인 | | 이해의 증거 결정 | | 이해를 위한 학습 계획 |
|---|---|---|---|---|
| 1. 성취기준 : 인공지능이 적용된 교육용 도구를 통해 기계가 학습하는 과정을 설명할 수 있다.<br><br>2. 교육내용 선정 : 지도학습 알고리즘, AI for Oceans, 블록형 프로그래밍 언어 | → | 1. 평가방법 : 지도학습의 개념에 대한 구술 평가, 인공지능 활용 문제 해결 과정 관찰 평가<br><br>2. 평가기준 : 지도학습의 절차와 방법을 설명할 수 있는가? 지도학습 알고리즘으로 문제를 해결할 수 있는가? | → | 1. 지도학습의 개념을 이해하기 위한 AI for Oceans 체험<br><br>2. 실생활에 인공지능이 필요한 곳 아이디어 떠올리기<br><br>3. 블록형 프로그래밍 언어를 이용하여 지도 학습 모형 구현<br><br>4. 과정중심평가로 수업 전/중/후 평가를 통한 맞춤형 피드백 제공 |

# 생각해보기

1. 우리나라의 인공지능교육 정책과 관련한 문서를 찾아 읽어보고 대한민국 인공지능교육의 최근 동향을 정리해봅시다.

> **TIP**
> 정부 정책 문서로는 2019년 『인공지능(AI) 국가전략』, 2020년 『인공지능시대 교육정책방향과 핵심과제』, 2022년 『교육정보화 시행계획』, 『교육분야 인공지능 윤리원칙』, 『디지털 인재양성 종합방안』 등이 있습니다.

2. 인공지능교육 정책과 관련한 다양한 문서를 찾아 읽어보고 시사점을 정리해봅시다.

> **TIP**
> 인공지능교육 정책과 관련하여 많은 언급이 되는 문서는 『The Future of Education and Skills: Education 2020(OECD, 2018)』, 『Artificial Intelligence in Education:Promises and Implications for Teaching and Learning(OECD, 2019)』 등이 있습니다.

3. 컴퓨팅사고력을 기반으로 인공지능교육을 실시했을 때 수행되는 인지적절차를 정리해봅시다.

> **TIP**
> 인공지능교육은 컴퓨팅사고력을 근간으로 알고리즘을 이해하고 활용하여 문제를 해결하는 과정으로 이루어져야 합니다.

4. 백워드 설계 모형을 참고하여 나만의 인공지능교육 수업을 설계하여 봅시다.

> **TIP**
> 백워드 설계 모형은 '기대하는 학습결과 확인' → '이해의 증거 결정' → '이해를 위한 학습 계획'의 과정으로 이루어져 있습니다.

CHAPTER 04

# 데이터 과학을 향한 걸음

4.1 데이터 과학과 인공지능교육
4.2 데이터 분석 도구, 구글 코랩
4.3 파이썬 조건문과 반복문
4.4 파이썬 변수
생각해보기

들어가며

데이터 분석 도구에는 다양한 프로그램이 있습니다. 그 중에서 간편하게 배울 수 있는 파이썬 문법을 사용할 수 있으며, 구글에서 클라우드 기반으로 제작하여 공동 작업이 편리한 구글 코랩(Google Colab)의 사용법을 알아보고, 자주 쓰이는 파이썬 기초 문법을 알아봅시다.

## 4.1 데이터 과학과 인공지능교육

데이터 과학에 사용되는 도구는 다양합니다. 우리가 사용하고자 하는 구글 코랩(Google Colab)뿐만 아니라 Excel, R, Python, SAS, SPSS, JASP, Orange 3, Azure, Power BI 등 다양한 도구가 있습니다. 또한 학생들이 사용하는 교육용 프로그래밍 언어인 엔트리에서도 데이터분석이 가능합니다. 신승기(2021)는 인공지능교육을 위한 교육용 도구를 텍스트 기반 인공지능 도구, 모듈형 데이터분석 도구, 자동화된 지도학습 구현 도구 등 세 가지로 분류하였습니다.

그렇다면 이 교재에서 데이터 과학을 다루는 이유는 무엇일까요? 이를 설명하기 위해서는 인공지능교육을 왜 하는지부터 살펴볼 필요가 있습니다.

신승기(2021)의 연구에 제시된 인공지능교육이란 컴퓨팅사고력(Computational Thinking) 신장을 목표로 하는 소프트웨어교육을 바탕으로 데이터 기반의 추론(Data-driven Reasoning)과 예측, 기계학습의 개념 이해 및 문제 해결 과정이라고 할 수 있습니다. 즉, 데이터에 대한 이해와 활용이 있어야 인공지능교육이 이루어질 수 있다는 것입니다.

그렇다면 데이터 교육은 어떻게 해야 할까요? 신승기(2023)는 데이터의 생성과 수집에서 분석과 시각화 및 일반화에 이르는 과정인 '컴퓨팅사고력을 통한 데이터과학 프레임워크'를 다음 표와 같이 정리하였습니다.

표에 제시된 연구 결과를 살펴보면 데이터 사이언스의 교수학습요소로는 인공지능의 알고리즘을 활용한 예측, 분류 등을 수행하는 능력과 이를 바탕으로 문제해결역량을 키우는 것이 핵심으로 간주되고 있습니다.

<table>
<tr><th rowspan="2">Computational Thinking Model</th><th rowspan="2">AI Instructional Model of Shin(2019)</th><th colspan="3">Data Science Life Cycle</th></tr>
<tr><th>Wing(2019)</th><th>ICPSR(2020)</th><th>Microsoft(2022)</th></tr>
<tr><td></td><td></td><td>Data Generation</td><td>Review of Existing Datasets</td><td>Identify Data Sources</td></tr>
<tr><td></td><td></td><td></td><td>Pilot Tests</td><td></td></tr>
<tr><td>Data Collection</td><td>Data Collection</td><td>Data Collection</td><td>Data Collection and File Creation</td><td>Data Acquisition</td></tr>
<tr><td>Data Analysis</td><td rowspan="3">Data Detection<br>• Reasoning<br>• Recursion<br>• Repetition</td><td>Data Processing</td><td>Data Analysis</td><td>Data Understanding</td></tr>
<tr><td>Data Representation</td><td>Data Storage</td><td></td><td></td></tr>
<tr><td>Problem Decomposition</td><td></td><td></td><td></td></tr>
<tr><td>Abstraction</td><td>Abstraction</td><td>Data Management</td><td rowspan="3">Preparing Data for Sharing</td><td>Data Pipeline</td></tr>
<tr><td>Algorithms and Procedures</td><td>Algorithms & Modelling</td><td rowspan="2">Data Analysis</td><td rowspan="2">Model Training</td></tr>
<tr><td>Automation</td><td rowspan="2">Automation & Evaluation<br>• Modulating<br>• Training & Evaluation</td></tr>
<tr><td>Simulation</td><td>Visualization</td><td rowspan="2">Depositing Data</td><td>Deployment</td></tr>
<tr><td>Parallelization</td><td>Prediction</td><td>Interpretation</td><td>Acceptance</td></tr>
</table>

신승기(2023). 공공데이터 활용 데이터사이언스 교육을 위한 초등학교 교수학습모형 개발 연구. 정보교육학회논문지, 27(1), 65p

데이터 교육에서 필요한 역량을 기르기 위해서는 데이터 교육을 위한 교수학습모형을 살펴보아야 합니다. 다음은 신승기(2023)가 제시한 공공데이터 활용 데이터사이언스 교육을 위한 초등학교 교수학습모형입니다.

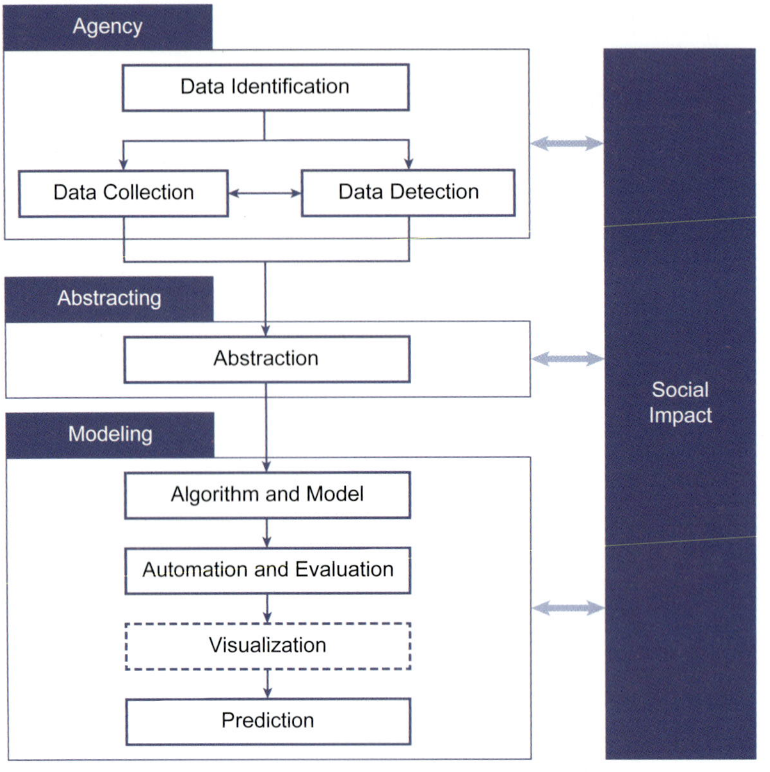


신승기(2023). 공공데이터 활용 데이터사이언스 교육을 위한 초등학교 교수학습모형 개발 연구. 정보교육학회논문지, 27(1), 66p

- Data Identification(데이터 식별): 해결이 요구되는 문제에 대해 기존의 데이터셋에서 필요한 데이터가 있는지 살펴보는 과정
- Data Collection(데이터 수집) / Data Detection(데이터 발견): 데이터를 수집하고 이를 파일로 정리하며 문제해결에 적절한 데이터인지 양과 내용을 검토하는 비선형의 과정
- Abstraction(추상화): 수집된 데이터를 문제해결에 필요한 데이터만 삭제하거나 남겨놓음으로 데이터를 활용할 수 있는 형태로 정리하는 전처리 과정
- Algorithm and Model(알고리즘과 모델링): 문제해결에 필요한 알고리즘을 선택하고 데이터를 활용하여 모델링을 수행하는 과정
- Automation and Evaluation(자동화 및 평가): 문제해결을 위해 학습된 모델을 활용하여 문제해결과정에 적용하여 모델의 설명력을 평가하는 과정
- Visualization(시각화): 문제해결과정에서 도출된 결과를 데이터를 활용하여 시각화하여 표현하고 데이터 분석의 과정에서 설계된 파이프라인을 설명하고 공유하는 과정
- Prediction(예측): 학습된 모델을 적용하여 유사한 문제상황 또는 시간적 흐름에 따른 예측을 수행하여 문제해결을 수행하는 과정
- Social Impact(사회적 영향): 데이터를 활용한 문제해결과정의 모든 단계에서 수행되며 사회적 영향을 고려하여 데이터의 수집과 모델링 및 적용에 활용하는 과정

이 책에서는 다양한 데이터 분석 도구 중에서 배우기 쉽고 다양한 라이브러리와 프레임워크를 지닌 파이썬 문법을 사용할 수 있으며, 온라인 상에서 협업이 가능한 구글 코랩을 사용하여 데이터 과학과 인공지능교육 실습이 진행될 예정입니다.

## 4.2 데이터 분석 도구, 구글 코랩

### 4.2.1 구글 코랩이란?

구글 코랩(Google Colab)에서 Colab은 Colaboratory를 줄여 부른 것으로, 브라우저 내에서 파이썬(Python) 스크립트를 작성하고 실행할 수 있는 클라우드 기반 프로그램입니다. 구글 아이디만 있다면 사용을 위해 특별히 환경을 구성하지 않아도 무료로 고사양의 GPU를 사용할 수 있으며, 간편하게 작업물을 공유할 수 있습니다. 또한 다양한 라이브러리와 프레임워크가 내장되어 있어 초보자가 사용하기에 편리하다는 장점이 있습니다.

### 4.2.2 구글 코랩 시작하기

구글 계정이 있다면 바로 시작할 수 있습니다. 만약에 구글 계정이 없다면 구글 메인 화면에 들어가 우측 상단의 로그인 버튼을 누르고, 하단의 계정만들기를 눌러 구글 계정을 생성합니다.

구글 계정으로 로그인 되었다면, 구글 검색창에 구글 코랩을 검색하여 사이트에 접속하거나 다음 URL로 접속합니다.

```
https://colab.research.google.com/
```

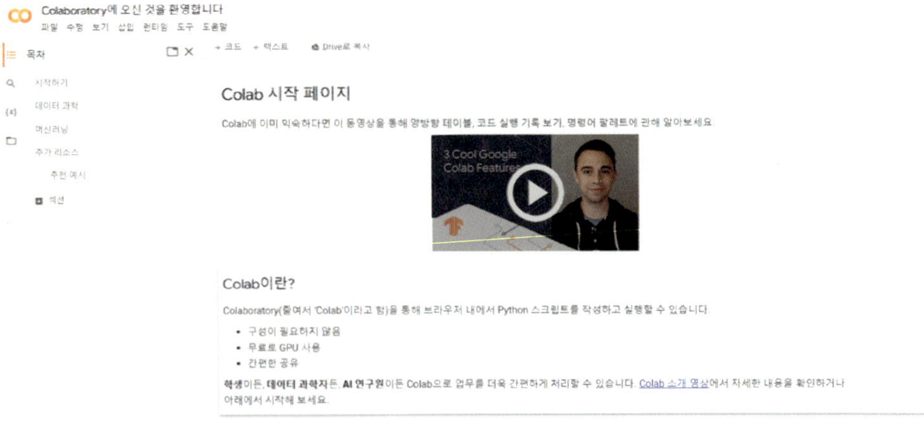


구글 코랩은 클라우드 상에서 동작하므로 여기까지 접속되었다면 사용할 준비가 끝났습니다.

### 4.2.3 구글 코랩 노트북 시작하기

구글 코랩의 초기 화면에서 위에 있는 파일을 클릭하고 새 노트를 선택합니다. 그러면 노트북이 생성되어 .ipynb의 확장자로 시작하는 노트북이 구글드라이브에 자동으로 저장됩니다.

파일 이름을 선택하면 원하는 이름으로 바꿀 수 있고, 추후에 구글드라이브의 'Colab Notebook'이라는 폴더에서 확인할 수 있습니다. 나중에 입력하고자 하는 Python 코드는 화면 중앙에 위치하는 '코드 셀'에 입력하면 됩니다.

### 4.2.4 유용한 구글 코랩 단축키 모음

구글 코랩을 사용할 때 알고 있으면 편리한 단축키입니다. 필요할 때 참고하시고 사용하시면 어느 새 단축키를 쓰고 있는 자신을 발견할 것입니다.

키보드 환경설정: Ctrl + M H
– 단축키 보기 및 새로운 단축키 지정 가능

셀 선택: 방향키 위 아래

셀 모드 단축키
– Enter: 편집 모드
– ESC: 선택 모드

셀 이동 단축키
– 셀 아래로 이동: Ctrl + M J
– 셀 위로 이동: Ctrl + M K

셀 변경 단축키
– 코드 셀로 변경: Ctrl + M Y
– 텍스트 셀로 변경: Ctrl + M M

셀 추가 / 삭제 단축키
– 코드 셀 위에 삽입: Ctrl + M A
– 코드 셀 아래에 삽입: Ctrl + M B
– 코드 셀 삭제: Ctrl + M D

셀 실행 단축키
– 해당 셀을 실행하고 커서는 해당 셀: Ctrl + Enter
– 해당 셀을 실행하고 커서는 다음 셀: Shift + Enter
– 해당 셀을 실랭하고 커서는 다음 셀 삽입: Alt + Enter

셀 실행취소: Ctrl + Shift + Z

명령 팔레트: Ctrl + Shift + P

그 외 유용한 단축키
- 코드 셀에서 선택 행 주석 토글: Ctrl + /
- 코드 셀에서 줄번호 토글: Ctrl + M L
- 전체 섹션 접기: Ctrl + ]
- 전체 섹션 펼치기: Ctrl + [
- 현재 섹션 접기/펼치기: Ctrl + '

## 4.3 파이썬 조건문과 반복문

### 4.3.1 조건문

#### (1) 파이썬 조건문이란?

조건문이라는 것은 프로그램의 기본 구조를 만드는데 사용되는 것으로 사용자가 설정한 조건을 만족했을 때만 실행되는 문법을 의미합니다. 단순 If 구문부터 If-else, If-elif-else 구문까지 살펴봅시다.

#### (2) If 구문

If 조건을 이용하면 조건이 참일 때 코드가 실행됩니다. 들여쓰기를 통해 If 구문 아래에 포함시키면 명령어가 실행됨으로 들여쓰기를 하는 것이 굉장히 중요합니다. 다음과 같이 코드를 입력하고 실행해봅시다.

DnA4-3-1.ipynb

```
level=12
```

```
if level<=15:              # <=은 왼쪽이 오른쪽보다 작거나 동일하다는 의미입니다.
  print("15레벨 이상만 입장할 수 있습니다")
```

```
15레벨 이상만 입장할 수 있습니다
```

### (3) If-else 구문

If 구문에서는 조건을 충족하지 않으면, 아무 결과가 나타나지 않았습니다. else를 사용하면 If 구문의 조건이 모두 충족되지 않을 때, else 구문 아래의 조건이 실행됩니다. 다음과 같이 코드를 입력하고 실행해봅시다.

**DnA4-3-2.ipynb**

```
level = 17

if level <= 15 :
    print("15레벨 이상만 입장할 수 있습니다")
else :
    print("입장이 가능합니다")
```

```
입장이 가능합니다
```

### (4) If-elif-else 구문

If 조건이 거짓일 때, elif의 조건이 순차대로 충족될 때 실행됩니다. If 조건과 elif 조건 모두가 거짓이라면 마지막에 있는 else 조건이 실행되는 코드입니다. 다음과 같이 코드를 입력하고 실행해봅시다. 그리고 변수 숫자를 바꿔가며 결과를 확인해 봅시다.

**DnA4-3-3.ipynb**

```
level = 17

if level <= 3 :
    print("1번방으로 입장하세요")
if level <= 7 :
    print("2번방으로 입장하세요")
if level <= 14 :
    print("3번방으로 입장하세요")
else :
    print("4번방으로 입장하세요")
```

```
4번방으로 입장하세요
```

### 4.3.2 파이썬 반복문

#### (1) 반복문이란?

반복문은 같은 작업을 여러 번 수행해야 할 때 간편하게 동작할 수 있도록 만들어 주는 것입니다. 파이썬에서 사용되는 반복문 함수는 for, while이 있습니다. 이 두 가지 함수를 어떻게 사용하는지 전형적인 사용 방법을 알아봅시다.

#### (2) for 반복문

for 반복문은 모든 요소 각각에 대해 같은 작업을 반복하여 수행하는 기능이 있습니다. for 반복문의 구조는 for 변수 in 리스트(문자열, 튜플) :로 구성되어 있습니다. 다음과 같이 코드를 입력하고 실행해봅시다.

DnA4-3-4.ipynb

```
학교 = ['교사','학생','학부모','교직원']

for school in 학교:
  print(school)
```

```
교사
학생
학부모
교직원
```

#### (3) while 반복문

while 반복문은 조건이 충족되는 동안 계속 반복하는 구문입니다. If 조건문과 매우 유사한데, 차이점은 If 조건문의 경우 조건이 충족되면 코드를 실행 후 바로 종료하지만, while 반복문은 계속 반복한다는 점입니다. 다음과 같이 코드를 입력하고 실행해봅시다.

DnA4-3-5.ipynb

```
number = 1

while number <= 3:
  print(number) number+=1
```

```
1
2
3
```

## 4.4 파이썬 변수

### 4.4.1 변수란?

변수는 파이썬에서만 쓰이는 개념이 아니라, 다른 프로그래밍 언어에서도 사용되는 개념입니다. 변수를 변하는 수라고 이해하시면 안됩니다. 변수에서 '수' 라는 것은 숫자라는 개념이 아니라 무언가 담을 수 있는 상자라고 생각하면 좋습니다. 숫자가 아니라, 필요한 데이터를 저장해뒀다가 원할 때 꺼내 쓸 수 있는 것이 바로 변수라고 할 수 있습니다. 변수는 사용할 수 있는 조건이 두 가지 있습니다. 첫 번째는 변수의 첫 문자는 밑줄이나 영문자로 시작하여야 합니다(_my, abc.). 두번째는 변수명에 예약어는 사용할 수 없습니다(if, for).

이러한 변수는 여러 개가 있습니다. 상자라고 치면, 안에 어떤 물건이 들어있는지 알 필요가 있기 때문에 이름표를 붙이는데, 그것이 바로 변수명이라고 할 수 있습니다. 그리고 상자 안에 넣는 물건은 변수값이라는 이름을 붙일 수 있겠습니다.

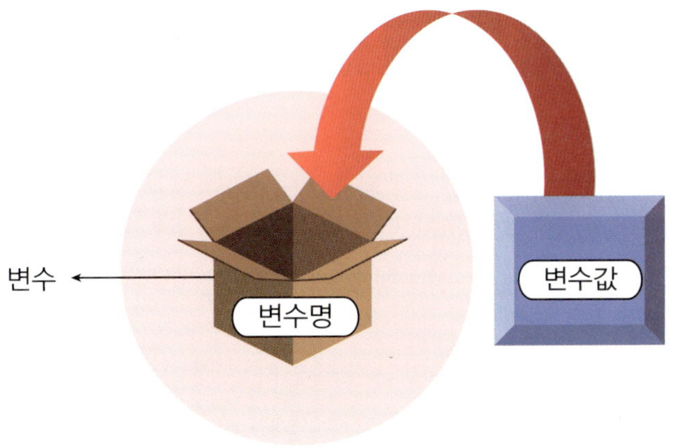

### 4.4.2 자료형

파이썬은 C언어나 자바 등과 다르게 변수의 값을 입력하면 그에 맞게 알아서 변수의 자료형을 결정합니다. C언어는 int a= 0;과 같이 선언하지만, 파이썬에서는 sum = 0과 같이 값을 할당하면 알아서 자료형이 결정됩니다.

자료형은 크게 숫자가 변수인 수치 자료형, 문자가 변수인 문자열 자료형으로 나눌 수 있습니다. 수치 자료형은 정수 자료형(int형), 실수 자료형(float형), 복소수 자료형(complex형)이 있습니다. 문자형 자료형에는 문자열 자료형(string형), 리스트 자료형(list형), 튜플 자료형(tuple형)이 있습니다. 문자열 자료형은 문자인 변수로 입력할 때 따옴표(' ', " ")안에 입력해야 한다는 특징이 있습니다. 그 이외에도 딕셔너리 자료형, 집합(set) 자료형, 불 자료형이 있습니다. 이러한 변수의 자료형이 무엇인지 알고 싶으면 type 함수를 사용하여 확인할 수 있습니다.

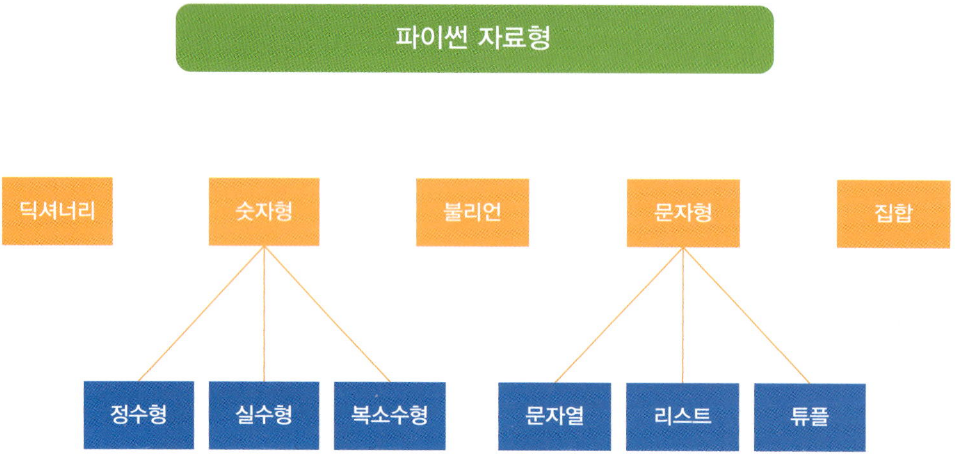


또한 파이썬에서는 데이터타입을 서로 변환시킬 수 있는데, 자료형을 변환시키는 함수가 있는데, str( )은 문자열로 형변환, chr( )는 문자형으로 형변환, int( )는 정수형으로 형변환, float( )는 실수형으로 형변환을 하는 함수입니다.

숫자의 경우 자료형이 무엇인지 확인하는 것이 중요합니다. 왜냐하면 숫자는 정수형 또는 실수형으로 표현될 수 있고, 또한 자료형으로도 표현이 가능하기 때문입니다. 3×3을 계산하는 코드를 짜면서 자료형에 따라 계산의 결과가 어떻게 달라지는지 살펴봅시다.

DnA4-4-1.ipynb

```
a = 3                              # a를 숫자 3으로 지정
print(a * 3)                       # 숫자 a에 3을 곱한 값을 출력
```

```
9
```

```
a = "3"                            # a를 문자 3으로 지정
print(a * 3)                       # 문자 a를 3번 출력
```

```
333                                # 문자 3을 세 번 나타낸 결과
```

위와 같이 숫자를 문자열로 입력할 경우, 그 문자를 세 번 반복하는 결과를 가져옵니다. 이처럼 연산을 할 때에는 특별히 자료형에 유의할 필요가 있습니다.

DnA4-4-2.ipynb

```
type(1)                            # 정수자료형
```

```
int
```

```
type(5.29)                         # 실수자료형
```

```
float
```

```
type(1 + 2j)                       # 복소수 : 허수부를 j로 표현
```

```
complex
```

```
type("AI")                         # 문자형자료형
```

```
str
```

```
type([1, 2, 3])                    # 리스트자료형
```

```
list
```

```
type((1, 2, 3))                    # 튜플자료형
```

```
tuple
```

```
type({"A": 1, "B": 2, "C": 3})     # 딕셔너리자료형
```

```
dict
```

```
type(True)                         # type(False)도 가능(참,거짓)
```

```
bool
```

```
str(20230529)                      # 정수 → 문자열
```

```
'20201012'
```

```
int("20230529")                    # 문자열 → 정수
```

```
20201012
float('3')                          # 실수형으로 형 변환
3.0
chr(65)                             # 아스키 코드 65번 = A
A
```

### 4.4.3 지역변수와 전역변수

변수가 어느 위치에서 정해지느냐에 따라 작동하는 유효범위가 다릅니다. 이 유효범위에 따라 지역변수와 전역변수로 나눌 수 있습니다. 지역변수란 자신을 정의한 함수 내에서만 사용이 가능한 변수이고, 전역변수란 함수 내외부에서 모두 사용이 가능한 변수입니다. 전역변수는 모든 곳에서 동작하기 때문에 꼭 필요하지 않다면 사용을 자제하는 것이 좋습니다.

다음과 같은 상황에서 전역변수를 이용해봅시다. 한 시간은 60분입니다. 그렇다면 3시간은 몇 분일까요?

DnA4-4-3.ipynb

```
hour_per_minutes = 60                       # 전역변수

def hour_to_minutes(hour):
    minutes = hour * hour_per_minutes       # 지역변수
    return minutes

print(hour_to_minutes(3))
print(minutes)
```

```
180
---------------------------------------------------------------------------
NameError                                 Traceback (most recent call last)
<ipython-input-1-8e4d830328ca> in <cell line: 8>()
      6
      7 print(hour_to_minutes(3))
----> 8 print(minutes)

NameError: name 'minutes' is not defined
```

hour_per_minutes는 전역변수이지만, minutes는 지역변수입니다. 즉, minutes는 변수가 존재하는 밖에서는 출력이 안됩니다. 이제 global을 이용해 minutes를 전역변수로 만들고 코드를 실행해 봅시다.

DnA4-4-4.ipynb

```
hour_per_minutes = 60                                   # 전역변수

def hour_to_minutes(hour):
    global minutes                                      # 전역변수 선언
    minutes = hour * hour_per_minutes
    return minutes

print(hour_to_minutes(3))
print(minutes)
```

```
180
180
```

# 생각해보기

1. DnA4-3-2에서 입력한 "<="처럼 파이썬에서는 연산자의 크기를 비교하는 비교연산자가 있습니다. 다음에 나타난 비교연산자는 무엇을 의미하는지 알아봅시다.

| 비교연산자 | 의미 |
|---|---|
| a > b | |
| a >= b | |
| a < b | |
| a <= b | |
| a == b | |
| a != b | |

2. 조건문을 활용하여 나이가 20살 이상이면 1번방으로 입장하고, 13살 이상 20살 미만이면 2번방으로 입장하고, 나머지는 3번방으로 입장하는 코드를 작성해보세요.

3. a=1, b=3일 때, 자료형을 다르게 하여 연산의 결과가 111이 나오도록 코드를 작성해보세요.

4. 지역변수와 전역변수의 사용에 유의하여 수업 한 차시의 시간이 40분일 때, 수업 여섯 차시를 할 경우 몇 분이 걸릴지 코드를 작성해보세요.

2부

# 인공지능과 데이터 분석의 기초

CHAPTER 05

# 그래프 그리기의 시작 matplotlib


5.1 교과서 살펴보기
5.2 matplotlib와 막대그래프
5.3 matplotlib와 꺾은선그래프
5.4 막대그래프와 꺾은선그래프를 한 화면에 나타내기
스스로 해보기


들어가며

데이터 시각화는 시각적 요소들을 사용해 데이터를 표현하는 과정입니다. 초등학교 교과서 내용을 통해 시각화를 위한 파이썬 라이브러리인 matplotlib를 배우고 직접 여러 가지 그래프를 표현해봅시다.

matplotlib는 math + plot + library의 합성어로 파이썬에서 그래프, 이미지, 애니메이션 등 시각화를 위한 광범위하게 쓰이는 라이브러리입니다. 그래프, 히스토그램, 산점도 등 다양한 그래프를 그릴 수 있으며 데이터 이해를 위한 시각화나 데이터 분석 후 결과를 시각화하기 위해 사용할 수 있습니다.

4학년 수학 교육과정에 따르면 막대그래프와 꺾은선그래프에 관하여 학습합니다. 표의 장점은 자료의 자료의 전체 항목별 구체적인 수를 알아보기 쉽고, 막대그래프는 전체 항목별 수를 비교하기 편리하다는 장점이 있습니다. 꺾은선 그래프는 시간에 따른 변화를 한눈에 알 수 있다는 장점이 있습니다. 학생들은 자료를 알맞은 그래프로 나타내고 비교, 해석하며 자료의 관계와 의미를 파악하여 합리적인 의사결정을 할 수 있습니다.

마찬가지로 파이썬으로 데이터를 다양한 방법으로 시각화하여 데이터가 의미하는 바를 찾고 항목 간의 비교 및 분석을 통하여 유의미한 결과를 얻을 수 있습니다. 사람들은 시각적으로 보이는 데이터를 직관적으로 이해하기 때문에 데이터 분석에서 데이터 시각화는 매우 중요한 기능입니다. 파이썬에서 중요한 시각화를 도와주는 라이브러리는 'matplotlib'가 있습니다.

실제 4학년 막대그래프와 꺾은선그래프에 관한 교과서 내용을 살펴보며 matplotlib의 다양한 활용을 익혀봅시다.

## 5.1 교과서 살펴보기

### 5.1.1 2022 개정 수학과 교육과정 성취기준

[4수04-01] 자료를 수집하여 그림그래프나 막대그래프로 나타내고 해석할 수 있다.
[4수04-02] 자료를 수집하여 꺾은선그래프로 나타내고 해석할 수 있다.
[4수04-03] 탐구 문제를 해결하기 위해 자료를 수집, 정리하여 막대그래프나 꺾은선그래프로 나타내고 해석할 수 있다.

### 5.1.2 관련 단원 ① : 5-1-3. 막대그래프

- 학습 문제 : 자료를 보고 막대그래프로 나타낼 수 있다.
- A 초등학교의 1년간 학년별 도서관 대출 수(권) 조사하기
- 조사한 자료를 표로 나타내기

| 학년 | 1학년 | 2학년 | 3학년 | 4학년 | 5학년 | 6학년 | 합계 |
|---|---|---|---|---|---|---|---|
| 대출 수(권) | 150 | 204 | 236 | 258 | 176 | 180 | 1,204 |

- 조사한 자료를 막대그래프로 나타내기

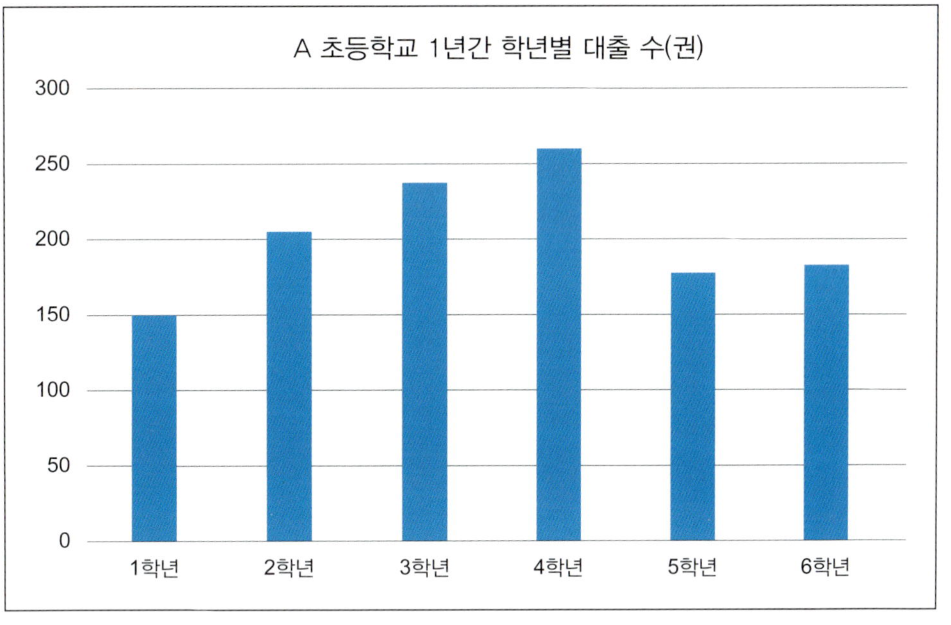


### 5.1.3 관련 단원 ② : 5-2-5. 꺾은선그래프

- 학습 문제 : 자료를 보고 꺾은선그래프로 나타낼 수 있다.
- A 초등학교의 1학년 학생 입학 수(명) 조사하기
- 조사한 자료를 표로 나타내기

| 연도 | 2018 | 2019 | 2020 | 2021 | 2022 | 2023 | 합계 |
|---|---|---|---|---|---|---|---|
| 입학 수(명) | 121 | 115 | 114 | 103 | 99 | 96 | 648 |

- 조사한 자료를 꺾은선 그래프로 나타내기

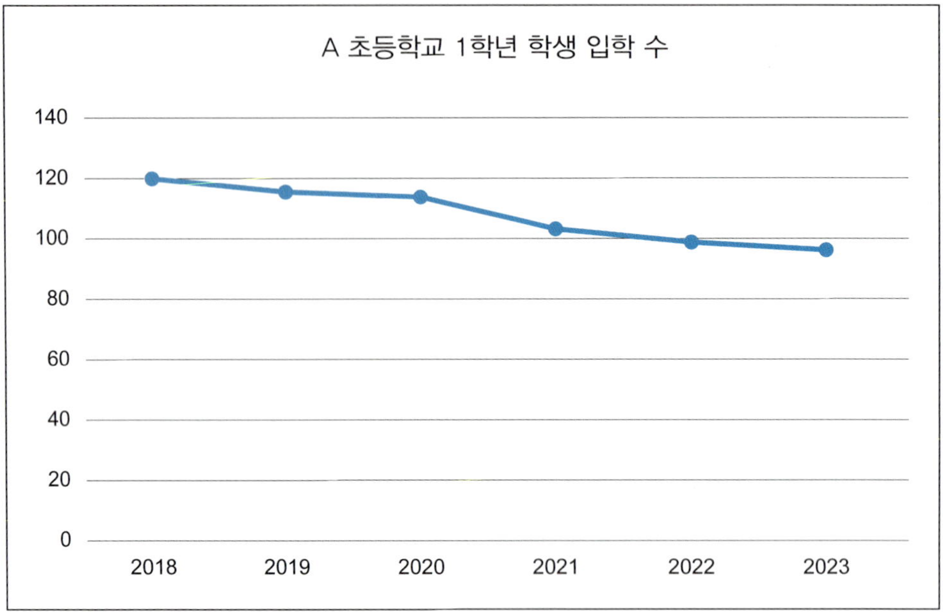


## 5.2 matplotlib와 막대그래프

막대그래프는 데이터의 크기를 막대로 나타낸 그래프입니다. 막대의 길이를 비교할 수 있어 각 항목의 많고 적음을 한눈에 쉽게 비교할 수 있습니다. 위의 교과서에 제시된 'A 초등학교 1년간 도서관 대출 수(권)' 데이터를 matplotlib를 활용하여 막대그래프로 나타내보겠습니다.

### 5.2.1 matplotlib로 막대그래프 그리기

먼저 matplotlib 라이브러리를 불러오는 방법을 알아보겠습니다. 라이브러리를 불러오는 방법은 다음과 같습니다.

DnA5-2.ipynb

```
import matplotlib.pyplot as plt                # matplotlib 불러오기
```

matplotlib의 matplotlib.pyplot 모듈을 활용하여 쉽게 그래프를 만들고 변화를 줄 수

있습니다. matplotlib를 불러오는 명령어가 길기 때문에 plt으로 줄여서 표현합니다. matplotlib의 막대그래프는 matplotlib.pyplot의 bar( ) 함수를 사용하여 표현합니다.

◈ 막대그래프를 그리기 위한 코드를 입력해 봅시다.

DnA5-2.ipynb

```
1 import matplotlib.pyplot as plt                # matplotlib 불러오기

2 grade = ['1', '2', '3', '4', '5', '6']          # 가로축
3 book = [150, 204, 236, 258, 176, 180]           # 세로축

4 plt.bar(grade,book)                             # 막대그래프 그리기
5 plt.show()                                      # 그래프 나타내기
```

2 grade는 가로축(x축)에 표시될 '학년'을 의미하므로 텍스트('')의 속성을 갖습니다.

3 book은 세로축(y축)에 표시될 대출 권(수)를 의미합니다.

4 plt.bar( )의 함수는 세로 막대 그래프를 표현하는 함수입니다. plt.bar(x, y)의 형태를 가지며 x는 가로축, y는 세로축을 그래프로 표현합니다. plt.show( )는 그래프를 나타내는 명령어를 의미합니다.

◈ 막대그래프를 그리고 결과를 확인해 봅시다.

DnA5-2.ipynb

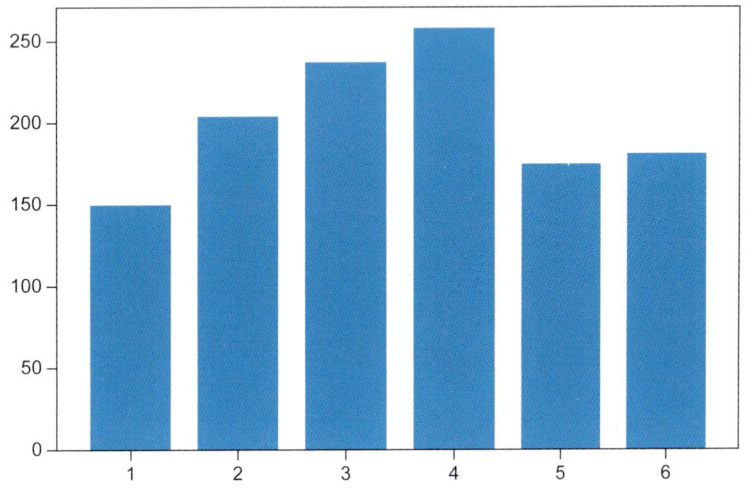

### 5.2.2 그래프의 축 레이블 설정하기

나타낸 막대그래프의 가로축과 세로축의 의미를 파악하기 위해서는 각각의 축에 이름을 삽입하여야 합니다. 그것을 축 레이블을 설정한다고 하며 x축의 이름 설정은 plt.xlabel( ), y축 이름 설정은 plt.ylabel( )이라고 표시합니다.

◈ 막대그래프 축 레이블을 설정하기 위한 코드를 입력해 봅시다.

DnA5-2.ipynb

```
# 축 레이블 설정하기
plt.bar(grade,book)
plt.xlabel('grade')
plt.ylabel('number of book loans')
plt.show()
```

◈ 막대그래프 축 레이블을 설정하고 결과를 확인해 봅시다.

DnA5-2.ipynb

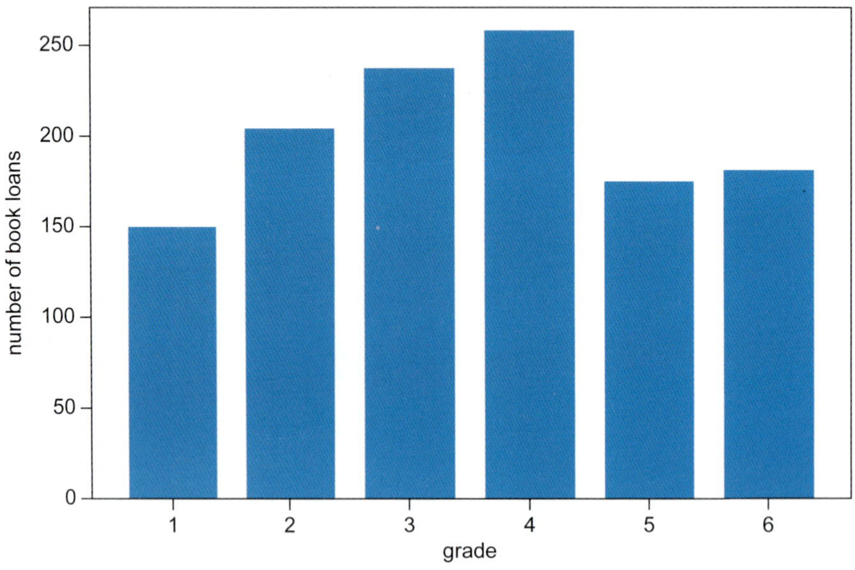

축 레이블의 위치 또한 바꿀 수 있습니다. 'loc' 이라는 함수 인자를 사용하여 가로축 레이블은 왼쪽(left), 중간(center), 오른쪽(right)으로 바꿀 수 있으며 세로축 레이블은 아래(bottom), 중간(center), 위(top)로 바꿀 수 있습니다.

◈ 막대그래프 축 레이블의 위치를 변경하는 코드를 입력해 봅시다.

DnA5-2.ipynb

```
   # 축 레이블 위치 변경하기
10 plt.bar(grade,book)
11 plt.xlabel('grade', loc = 'left')
12 plt.ylabel('number of book loans', loc = 'bottom')
13 plt.show()
```

10, 11 가로축 레이블을 왼쪽으로 바꾸려면 loc = 'left', 오른쪽으로 바꾸려면 loc = 'right'를 추가하면 됩니다. 세로축 레이블을 아래로 바꾸려면 loc = 'bottom', 위쪽으로 바꾸려면 loc = 'top'으로 바꾸면 됩니다.

◈ 막대그래프 축 레이블의 위치를 변경하고 결과를 확인해 봅시다.

DnA5-2.ipynb

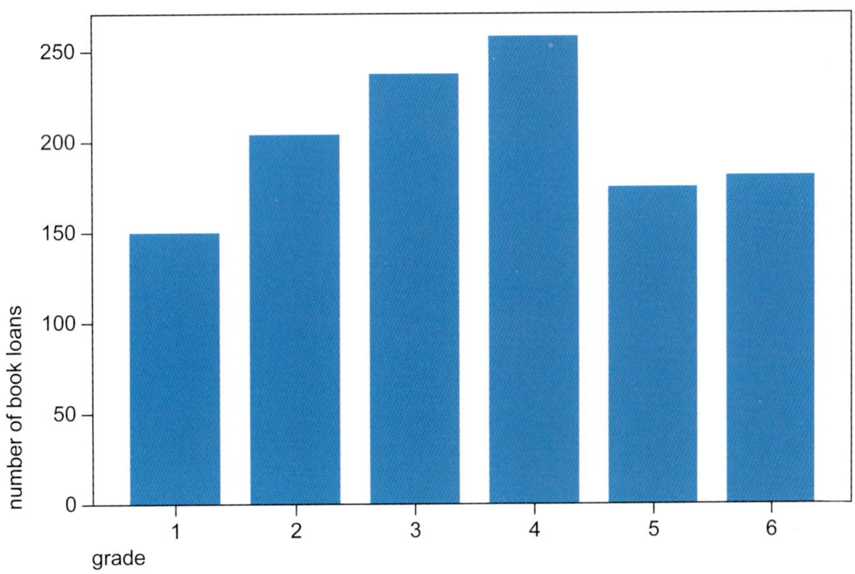

### 5.2.3 그래프의 제목 설정하기

나타낸 막대그래프의 제목을 설정한다면 그래프의 의미를 더 잘 전달할 수 있습니다. 그래프의 제목을 설정할 때는 plt.title( ) 함수를 사용합니다. 제목의 위치는 마찬가지로 'loc' 명령어를 활용하여 왼쪽(left), 중간(center), 오른쪽(right)으로 바꿀 수 있습니다.

◈ 막대그래프 제목을 설정하기 위한 코드를 입력해 봅시다.

DnA5-2.ipynb

```
# 그래프 제목 설정하기
plt.bar(grade,book)
plt.xlabel('grade')
plt.ylabel('number of book loans')
plt.title('Number of book loans by grade')
plt.show()
```

◈ 막대그래프의 제목을 설정하고 결과를 확인해 봅시다.

DnA5-2.ipynb

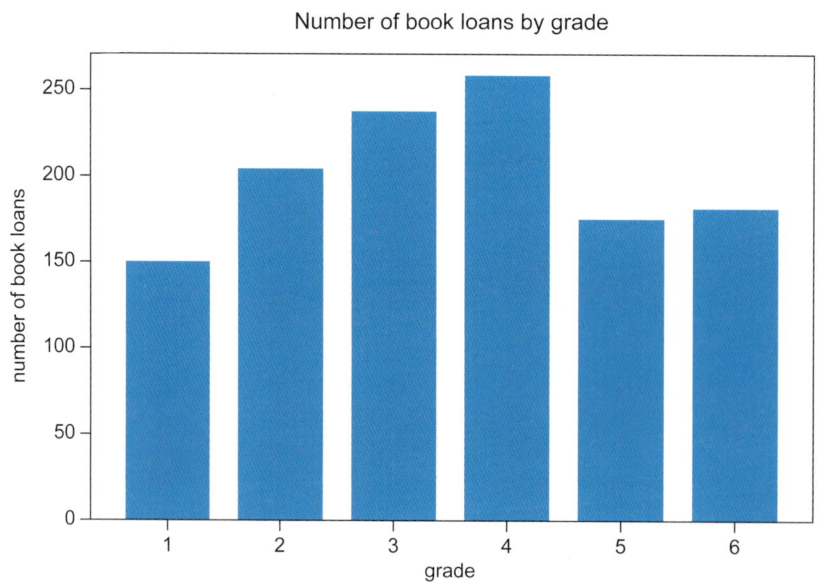

### 5.2.4 그래프의 색상 설정하기

막대그래프의 전체 색깔을 바꾸거나 각 항목별 색깔을 바꿀 수 있습니다. plt.bar( ) 함수에 'color'를 활용하여 그래프의 색상을 다양하게 표현할 수 있습니다.

◈ 막대그래프의 색상을 설정하기 위한 코드를 입력해 봅시다.

DnA5-2.ipynb

```
   # 그래프 색상 설정하기
19 plt.bar(grade,book, color = 'r')
20 plt.xlabel('grade')
21 plt.ylabel('number of book loans')
22 plt.title('Number of book loans by grade')
23 plt.show()
```

19 막대그래프의 색깔을 빨간색으로 바꾸기 위해서는 color = 'r'를 추가합니다.

◈ 막대그래프의 색상을 설정하고 결과를 확인해 봅시다.

DnA5-2.ipynb

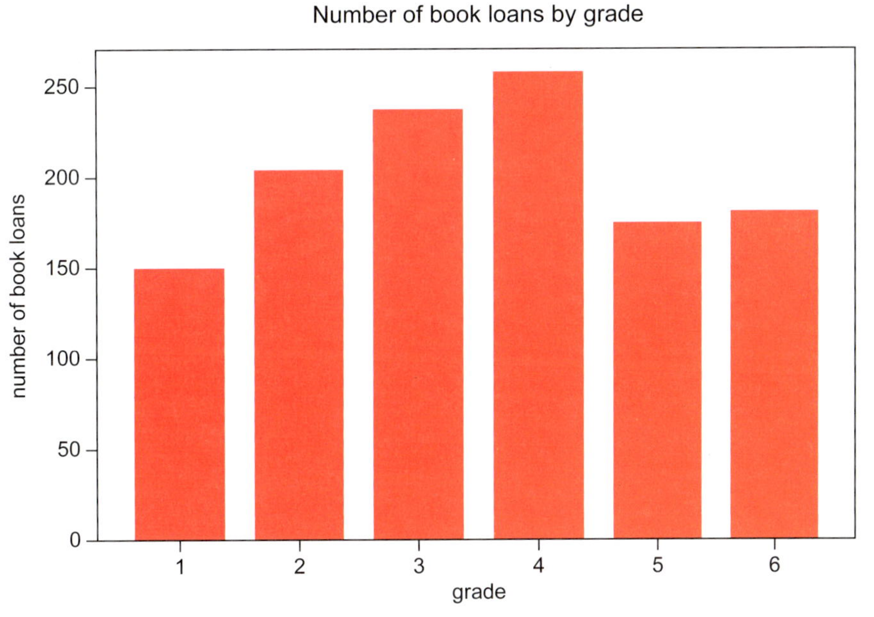

빨간색으로 그려진 그래프가 완성되었습니다. 아래 표를 참고하여 다양한 색의 그래프를 그려봅시다.

| 색상 | | 코드 | 결과 | 색상 | | 코드 | 결과 |
|---|---|---|---|---|---|---|---|
| | red 빨간색 | r | 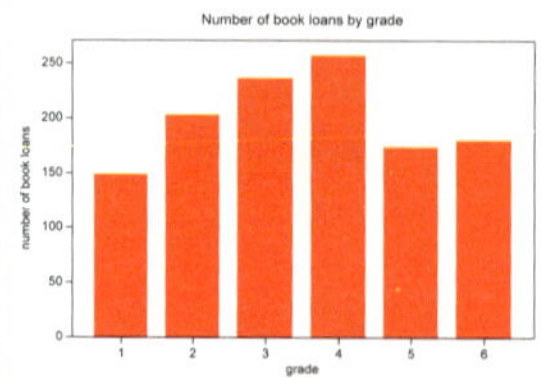  | | yellow 노란색 | y | 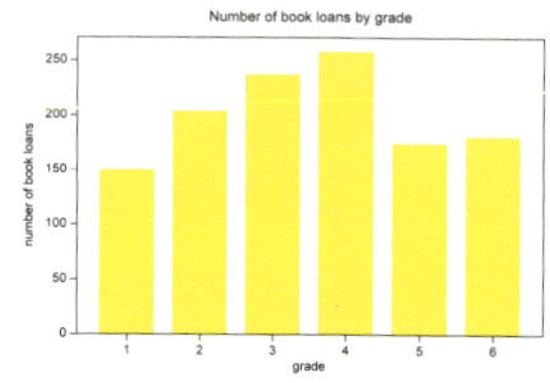  |
| | blue 파란색 | b | 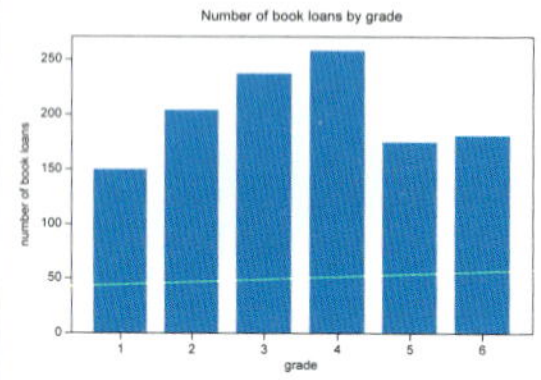  | | magenta 마젠타색 | m | 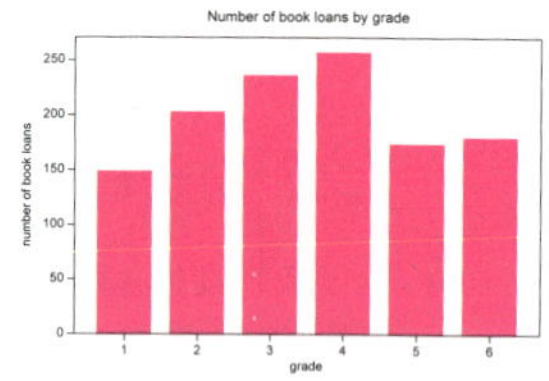  |
| | green 녹색 | g | 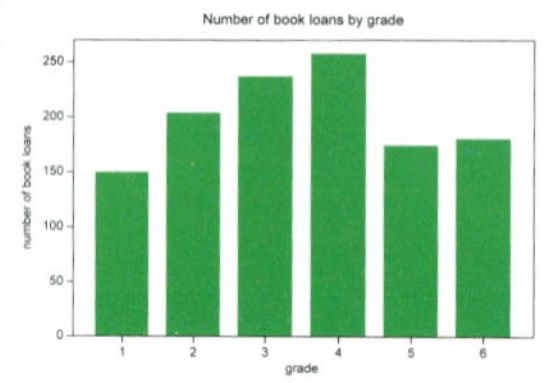  | | black 검정색 | k | 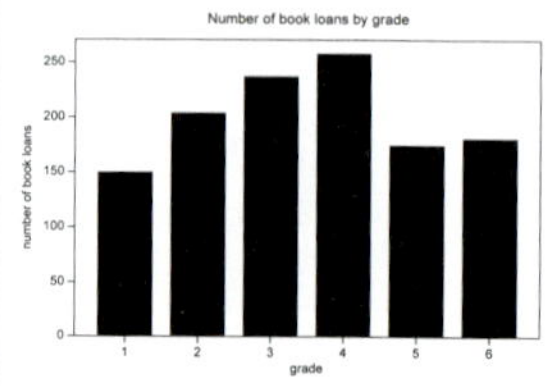  |
| | cyan 청록색 | c | 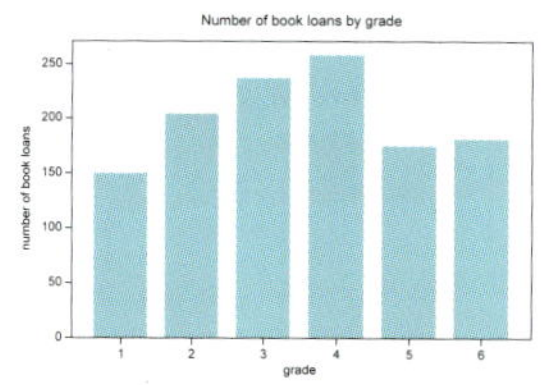  | | white 흰색 | w | 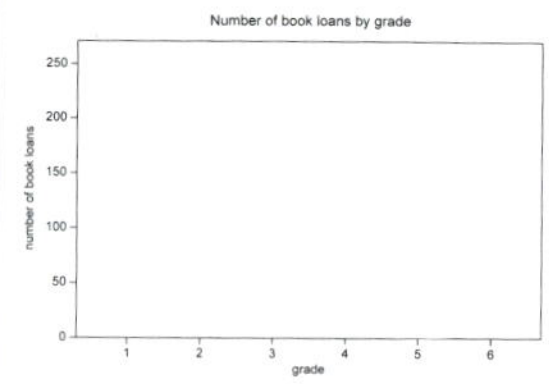  |

※ 더 다양한 색의 종류는 https://matplotlib.org/stable/tutorials/colors/colors.html 사이트에서 참고할 수 있습니다.

그래프의 전체 색을 바꾸는 것뿐만 아니라 각 항목별 색을 다르게 표현할 수도 있습니다. 1학년은 빨강, 2학년은 파랑, 3학년은 초록, 4학년은 청록, 5학년은 노랑, 6학년은 마젠타 색으로 표현해봅시다.

◈ 막대그래프의 색상을 다양하게 설정하기 위한 코드를 입력해 봅시다.

DnA5-2.ipynb

```
# 그래프 색상 다양하게 설정하기
plt.bar(grade,book, color = ['r', 'b', 'g', 'c', 'y', 'm'])
plt.xlabel('grade')
plt.ylabel('number of book loans')
plt.title('Number of book loans by grade')
plt.show()
```

◈ 막대그래프의 색상을 다양하게 설정하고 결과를 확인해 봅시다.

DnA5-2.ipynb

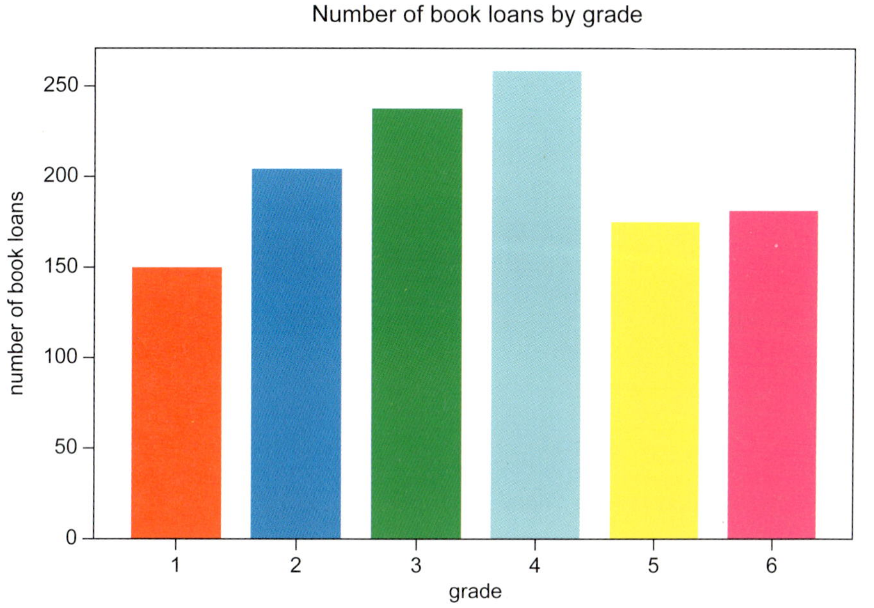


## 5.2.5 그래프 다양한 속성 설정하기

앞서 설명한 축 레이블, 제목, 색상 설정 외에도 막대그래프에 다양한 속성을 설정할 수 있습니다. 다양한 속성을 설정할 수 있는 명령어는 아래와 같습니다.

| 코드 | 의미 |
|---|---|
| width | 막대의 너비를 설정할 수 있습니다. 기본값은 0.8입니다. |
| align | 막대 눈금의 위치를 설정할 수 있습니다. 기본값은 가운데이며, x축의 눈금을 왼쪽으로 옮길 때는 'align = edge'를 사용하면 되고, x축 눈금을 오른쪽으로 옮길 때는 '너비를 음수로 설정한 뒤, 'align = edge'를 사용하면 됩니다. |
| color | 막대의 색을 설정할 수 있습니다. |
| edgecolor | 막대의 테두리 색을 설정할 수 있습니다. |
| linewidth | 막대의 테두리의 두께를 설정할 수 있습니다. |

※ 더 다양한 종류의 파라미터는 https://matplotlib.org/2.1.0/api/_as_gen/matplotlib.pyplot.bar.html 사이트에서 참고할 수 있습니다.

아래의 속성을 가진 막대그래프를 그려봅시다.

- 막대의 너비 : 0.4
- x축(grade) 눈금 오른쪽으로 정렬
- 막대의 색 : 흰색
- 막대의 테두리 색 : 검정
- 막대의 테두리 두께 : 1

◈ 막대그래프의 다양한 속성을 설정하기 위한 코드를 입력해봅시다.

**DnA5-2.ipynb**

```
   # 그래프 다양한 속성 설정하기
29 plt.bar(grade, book, color = 'w', width = -0.4, align = 'edge',
           edgecolor = 'k', linewidth = 1)
30 plt.xlabel('grade')
31 plt.ylabel('number of book loans')
32 plt.title('Number of book loans by grade')
33 plt.show()
```

29 x축 눈금을 오른쪽으로 정렬하기 위해서는 너비를 음수로 바꾸고 align = 'edge'로 설정해야 합니다.

◈ 막대그래프의 다양한 속성을 설정하고 결과를 확인해 봅시다.

DnA5-2.ipynb

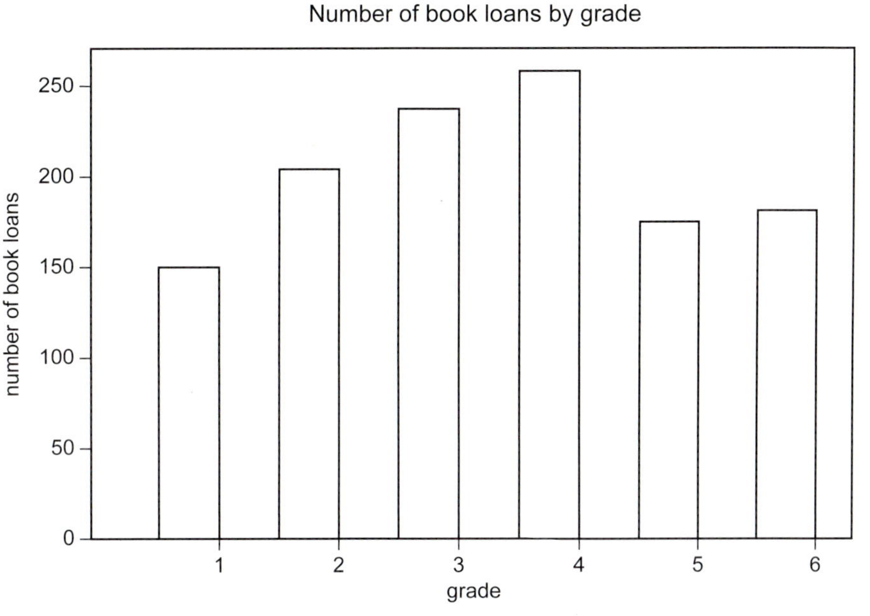


### 5.2.6 가로 막대그래프 그리기

지금까지는 세로형 막대그래프를 그려보았다면 이번에는 오른쪽으로 길어지는 막대그래프를 그려보겠습니다. 세로 막대 그래프를 그리는 함수는 plt.bar( )였다면, 가로 막대 그래프를 그리는 함수는 plt.barh( )입니다. 단, plt.barh( )는 앞에 쓰는 변수가 세로축에 표현됩니다.

plt.barh( 세로축 변수, 가로축 변수 )

세로축에는 학년(grade), 가로축에는 대출 수(number of book loans)로 바꿔서 가로 막대그래프를 표현해보겠습니다.

◈ 가로 막대그래프를 그리기 위한 코드를 입력해 봅시다.

DnA5-2.ipynb

```
# 가로 막대그래프 그리기
plt.barh(grade, book)
plt.show()
```

◈ 가로 막대그래프를 그리고 결과를 확인해 봅시다.

DnA5-2.ipynb

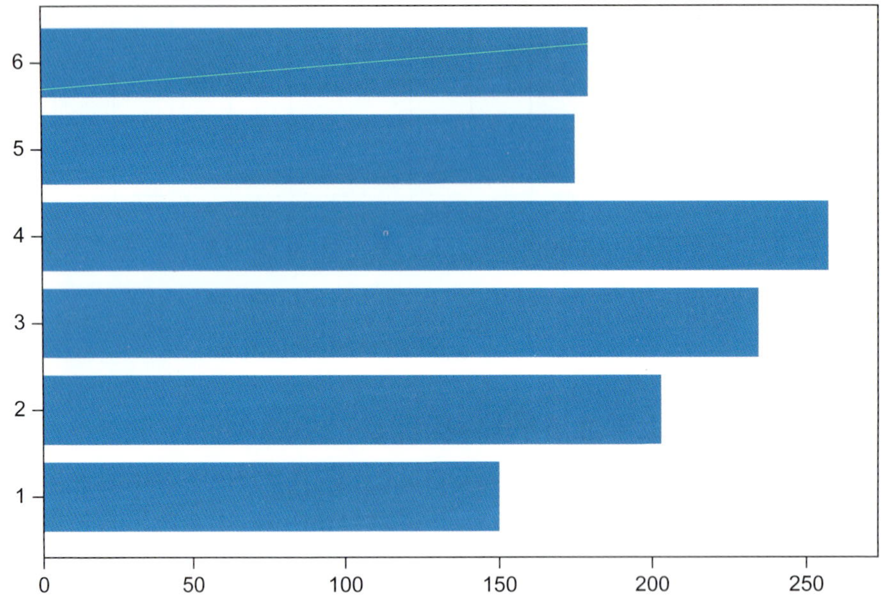


세로 모양의 막대그래프에서 배웠던 것과 마찬가지로 가로 막대에도 그래프의 속성을 설정할 수 있습니다. 명령어가 거의 유사하나 가로와 세로가 변경되어 바뀌는 것들이 있습니다.

| 코드 | 의미 |
|---|---|
| height | 막대의 높이를 설정할 수 있습니다. 기본값은 0.8입니다. |
| align | 막대 눈금의 위치를 설정할 수 있습니다. 기본값은 가운데이며 y축 눈금을 아래쪽으로 옮길 때는 'align = edge'를 사용하면 되고, y축 눈금을 위쪽으로 옮길 때는 높이(height)를 음수로 설정한 뒤, 'align = edge'를 사용하면 됩니다. |
| color | 막대의 색을 설정할 수 있습니다. |
| edgecolor | 막대의 테두리 색을 설정할 수 있습니다. |
| linewidth | 막대의 테두리의 두께를 설정할 수 있습니다. |

※ 더 다양한 종류의 파라미터는 https://matplotlib.org/2.1.0/api/_as_gen/matplotlib.pyplot.bar.html 사이트에서 참고할 수 있습니다.

아래의 속성을 가진 가로 막대그래프를 그려봅시다.

- 막대의 높이 : 0.3
- y축(grade) 눈금 아래로 정렬
- 막대의 색 : 노란색(yellow)
- 막대의 테두리 색 : 회색(grey)
- 막대의 테두리 두께 : 2
- 세로축(grade), 가로축(number of book loans) 레이블 넣기

◈ 가로 막대그래프를 그리기 위한 코드를 입력해 봅시다.

DnA5-2.ipynb

```
plt.barh(grade, book, height=0.3, align='edge', color =
          'yellow',edgecolor ='grey', linewidth=2)
plt.xlabel('number of book loans')
plt.ylabel('grade')
plt.show()
```

◈ 가로 막대그래프를 그리고 결과를 확인해 봅시다.

DnA5-2.ipynb

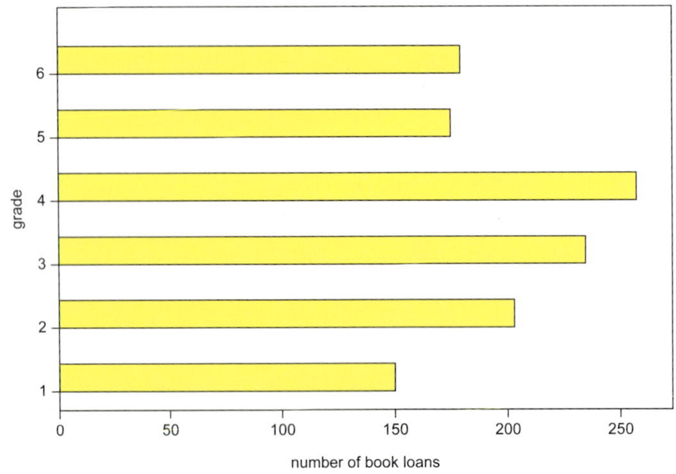


## 5.2.7 전체 코드 확인하기

DnA5-2.ipynb

```
import matplotlib.pyplot as plt
```

```
grade = ['1', '2', '3', '4', '5', '6']
book = [150, 204, 236, 258, 176, 180]
```

```
plt.bar(grade,book)
plt.show()
```

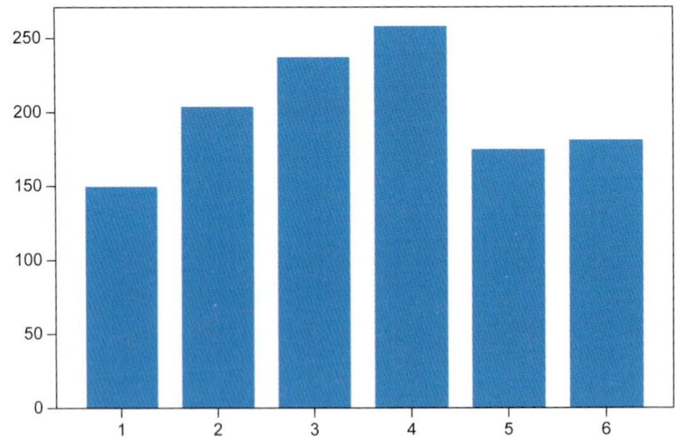

```
# 축 레이블 설정하기
plt.bar(grade,book)
plt.xlabel('grade')
plt.ylabel('number of book loans')
plt.show()
```

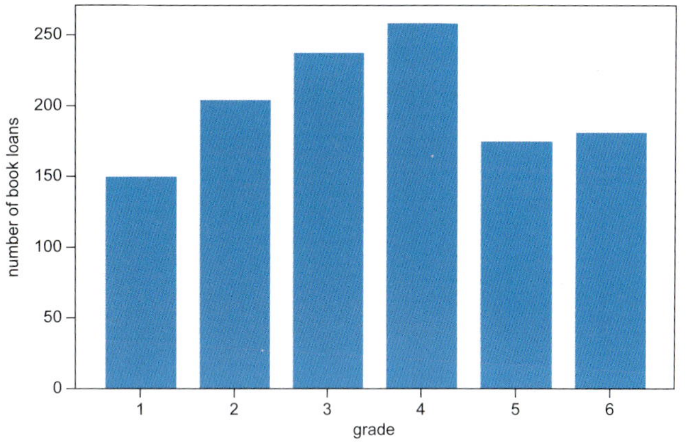


```
# 축 레이블 위치 변경하기
plt.bar(grade,book)
plt.xlabel('grade', loc = 'left')
plt.ylabel('number of book loans', loc = 'bottom')
plt.show()
```

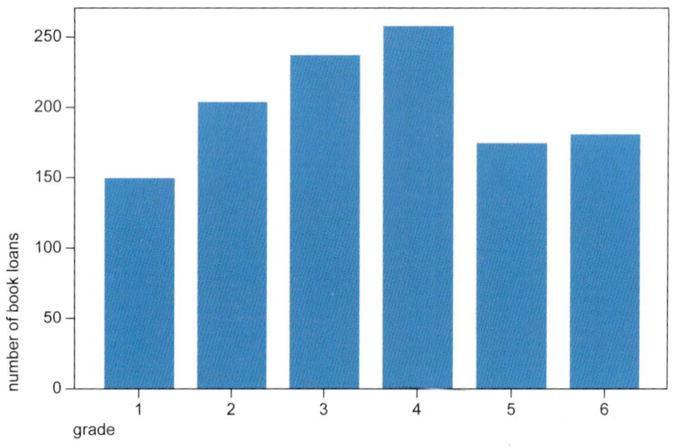


```
# 그래프 제목 설정하기
plt.bar(grade,book)
plt.xlabel('grade')
```

```
plt.ylabel('number of book loans')
plt.title('Number of book loans by grade')
plt.show()
```

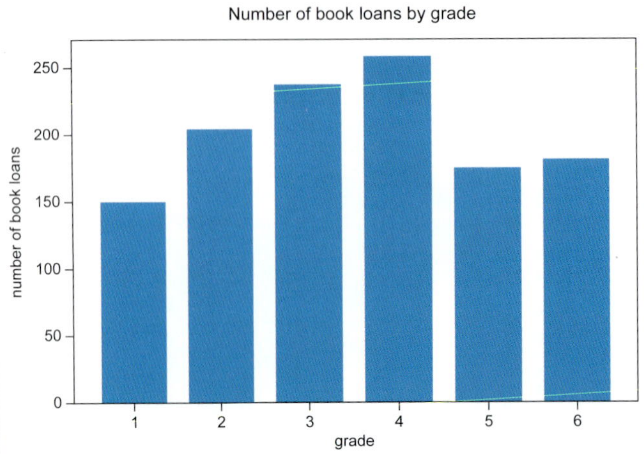


```
# 그래프 색상 설정하기
plt.bar(grade,book, color = 'r')
plt.xlabel('grade')
plt.ylabel('number of book loans')
plt.title('Number of book loans by grade')
plt.show()
```

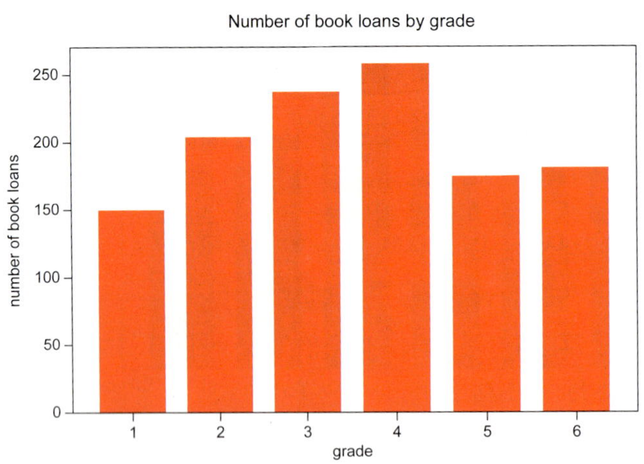


```
# 그래프 색상 다양하게 설정하기
plt.bar(grade,book, color = ['r', 'b', 'g', 'c', 'y', 'm'])
plt.xlabel('grade')
```

```
plt.ylabel('number of book loans')
plt.title('Number of book loans by grade')
plt.show()
```

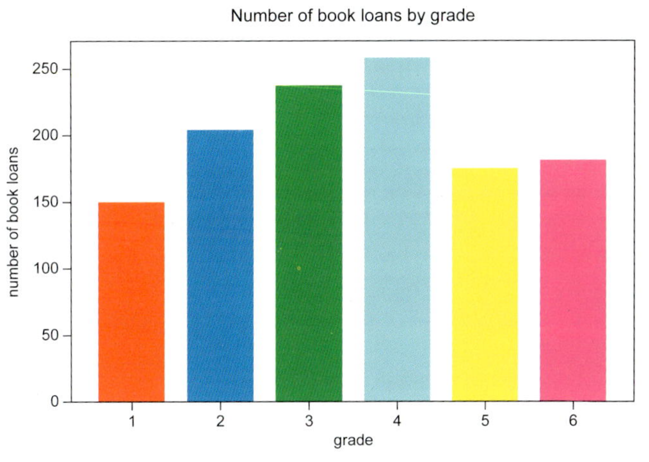


```
# 그래프 다양한 속성 설정하기
plt.bar(grade, book, color = 'w', width = -0.4, align = 'edge',
         edgecolor = 'k', linewidth = 1)
plt.xlabel('grade')
plt.ylabel('number of book loans')
plt.title('Number of book loans by grade')
plt.show()
```

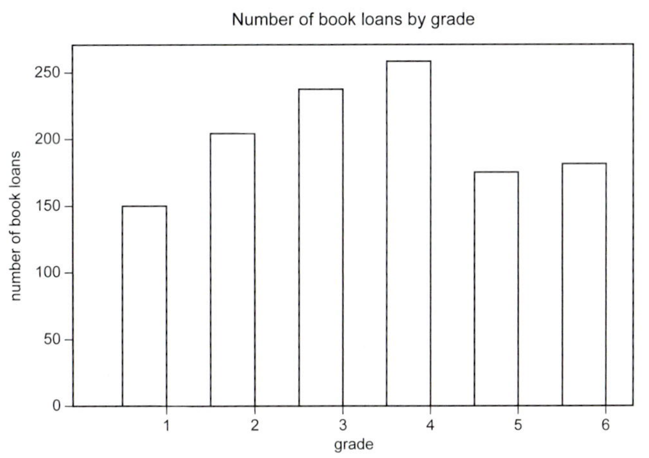

```python
# 가로 막대그래프 그리기
plt.barh(grade, book)
plt.show()
```

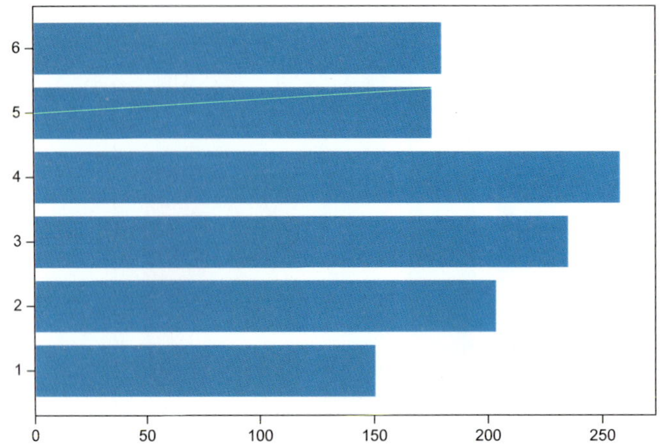


```python
plt.barh(grade, book, height=0.3, align='edge', color = 'yellow',
          edgecolor ='grey', linewidth=2)
plt.xlabel('number of book loans')
plt.ylabel('grade')
plt.show()
```

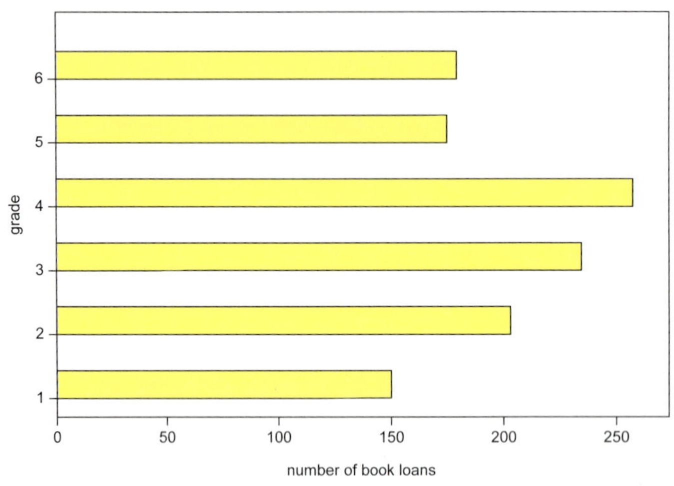

## 5.3 matplotlib와 꺾은선그래프

꺾은선그래프는 각각의 데이터를 점으로 표현하고 그 점들을 이어서 선으로 나타낸 그래프입니다. 각각의 데이터 값이 선으로 연결되어있기 때문에 데이터 값의 변화를 관찰하기 좋습니다.

연속성이 존재하는 시계열 데이터를 표현할 때 주로 꺾은선그래프를 활용하며 시간에 따라 수치가 어떻게 변화하는지 파악할 수 있습니다.

### 5.3.1 matplotlib로 꺾은선그래프 그리기

먼저 matplotlib로 꺾은선그래프를 그리는 방법을 간단하게 알아봅시다. matplotlib의 꺾은선그래프는 matplotlib.pyplot 모듈의 plot( ) 함수를 사용하여 표현합니다.

위의 교과서에 제시된 'A 초등학교 1학년 학생 입학 수(명)' 데이터를 matplotlib를 활용하여 그래프로 나타내보겠습니다.

◈ 꺾은선그래프를 그리기 위한 코드를 입력해 봅시다.

DnA5–3.ipynb

```
1  from matplotlib import pyplot as plt          # matplotlib 불러오기

2  year = [2018, 2019, 2020, 2021, 2022, 2023]   # 가로축
3  student = [121, 115, 114, 103, 99, 96]        # 세로축

4  plt.plot(year, student)                       # 꺾은선그래프 그리기
5  plt.show()                                    # 그래프 나타내기
```

2 year는 가로축(x축)에 표시될 연도를 의미합니다.
3 student는 세로축(y축)에 표시될 1학년 학생 입학 수(명)를 의미합니다.
4 plt.plot( )의 함수는 선 그래프를 표현하는 함수입니다. plt.plot(x, y)의 형태를 가지며 x는 가로축, y는 세로축을 그래프로 표현합니다.
5 plt.show( )는 그래프를 나타내는 명령어를 의미합니다.

◈ 꺾은선그래프를 실행시켜 결과를 확인해 봅시다.

DnA5-3.ipynb

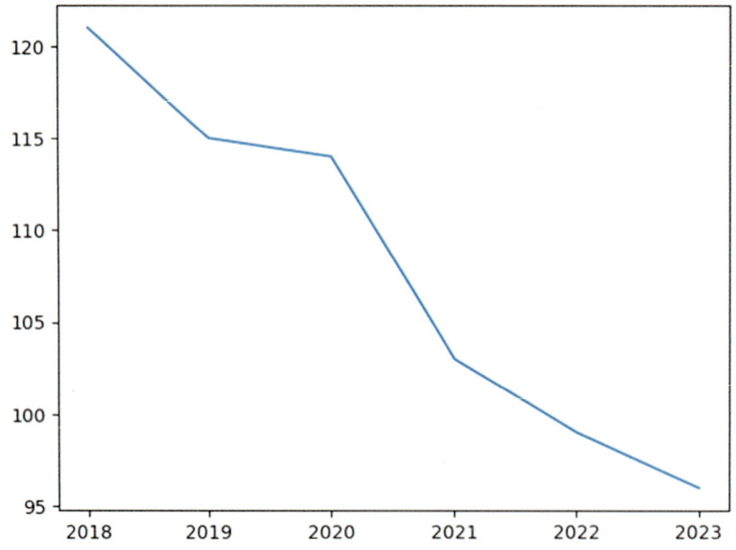


## 5.3.2 축 범위 설정하기

5.1의 교과서 속 그래프와 위에서 그린 꺾은선그래프가 다르게 느껴지는 이유는 무엇일까요? 바로 그래프 축의 범위가 다르기 때문입니다. 그래프 축의 범위를 설정하는 방법을 알아보겠습니다. x축 범위를 설정하는 방법은 xlim( ), y축 범위를 설정하는 방법은 ylim( ) 함수를 사용합니다.

```
plt.xlim(x축범위시작, x축범위끝)
plt.ylim(y축범위시작, y축범위끝)
```

x축의 범위는 2015 ~ 2025, y축의 범위는 0 ~ 150으로 설정해 보겠습니다.

◈ 축 레이블을 설정하기 위한 코드를 입력해 봅시다.

DnA5-3.ipynb

```
# 축 범위 설정하기
plt.plot(year, student)
plt.xlim(2015, 2025)
plt.ylim(0, 150)
plt.show()
```

◈ 축 레이블을 설정하고 결과를 확인해 봅시다.

DnA5-3.ipynb

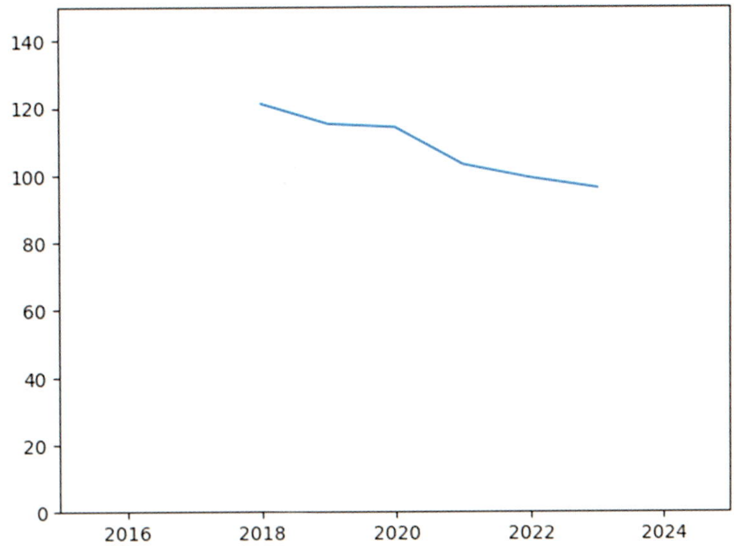


위처럼 xlim( ), ylim( ) 변수로 시작 범위, 끝 범위를 직접 넣을 수도 있고 변수로 리스트나 튜플을 활용할 수 있습니다.

◈ 축 레이블을 설정하기 위한 코드를 입력해 봅시다.

DnA5-3.ipynb

```
   # 축 레이블 설정하기
10 plt.plot(year, student)
11 plt.ylim([50, 150])
12 plt.xlabel('year')
13 plt.ylabel('number of 1st grade students enrolled')
14 plt.show()
```

11 plt.ylim([50, 150])은 리스트를 통해 y축의 범위만 범위를 설정하였습니다. plt.xlim( ), plt.ylim( )의 함수를 활용하면 x축만 범위를 설정하거나 y축만 범위를 설정하여 그래프를 나타낼 수 있습니다.

◈ 축 레이블을 설정하고 결과를 확인해 봅시다.

DnA5-3.ipynb

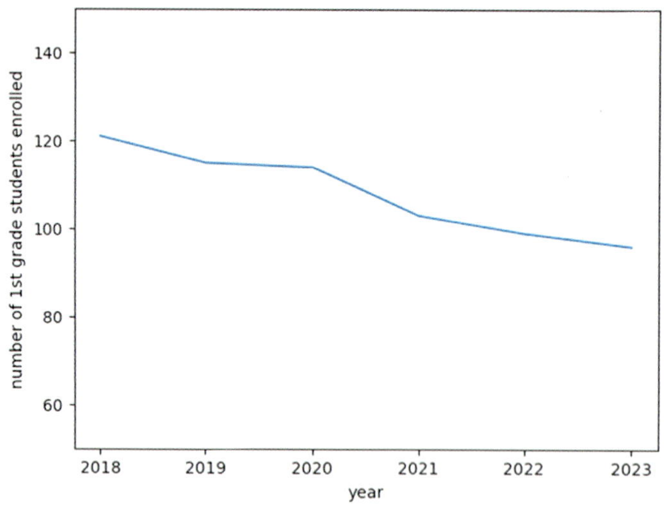


### 5.3.3 축 범례 설정하기

그래프를 그렸을 때 해당 그래프가 어떤 의미인지 쉽게 파악하기 위해서는 범례가 필요합니다. 그래프의 범례를 나타내기 위해서는 범례의 이름(label)을 plot( ) 함수 안에 나타낸 뒤 legend( ) 함수를 사용하여 나타낼 수 있습니다. 또한, legend( ) 함수 안에 문자열 리스트를 사용해서도 구현할 수 있습니다. 아래의 그래프가 A 초등학교 1학년 학생 입학 수라는 의미를 담은 범례를 추가 해보겠습니다.

◈ 축 범례를 설정하기 위한 코드를 입력해 봅시다.

DnA5-3.ipynb

```
   # 축 범례 설정하기
15 plt.plot(year, student, label='A school')
16 plt.ylim([50, 150])
17 plt.xlabel('year')
18 plt.ylabel('number of 1st grade students enrolled')
19 plt.legend()
20 plt.show()
```

15 plt.plot( )에 label을 추가시켜 나타낼 수 있고, plt.legend( ) 안에 문자열 리스트를 추가시켜 plt.legend(['A school'])로 표현할 수도 있습니다.

◈ 축 범례를 설정하고 결과를 확인해 봅시다.

DnA5-3.ipynb

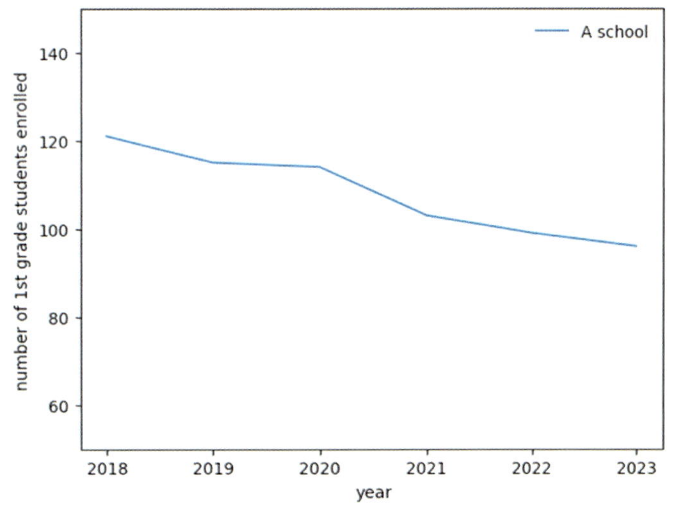

축 범례의 위치는 다양하게 바꿀 수 있습니다. legend( ) 함수 안에 loc을 지정해주면 범례의 위치를 원하는 곳에 위치시킬 수 있습니다. 아래의 다양한 방법을 참고하여 범례의 위치를 설정해봅시다.

| 코드 | 범례 위치 |
|---|---|
| plt.legend(['A school'], loc = 'best') | 최적의 장소에 범례 지정(기본값 0) |
| plt.legend(['A school'], loc = 1) | 오른쪽 위 |
| plt.legend(['A school'], loc = 2) | 왼쪽 위 |
| plt.legend(['A school'], loc = 3) | 왼쪽 아래 |
| plt.legend(['A school'], loc = 4) | 오른쪽 아래 |
| plt.legend(['A school'], loc = 5) | 오른쪽 |
| plt.legend(['A school'], loc = 6) | 중앙에서 왼쪽 |
| plt.legend(['A school'], loc = 7) | 중앙에서 오른쪽 |
| plt.legend(['A school'], loc = 8) | 중앙 하단 |
| plt.legend(['A school'], loc = 9) | 중앙 위 |
| plt.legend(['A school'], loc = 10) | 중앙 |

◈ 축 범례의 위치를 설정하기 위한 코드를 입력해 봅시다.

DnA5-3.ipynb

```
   # 축 범례 설정하기 2
21 plt.plot(year, student)
22 plt.ylim([50, 150])
23 plt.xlabel('year')
24 plt.ylabel('number of 1st grade students enrolled')
25 plt.legend(['A school'], loc = 8)
26 plt.show()
```

25 그래프의 중앙 하단에 범례를 위치시켰습니다.

◈ 축 범례의 위치를 설정하고 결과를 확인해 봅시다.

DnA5-3.ipynb

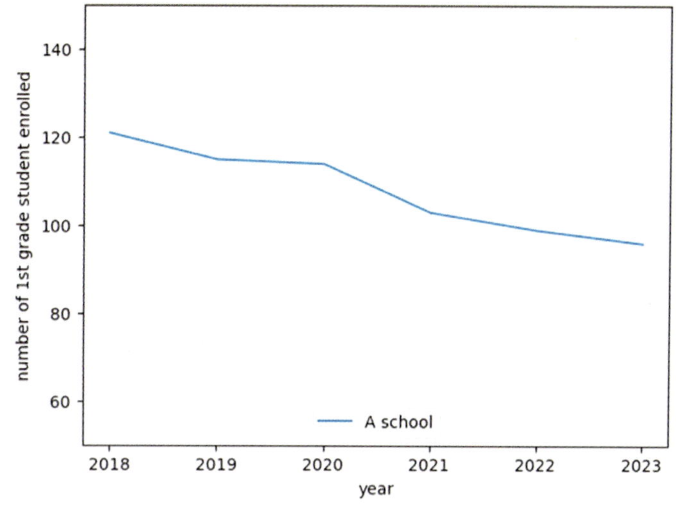


## 5.3.4 그래프 선, 마커 설정하기

막대그래프와 마찬가지로 꺾은선그래프의 다양한 선과 마커를 설정할 수 있습니다. 선 스타일을 설정할 때는 plot( ) 함수 안에 linestyle을 쓰거나 기본적인 선 스타일은 linestyle을 생략하여 간단히 표현할 수도 있습니다. 표식은 marker를 넣어서 표현합니다. 선 스타일은 점선('--')으로 마커는 원('o')스타일로 그래프를 그려보겠습니다.

◈ 꺾은선그래프의 선, 마커를 설정하기 위한 코드를 입력해 봅시다.

DnA5-3.ipynb

```
# 그래프 선, 표식 설정하기
plt.plot(year, student, linestyle = '--', marker = 'o', color ='r')
plt.ylim([50, 150])
plt.xlabel('year')
plt.ylabel('number of 1st grade students enrolled')
plt.legend(['A school'], loc = 8)
plt.show()
```

27 빨간색 점선, 원모양 마커를 설정할 때 긴 코드가 불편하다면 아래처럼 줄여서 간단하게 표현할 수도 있습니다.

**DnA5-3.ipynb**

```
27 plt.plot(year, student, 'ro--')
```

◈ 꺾은선그래프의 선, 마커를 설정하고 결과를 확인해 봅시다.

**DnA5-3.ipynb**

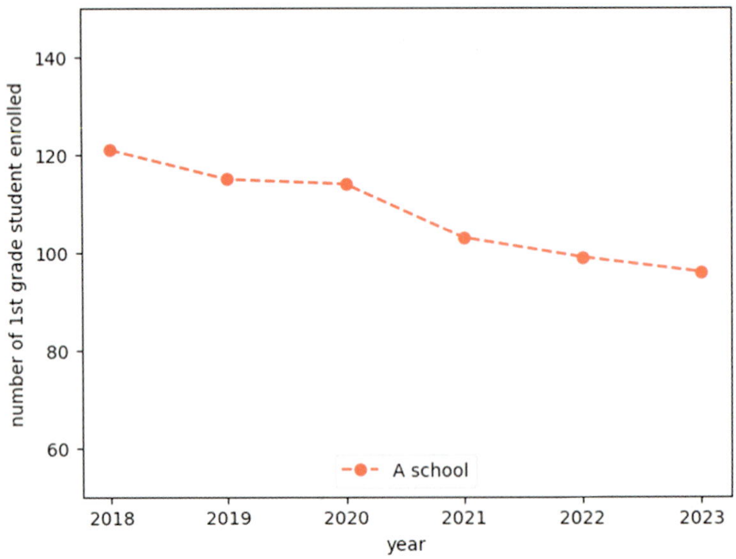


아래의 표들을 참고하여 원하는 꺾은선그래프의 선 스타일, 마커 스타일을 지정하여 그래프를 다양하게 그릴 수 있습니다.

| 선 스타일 | 코드 | 결과 | 선 스타일 | 코드 | 결과 |
|---|---|---|---|---|---|
| 실선 | - | | 점선2 | -. | |
| 점선1 | -- | | 점선3 | : | |

| 마커 스타일 | 코드 | 결과 | 마커 스타일 | 코드 | 결과 |
|---|---|---|---|---|---|
| 원 | o |   | 정사각형 | s |  |
| 삼각형 | ^ |  | 다이아몬드 | d |  |
| 역삼각형 | v |   | 플러스 | + |   |

| 선 스타일 | 코드 | 결과 | 선 스타일 | 코드 | 결과 |
|---|---|---|---|---|---|
| 원+직선 | o– | 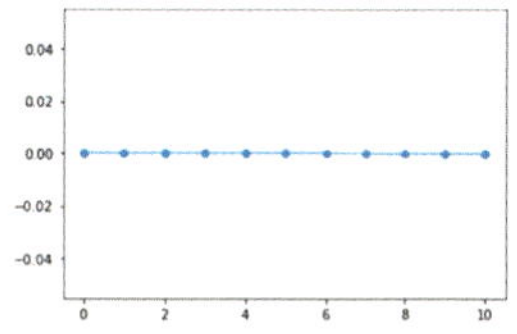 | 원+점선 | o– – | 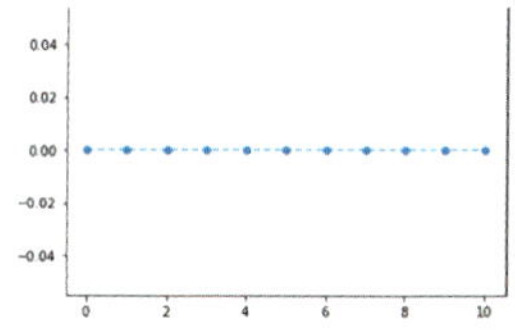 |

※ 더 다양한 종류의 마커는 https://matplotlib.org/stable/gallery/lines_bars_and_markers/marker_reference.html 에서 참고할 수 있습니다.

### 5.3.5 꺾은선그래프 여러 개 그리기

A 초등학교의 1학년 학생 입학 수와 B 초등학교의 1학년 학생 입학 수를 비교해보고 싶다면 어떻게 해야할까요? 지금부터는 그래프를 하나 더 추가하여 두 초등학교의 1학년 학생 입학 수를 비교해보도록 하겠습니다.

〈A 초등학교 1학년 학생 입학 수〉

| 연도 | 2018 | 2019 | 2020 | 2021 | 2022 | 2023 | 합계 |
|---|---|---|---|---|---|---|---|
| 입학 수(명) | 121 | 115 | 114 | 103 | 99 | 96 | 648 |

〈B 초등학교 1학년 학생 입학 수〉

| 연도 | 2018 | 2019 | 2020 | 2021 | 2022 | 2023 | 합계 |
|---|---|---|---|---|---|---|---|
| 입학 수(명) | 87 | 96 | 101 | 105 | 116 | 124 | 629 |

◈ 꺾은선그래프 여러 개를 그리기 위한 코드를 입력해 봅시다.

**DnA5-3.ipynb**

```python
# 꺾은선그래프 여러 개 그리기
from matplotlib import pyplot as plt

year = [2018, 2019, 2020, 2021, 2022, 2023]
a_school = [121, 115, 114, 103, 99, 96]        # A 초등학교 학생 수
b_school = [87, 96, 101, 105, 116, 124]        # B 초등학교 학생 수

plt.plot(year, a_school)                       # 꺾은선그래프1 그리기
plt.plot(year, b_school)                       # 꺾은선그래프2 그리기
plt.show()                                     # 그래프 나타내기
```

◈ 꺾은선그래프 여러 개를 그리고 결과를 확인해 봅시다.

**DnA5-3.ipynb**

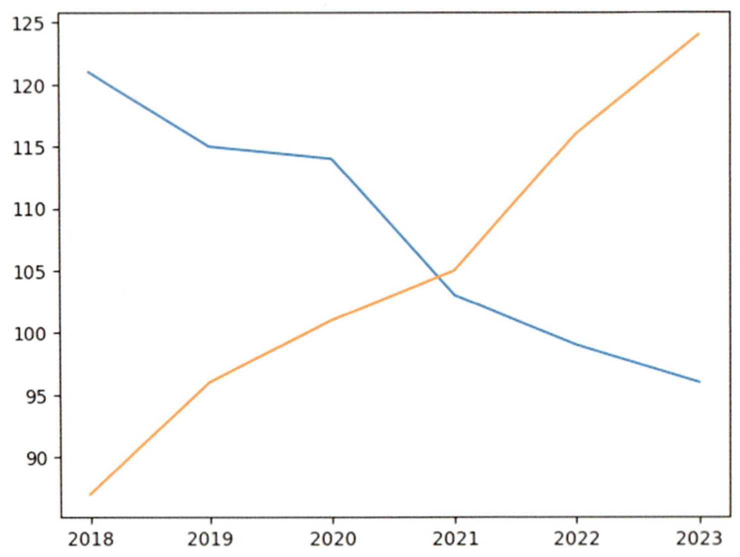


위에서 학습한 여러 가지 속성을 추가하여 그래프를 누구나 보기 쉽게 설정해보세요.

◈ 여러 꺾은선그래프의 속성을 설정하기 위한 코드를 입력해 봅시다.

**DnA5-3.ipynb**

```
   # 여러 꺾은선그래프의 속성 설정하기
40 plt.plot(year, a_school, 'ro--', label = 'A school')
41 plt.plot(year, b_school, 'gs-', label ='B school')
42 plt.ylim(50, 150)
43 plt.xlabel('year')
44 plt.ylabel('number of 1st grade students enrolled')
45 plt.title('< A school vs B school >')
46 plt.legend(loc = 9)
47 plt.show()
```

40 빨간색 점선과 원 모양 마커를 가진 그래프를 그리고 범례를 'A school'로 설정합니다.

41 초록색 실선과 정사각형 모양 마커를 가진 그래프를 그리고 범례를 'B school'로 설정합니다.

42 세로축(y축) 범위를 50~100으로 설정합니다.

43, 44 x축과 y축의 이름을 설정합니다.

45 제목과 범례의 위치(중앙 위쪽)을 설정합니다.

◈ 여러 꺾은선그래프의 속성을 설정하고 결과를 확인해 봅시다.

**DnA5-3.ipynb**

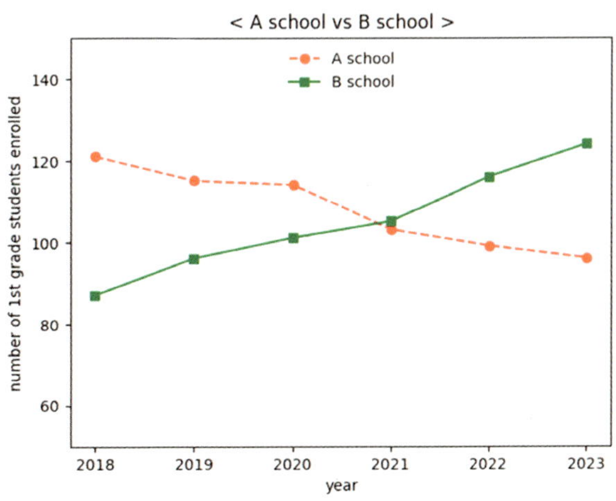

두 꺾은선그래프의 비교를 통해 A 학교는 1학년 입학생 수가 점점 감소하고, B 학교는 1학년 학생 수가 점점 증가하고 있다는 점을 파악할 수 있습니다. matplotlib로 그린 꺾은선 그래프를 토대로 A 학교의 입학생 수가 감소 이유와 B 학교의 입학생 수의 증가 이유, 각 학교의 입학생 수 예측, 각 학교 별 필요한 정책 등을 추가 활동으로 생각해볼 수 있습니다.

### 5.3.6 전체 코드 확인하기

DnA5-3.ipynb

```python
from matplotlib import pyplot as plt
```

```python
year = [2018, 2019, 2020, 2021, 2022, 2023]
student = [121, 115, 114, 103, 99, 96]
```

```python
plt.plot(year, student)
plt.show()
```

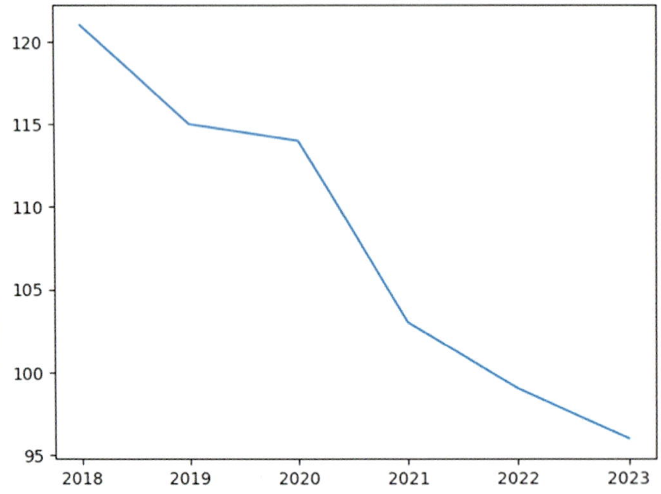


```python
# 축 범위 설정하기
plt.plot(year, student)
plt.xlim(2015, 2025)
plt.ylim(0, 150)
plt.show()
```

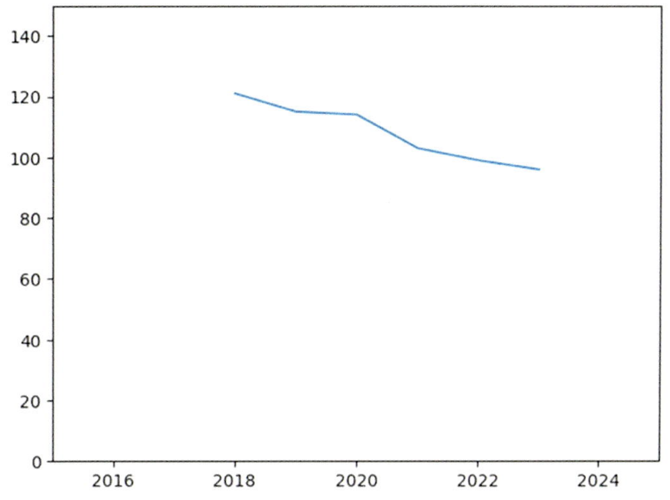


```python
# 축 레이블 설정하기
plt.plot(year, student)
plt.ylim([50, 150])
plt.xlabel('year')
plt.ylabel('number of 1st grade students enrolled')
plt.show()
```

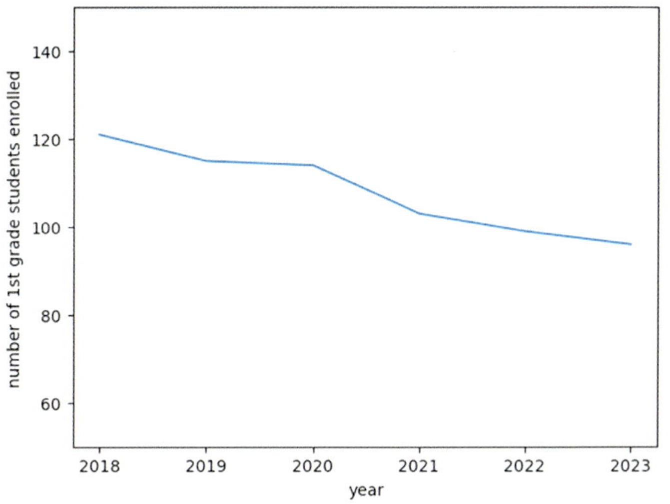


```python
# 축 범례 설정하기
plt.plot(year, student, label='A school')
plt.ylim([50, 150])
```

```python
plt.xlabel('year')
plt.ylabel('number of 1st grade students enrolled')
plt.legend()
plt.show()
```

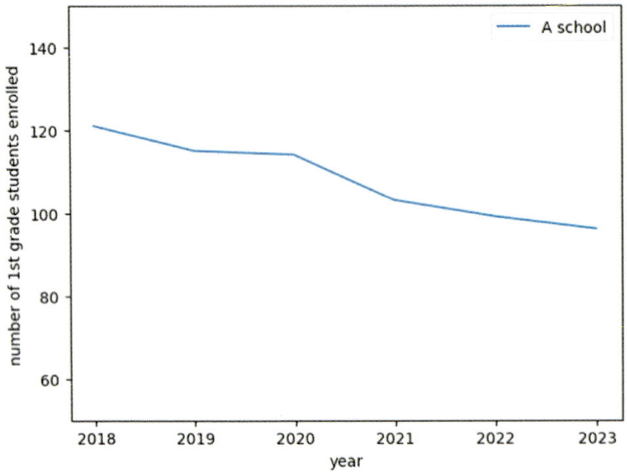


```python
# 축 범례 설정하기 2
plt.plot(year, student)
plt.ylim([50, 150])
plt.xlabel('year')
plt.ylabel('number of 1st grade students enrolled')
plt.legend(['A school'], loc = 8)
plt.show()
```

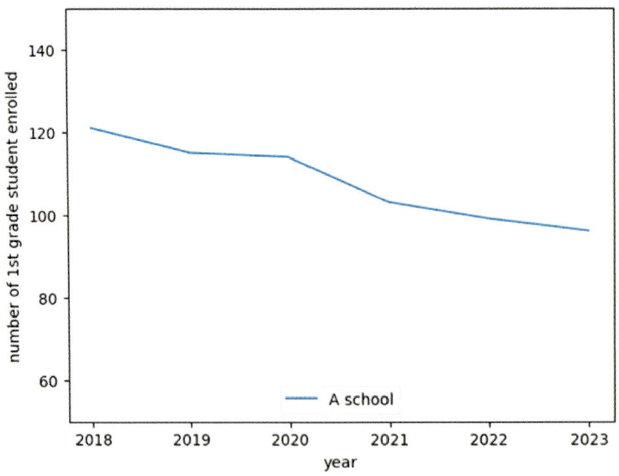

```
# 그래프 선, 표식 설정하기
plt.plot(year, student, linestyle = '--', marker = 'o', color ='r')
plt.ylim([50, 150])
plt.xlabel('year')
plt.ylabel('number of 1st grade students enrolled')
plt.legend(['A school'], loc = 8)
plt.show()
```

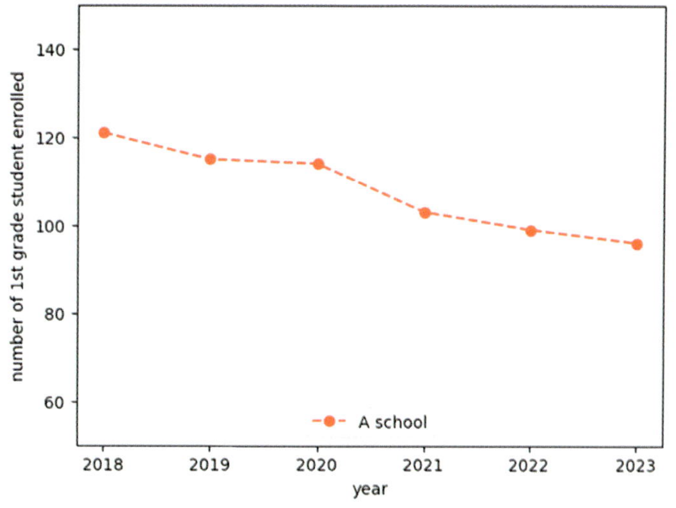


```
# 꺾은선그래프 여러 개 그리기
from matplotlib import pyplot as plt
year = [2018, 2019, 2020, 2021, 2022, 2023]
a_school = [121, 115, 114, 103, 99, 96]
b_school = [87, 96, 101, 105, 116, 124]
```

```
plt.plot(year, a_school)
plt.plot(year, b_school)
plt.show()
```

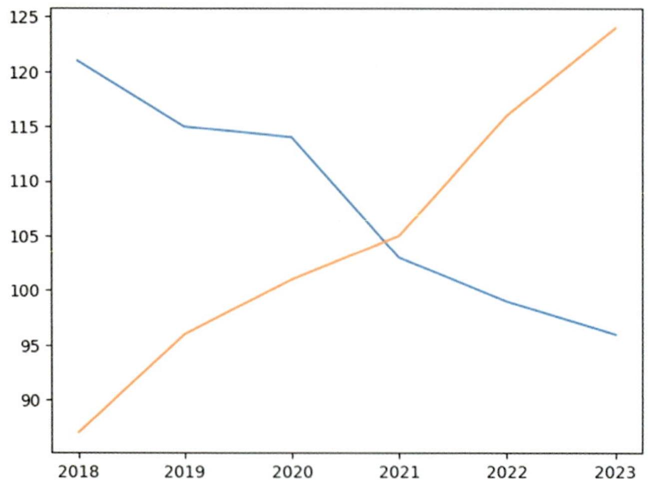


```python
# 여러 꺾은선그래프의 속성 설정하기
plt.plot(year, a_school, 'ro--', label = 'A school')
plt.plot(year, b_school, 'gs-', label ='B school')
plt.ylim(50, 150)
plt.xlabel('year')
plt.ylabel('number of 1st grade students enrolled')
plt.title('< A school vs B school >')
plt.legend(loc = 9)
plt.show()
```

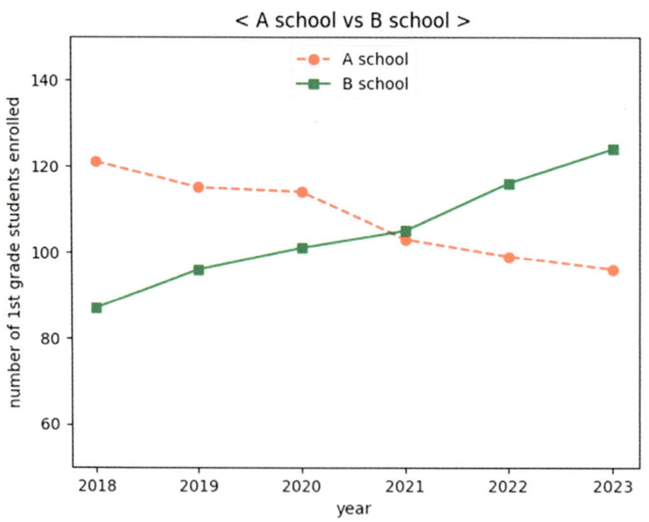

## 5.4 막대그래프와 꺾은선그래프를 한 화면에 나타내기

그래프 화면을 구역으로 분할하여 막대그래프와 꺾은선그래프 등 여러 가지 그래프를 한 화면에 동시에 구성할 수 있습니다. 그래프 구역을 분할할 때는 subplot( ) 함수를 활용합니다.

이 때, 행렬의 개념을 활용하면 이해하기 쉽습니다. (2, 1)은 2행 1열이므로 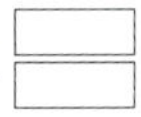 모양으로 그래프가 그려지게 됩니다. (1, 2)는 1행 2열이므로  모양으로 그래프가 그려지게 됩니다.

plt.subplot(행, 열, 그래프 위치)

◈ 하나의 화면에 막대그래프와 꺾은선그래프를 그리기 위한 코드를 입력해 봅시다.

DnA5–4.ipynb

```
# 하나의 화면에 두 개의 그래프 그리기
from matplotlib import pyplot as plt              # matplotlib 불러오기

grade = range(1, 7)
book = [150, 204, 236, 258, 176, 180]             # A 초등학교 학년별 대출 수

year = range(2018, 2024)
student = [121, 115, 114, 103, 99, 96]            # A 초등학교 1학년 학생 입학 수

# 첫번째 화면
plt.subplot(1,2,1)
plt.bar(grade, book, color = 'm')                 # 첫 번째 화면 막대그래프 그리기
plt.xlabel('grade')
plt.ylabel('number of book loans')
# 두번째 화면
plt.subplot(1,2,2)                                # 두 번째 화면 꺾은선그래프 그리기
plt.plot(year, student, 'co--')
plt.xlabel('year')
plt.ylabel('number of 1st students enrolled')
```

```
14 plt.tight_layout()                     # subplot 겹치지 않게 설정
15 plt.show()                             # 그래프 나타내기
```

2,4 range( )는 연속된 숫자를 만들어주는 함수입니다. range(start, stop)으로 활용할 수 있으며 마지막 숫자를 포함하지 않습니다.

6 plt.subplot( )을 활용하여 첫 번째 화면에는 A 초등학교 학년별 대출 권(수)를 막대그래프로 나타냈습니다.

10 plt.subplot( )을 활용하여 두 번째 화면에는 A 초등학교 1학년 학생 입학 수(명)를 꺾은선그래프로 나타냈습니다.

14 tight_layout( )은 subplot들이 겹치지 않도록 여백을 만들어주는 함수입니다. 본 함수를 사용하지 않으면 x축, y축 라벨들이 겹쳐서 그래프가 나타나는 문제가 발생합니다.

◈ 하나의 화면에 막대그래프와 꺾은선그래프를 그리고 프로그램을 실행시켜 결과를 확인해 봅시다.

DnA5-4.ipynb

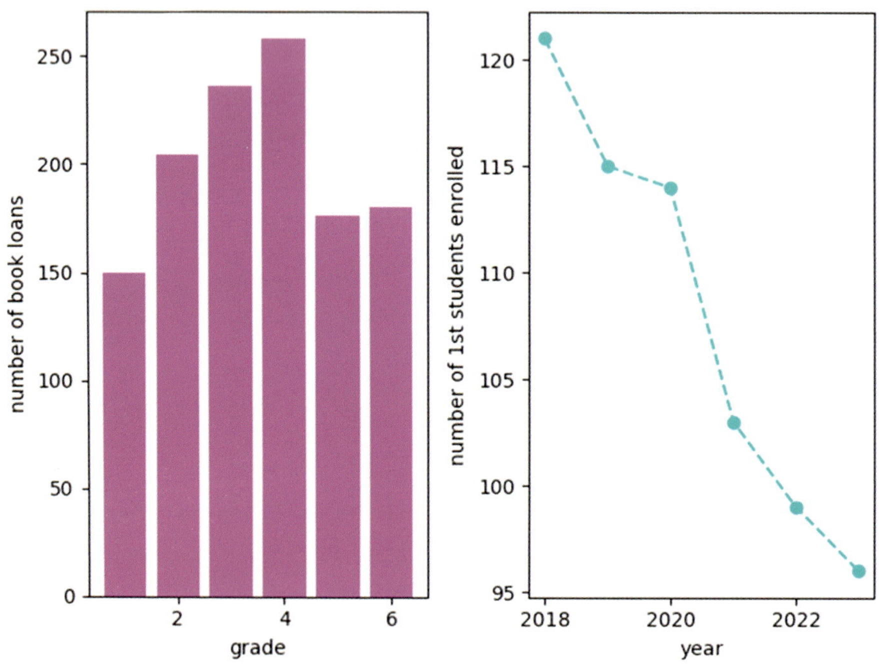

위 그래프에서 B학교 1학년 입학생 수(명) 데이터를 추가하려면 어떻게 해야할까요? 오른쪽 화면을 (2, 2) 행렬로 그래프를 그린다고 생각하고 코드를 작성하면 됩니다.

◈ 하나의 화면에 막대그래프와 꺾은선그래프를 그리기 위한 코드를 입력해 봅시다.

DnA5-4.ipynb

```
# 하나의 화면에 세 개의 그래프 그리기
from matplotlib import pyplot as plt            # matplotlib 불러오기

grade = range(1, 7)
book = [150, 204, 236, 258, 176, 180]           # A 초등학교 학년별 대출 수

year = range(2018, 2024)
a_school = [121, 115, 114, 103, 99, 96]         # A 초등학교 1학년 학생 입학 수
b_school = [87, 96, 101, 105, 116, 124]         # B 초등학교 1학년 학생 입학 수

# 첫번째 화면
plt.subplot(1,2,1)                              # 첫 번째 화면 막대그래프 그리기
plt.bar(grade, book, color = 'm')
plt.xlabel('grade')
plt.ylabel('number of book loans')
plt.title('A school')

# 두번째 화면
plt.subplot(2,2,2)
plt.plot(year, a_school, 'co--')
plt.xlabel('year')
plt.ylabel('A school 1st students enrolled')   # 두 번째 화면 꺾은선그래프 그리기
plt.title('A school')

# 세번째 화면
plt.subplot(2,2,4)
plt.plot(year, b_school, 'rs-')
plt.xlabel('year')                              # 세 번째 화면 꺾은선그래프 그리기
plt.ylabel('B school 1st students enrolled')
plt.title('B school')
```

```
37 plt.tight_layout()                    # subplot 겹치지 않게 설정
38 plt.show()                            # 그래프 나타내기
```

27 plt.subplot(2,2,2)는 (2, 2)의 행렬로 화면을 구성하고 두 번째 화면에 그래프를 그린다는 의미로 A 초등학교 1학년 학생 입학 수(명)를 꺾은선그래프로 나타냈습니다.

32 plt.subplot(2,2,4)는 (2, 2)의 행렬로 화면을 구성하고 네 번째 화면에 그래프를 그린다는 의미로 B 초등학교 1학년 학생 입학 수(명)를 꺾은선그래프로 나타냈습니다.

◈ 하나의 화면에 막대그래프와 꺾은선그래프를 그리고 프로그램을 실행시켜 결과를 확인해 봅시다.

DnA5-4.ipynb

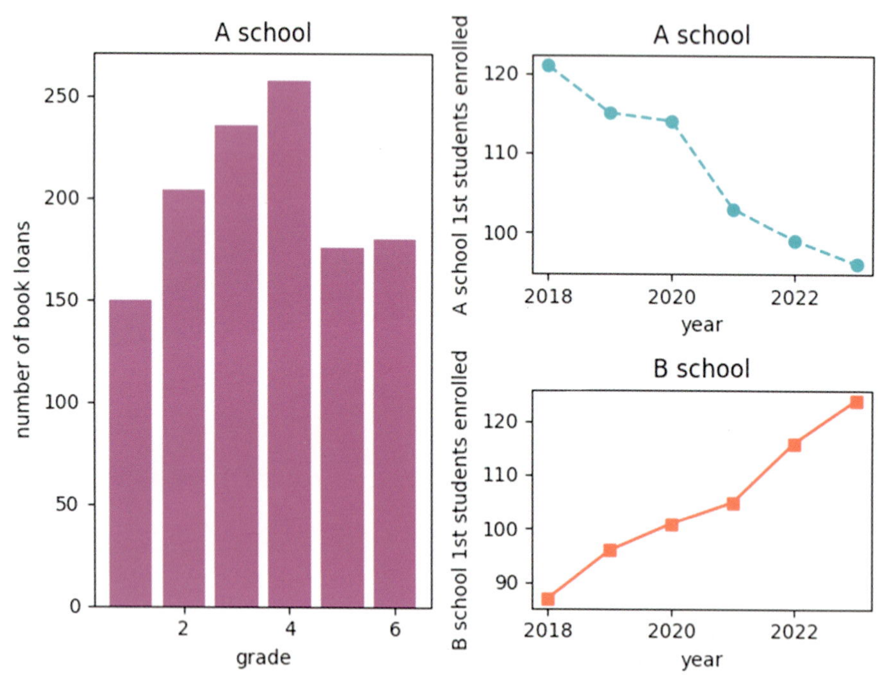

## 5.4.1 전체 코드 확인하기

DnA5-4.ipynb

```
# 하나의 화면에 두 개의 그래프 그리기
from matplotlib import pyplot as plt
```

```
grade = range(1, 7)
book = [150, 204, 236, 258, 176, 180]
```

```
year = range(2018, 2024)
student = [121, 115, 114, 103, 99, 96]
```

```
# 첫번째 화면
plt.subplot(1,2,1)
plt.bar(grade, book, color = 'm')
plt.xlabel('grade')
plt.ylabel('number of book loans')
# 두번째 화면
plt.subplot(1,2,2)
plt.plot(year, student, 'co--')
plt.xlabel('year')
plt.ylabel('number of 1st students enrolled')
plt.tight_layout()
plt.show()
```

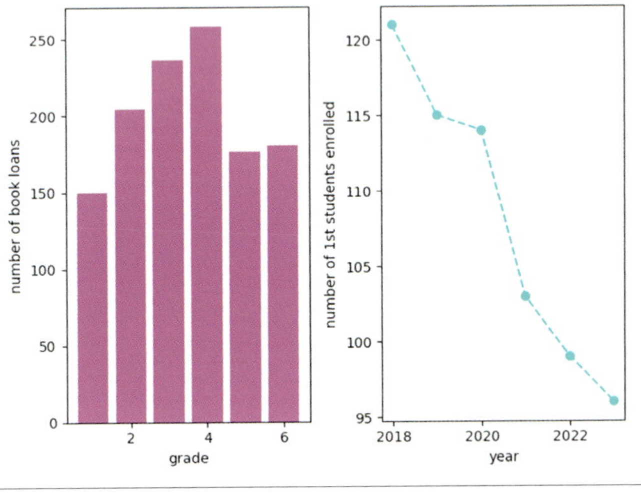

```python
from matplotlib import pyplot as plt

grade = range(1, 7)
book = [150, 204, 236, 258, 176, 180]

year = range(2018, 2024)
a_school = [121, 115, 114, 103, 99, 96]
b_school = [87, 96, 101, 105, 116, 124]

# 하나의 화면에 세 개의 그래프 그리기
from matplotlib import pyplot as plt
year = [2018, 2019, 2020, 2021, 2022, 2023]
a_school = [121, 115, 114, 103, 99, 96]
b_school = [87, 96, 101, 105, 116, 124]

# 첫번째 화면
plt.subplot(1,2,1)
plt.bar(grade, book, color = 'm')
plt.xlabel('grade')
plt.ylabel('number of book loans')
plt.title('A school')
# 두번째 화면
plt.subplot(2,2,2)
plt.plot(year, a_school, 'co--')
plt.xlabel('year')
plt.ylabel('A school 1st students enrolled')
plt.title('A school')
# 세번째 화면
plt.subplot(2,2,4)
plt.plot(year, b_school, 'rs-')
plt.xlabel('year')
plt.ylabel('B school 1st students enrolled')
plt.title('B school')
```

```
plt.tight_layout()
plt.show()
```

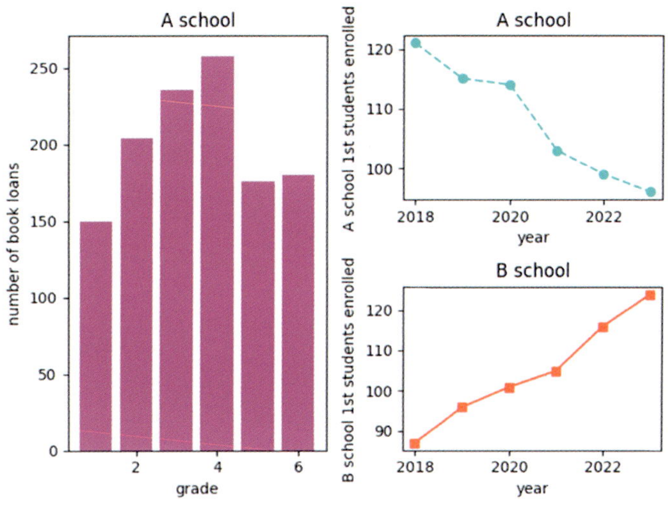

# 스스로 해보기

학습한 내용을 바탕으로 조건에 맞는 그래프를 그려봅시다.

## 1. 기온 데이터 시각화하기

아래의 표는 어느 지역의 2월 최고 기온을 조사하여 나타낸 표입니다. 아래의 표를 보고 다음의 조건을 만족하는 꺾은선그래프를 그려봅시다.

〈2월 최고 기온〉

| 날짜(일) | 7 | 14 | 21 | 28 |
|---|---|---|---|---|
| 기온(℃) | 8.8 | 1.6 | 2.4 | 6.4 |

〈조건〉

① 주어진 데이터에 마커 표시를 하세요. 마커 모양은 자유롭게 하세요.

② 그래프의 선 모양은 점선 모양으로 설정해보세요.

③ 그래프의 색은 자유롭게 설정해보세요.

④ 그래프 제목을 설정하세요 : “February’s highest temperature”

◈ 다음과 같이 코드를 입력해 봅시다.

DnA5-5.ipynb

```
  # 기온 데이터 시각화하기
1 import matplotlib.pyplot as plt

2 plt.plot([7, 14, 21, 28], [8.8, 1.6, 2.4, 6.4], 'o--', color = '#FC5A50')
3 plt.title("Feburary's highest temperatrue")
4 plt.show()
```

2 ‘#FC5A50’은 코랄색을 의미합니다.

◈ 프로그램을 실행시켜 결과를 확인해 봅시다.

DnA5-5.ipynb

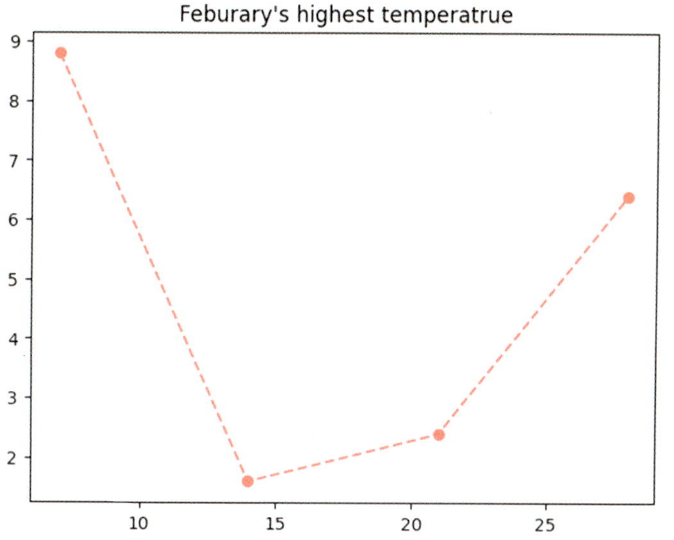


## 2. 올림픽 경기 종목별 메달 수 시각화하기

아래의 표는 어느 국가의 올림픽 일부 경기 종목의 금메달 수를 조사하여 나타낸 표입니다. 아래의 표를 보고 다음의 조건을 만족하도록 막대그래프를 그려봅시다.

A 국가 올림픽 경기 종목별 금메달 수

| 경기 종목 | 양궁 archery | 승마 equestrian | 축구 football | 탁구 table tennis | 태권도 taekwondo | 테니스 tennis |
|---|---|---|---|---|---|---|
| 금메달 수(개) | 4 | 1 | 2 | 4 | 7 | 5 |

〈조건〉

① 각 막대그래프에서 가장 높은 메달 항목의 막대를 빨간색으로, 나머지를 파란색으로 표시해주세요.

② x축에는 SPORTS 라벨을 추가해주세요.

③ y축에는 GOLD MEDALS이라는 라벨을 추가해주세요.

④ 그래프의 x축 글씨가 겹치지 않게 설정해주세요.

◈ 다음과 같이 코드를 입력해 봅시다.

DnA5-5.ipynb

```
# 올림픽 경기 종목별 메달 수 시각화하기
import matplotlib.pyplot as plt
```

```
sports = ['archery', 'equestrian', 'football', 'table tennis',
'taekwondo', 'tennis']
values = [4, 1, 2, 4, 7, 5]
```

```
plt.bar(sports, values, color = ['b', 'b', 'b', 'b', 'r', 'b'])
plt.xlabel('SPORTS')
plt.ylabel('GOLD MEDALS')
plt.tight_layout()
plt.show()
```

◈ 프로그램을 실행시켜 결과를 확인해 봅시다.

DnA5-5.ipynb

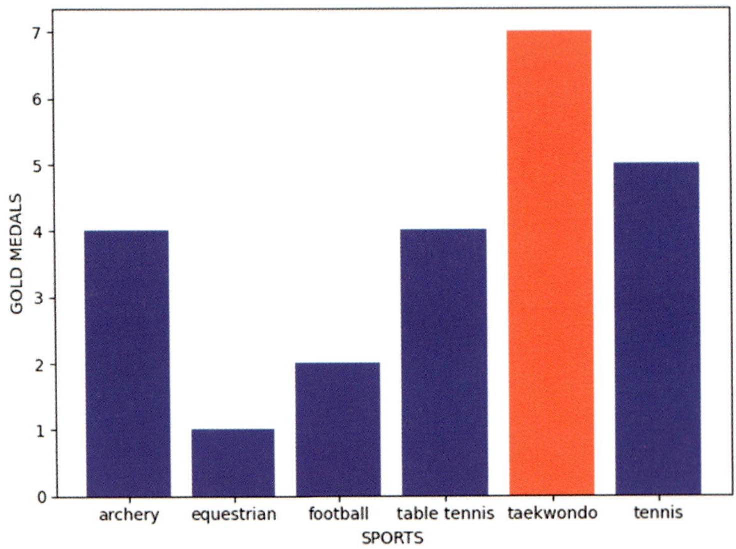

CHAPTER 06

# 다양한 배열을 만들고 조작해보자!

6.1 교과서 살펴보기
6.2 Numpy 배열
6.3 교과서 속 다양한 문제를 Numpy 함수로 표현하기
스스로 해보기

들어가며

데이터를 처리할 때 배열(array)을 활용하면 데이터를 쉽고 빠르게 처리할 수 있습니다. 배열을 사용하기 위한 라이브러리인 numpy를 배우며 데이터를 쉽고 빠르게 처리하는 연습을 해봅시다.

넘파이(numpy)는 Numerical Python의 약자로 수치데이터를 쉽게 사용할 수 있도록 지원해주는 라이브러리입니다. numpy는 C언어로 구현된 파이썬 라이브러리이기 때문에 대규모 다차원 배열과 행렬 연산을 쉽고 간편하게 조작할 수 있는 다양한 함수를 제공합니다. 대표적인 데이터 분석 라이브러리인 matplotlib와 pandas과 함께 주로 사용됩니다.

numpy로 배열을 구현하고 연산할 때 넘파이 array( ) 함수를 사용합니다. 넘파이는 다차원(ndimension)의 배열(array) 자료구조 클래스인 ndarray 클래스를 지원합니다. 이것은 파이썬의 list와 주로 비교되는데 ndarray는 사용하는 코드가 간결하며 많은 데이터를 더 빠르게 처리할 수 있습니다.

4학년 수학 교육과정에 따르면 다양한 변화의 규칙을 찾아 수나 식으로 나타내거나 계산식의 배열에서 규칙을 찾아 계산 결과를 추측하는 내용에 관하여 학습합니다. 학생들은 다양한 규칙을 찾을 수 있는 계산식의 배열과 수의 성질을 탐구할 수 있는 계산식의 배열을 배우며 문제해결능력을 신장시킬 수 있습니다.

파이썬에서도 배열 생성을 도와주는 numpy 라이브러리가 있습니다. numpy를 잘 활용한다면 데이터 분석을 유용하게 처리할 수 있습니다. 실제 4학년 규칙 찾기에 관한 교과서 내용을 살펴보며 numpy로 다양한 배열을 만들고 재구성해봅시다.

## 6.1 교과서 살펴보기

### 6.1.1 2022 개정 수학과 교육과정 성취기준

| |
|---|
| [4수02-01] 다양한 변화 규칙을 찾아 설명하고, 그 규칙을 수나 식으로 나타낼 수 있다.<br>[4수02-02] 계산식의 배열에서 규칙을 찾고, 계산 결과를 추측할 수 있다. |

### 6.1.2 관련 단원 ① : 4-1-6. 규칙 찾기

- 학습 문제 : 다양한 수의 배열에서 규칙을 찾을 수 있다.

| |
|---|
| 우리나라의 5월은 가정의 달이라고 할 수 있습니다. 2030년 미래의 달력은 어떤 모습을 하고 있을까요? 다같이 2030년 5월 달력을 살펴봅시다. |

- 2030년 5월 달력 살펴보기

〈2030년 5월〉

| 일 | 월 | 화 | 수 | 목 | 금 | 토 |
|---|---|---|---|---|---|---|
| | | | 1<br>근로자의날 | 2 | 3 | 4 |
| 5<br>어린이날 | 6 | 7 | 8<br>어버이날 | 9<br>부처님 오신날 | 10 | 11 |
| 12 | 13 | 14 | 15<br>스승의날 | 16 | 17 | 18 |
| 19 | 20 | 21 | 22 | 23 | 24 | 25 |
| 26 | 27 | 28 | 29 | 30 | 31 | |

- 달력 속 수의 배열에서 규칙을 찾아 수와 식으로 나타내기
  - 오른쪽으로 1씩 커진다.
  - 아래쪽으로 7씩 커진다.
  - 왼쪽으로 1씩 작아진다.
  - 위쪽으로 7씩 작아진다.

## 6.2 Numpy 배열

교과서에 제시된 달력 수의 배열을 활용하여 numpy를 불러오고 배열을 출력해봅시다. 먼저 numpy 라이브러리를 불러오는 방법을 알아보겠습니다. 라이브러리를 불러오는 방법은 다음과 같습니다. numpy는 주로 줄여서 np로 쓰입니다.

DnA6-2.ipynb

```
import numpy as np                    # numpy 불러오기
```

### 6.2.1 Numpy 배열 이해하기

numpy는 대표적으로 배열을 생성하는 모듈로 numpy를 잘 활용하기 위해서는 배열의 형태를 이해해야 합니다. 쉽게 말해, 1차원 배열은 선, 2차원 배열은 면, 3차원 배

열은 공간입니다. 아래 그림을 통해 더 쉽게 이해할 수 있습니다.

1차원 :

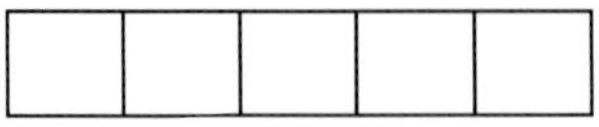

2차원 :

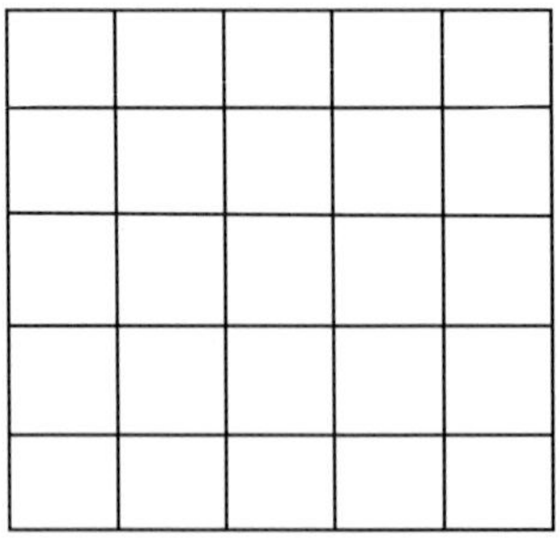

3차원 :

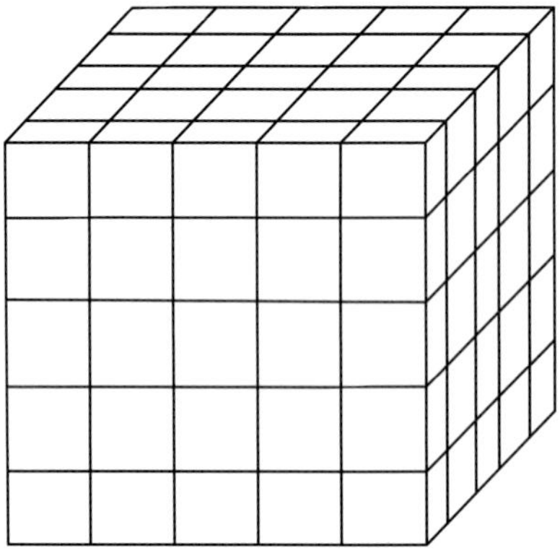

numpy의 배열은 array( ) 함수를 사용하여 만들 수 있습니다. 합치면 np.array( )이고, 함수 안에 만들 배열의 값을 대괄호[ ]를 사용하여 나타냅니다. 이렇게 만들어진 배열의 속성을 알 수 있는 방법이 있습니다. 배열의 차원을 알기 위해서는 ndim 명령어를, 배열의 형태를 알기 위해서는 shape 명령어를 사용할 수 있습니다.

2030년 달력을 활용하여 1차원, 2차원 배열을 생성해보겠습니다.

〈2030년 5월〉

| 일 | 월 | 화 | 수 | 목 | 금 | 토 |
|---|---|---|---|---|---|---|
| | | | 1<br>근로자의날 | 2 | 3 | 4 |
| 5<br>어린이날 | 6 | 7 | 8<br>어버이날 | 9<br>부처님 오신날 | 10 | 11 |
| 12 | 13 | 14 | 15<br>스승의날 | 16 | 17 | 18 |
| 19 | 20 | 21 | 22 | 23 | 24 | 25 |
| 26 | 27 | 28 | 29 | 30 | 31 | |

◈ 1차원 배열을 만들기 위한 코드를 입력하고 결과를 함께 확인해봅시다.

DnA6-2.ipynb

```
1  import numpy as np                         # numpy 불러오기

   # 1차원 배열 만들기
2  may1 = np.array([5,6,7,8,9,10,11])         # numpy 배열 만들기
3  print(may1)
```

```
[ 5 6 7 8 9 10 11]
```

```
4  print(may1.ndim)                           # 배열 may1 차원 확인하기
5  print(may1.shape)                          # 배열 may1 형태 확인하기
```

```
1                                             # may1 배열은 1차원
(7,)                                          # may1 배열은 7개의 원소로 구성
```

2 array( ) 함수를 활용하여 달력의 숫자를 1차원 배열로 만들어 표현하였습니다.

4,5 may1 배열은 넘파이 배열이므로 may1.ndim, may2.shape처럼 넘파이 명령어를 사용할 수 있습니다. may1 배열은 1차원이며 7개의 원소로 이루어졌다는 것을 확인할 수 있습니다.

2차원 배열은 행렬(matrix)의 개념을 통해 이해할 수 있습니다. 배열의 가로 줄은 '행', 세로줄은 '열'입니다. 예를 들어, 아래와 같은 배열은 2개의 행과 3개의 열을 가지는 2 x 3 배열입니다.

[ 15 16 17 ]

[ 22 23 24 ]

2차원 배열을 만들 때 주의할 점은 각 행을 대괄호로 묶고 나서 다시 대괄호로 묶어야 합니다. 즉, 대괄호를 2번 사용한다는 점입니다.

◈ 2차원 배열을 만들기 위한 코드를 입력하고 결과를 함께 확인해봅시다.

DnA6-2.ipynb

```
  # 2차원 배열 만들기
6 may2 = np.array([[15, 16, 17], [22, 23, 24]])        # numpy 배열 만들기
7 print(may2)
```

```
[[15 16 17]
 [22 23 24]]
```

```
8 print(may2.ndim)
9 print(may2.shape)
```

```
2
(2, 3)
```

6 array( ) 함수를 활용하여 달력의 일부를 2행 3열로 이루어진 2차원 배열로 만들어 표현하였습니다.

8,9 may2는 2차원이며 가로 2줄과 세로 3줄로 이루어졌다는 것을 확인할 수 있습니다.

넘파이 배열은 연산을 지원합니다. 배열 간의 덧셈과 곱셈 등을 할 수도 있습니다. 달력 속 숫자 배열 간의 덧셈을 통해 규칙을 찾아봅시다.

〈2030년 5월〉

| 일 | 월 | 화 | 수 | 목 | 금 | 토 |
|---|---|---|---|---|---|---|
| | | | 1 근로자의날 | 2 | 3 | 4 |
| 5 어린이날 | 6 | 7 | 8 어버이날 | 9 부처님 오신날 | 10 | 11 |
| 12 | 13 | 14 | 15 스승의날 | 16 | 17 | 18 |
| 19 | 20 | 21 | 22 | 23 | 24 | 25 |
| 26 | 27 | 28 | 29 | 30 | 31 | |

◈ 배열 간의 덧셈을 위한 코드를 입력하고 결과를 확인해봅시다.

DnA6-2.ipynb

```
   # 배열 덧셈하기
10 may3 = np.array([[1, 2],[8, 9]])
11 may4 = np.array([[15, 16], [22, 23]])
```

```
12 may5 = may3 + may4
13 print(may5)
```

```
[[16 18]
 [30 32]]
```

10,11 2행 2열로 이루어진 배열 may3와 may4를 생성하였습니다.
13 각 배열의 덧셈 값은 may5입니다.

위의 2차원 배열 간의 계산 결과를 간단하게 그림으로 표현하면 아래와 같습니다.

$$X = \begin{bmatrix} 1 & 2 \\ 8 & 9 \end{bmatrix} \qquad Y = \begin{bmatrix} 15 & 16 \\ 22 & 23 \end{bmatrix}$$

$$X + Y = \begin{bmatrix} 1+15 & 2+16 \\ 8+22 & 9+23 \end{bmatrix} = \begin{bmatrix} 16 & 18 \\ 30 & 32 \end{bmatrix}$$

달력은 아래쪽으로 내려갈수록 7씩 커집니다. 그렇기 때문에 달력에서 1주차의 날짜(1일, 2일)와 3주차 날짜(15일, 16일)의 합과 2주차 날짜(8일, 22일)와 4주차 날짜(22일, 23일)의 합이 14씩 차이나는 것을 알 수 있습니다. 다음은 배열 간의 곱셈 실습을 통하여 numpy 배열을 마무리 해봅시다.

〈2030년 5월〉

| 일 | 월 | 화 | 수 | 목 | 금 | 토 |
|---|---|---|---|---|---|---|
| | | | 1<br>근로자의날 | 2 | 3 | 4 |
| 5<br>어린이날 | 6 | 7 | 8<br>어버이날 | 9<br>부처님 오신날 | 10 | 11 |
| 12 | 13 | 14 | 15<br>스승의날 | 16 | 17 | 18 |
| 19 | 20 | 21 | 22 | 23 | 24 | 25 |
| 26 | 27 | 28 | 29 | 30 | 31 | |

달력은 아래로 갈수록 7씩 커지기 때문에 박스에 표시한 숫자들의 경우 7의 배수로 표현할 수도 있습니다. 위의 숫자를 1차원 배열로 만들어서 간단한 곱셈을 해보도록 하겠습니다.

* 배열 간의 곱셈을 위한 코드를 입력하고 결과를 함께 확인해봅시다.

DnA6-2.ipynb

```
# 배열 곱셈하기
may6 = np.array([1, 2, 3, 4])
may7 = np.array([7, 7, 7, 7])

may8 = may6 * may7
print(may8)
```

```
[ 7 14 21 28]
```

## 6.2.2 전체 코드 확인하기

DnA6-2.ipynb

```
import numpy as np

# 1차원 배열 만들기
may1 = np.array([5,6,7,8,9,10,11])
```

```
print(may1)
```

```
[ 5 6 7 8 9 10 11]
```

```
print(may1.ndim)
print(may1.shape)
```

```
1
(7,)
```

```
# 2차원 배열 만들기
may2 = np.array([[15, 16, 17], [22, 23, 24]])
print(may2)
```

```
[[15 16 17]
 [22 23 24]]
```

```
print(may2.ndim)
print(may2.shape)
```

```
2
(2, 3)
```

```
# 배열 덧셈하기
may3 = np.array([[1, 2],[8, 9]])
may4 = np.array([[15, 16], [22, 23]])
may5 = may3 + may4
print(may5)
```

```
[[16 18]
 [30 32]]
```

```
# 배열 곱셈하기
may6 = np.array([1, 2, 3, 4])
may7 = np.array([7, 7, 7, 7])
```

```
may8 = may6 * may7
print(may8)
```

```
[ 7 14 21 28]
```

## 6.3 교과서 속 문제를 다양한 numpy 함수로 표현하기

numpy에는 다양한 함수가 있습니다. 그 중 몇 가지 함수를 활용하여 다양한 수의 배열이 나타난 문제들을 해결해보도록 하겠습니다.

### 6.3.1 arange( ) 함수

arange( ) 함수는 원하는 연속된 숫자 범위 및 간격에 따라 숫자 배열을 생성할 수 있습니다. 기본적인 arange( ) 함수 활용 방법을 익혀보도록 하겠습니다.

◈ arange( ) 함수를 활용한 코드를 입력하고 결과를 함께 확인해봅시다.

DnA6-3.ipynb

```
1  import numpy as np                   # numpy 불러오기

   # arange() 함수
2  print(np.arange(5))                  # 0부터 4까지의 배열 생성
   [0 1 2 3 4]
3  print(np.arange(1, 5))               # 1부터 4까지의 배열 생성
   [1 2 3 4]
4  print(np.arange(1, 10, 2))           # 1부터 10까지 2만큼 간격을 두고 배열 생성
   [1 3 5 7 9]
5  print(np.arange(5, 100, 5))          # 5부터 100까지 5만큼 간격을 두고 배열 생성
   [ 5 10 15 20 25 30 35 40 45 50 55 60 65 70 75 80 85 90 95]
```

2 0부터 해당 숫자에서 -1을 한 숫자까지의 배열이 생성됩니다.

3 첫 번째 숫자부터 두 번째 숫자에서 -1을 한 숫자까지의 배열이 생성됩니다. 즉, 시작 값은 포함하지만 마지막 값은 포함하지 않습니다.

4 첫 번째 숫자부터 두 번째 숫자에서 -1을 한 숫자까지 배열이 세 번째 숫자만큼 간격을 두어 생성됩니다.

5 첫 번째 숫자부터 두 번째 숫자에서 -1을 한 숫자까지 배열이 세 번째 숫자만큼 간격을 두어 생성됩니다.

◈ 아래 문제 속 숫자 배열을 arange( ) 함수를 활용하여 코드를 입력하고 결과를 함께 확인해봅시다.

[문제] 아래 원 모양의 배열을 보고 다섯 번째 원 모양의 개수와 열 번째 원 모양의 개수를 구해보세요.

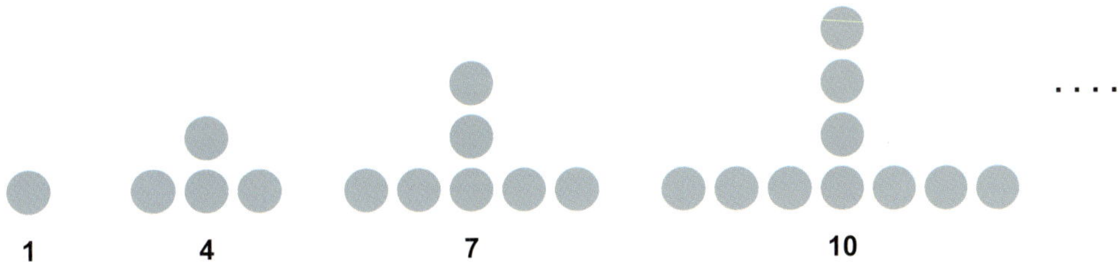


DnA6-3.ipynb

```
# arange() 함수 활용
6  print(np.arange(1, 20, 3))          # 1부터 20까지 3만큼 간격을 두고 배열 생성
   [ 1 4 7 10 13 16 19]
7  print(np.arange(1, 30, 3))          # 1부터 30까지의 3만큼 간격을 두고 배열 생성
   [ 1 4 7 10 13 16 19 22 25 28]
```

6 다섯 번째 원 모양의 개수는 13개입니다.

7 열 번 째 원 모양의 개수는 28개입니다.

### 6.3.2 ones( ) & zeros( ) 함수

ones( ) 함수를 통하여 1로 이루어진 배열, zeros( ) 함수를 통하여 0으로 이루어진 배열을 만들 수 있습니다. 기본적인 ones( ), zeros( ) 함수 활용 방법을 익혀봅시다.

◈ ones( )와 zero( ) 함수를 활용한 코드를 입력하고 결과를 함께 확인해봅시다.

DnA6-3.ipynb

```
# ones() & zeros() 함수
8  print(np.ones(5))          # 1이 5개인 배열 생성
```

```
   [1. 1. 1. 1. 1.]
9  print(np.zeros(10))              # 0이 10개인 배열 생성
   [0. 0. 0. 0. 0. 0. 0. 0. 0. 0.]
10 print(np.ones((2,3)))            # 1부터 10까지 2만큼 간격을 두고 배열 생성
   [[1. 1. 1.]
    [1. 1. 1.]]
11 print(np.zeros((3,3)))           # 5부터 100까지 5만큼 간격을 두고 배열 생성
   [[0. 0. 0.]
    [0. 0. 0.]
    [0. 0. 0.]]
```

8 1이 해당 숫자의 개수만큼 이루어진 배열이 생성됩니다.

9 0이 해당 숫자의 개수만큼 이루어진 배열이 생성됩니다.

10 1이 첫 번째 숫자의 행과 두 번째 숫자의 열로 이루어진 배열이 생성됩니다. 이때, 2차원이므로 괄호를 두 개 사용해야 합니다.

11 0이 첫 번째 숫자의 행과 두 번째 숫자의 열로 이루어진 배열이 생성됩니다. 이때, 2차원이므로 괄호를 두 개 사용해야 합니다.

### 6.3.3 eye( ) 함수

eye( ) 함수는 괄호 안의 숫자(정수)에 해당하는 단위배열을 만들어주는 함수입니다. 모든 대각선의 값만 1이고 나머지는 0인 행렬을 생성합니다. 기본적인 eye( ) 함수 활용 방법을 익혀봅시다.

◈ eye( ) 함수를 활용한 코드를 입력하고 결과를 함께 확인해봅시다.

DnA6-3.ipynb

```
   # eye() 함수
12 print(np.eye(3))                 # 3x3 단위배열 생성
   [[1. 0. 0.]
    [0. 1. 0.]
    [0. 0. 1.]]
13 print(np.eye(5))                 # 5x5 단위배열 생성
```

```
[[1. 0. 0. 0. 0.]
 [0. 1. 0. 0. 0.]
 [0. 0. 1. 0. 0.]
 [0. 0. 0. 1. 0.]
 [0. 0. 0. 0. 1.]]
```

12 3행 x 3열의 단위 배열을 생성합니다.

13 5행 x 5열의 단위 배열을 생성합니다.

◈ 아래 문제 속 숫자 배열을 ones( ), zeros( ), eye( ) 함수를 활용하여 코드를 입력하고 결과를 함께 확인해봅시다.

[문제] 아래 표의 수의 배열을 보고 ★, ■, ♥의 합을 구해보세요.

| | | | |
|---|---|---|---|
| 1 | 0 | 0 | 0 |
| 0 | 1 | 0 | 0 |
| 0 | 0 | ★ | 0 |
| 0 | 0 | 0 | 1 |

| | | | |
|---|---|---|---|
| 1 | 1 | 1 | 1 |
| 1 | 1 | 1 | 1 |
| 1 | 1 | 1 | 1 |
| 1 | 1 | ■ | 1 |

| | | | |
|---|---|---|---|
| ♥ | 0 | 0 | 0 |
| 0 | 0 | 0 | 0 |
| 0 | 0 | 0 | 0 |
| 0 | 0 | 0 | 0 |

DnA6-3.ipynb

```
   # ones(), zeros(), eye() 함수 활용
14 print(np.eye(4))
```

```
[[1. 0. 0. 0.]
 [0. 1. 0. 0.]
 [0. 0. 1. 0.]
 [0. 0. 0. 1.]]
```

```
15 print(np.ones((4,4)))
```

```
[[1. 1. 1. 1.]
 [1. 1. 1. 1.]
 [1. 1. 1. 1.]
 [1. 1. 1. 1.]]
```

```
16 print(np.zeros((4,4)))
```

```
[[0. 0. 0. 0.]
 [0. 0. 0. 0.]
 [0. 0. 0. 0.]
 [0. 0. 0. 0.]]
```

14 ★의 값은 1입니다.

15 ■의 값은 1입니다.

16 ♥의 값은 0입니다.

### 6.3.4 linspace( ) 함수

linspace( ) 함수는 원하는 범위 내에서 특정 개수만큼 배열을 생성해주는 함수입니다. aragne( ) 함수와 linspace( ) 함수는 원하는 범위 내에서 배열을 생성해준다는 점에서 비슷하지만 arange( ) 함수는 구간의 간격을, linspace( ) 함수는 일정한 간격으로 등분된 구간 내 개수를 정할 수 있다는 점에서 차이가 있습니다. 기본 구문을 통해 차이를 명확하게 파악할 수 있습니다.

- np.arange(시작점, 끝점(포함X), 구간 간격)
- np.linspace(시작점, 끝점(포함O), 구간 내 숫자 개수)

기본적인 linspace( ) 함수 활용 방법을 익혀봅시다.

◈ linspace( ) 함수를 활용한 코드를 입력하고 결과를 함께 확인해봅시다.

DnA6-3.ipynb

```
   # linspace() 함수
17 print(np.linspace(1, 10, 5))      # 1~10의 수에서 일정한 간격의 숫자 생성
```

```
[ 1. 3.25 5.5 7.75 10. ]
```

```
18 print(np.linspace(1, 50))         # 1부터 50까지의 배열 생성
```

```
[ 1. 2. 3. 4. 5. 6. 7. 8. 9. 10. 11. 12. 13. 14. 15. 16. 17. 18. 19. 20. 21. 22. 23. 24. 25. 26. 27. 28. 29.
 30. 31. 32. 33. 34. 35. 36. 37. 38. 39. 40. 41. 42. 43. 44. 45. 46. 47. 48. 49. 50.]
```

17 1에서 10까지의 수에서 일정한 간격의 5개의 숫자를 생성합니다.

18 1에서 50까지의 수에서 숫자를 생성하는데, 구간 내 숫자 값을 정하지 않을 때 기본값은 1로 설정되어 있습니다.

◈ 아래 문제를 해결하기 위해 linspace( ) 함수를 활용하여 코드를 입력하고 결과를 함께 확인해봅시다.

[문제] 다음 수 배열의 규칙을 찾아 빈칸에 알맞은 수를 구하시오.

| 500 | 540 | 580 | 620 | ( ) | 700 |
|---|---|---|---|---|---|

| 880 | ( ) | 920 | 940 | 960 | 980 |
|---|---|---|---|---|---|

DnA6-3.ipynb

```
   # linspace() 함수 활용
19 print(np.linspace(500, 700, 6))
```
```
[500. 540. 580. 620. 660. 700.]
```
```
20 print(np.linspace(880, 980, 6))
```
```
[880. 900. 920. 940. 960. 980.]
```

19 첫 번째 빈칸에 들어갈 숫자는 660입니다.

20 두 번째 빈칸에 들어갈 숫자는 900입니다.

### 6.3.5 reshape( ) 함수

reshape( ) 함수는 배열의 형태를 바꿀 수 있는 함수입니다. 배열의 요소는 동일하지만 차원만 바꿀 수 있도록 도와줍니다. 다른 함수와 다르게 np로 시작하지 않고 np 변수를 직접 사용합니다. 기본적인 reshape( ) 함수 활용 방법을 익혀봅시다.

◈ reshape( ) 함수를 활용한 코드를 입력하고 결과를 함께 확인해봅시다.

DnA6-3.ipynb

```
   # reshape() 함수
21 a = np.arange(1, 11)              # 1부터 10까지의 배열 생성
22 print(a)
```

```
   [1 2 3 4 5 6 7 8 9 10]
23 print(a.shape)                # a의 numpy 배열 형태 확인
   (10,)
24 b = a.reshape(2, 5)           # x의 배열 형태를 2행 x 5열로 바꾸어 생성
25 print(b)
   [[1 2 3 4 5]
    [6 7 8 9 10]]
```

21 범위 시작점부터 끝점을 포함하지 않은 숫자까지 배열을 생성합니다.

23 x의 배열이 제대로 생성이 되었는지 차원을 확인하는 함수로 shape( )을 사용합니다. x는 1차원에 10개의 원소가 들어있음을 확인할 수 있습니다.

24 x의 배열을 2행과 5열인 2차원으로 바꾸어 생성해줍니다.

◈ 아래 문제를 해결하기 위해 reshape( ) 함수를 활용하여 코드를 입력하고 결과를 함께 확인해봅시다.

[문제] 〈보기〉의 숫자들의 규칙을 찾아 빈칸에 알맞은 수를 써넣으세요.

| 321 | | | 345 | 353 | 361 |
|---|---|---|---|---|---|
| | 377 | 385 | 393 | | 409 |
| 417 | | 433 | 441 | 449 | 457 |

DnA6-3.ipynb

```
26 a = np.arange(321, 458, 8)
27 print(a)
   [321 329 337 345 353 361 369 377 385 393 401 409 417 425 433 441 449 457]
28 print(a.shape)
   (18,)
29 b = a.reshape(3, 6)
30 print(b)
```

```
[[321 329 337 345 353 361]
 [369 377 385 393 401 409]
 [417 425 433 441 449 457]]
```

26 arange( ) 함수로 배열을 만들 때는 끝 구간은 포함되지 않기 때문에 끝 구간은 458~465 중 하나의 정수로 설정해야 합니다.

29 문제의 표가 3행 6열로 제시되어 있기 때문에 배열 a를 3행 6열을 가진 2차원 배열로 만들어야 합니다. 빈칸에 들어갈 숫자는 329, 337, 369, 401, 425입니다.

## 6.3.6 전체 코드 확인하기

DnA6-3.ipynb

```
import numpy as np
```

```
# arange() 함수
print(np.arange(5))
```

```
[0 1 2 3 4]
```

```
print(np.arange(1, 5))
```

```
[1 2 3 4]
```

```
print(np.arange(1, 10, 2))
```

```
[1 3 5 7 9]
```

```
print(np.arange(5, 100, 5))
```

```
[ 5 10 15 20 25 30 35 40 45 50 55 60 65 70 75 80 85 90 95]
```

```
# arange() 함수 활용
print(np.arange(1, 20, 3))
```

```
[ 1 4 7 10 13 16 19]
```

```
print(np.arange(1, 30, 3))
```

```
[ 1 4 7 10 13 16 19 22 25 28]
```

```
# ones() & zeros() 함수
print(np.ones(5))
```

```
[1. 1. 1. 1. 1.]
```

```
print(np.zeros(10))
```

| | |
|---|---|
| | [0. 0. 0. 0. 0. 0. 0. 0. 0. 0.] |
| 10 | `print(np.ones((2,3)))` |
| | [[1. 1. 1.]<br> [1. 1. 1.]] |
| 11 | `print(np.zeros((3,3)))` |
| | [[0. 0. 0.]<br> [0. 0. 0.]<br> [0. 0. 0.]] |
| | `# eye() 함수` |
| 12 | `print(np.eye(3))` |
| | [[1. 0. 0.]<br> [0. 1. 0.]<br> [0. 0. 1.]] |
| 13 | `print(np.eye(5))` |
| | [[1. 0. 0. 0. 0.]<br> [0. 1. 0. 0. 0.]<br> [0. 0. 1. 0. 0.]<br> [0. 0. 0. 1. 0.]<br> [0. 0. 0. 0. 1.]] |
| | `# ones(), zeros(), eye() 함수 활용` |
| 14 | `print(np.eye(4))` |
| | [[1. 0. 0. 0.]<br> [0. 1. 0. 0.]<br> [0. 0. 1. 0.]<br> [0. 0. 0. 1.]] |
| 15 | `print(np.ones((4,4)))` |
| | [[1. 1. 1. 1.]<br> [1. 1. 1. 1.]<br> [1. 1. 1. 1.]<br> [1. 1. 1. 1.]] |
| 16 | `print(np.zeros((4,4)))` |
| | [[0. 0. 0. 0.]<br> [0. 0. 0. 0.]<br> [0. 0. 0. 0.]<br> [0. 0. 0. 0.]] |

```
# linspace() 함수
print(np.linspace(1, 10, 5))
```

```
[ 1. 3.25 5.5 7.75 10. ]
```

```
print(np.linspace(1, 50))
```

```
[ 1. 2. 3. 4. 5. 6. 7. 8. 9. 10. 11. 12. 13. 14. 15. 16. 17. 18. 19. 20. 21. 22. 23. 24. 25. 26. 27. 28. 29.
30. 31. 32. 33. 34. 35. 36. 37. 38. 39. 40. 41. 42. 43. 44. 45. 46. 47. 48. 49. 50.]
```

```
# linspace() 함수 활용
print(np.linspace(500, 700, 6))
```

```
[500. 540. 580. 620. 660. 700.]
```

```
print(np.linspace(880, 980, 6))
```

```
[880. 900. 920. 940. 960. 980.]
```

```
# reshape() 함수
a = np.arange(1, 11)
print(a)
```

```
[ 1 2 3 4 5 6 7 8 9 10]
```

```
print(a.shape)
```

```
(10,)
```

```
b = a.reshape(2, 5)
print(b)
```

```
[[ 1 2 3 4 5]
 [ 6 7 8 9 10]]
```

```
a = np.arange(321, 458, 8)
print(a)
```

```
[321 329 337 345 353 361 369 377 385 393 401 409 417 425 433 441 449 457]
```

```
print(a.shape)
```

```
(18,)
```

```
b = a.reshape(3, 6)
print(b)
```

```
[[321 329 337 345 353 361]
 [369 377 385 393 401 409]
 [417 425 433 441 449 457]]
```

# 스스로 해보기

numpy는 앞에서 배운 matplotlib와 함께 다양한 그래프를 그리는데 사용할 수 있습니다. 아래 문제 속 규칙을 numpy를 활용하여 선 그래프로 표현해보도록 하겠습니다.

## 1. numpy와 그래프

아래 문제 상황 속 규칙을 찾아 그래프로 표현해봅시다.

[문제] 다음 모양의 배열을 보고 규칙을 찾아보세요.(y=2x+2)

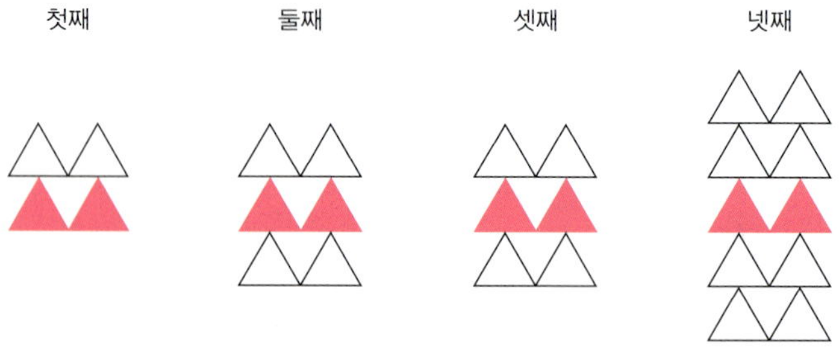


위의 모양에서 찾을 수 있는 규칙은 흰색 삼각형은 2, 4, 6, 8와 같이 2의 배수로 커지고 검은색 삼각형은 모두 2개로 동일합니다. 일차방정식으로 표현하면 $y = 2x + 2$입니다. 그렇다면, 위의 모양의 1~10번째까지 규칙을 반영한 그래프를 그려봅시다.

◈ numpy를 활용하여 선그래프와 막대그래프를 그리는 코드를 입력해보고 결과를 함께 확인해봅시다.

DnA6-4.ipynb

```
# numpy와 그래프
import numpy as np                          # numpy 불러오기

import matplotlib.pyplot as plt             # matplotlib 불러오기
```

```
3 x = np.linspace(1, 10, 10)
4 print(x)
```

```
[ 1. 2. 3. 4. 5. 6. 7. 8. 9. 10.]
```

```
5 y = 2*x + 2
```

```
6 plt.plot(x,y)                                    # 선그래프 그리기
7 plt.show()
```

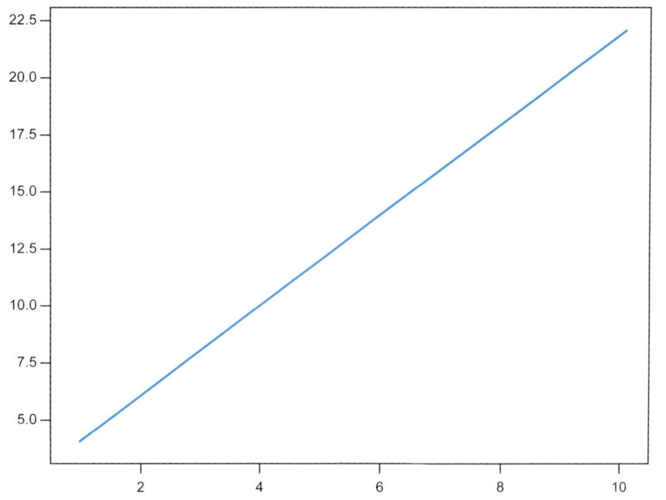

```
8 plt.bar(x,y)                                     # 막대그래프 그리기
9 plt.show()
```

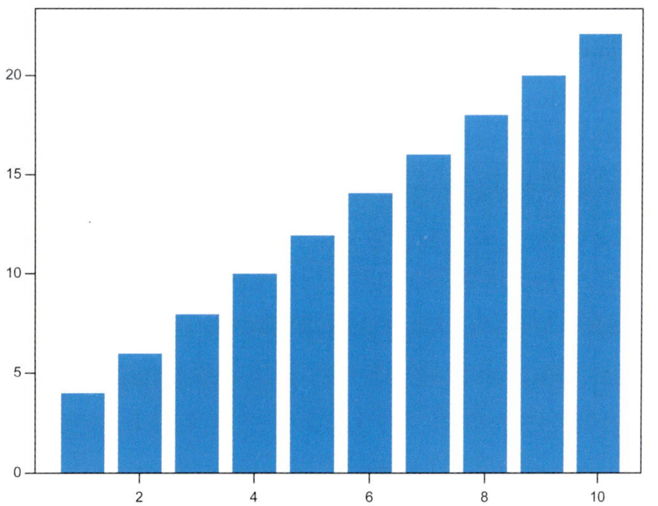

3 linspace(시작점, 끝점, 구간 내 숫자개수)를 활용하여 x 배열을 만들었습니다.

CHAPTER

# 07 우리나라 사람들이 가장 많이 참여하는 여가 활동은?


7.1 교과서 살펴보기
7.2 DataFrame 만들기와 데이터 정리의 기초
7.3 다양하게 DataFrame 데이터 정리하기
7.4 CSV로 DataFrame 만들기
스스로 해보기


## 들어가며

데이터를 분석하기 위해서는 데이터를 구조화하여 분석하기 쉽게 만드는 과정이 필요합니다. 그런 역할을 하는 것이 파이썬에서 Pandas입니다. Pandas를 익히며 다양한 데이터프레임을 만드는 연습을 해봅시다.

pandas란 데이터 셋을 다루기 위한 파이썬 라이브러리로 대용량 데이터의 조작, 처리, 분석 등을 다루는데 유용합니다. pandas의 자료구조에는 1차원 구조인 Series, 2차원 구조인 DataFrame, 3차원 구조인 Panel이 있습니다. 이 중에서 pandas는 주로 1차원과 행과 열로 이루어진 2차원 데이터를 처리하는 데 쓰입니다.

6학년 1학기 교육과정 중 자료를 수집하여 띠그래프, 원그래프로 나타내고 해석하는 내용이 있습니다. 더 나아가 심화 활동으로 탐구 문제를 직접 설정하고 그 문제에 맞는 자료를 직접 수집, 정리하여 자료에 맞는 적절한 그래프(막대그래프, 꺾은선그래프, 띠그래프, 원그래프 등)를 나타낼 수 있습니다. 학생들은 주제에 맞는 데이터를 찾고 시각화, 해석하며 문제해결역량을 기르고 정보를 표현하는 과정에서 적절성, 오류 여부 등을 살펴보는 비판적 사고력 또한 기를 수 있습니다.

이번 차시에서는 파이썬으로 대용량의 데이터를 처리하고 분석하는데 유용하게 쓰이는 'pandas' 라이브러리를 학습해보도록 하겠습니다. 앞에서 배운 numpy와 pandas 라이브러리를 활용한다면 보다 효과적인 데이터 분석을 할 수 있습니다.

## 7.1 교과서 살펴보기

### 7.1.1 2022 개정 수학과 교육과정 성취기준

[6수04-02] 자료를 수집하여 띠그래프나 원그래프로 나타내고 해석할 수 있다.
[6수04-03] 탐구 문제를 설정하고, 그에 맞는 자료를 수집, 정리하여 적절한 그래프로 나타내고 해석할 수 있다.

### 7.1.2 관련 단원 ① : 6-1-5. 여러 가지 그래프

- 학습 문제 : 실생활 자료를 바탕으로 적절한 그래프로 나타내고 해석할 수 있다.
- '2022 국민여가활동조사' 보고서 속 다양한 그래프 살펴보기
- '2022 국민여가활동조사' 통계보고서 살펴보고 우리나라 국민들이 2019년부터 2022년까지 가장 많이 참여한 여가 활동을 표로 나타내기

<우리나라 국민들이 가장 많이 참여한 여가활동(2019~2022)>

| 연도 | 문화예술 활동 | 스포츠 활동 | 관광활동 | 취미오락 활동 | 휴식활동 | 사회 및 기타활동 | 합계 |
|---|---|---|---|---|---|---|---|
| 2019년 | 1.4% | 7.3% | 0.4% | 26.9% | 57.0% | 7.0% | 100% |
| 2020년 | 3.6% | 11.9% | 1.2% | 23.5% | 55.1% | 4.7% | 100% |
| 2021년 | 2.4% | 8.2% | 1.3% | 21.4% | 61.5% | 5.2% | 100% |
| 2022년 | 3.3% | 10.8% | 2.6% | 21.9% | 55.6% | 5.8% | 100% |

※ 2022 국민여가활동조사 자료를 기반으로 정리하였습니다.
※ 문화예술활동은 문화예술관람활동과 문화예술참여활동의 합계입니다.
※ 스포츠 활동은 스포츠 관람활동과 스포츠 참여활동의 합입니다.

- 조사한 자료를 띠그래프나 원그래프로 나타내기
- 조사한 자료를 해석 및 발표하기

## 7.2 DataFrame 만들기와 데이터 정리의 기초

DataFrame을 만들기 전 pandas의 데이터 구조를 살펴봅시다.

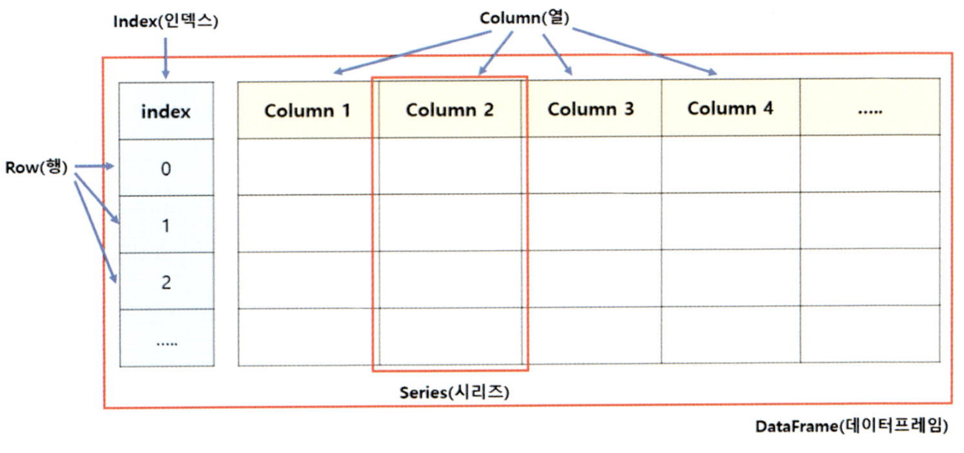


① Column : 열

② Row : 행

③ Index : 기본적으로 데이터 프레임에 0, 1, 2, 3, 4 등 숫자로 붙는 집합으로 각 행을 고유하게 구분할 수 있다. 문자형과 숫자형이 모두 가능하다는 특징이 있다.
④ Series : 하나의 열(Column)로 이루어진 1차원 데이터 셋을 Series라고 한다.
⑤ DataFrame : 데이터 프레임은 Row, Column, 여러 개의 Series들로 구성되어 있다.

pandas 라이브러리를 불러오는 방법을 알아보겠습니다. 라이브러리를 불러오는 방법은 다음과 같습니다.

DnA7-2.ipynb

```
import pandas as pd                    # pandas 불러오기
```

### 7.2.1 DataFrame 만들기 - Dictionary(딕셔너리)로 만들기

pandas는 주로 pd로 줄여서 쓰입니다. pandas 라이브러리를 활용하여 지난 1년 동안 가장 많이 참여한 여가 활동 데이터를 통해 DataFrame을 생성해보겠습니다.

◈ DataFrame을 만들기 위한 코드를 입력해 봅시다.

DnA7-2.ipynb

```
1  import pandas as pd                    # pandas 불러오기

   # DataFrame 만들기 - dictionary
2  data = {"2019": [1.4, 7.3, 0.4, 26.9, 57.0, 7.0],
           "2020": [3.6, 11.9, 1.2, 23.5, 55.1, 4.7],
           "2021": [2.4, 8.2, 1.3, 21.4, 61.5, 5.2],
           "2022": [3.3, 10.8, 2.6, 21.9, 55.6, 5.8]}

3  df = pd.DataFrame(data)                # 데이터 프레임 만들기

4  print(df)
```

2 DataFrame을 만들 데이터는 dictionary 자료형을 활용하여 구성하였습니다.
3 DataFrame을 만드는 명령어입니다.

◈ DataFrame을 만들고 프로그램을 실행시켜 결과를 확인해 봅시다.

DnA7-2.ipynb

| | 2019 | 2020 | 2021 | 2022 |
|---|---|---|---|---|
| 0 | 1.4 | 3.6 | 2.4 | 3.3 |
| 1 | 7.3 | 11.9 | 8.2 | 10.8 |
| 2 | 0.4 | 1.2 | 1.3 | 2.6 |
| 3 | 26.9 | 23.5 | 21.4 | 21.9 |
| 4 | 57.0 | 55.1 | 61.5 | 55.6 |
| 5 | 7.0 | 4.7 | 5.2 | 5.8 |

### 7.2.2 index 바꾸기

데이터 프레임의 index 함수는 각 행(row)에 대한 추가, 수정을 할 수 있고, columns 함수는 각 열(colunm)에 대한 추가, 수정을 할 수 있습니다. 먼저 index 함수를 사용하여 숫자로 부여된 인덱스(index) 값의 이름을 바꾸어보겠습니다.

◈ index 값의 이름을 바꾸는 코드를 입력해 봅시다.

DnA7-2.ipynb

```
df2 = pd.DataFrame(data,
                   index=['Art&Culture', 'Sports', 'Tourism', 'Hobby
                   & Entertain', 'Relaxation', 'Society&Others'])
print(df2)
```

◈ index 값의 이름을 바꾸고 결과를 확인해 봅시다.

DnA7-2.ipynb

| | 2019 | 2020 | 2021 | 2022 |
|---|---|---|---|---|
| Art&Culture | 1.4 | 3.6 | 2.4 | 3.3 |
| Sports | 7.3 | 11.9 | 8.2 | 10.8 |
| Tourism | 0.4 | 1.2 | 1.3 | 2.6 |
| Hobby&Entertain | 26.9 | 23.5 | 21.4 | 21.9 |
| Relaxation | 57.0 | 55.1 | 61.5 | 55.6 |
| Society&Others | 7.0 | 4.7 | 5.2 | 5.8 |

### 7.2.3 새로운 데이터 추가하기

DataFrame에 새로운 데이터를 추가하는 다양한 방법이 있습니다. 먼저 새로운 열(columns) 항목을 만들어 보도록 하겠습니다.

◈ 새로운 열 항목을 만드는 코드를 입력해 봅시다.

**DnA7-2.ipynb**

```
7   df3 = pd.DataFrame(data,
    index=['Art&Culture', 'Sports', 'Tourism',         # 데이터 프레임 만들기
            'Hobby&Entertain', 'Relaxation',
            'Society& Others'],
    columns=['2019', '2020', '2021', '2022', '%'])   # 새로운 열 추가하기
8   print(df3)
```

7 데이터 프레임 열(columns)에 '%'열을 추가하였습니다.

◈ 새로운 열 항목을 만들고 결과를 확인해 봅시다.

**DnA7-2.ipynb**

| | 2019 | 2020 | 2021 | 2022 | % |
|---|---|---|---|---|---|
| Art&Culture | 1.4 | 3.6 | 2.4 | 3.3 | NaN |
| Sports | 7.3 | 11.9 | 8.2 | 10.8 | NaN |
| Tourism | 0.4 | 1.2 | 1.3 | 2.6 | NaN |
| Hobby&Entertain | 26.9 | 23.5 | 21.4 | 21.9 | NaN |
| Relaxation | 57.0 | 55.1 | 61.5 | 55.6 | NaN |
| Society&Others | 7.0 | 4.7 | 5.2 | 5.8 | NaN |

생성된 '%'의 열에는 현재 데이터가 없기 때문에 NaN으로 나타납니다. '%'열에 내용을 추가해보도록 하겠습니다.

◈ 열에 내용을 추가하기 위한 코드를 입력해 봅시다.

**DnA7-2.ipynb**

```
9   df3['%'] = '%'
10  print(df3)
```

◈ 열에 내용을 추가하고 결과를 확인해 봅시다.

DnA7-2.ipynb

| | 2019 | 2020 | 2021 | 2022 | % |
|---|---|---|---|---|---|
| Art&Culture | 1.4 | 3.6 | 2.4 | 3.3 | % |
| Sports | 7.3 | 11.9 | 8.2 | 10.8 | % |
| Tourism | 0.4 | 1.2 | 1.3 | 2.6 | % |
| Hobby&Entertain | 26.9 | 23.5 | 21.4 | 21.9 | % |
| Relaxation | 57.0 | 55.1 | 61.5 | 55.6 | % |
| Society&Others | 7.0 | 4.7 | 5.2 | 5.8 | % |

완성된 행과 열을 불러와 각각의 정보를 확인해 보겠습니다.

◈ 행과 열의 정보를 확인하기 위한 코드를 입력하고 결과를 함께 확인해 봅시다.

DnA7-2.ipynb

```
11 df3.columns
```

```
Index(['2019', '2020', '2021', '2022', '%'], dtype='object')
```

```
12 df3.index
```

```
Index(['Art&Culture', 'Sports', 'Tourism', 'Hobby&Entertain', 'Relaxation',
       'Society&Others'], dtype='object')
```

```
13 df3.shape
```

```
(6, 5)
```

11 df3의 columns는 열의 이름과 정보를 알려준다. dtype = 'object'는 pandas 자료형의 요소가 문자열로 이루어져 있음을 의미합니다.

12 df3의 index는 행의 정보를 알려준다. dtype = 'object'는 pandas 자료형의 요소가 문자열로 이루어져 있음을 의미합니다.

13 df3의 shape은 DataFrame의 형태를 알려주는 명령어이다. 첫 번째는 행, 두 번째는 열의 개수를 의미하여 본 DataFrame은 6행 2열을 의미합니다.

### 7.2.4 정렬하기

DataFrame을 오름차순, 내림차순으로 정렬해보도록 하겠습니다.

◈ DataFrame을 정렬하기 위한 코드와 결과를 함께 확인해 봅시다.

DnA7-2.ipynb

```
# index를 기준으로 오름차순 정렬
14 df3.sort_index()
```

| | 2019 | 2020 | 2021 | 2022 | % |
|---|---|---|---|---|---|
| Art&Culture | 1.4 | 3.6 | 2.4 | 3.3 | % |
| Hobby&Entertain | 26.9 | 23.5 | 21.4 | 21.9 | % |
| Relaxation | 57.0 | 55.1 | 61.5 | 55.6 | % |
| Society&Others | 7.0 | 4.7 | 5.2 | 5.8 | % |
| Sports | 7.3 | 11.9 | 8.2 | 10.8 | % |
| Tourism | 0.4 | 1.2 | 1.3 | 2.6 | % |

```
# index를 기준으로 내림차순 정렬
15 df3.sort_index(ascending=False)
```

| | 2019 | 2020 | 2021 | 2022 | % |
|---|---|---|---|---|---|
| Tourism | 0.4 | 1.2 | 1.3 | 2.6 | % |
| Sports | 7.3 | 11.9 | 8.2 | 10.8 | % |
| Society&Others | 7.0 | 4.7 | 5.2 | 5.8 | % |
| Relaxation | 57.0 | 55.1 | 61.5 | 55.6 | % |
| Hobby&Entertain | 26.9 | 23.5 | 21.4 | 21.9 | % |
| Art&Culture | 1.4 | 3.6 | 2.4 | 3.3 | % |

```
# 특정 Column을 기준으로 오름차순 정렬
16 df3.sort_values(by='2022')
```

| | 2019 | 2020 | 2021 | 2022 | % |
|---|---|---|---|---|---|
| Tourism | 0.4 | 1.2 | 1.3 | 2.6 | % |
| Art&Culture | 1.4 | 3.6 | 2.4 | 3.3 | % |
| Society&Others | 7.0 | 4.7 | 5.2 | 5.8 | % |
| Sports | 7.3 | 11.9 | 8.2 | 10.8 | % |
| Hobby&Entertain | 26.9 | 23.5 | 21.4 | 21.9 | % |
| Relaxation | 57.0 | 55.1 | 61.5 | 55.6 | % |

```
# 특정 Column을 기준으로 내림차순 정렬
17 df3.sort_values(by='2022', ascending=False)
```

| | 2019 | 2020 | 2021 | 2022 | % |
|---|---|---|---|---|---|
| Relaxation | 57.0 | 55.1 | 61.5 | 55.6 | % |
| Hobby&Entertain | 26.9 | 23.5 | 21.4 | 21.9 | % |
| Sports | 7.3 | 11.9 | 8.2 | 10.8 | % |
| Society&Others | 7.0 | 4.7 | 5.2 | 5.8 | % |
| Art&Culture | 1.4 | 3.6 | 2.4 | 3.3 | % |
| Tourism | 0.4 | 1.2 | 1.3 | 2.6 | % |

15 index를 기준으로 DataFrame을 정렬할 때는 sort_index()를 사용합니다. 기본 값은 오름차순 정렬입니다.

16 index를 기준으로 내림차순으로 DataFrame을 정렬할 때는 'ascending=False'의 옵션을 추가합니다.

17 특정 열을 기준으로 DataFrame을 정렬할 때는 sort_values( )를 사용합니다. 기준이 되는 열은 'by=특정 columns'를 넣어줍니다.

18 특정 열을 기준으로 정렬한 뒤 마찬가지로 'ascending=False'의 옵션을 추가합니다.

DnA7-2.ipynb

1
```
import pandas as pd
```

2
```
# DataFrame 만들기 - dictionary
data = {"2019": [1.4, 7.3, 0.4, 26.9, 57.0, 7.0],
        "2020": [3.6, 11.9, 1.2, 23.5, 55.1, 4.7],
        "2021": [2.4, 8.2, 1.3, 21.4, 61.5, 5.2],
        "2022": [3.3, 10.8, 2.6, 21.9, 55.6, 5.8]}
```

3
```
df = pd.DataFrame(data)
```

4
```
print(df)
```

| | 2019 | 2020 | 2021 | 2022 |
|---|---|---|---|---|
| 0 | 1.4 | 3.6 | 2.4 | 3.3 |
| 1 | 7.3 | 11.9 | 8.2 | 10.8 |
| 2 | 0.4 | 1.2 | 1.3 | 2.6 |
| 3 | 26.9 | 23.5 | 21.4 | 21.9 |
| 4 | 57.0 | 55.1 | 61.5 | 55.6 |
| 5 | 7.0 | 4.7 | 5.2 | 5.8 |

```
5  df2 = pd.DataFrame(data,
                      index=['Art&Culture', 'Sports', 'Tourism', 'Hobby
                      &Entertain', 'Relaxation', 'Society&Others'])
6  print(df2)
```

```
                   2019   2020   2021   2022
Art&Culture         1.4    3.6    2.4    3.3
Sports              7.3   11.9    8.2   10.8
Tourism             0.4    1.2    1.3    2.6
Hobby&Entertain    26.9   23.5   21.4   21.9
Relaxation         57.0   55.1   61.5   55.6
Society&Others      7.0    4.7    5.2    5.8
```

```
7  df3 = pd.DataFrame(data,
                      index=['Art&Culture', 'Sports', 'Tourism', 'Hobby&
                      Entertain', 'Relaxation', 'Society&Others'],
                      columns=['2019', '2020', '2021', '2022', '%'])
8  print(df3)
```

```
                   2019   2020   2021   2022    %
Art&Culture         1.4    3.6    2.4    3.3   NaN
Sports              7.3   11.9    8.2   10.8   NaN
Tourism             0.4    1.2    1.3    2.6   NaN
Hobby&Entertain    26.9   23.5   21.4   21.9   NaN
Relaxation         57.0   55.1   61.5   55.6   NaN
Society&Others      7.0    4.7    5.2    5.8   NaN
```

```
9  df3['%'] = '%'
10 print(df3)
```

```
                   2019   2020   2021   2022    %
Art&Culture         1.4    3.6    2.4    3.3    %
Sports              7.3   11.9    8.2   10.8    %
Tourism             0.4    1.2    1.3    2.6    %
Hobby&Entertain    26.9   23.5   21.4   21.9    %
Relaxation         57.0   55.1   61.5   55.6    %
Society&Others      7.0    4.7    5.2    5.8    %
```

```
11 df3.columns
```

```
Index(['2019', '2020', '2021', '2022', '%'], dtype='object')
```

```
12 df3.index
```

```
Index(['Art&Culture', 'Sports', 'Tourism', 'Hobby&Entertain', 'Relaxation',
       'Society&Others'], dtype='object')
```

13
```
df3.shape
```

```
(6, 5)
```

14
```
# index를 기준으로 오름차순 정렬
df3.sort_index()
```

| | 2019 | 2020 | 2021 | 2022 | % |
|---|---|---|---|---|---|
| Art&Culture | 1.4 | 3.6 | 2.4 | 3.3 | % |
| Hobby&Entertain | 26.9 | 23.5 | 21.4 | 21.9 | % |
| Relaxation | 57.0 | 55.1 | 61.5 | 55.6 | % |
| Society&Others | 7.0 | 4.7 | 5.2 | 5.8 | % |
| Sports | 7.3 | 11.9 | 8.2 | 10.8 | % |
| Tourism | 0.4 | 1.2 | 1.3 | 2.6 | % |

15
```
# index를 기준으로 내림차순 정렬
df3.sort_index(ascending=False)
```

| | 2019 | 2020 | 2021 | 2022 | % |
|---|---|---|---|---|---|
| Tourism | 0.4 | 1.2 | 1.3 | 2.6 | % |
| Sports | 7.3 | 11.9 | 8.2 | 10.8 | % |
| Society&Others | 7.0 | 4.7 | 5.2 | 5.8 | % |
| Relaxation | 57.0 | 55.1 | 61.5 | 55.6 | % |
| Hobby&Entertain | 26.9 | 23.5 | 21.4 | 21.9 | % |
| Art&Culture | 1.4 | 3.6 | 2.4 | 3.3 | % |

16
```
# 특정 Column을 기준으로 오름차순 정렬
df3.sort_values(by='2022')
```

| | 2019 | 2020 | 2021 | 2022 | % |
|---|---|---|---|---|---|
| Tourism | 0.4 | 1.2 | 1.3 | 2.6 | % |
| Art&Culture | 1.4 | 3.6 | 2.4 | 3.3 | % |
| Society&Others | 7.0 | 4.7 | 5.2 | 5.8 | % |
| Sports | 7.3 | 11.9 | 8.2 | 10.8 | % |
| Hobby&Entertain | 26.9 | 23.5 | 21.4 | 21.9 | % |
| Relaxation | 57.0 | 55.1 | 61.5 | 55.6 | % |

```
# 특정 Column을 기준으로 내림차순 정렬
df3.sort_values(by='2022', ascending=False)
```

| | 2019 | 2020 | 2021 | 2022 | % |
|---|---|---|---|---|---|
| Relaxation | 57.0 | 55.1 | 61.5 | 55.6 | % |
| Hobby&Entertain | 26.9 | 23.5 | 21.4 | 21.9 | % |
| Sports | 7.3 | 11.9 | 8.2 | 10.8 | % |
| Society&Others | 7.0 | 4.7 | 5.2 | 5.8 | % |
| Art&Culture | 1.4 | 3.6 | 2.4 | 3.3 | % |
| Tourism | 0.4 | 1.2 | 1.3 | 2.6 | % |

## 7.3 다양하게 DataFrame 데이터 정리하기

앞서 DataFrame을 추가, 수정, 정렬하는 방법에 관해서 배웠다면 이번에는 DataFrame의 특정 부분을 찾아서 추출하는 활동을 해보도록 하겠습니다.

특정 부분을 찾아서 불러오는 활동을 하기 전에 알아두어야 할 개념이 인덱싱(indexing)과 슬라이싱(slicing)입니다. 인덱싱과 슬라이싱의 개념을 간단하게 알아봅시다.

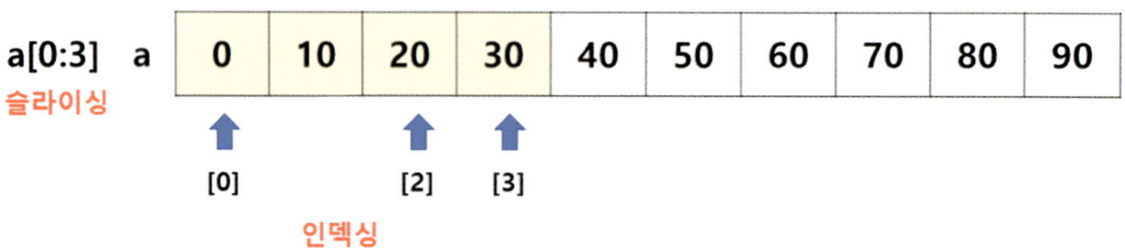


**인덱싱(indexing)이란?**

인덱싱이란 위의 데이터 프레임 구조에서 배웠던 연속적인 객체(리스트, 튜플, 문자열 등) 에 부여된 번호(index)를 활용하여 원하는 값을 가리키는 것을 의미합니다.

**슬라이싱(slicing)이란?**

슬라이싱이란 연속적인 객체(리스트, 튜플, 문자열 등)에 부여된 번호를 활용하여 일부를 잘라낸다는 것을 의미합니다.

인덱싱과 슬라이싱을 활용하여 데이터의 특정 행과 열을 추출하는 활동을 해보겠습니다.

### 7.3.1 DataFrame 열 불러오기

◈ 특정 열을 불러오기 위한 코드를 입력해보고 결과를 함께 확인해봅시다.

**DnA7-3.ipynb**

```
1 import pandas as pd                                    # pandas 불러오기
```

```
2 data = {"2019": [1.4, 7.3, 0.4, 26.9, 57.0, 7.0],
          "2020": [3.6, 11.9, 1.2, 23.5, 55.1, 4.7],
          "2021": [2.4, 8.2, 1.3, 21.4, 61.5, 5.2],
          "2022": [3.3, 10.8, 2.6, 21.9, 55.6, 5.8]}
```

```
3 df = pd.DataFrame(data,                                # DataFrame 만들기
                   index=['Art&Culture', 'Sports',
                    'Tourism', 'Hobby&Entertain',
                    'Relaxation', 'Society&Others'])
```

```
  # 특정 열 불러오기
4 df['2022']
```

```
Art&Culture          3.3
Sports              10.8
Tourism              2.6
Hobby&Entertain     21.9
Relaxation          55.6
Society&Others       5.8
Name: 2022, dtype: float64
```

```
5 type(df['2022'])                              # 불러온 열의 속성 알아보기
```

```
pandas.core.series.Series
```

```
6 df[['2021', '2022']]                          # 2개의 특정 열 불러오기
```

| | 2021 | 2022 |
|---|---|---|
| Art&Culture | 2.4 | 3.3 |
| Sports | 8.2 | 10.8 |
| Tourism | 1.3 | 2.6 |
| Hobby&Entertain | 21.4 | 21.9 |
| Relaxation | 61.5 | 55.6 |
| Society&Others | 5.2 | 5.8 |

```
7 type(df[['2021', '2022']])
```

```
pandas.core.frame.DataFrame
```

4 인덱싱을 활용하여 2022년도 데이터인 특정 열을 선택하였습니다. 가장 간단하게 특정 열을 선택할 수 있으므로 많이 사용되는 방식입니다. 'dtype: float64'는 2022년 열의 데이터 타입이 실수형이라는 것을 의미합니다.

5 불러온 df['2022']은 하나의 column이면서 동시에 1개의 column을 의미하는 series라는 뜻이기도 합니다.

6,7 2개의 열을 불러올 때는 괄호를 두 번 써야 합니다. 2개의 열은 한 개의 열과 다르게 DataFrame 형태로 추출이 되며, 실제로 type에서도 DataFrame임을 확인할 수 있습니다.

※ pandas의 데이터 타입

| float64 | int64 | object | datetime64 | bool | category |
|---|---|---|---|---|---|
| 실수형 | 정수형 | 문자열 | 날짜와 시간 값 | 참/거짓 값 | 범주 값 |

※ category는 pandas에만 있는 데이터 타입입니다.

조건을 활용하여 특정 열을 불러올 수도 있습니다. 이 때, 결과값의 데이터 타입은 참, 거짓 값으로 출력됩니다.

◈ 조건을 활용하여 특정 열을 불러오기 위한 코드를 입력해보고 결과를 함께 확인해봅시다.

DnA7-3.ipynb

8
```
df['2019'] > 20
```

```
Art&Culture          False
Sports               False
Tourism              False
Hobby&Entertain       True
Relaxation            True
Society&Others       False
Name: 2019, dtype: bool
```

8 데이터의 값이 20보다 큰 데이터를 조건으로 설정하면 20보다 큰 데이터를 True로 출력합니다. 데이터 타입은 bool 타입임을 확인할 수 있습니다.

### 7.3.2 DataFrame 행 불러오기

이번에는 다양한 방법을 활용하여 특정 행을 추출해보도록 하겠습니다.

* 특정 행을 불러오기 위한 코드를 입력해보고 결과를 함께 확인해봅시다.

**DnA7-3.ipynb**

```
   # 특정 행 불러오기
9  df.head(2)
```

| | 2019 | 2020 | 2021 | 2022 |
|---|---|---|---|---|
| Art&Culture | 1.4 | 3.6 | 2.4 | 3.3 |
| Sports | 7.3 | 11.9 | 8.2 | 10.8 |

```
10 df.tail(1)
```

| | 2019 | 2020 | 2021 | 2022 |
|---|---|---|---|---|
| Society&Others | 7.0 | 4.7 | 5.2 | 5.8 |

```
11 df[0:3]
```

| | 2019 | 2020 | 2021 | 2022 |
|---|---|---|---|---|
| Art&Culture | 1.4 | 3.6 | 2.4 | 3.3 |
| Sports | 7.3 | 11.9 | 8.2 | 10.8 |
| Tourism | 0.4 | 1.2 | 1.3 | 2.6 |

```
12 df[:3]
```

| | 2019 | 2020 | 2021 | 2022 |
|---|---|---|---|---|
| Art&Culture | 1.4 | 3.6 | 2.4 | 3.3 |
| Sports | 7.3 | 11.9 | 8.2 | 10.8 |
| Tourism | 0.4 | 1.2 | 1.3 | 2.6 |

```
13 df[3:]
```

| | 2019 | 2020 | 2021 | 2022 |
|---|---|---|---|---|
| Hobby&Entertain | 26.9 | 23.5 | 21.4 | 21.9 |
| Relaxation | 57.0 | 55.1 | 61.5 | 55.6 |
| Society&Others | 7.0 | 4.7 | 5.2 | 5.8 |

9 head( ) 함수는 DataFrame의 상위 행을 출력시키는 함수입니다. df.head(2)는 데이터 프레임의 상위 2개 행을 출력한다는 것을 의미합니다.

10 tail( ) 함수는 DataFrame의 하위 행을 출력시키는 함수입니다. df.tail(1)은 데이터 프레임의 하위 1개 행을 출력한다는 것을 의미합니다.

11 슬라이싱을 활용하여 원하는 데이터의 행을 출력할 수 있습니다. 이 때, 열을 인덱싱하는 것이 아닌 행을 인덱싱한다는 것을 잘 알아두세요.

12,13 인덱스 슬라이싱을 활용할 때 시작 인덱스와 끝 인덱스를 생략하여 활용할 수 있습니다.

앞에서는 행, 열을 중심으로 데이터를 추출했다면 이번에는 특정 데이터를 다양하게 추출하는 방법을 알아보도록 하겠습니다. 이때 pandas에서 자주쓰이는 loc, iloc를 중심으로 알아봅시다.

loc은 location의 약자로 데이터 프레임의 사람이 설정한 인덱스를 기준으로 행, 열 데이터를 추출하는 방법입니다. 사람이 설정한 인덱스는 처음처럼 숫자일 수 있지만 위에서 만든 DataFrame처럼 문자일 수도 있습니다. loc의 사용방법을 간단하게 알아봅시다.

df.loc[행 인덱싱 값, 열 인덱싱 값]

iloc은 Integer location의 약자로 데이터 프레임의 행, 열을 나타내는 정수(Integer)를 통해 데이터를 추출하는 방법입니다. loc과 비슷하지만 사용자가 설정한 인덱스와 상관없이 행, 열 번호를 기준으로 데이터를 추출합니다.

df.iloc[행 번호, 열 번호]

◈ loc을 활용하여 코드를 입력해보고 결과를 함께 확인해봅시다.

DnA7-3.ipynb

```
   # 원하는 데이터 다양하게 추출하기(loc)
14 df2 = pd.DataFrame(data, index=[1, 2, 3, 4, 5, 6])
15 print(df2)
```

```
   2019  2020  2021  2022
1   1.4   3.6   2.4   3.3
2   7.3  11.9   8.2  10.8
3   0.4   1.2   1.3   2.6
4  26.9  23.5  21.4  21.9
5  57.0  55.1  61.5  55.6
6   7.0   4.7   5.2   5.8
```

16
```
df2.loc[1]
```

```
2019    1.4
2020    3.6
2021    2.4
2022    3.3
Name: 1, dtype: float64
```

17
```
df2.loc[1, '2020']
```

```
3.6
```

18
```
df2.loc[:, '2022']
```

```
1     3.3
2    10.8
3     2.6
4    21.9
5    55.6
6     5.8
Name: 2022, dtype: float64
```

19
```
df2.loc[:, ['2022']]
```

| | 2022 |
|---|---|
| 1 | 3.3 |
| 2 | 10.8 |
| 3 | 2.6 |
| 4 | 21.9 |
| 5 | 55.6 |
| 6 | 5.8 |

20
```
df2.loc[1:3, ['2019']]
```

| | 2019 |
|---|---|
| 1 | 1.4 |
| 2 | 7.3 |
| 3 | 0.4 |

14 df2의 인덱스를 1~6으로 설정하였습니다.

16 df2의 첫 번째 행 데이터를 추출하였습니다(아래 참고).

| | 2019 | 2020 | 2021 | 2022 |
|---|---|---|---|---|
| 1 | 1.4 | 3.6 | 2.4 | 3.3 |
| 2 | 7.3 | 11.9 | 8.2 | 10.8 |
| 3 | 0.4 | 1.2 | 1.3 | 2.6 |
| 4 | 26.9 | 23.5 | 21.4 | 21.9 |
| 5 | 57.0 | 55.1 | 61.5 | 55.6 |
| 6 | 7.0 | 4.7 | 5.2 | 5.8 |

17 df2의 1행, 2열(2020)의 값을 추출하였습니다(아래 참고).

| | 2019 | 2020 | 2021 | 2022 |
|---|---|---|---|---|
| 1 | 1.4 | 3.6 | 2.4 | 3.3 |
| 2 | 7.3 | 11.9 | 8.2 | 10.8 |
| 3 | 0.4 | 1.2 | 1.3 | 2.6 |
| 4 | 26.9 | 23.5 | 21.4 | 21.9 |
| 5 | 57.0 | 55.1 | 61.5 | 55.6 |
| 6 | 7.0 | 4.7 | 5.2 | 5.8 |

18 슬라이싱을 활용하여 2022년 열의 모든 행의 값과 정보를 추출하였습니다.

19 괄호를 한번 더 씌우면(['2022']) DataFrame 형태로 출력됩니다.

20 슬라이싱을 활용하여 2019년 열 중 인덱스 1~3행을 추출하였습니다.

◈ iloc을 활용하여 코드를 입력해보고 결과를 함께 확인해봅시다.

**DnA7-3.ipynb**

```
   # 원하는 데이터 다양하게 추출하기(iloc)
21 df2 = pd.DataFrame(data, index=[1, 2, 3, 4, 5, 6])
22 print(df2)
```

| | 2019 | 2020 | 2021 | 2022 |
|---|---|---|---|---|
| 1 | 1.4 | 3.6 | 2.4 | 3.3 |
| 2 | 7.3 | 11.9 | 8.2 | 10.8 |
| 3 | 0.4 | 1.2 | 1.3 | 2.6 |
| 4 | 26.9 | 23.5 | 21.4 | 21.9 |
| 5 | 57.0 | 55.1 | 61.5 | 55.6 |
| 6 | 7.0 | 4.7 | 5.2 | 5.8 |

```
23 df2.iloc[1]
```

```
2019    7.3
2020    11.9
2021    8.2
2022    10.8
Name: 2, dtype: float64
```

24
```
df2.iloc[0, 3]
```

```
3.3
```

25
```
df2.iloc[:, :]
```

|  | 2019 | 2020 | 2021 | 2022 |
|---|---|---|---|---|
| 1 | 1.4 | 3.6 | 2.4 | 3.3 |
| 2 | 7.3 | 11.9 | 8.2 | 10.8 |
| 3 | 0.4 | 1.2 | 1.3 | 2.6 |
| 4 | 26.9 | 23.5 | 21.4 | 21.9 |
| 5 | 57.0 | 55.1 | 61.5 | 55.6 |
| 6 | 7.0 | 4.7 | 5.2 | 5.8 |

23 iloc은 인덱싱 값이 아닌 행 번호를 사용하기 때문에 2행의 값과 정보가 출력되었습니다(아래 참고).

|  | 2019 | 2020 | 2021 | 2022 |
|---|---|---|---|---|
| 1 | 1.4 | 3.6 | 2.4 | 3.3 |
| 2 | 7.3 | 11.9 | 8.2 | 10.8 |
| 3 | 0.4 | 1.2 | 1.3 | 2.6 |
| 4 | 26.9 | 23.5 | 21.4 | 21.9 |
| 5 | 57.0 | 55.1 | 61.5 | 55.6 |
| 6 | 7.0 | 4.7 | 5.2 | 5.8 |

24 df2의 1행, 4열(2022)의 값을 추출하였습니다(아래 참고).

|  | 2019 | 2020 | 2021 | 2022 |
|---|---|---|---|---|
| 1 | 1.4 | 3.6 | 2.4 | 3.3 |
| 2 | 7.3 | 11.9 | 8.2 | 10.8 |
| 3 | 0.4 | 1.2 | 1.3 | 2.6 |
| 4 | 26.9 | 23.5 | 21.4 | 21.9 |
| 5 | 57.0 | 55.1 | 61.5 | 55.6 |
| 6 | 7.0 | 4.7 | 5.2 | 5.8 |

25 슬라이싱을 활용하여 모든 행과 모든 열의 값을 추출하였습니다.

### 7.3.3 전체 코드 확인하기

DnA7-3.ipynb

1
```
import pandas as pd
```

2
```
data = {"2019": [1.4, 7.3, 0.4, 26.9, 57.0, 7.0],
        "2020": [3.6, 11.9, 1.2, 23.5, 55.1, 4.7],
        "2021": [2.4, 8.2, 1.3, 21.4, 61.5, 5.2],
        "2022": [3.3, 10.8, 2.6, 21.9, 55.6, 5.8]}
```

3
```
df = pd.DataFrame(data,
                  index=['Art&Culture', 'Sports', 'Tourism', 'Hobby&
                  Entertain', 'Relaxation', 'Society&Others'])
```

4
```
# 특정 열 불러오기
df['2022']
```

```
Art&Culture          3.3
Sports              10.8
Tourism              2.6
Hobby&Entertain     21.9
Relaxation          55.6
Society&Others       5.8
Name: 2022, dtype: float64
```

5
```
type(df[['2021', '2022']])
```

```
pandas.core.series.Series
```

6
```
df[['2021', '2022']]
```

| | 2021 | 2022 |
|---|---|---|
| Art&Culture | 2.4 | 3.3 |
| Sports | 8.2 | 10.8 |
| Tourism | 1.3 | 2.6 |
| Hobby&Entertain | 21.4 | 21.9 |
| Relaxation | 61.5 | 55.6 |
| Society&Others | 5.2 | 5.8 |

7
```
type(df[['2021', '2022']])
```

```
pandas.core.frame.DataFrame
```

8
```
df['2019'] > 20
```

```
Art&Culture          False
Sports               False
Tourism              False
Hobby&Entertain       True
Relaxation            True
Society&Others       False
Name: 2019, dtype: bool
```

```
# 특정 행 불러오기
df.head(2)
```

| | 2019 | 2020 | 2021 | 2022 |
|---|---|---|---|---|
| Art&Culture | 1.4 | 3.6 | 2.4 | 3.3 |
| Sports | 7.3 | 11.9 | 8.2 | 10.8 |

```
df.tail(1)
```

| | 2019 | 2020 | 2021 | 2022 |
|---|---|---|---|---|
| Society&Others | 7.0 | 4.7 | 5.2 | 5.8 |

```
df[0:3]
```

| | 2019 | 2020 | 2021 | 2022 |
|---|---|---|---|---|
| Art&Culture | 1.4 | 3.6 | 2.4 | 3.3 |
| Sports | 7.3 | 11.9 | 8.2 | 10.8 |
| Tourism | 0.4 | 1.2 | 1.3 | 2.6 |

```
df[:3]
```

| | 2019 | 2020 | 2021 | 2022 |
|---|---|---|---|---|
| Art&Culture | 1.4 | 3.6 | 2.4 | 3.3 |
| Sports | 7.3 | 11.9 | 8.2 | 10.8 |
| Tourism | 0.4 | 1.2 | 1.3 | 2.6 |

```
df[3:]
```

| | 2019 | 2020 | 2021 | 2022 |
|---|---|---|---|---|
| Hobby&Entertain | 26.9 | 23.5 | 21.4 | 21.9 |
| Relaxation | 57.0 | 55.1 | 61.5 | 55.6 |
| Society&Others | 7.0 | 4.7 | 5.2 | 5.8 |

```
# 원하는 데이터 다양하게 추출하기(loc)
df2 = pd.DataFrame(data, index=[1, 2, 3, 4, 5, 6])
print(df2)
```

| | 2019 | 2020 | 2021 | 2022 |
|---|---|---|---|---|
| 1 | 1.4 | 3.6 | 2.4 | 3.3 |
| 2 | 7.3 | 11.9 | 8.2 | 10.8 |
| 3 | 0.4 | 1.2 | 1.3 | 2.6 |
| 4 | 26.9 | 23.5 | 21.4 | 21.9 |
| 5 | 57.0 | 55.1 | 61.5 | 55.6 |
| 6 | 7.0 | 4.7 | 5.2 | 5.8 |

16
```
df2.loc[1]
```

```
2019    1.4
2020    3.6
2021    2.4
2022    3.3
Name: 1, dtype: float64
```

17
```
df2.loc[1, '2020']
```

```
3.6
```

18
```
df2.loc[:, '2022']
```

```
1     3.3
2    10.8
3     2.6
4    21.9
5    55.6
6     5.8
Name: 2022, dtype: float64
```

19
```
df2.loc[:, ['2022']]
```

| | 2022 |
|---|---|
| 1 | 3.3 |
| 2 | 10.8 |
| 3 | 2.6 |
| 4 | 21.9 |
| 5 | 55.6 |
| 6 | 5.8 |

20
```
df2.loc[1:3, ['2019']]
```

| | 2019 |
|---|---|
| 1 | 1.4 |
| 2 | 7.3 |
| 3 | 0.4 |

## 7.4 CSV로 DataFrame 만들기

이번 장에서는 csv을 활용하여 DataFrame을 만들도록 하겠습니다. csv 파일이란 comma-separated values의 약자로 쉼표(,)를 사용하여 구분한 텍스트 파일이나 텍스트 데이터를 의미합니다. 표의 형태를 직관적으로 나타내기 때문에 이해하기 쉽고 사람이 직접 수정할 수 있으며 차지하는 용량이 작아 처리하기 쉽다는 장점이 있습니다.

### 7.4.1 DataFrame 만들기 - CSV 파일로 만들기

해당 차시에서는 csv 파일을 DataFrame으로 불러와서 만들어보겠습니다. csv 파일로 데이터 프레임을 만들면 대규모 파일 처리에 유용하고, 코랩으로 불러오기 전 csv 파일 내에서 데이터를 전처리할 수 있기에 많이 활용됩니다. 위 교과서에서 제시된 데이터를 엑셀을 통해 csv 파일로 정리한 뒤 CSV UTF-8로 저장하면 됩니다.

**[ 엑셀에서 csv 파일 만들기 ]**

| | A | B | C | D | E |
|---|---|---|---|---|---|
| 1 | Leisure | 2019 | 2020 | 2021 | 2022 |
| 2 | Art & Cult | 1.4 | 2.4 | 2.4 | 3.3 |
| 3 | Sports | 7.3 | 8.2 | 8.2 | 10.8 |
| 4 | Tourism | 0.4 | 1.3 | 1.3 | 2.6 |
| 5 | Hobby & E | 26.9 | 21.4 | 21.4 | 21.9 |
| 6 | Relaxation | 57.0 | 61.5 | 61.5 | 55.6 |
| 7 | Society & | 7.0 | 5.2 | 5.2 | 5.8 |

① 엑셀을 통해 데이터를 전처리합니다.

② 파일을 저장할 때 파일 형식탭에서 CSV UTF-8(쉼표로 분리)을 선택하여 저장합니다.

엑셀이 최신형으로 업데이트되지 않은 경우 메모장을 활용할 수 있습니다.

### [ 메모장으로 csv 파일 만들기 ]

| | A | B | C | D | E |
|---|---|---|---|---|---|
| 1 | Leisure | 2019 | 2020 | 2021 | 2022 |
| 2 | Art & Cult | 1.4 | 2.4 | 2.4 | 3.3 |
| 3 | Sports | 7.3 | 8.2 | 8.2 | 10.8 |
| 4 | Tourism | 0.4 | 1.3 | 1.3 | 2.6 |
| 5 | Hobby & E | 26.9 | 21.4 | 21.4 | 21.9 |
| 6 | Relaxation | 57.0 | 61.5 | 61.5 | 55.6 |
| 7 | Society & | 7.0 | 5.2 | 5.2 | 5.8 |

① 엑셀을 통해 데이터를 전처리합니다.

② 파일을 저장할 때 파일 형식탭에서 CSV(쉼표로 분리)을 선택하여 저장합니다.

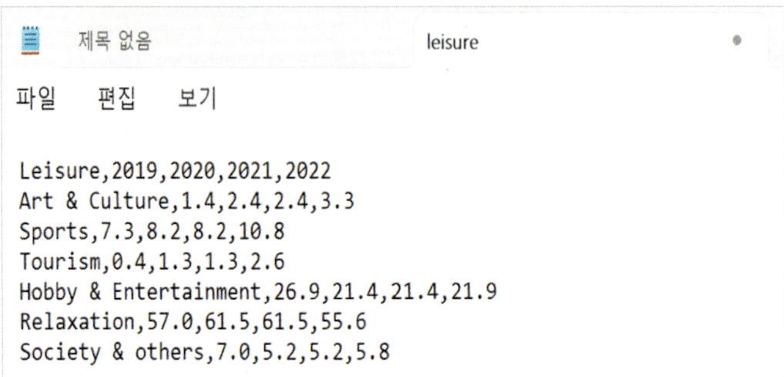


③ 저장한 파일을 메모장으로 불러옵니다.

④ 파일을 저장할 때 이름에 .csv을 넣고 인코딩은 UTF-8로 설정하여 저장합니다.

엑셀에서 만든 csv 파일을 불러와 DataFrame을 만들어보겠습니다.

◈ DataFrame을 만들기 위한 코드를 입력해 보고 결과를 함께 확인해봅시다.

**DnA7-4.ipynb**

```
1  from google.colab import files
2  myfile = files.upload()                          # 코랩에 파일 업로드하기
```

```
파일 선택  leisure.csv
• leisure.csv(text/csv) - 219 bytes, last modified: 2023. 5. 1. - 100% done
Saving leisure.csv to leisure.csv
```

```
3  import io                                        # 데이터 입출력
4  import pandas as pd                              # pandas 불러오기
```

```
5  df = pd.read_csv(io.BytesIO(myfile['leisure.csv']))  # csv 파일로 데이터 프레임 만들기
6  print(df)
```

```
                 Leisure  2019  2020  2021  2022
0          Art & Culture   1.4   2.4   2.4   3.3
1                 Sports   7.3   8.2   8.2  10.8
2                Tourism   0.4   1.3   1.3   2.6
3  Hobby & Entertainment  26.9  21.4  21.4  21.9
4             Relaxation  57.0  61.5  61.5  55.6
5        Society & others   7.0   5.2   5.2   5.8
```

1,2 로컬PC에서 코랩에 파일을 업로드하는 명령어입니다. 아래 그림에서 파일을 업로드 하는 방법을 알아봅시다.

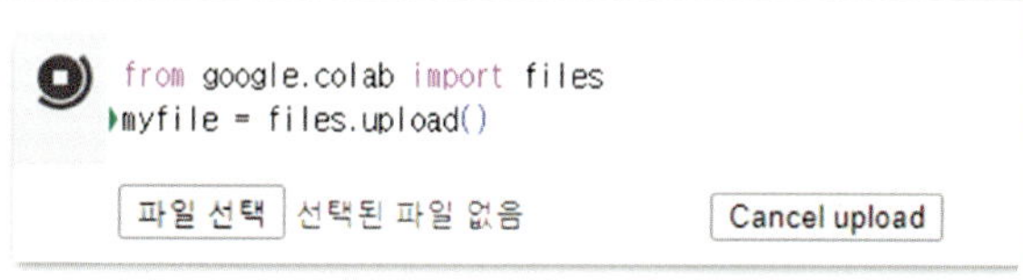


① 코드를 입력한 뒤 [파일 선택] 버튼을 누릅니다.

② 'leisure.csv' 파일을 업로드 합니다.

③ 업로드가 완료되면 왼쪽과 같은 화면이 나타납니다.

3,4 데이터 입력과 출력에 관한 명령어와 pandas를 불러오는 명령어입니다.

5 pandas의 read_csv( ) 함수를 활용하여 csv 파일을 불러와 데이터 프레임으로 저장하는 방법입니다.

### 7.4.2 DataFrame으로 그래프 그리기

csv 파일로 만든 2019년부터 2022년까지 우리나라 국민이 가장 많이 참여한 여가 활동 데이터에서 가장 최근인 2022년 데이터를 활용하여 원그래프로 나타내보도록 하겠습니다.

원그래프는 파이 차트(pie chart)라고 하며 백분율을 활용하여 비율에 따라 원형으로 나타낸 그래프입니다. 원그래프는 matplotlib의 pie( ) 함수를 활용하여 나타냅니다. pie( ) 함수를 그리기 위한 다양한 명령어도 함께 알아봅시다.

◈ 원 그래프를 그리기 위한 코드를 입력하고 결과와 함께 확인해봅시다.

DnA7-4.ipynb

```
# 2022년 데이터를 활용하여 원그래프 그리기
import matplotlib.pyplot as plt
```

```
plt.pie(df['2022'])
plt.show()
```

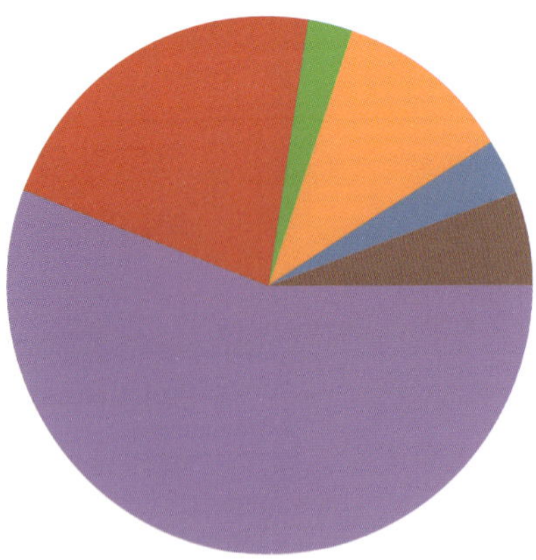

```
plt.pie(df['2022'], labels=df['Leisure'])
plt.show()
```

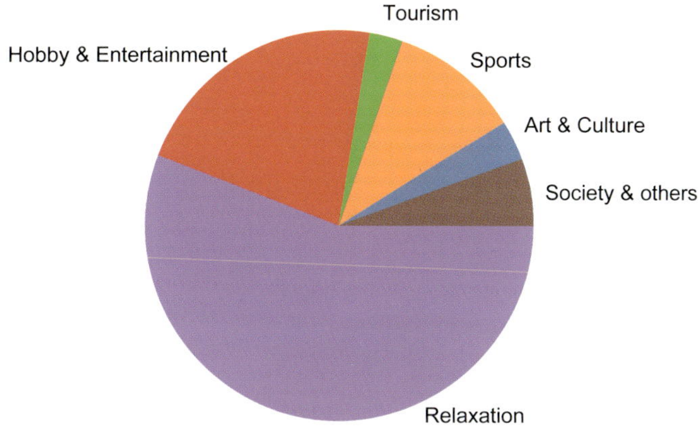


```
plt.pie(df['2022'], labels=df['Leisure'], autopct='%.1f%%')
plt.show()
```

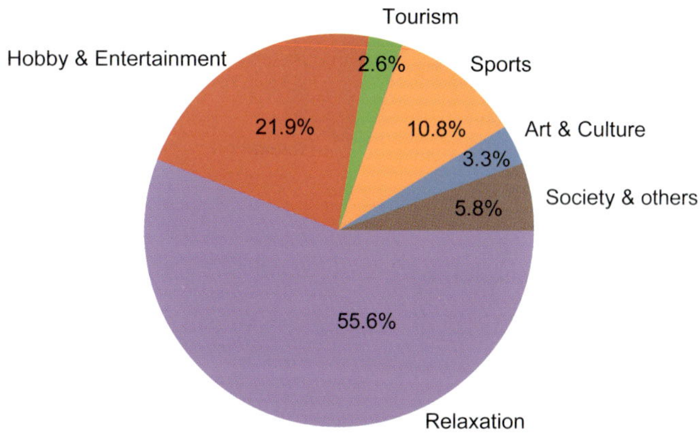


```
plt.pie(df['2022'], labels=df['Leisure'], autopct='%.1f%%', startangle=30)
plt.show()
```

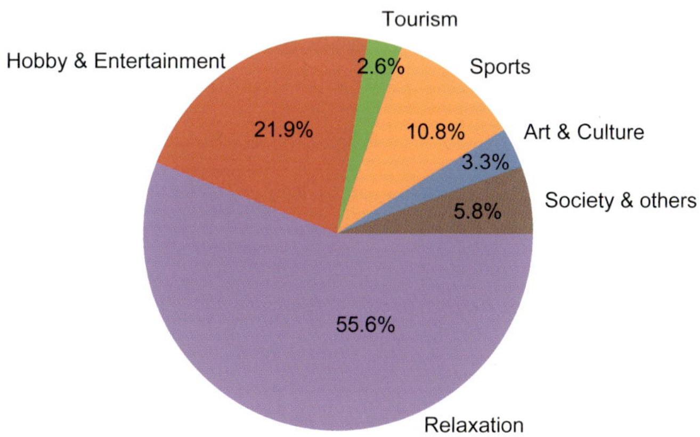

```
16 plt.pie(df['2022'], labels=df['Leisure'], autopct='%.1f%%', startangle=30)
17 plt.title('Popular Leisure in Korea (2022)')
18 plt.legend()
19 plt.show()
```

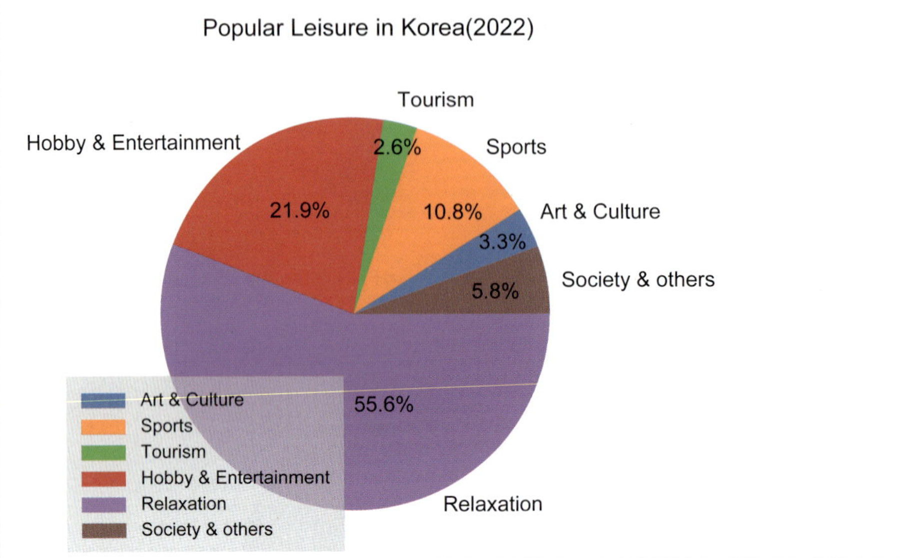


7 그래프를 그리기 위한 matplotlib를 불러옵니다.

8 DataFrame의 특정 열을 불러오기 위한 명령어인 df['2022']을 pie( ) 함수 안에 넣어주면 원그래프를 그릴 수 있습니다.

10 각 영역별 비율에 해당하는 이름은 labels로 지정해주면 됩니다. 본 그래프에서는 'Leisure' 열에 있는 이름을 labels로 넣어주었습니다.

12 각 영역별 비율을 원 그래프 안에 표시할 때는 autopct라는 명령어를 활용합니다.

| autopct 예시 | 의미 |
|---|---|
| autopct='%.1f' | 소수 첫째자리까지 표시합니다. |
| autopct='%.2f' | 소수 둘째자리까지 표시합니다. |
| autopct='%.1f%%' | 소수 첫째자리까지 표시하면서 퍼센트까지 포함합니다. |

14 startangle은 원그래프가 시작하는 각도를 돌릴 수 있는 명령어입니다. 0~360 사이의 숫자를 넣습니다.

16,17 제목과 범례를 추가하여 그래프를 완성하였습니다.

◈ 데이터를 시각화한 결과를 해석해봅시다.

– 2022년 우리나라 국민의 50% 이상은 주로 휴식을 취하며 여가 활동을 보냈다.
– 2022년 우리나라 국민의 75% 이상이 휴식과 취미, 오락 활동을 하며 여가 활동을 보냈다.
– 2022년 우리나라 국민이 참여하는 여가 활동 중 가장 낮은 비율은 여행이었다.

### 7.4.3 전체 코드 확인하기

DnA7-2.ipynb

```
from google.colab import files
myfile = files.upload()
```

파일 선택 leisure.csv

- **leisure.csv**(text/csv) - 219 bytes, last modified: 2023. 5. 1. - 100% done

```
Saving leisure.csv to leisure.csv
```

```
import io
import pandas as pd
```

```
df = pd.read_csv(io.BytesIO(myfile['leisure.csv']))
print(df)
```

| | Leisure | 2019 | 2020 | 2021 | 2022 |
|---|---|---|---|---|---|
| 0 | Art & Culture | 1.4 | 2.4 | 2.4 | 3.3 |
| 1 | Sports | 7.3 | 8.2 | 8.2 | 10.8 |
| 2 | Tourism | 0.4 | 1.3 | 1.3 | 2.6 |
| 3 | Hobby & Entertainment | 26.9 | 21.4 | 21.4 | 21.9 |
| 4 | Relaxation | 57.0 | 61.5 | 61.5 | 55.6 |
| 5 | Society & others | 7.0 | 5.2 | 5.2 | 5.8 |

```
# 2022년 데이터를 활용하여 원그래프 그리기
import matplotlib.pyplot as plt
```

```
plt.pie(df['2022'])
plt.show()
```

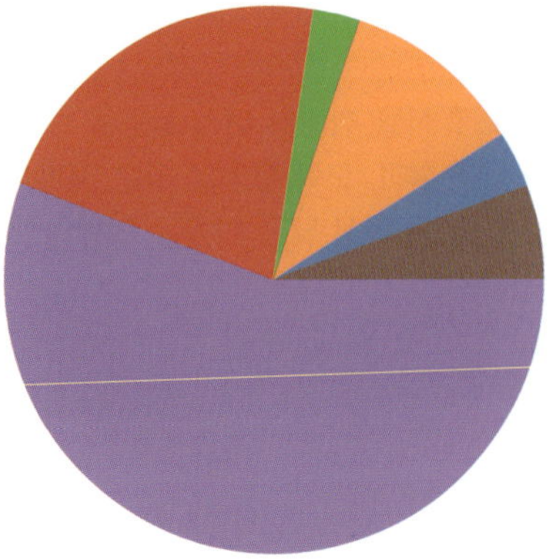

```
plt.pie(df['2022'], labels=df['Leisure'])
plt.show()
```

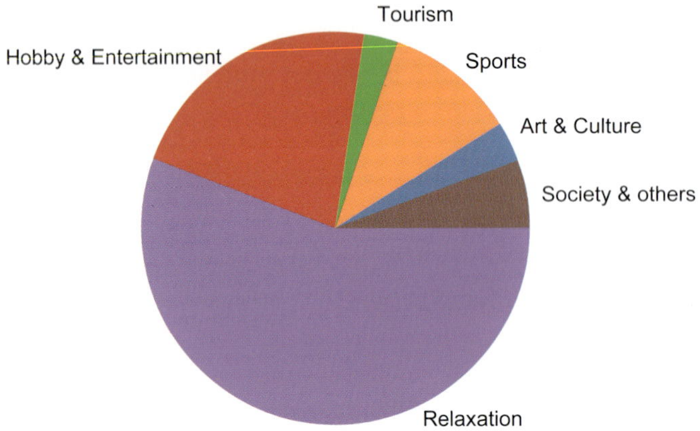


```
plt.pie(df['2022'], labels=df['Leisure'], autopct='%.1f%%')
plt.show()
```

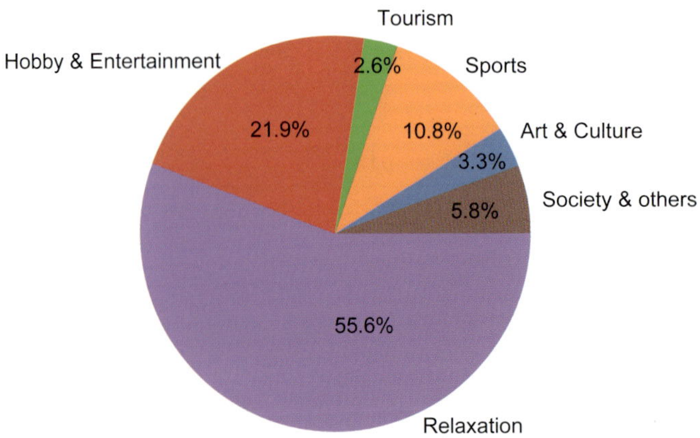

```
plt.pie(df['2022'], labels=df['Leisure'], autopct='%.1f%%', startangle=30)
plt.show()
```

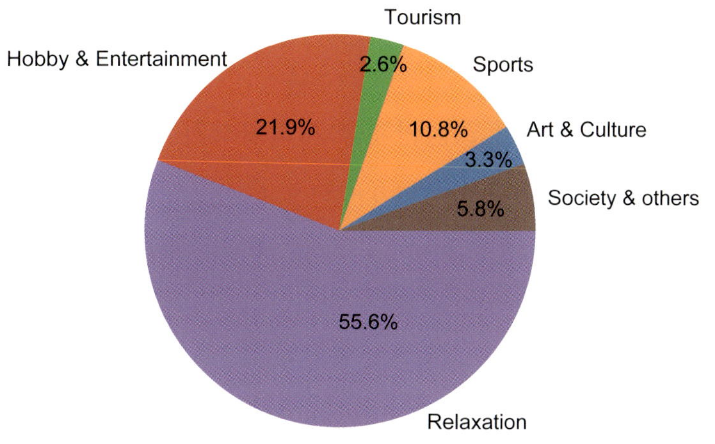


```
plt.pie(df['2022'], labels=df['Leisure'], autopct='%.1f%%', startangle=30)
plt.title('Popular Leisure in Korea (2022)')
plt.legend()
plt.show()
```

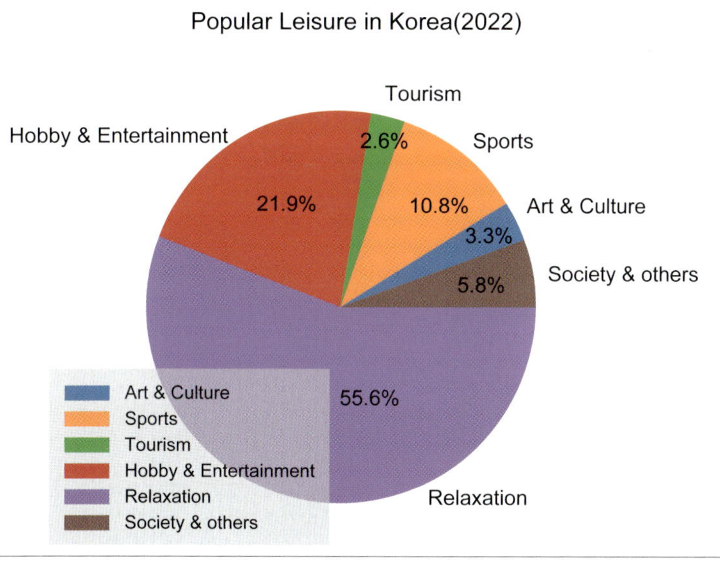

# 스스로 해보기

## 1. K-pop 아이돌 연간 앨범판매량 시각화하기

K-pop에 대한 인기가 나날이 커져가는 가운데 2022년 K-pop 아이돌 연간 앨범 판매량 데이터를 활용하여 DataFrame으로 나타내고 그룹별 비율을 시각화하는 활동을 통하여 데이터를 해석해보도록 하겠습니다.

- ◆ 출처 : 써클차트(대한민국 대중음악 공인차트)
- ◆ 써클차트 데이터를 가공하여 활용하였습니다.
- ◆ 그룹 솔로활동은 그룹 전체에 포함시켜 데이터를 정리하였습니다.

데이터 전처리는 코랩에서도 할 수 있지만 엑셀을 활용하면 훨씬 간편하게 처리할 수 있습니다.

| | A | B | C |
|---|---|---|---|
| 1 | Album | Artist | Sales(2022) |
| 2 | Girls - The 2nd Mini | aespa | 1,803,050 |
| 3 | THE WORLD EP.1 : | ATEEZ | 1,007,575 |
| 4 | BORN PINK | BLACKPINK | 2,522,941 |
| 5 | Proof | BTS | 3,482,598 |
| 6 | Jack In The Box | BTS_j-hope | 476,770 |
| 7 | The Astronaut | BTS_JIN | 1,040,155 |
| 8 | Indigo | BTS_RM | 544,294 |
| 9 | MANIFESTO : DAY 1 | ENHYPEN | 1,387,150 |
| 10 | DIMENSION : ANSWER | ENHYPEN | 782,590 |
| 11 | I love | G-IDLE | 824,113 |
| 12 | GOT7 | GOT7 | 459,254 |
| 13 | CHECKMATE | ITZY | 1,032,930 |
| 14 | CHESHIRE | ITZY | 1,003,533 |
| 15 | After LIKE | IVE | 1,652,402 |
| 16 | LOVE DIVE | IVE | 861,185 |
| 17 | PANORAMA | Kim Hojoong | 686,586 |
| 18 | ANTIFRAGILE | LE SSERAFIM | 754,657 |
| 19 | FEARLESS | LE SSERAFIM | 453,215 |
| 20 | IM HERO | Lim Youngwoong | 1,149,643 |
| 21 | 질주 (2 Baddies) - The | NCT 127 | 1,825,170 |
| 22 | Glitch Mode - The 2nd | NCT DREAM | 2,095,544 |
| 23 | Beatbox - The 2nd | NCT DREAM | 1,517,211 |
| 24 | Candy - Winter Special | NCT DREAM | 1,395,187 |
| 25 | 1st EP 'New Jeans' | NewJeans | 530,766 |
| 26 | ENTWURF | NMIXX | 562,596 |
| 27 | AD MARE | NMIXX | 498,432 |
| 28 | 'The ReVe Festival | Red Velvet | 803,108 |
| 29 | 'The ReVe Festival | Red Velvet | 694,304 |
| 30 | 4th Album 'Face the | Seventeen | 2,867,353 |
| 31 | 4th Album Repackage | Seventeen | 1,470,928 |
| 32 | 2021 Winter SMTOWN | SMTOWN | 564,410 |
| 33 | MAXIDENT | Stray Kids | 3,176,233 |
| 34 | ODDINARY | Stray Kids | 1,762,168 |
| 35 | 7TH MINI ALBUM [BE | THE BOYZ | 439,502 |
| 36 | THE SECOND STEP : | TREASURE | 797,717 |
| 37 | THE SECOND STEP : | TREASURE | 483,423 |
| 38 | BETWEEN 1&2 | TWICE | 1,121,912 |
| 39 | IM NAYEON | TWICE_NAYEON | 544,265 |
| 40 | minisode 2: Thursday's | TXT | 1,806,679 |
| 41 | MMM | Young Tak | 534,147 |
| 42 | | | 47,415,696 |

데이터 전처리 ① : 2022년 1~40위까지 앨범명/아티스트/앨범판매량/비율

| | A | B |
|---|---|---|
| 1 | Artist | Sales_2022 |
| 2 | aespa | 1803050 |
| 3 | ATEEZ | 1007575 |
| 4 | BLACKPIN | 2522941 |
| 5 | BTS | 5543817 |
| 6 | ENHYPEN | 2169740 |
| 7 | G-IDLE | 824113 |
| 8 | GOT7 | 459254 |
| 9 | ITZY | 2036463 |
| 10 | IVE | 2513587 |
| 11 | Kim Hojoc | 686586 |
| 12 | LE SSERAF | 754657 |
| 13 | LE SSERAF | 453215 |
| 14 | Lim Young | 1149643 |
| 15 | NCT 127 | 1825170 |
| 16 | NCT DREA | 5007942 |
| 17 | NewJeans | 530766 |
| 18 | NMIXX | 1061028 |
| 19 | Red Velvet | 1497412 |
| 20 | Seventeen | 4338281 |
| 21 | SMTOWN | 564410 |
| 22 | Stray Kids | 4938401 |
| 23 | THE BOYZ | 439502 |
| 24 | TREASURE | 1281140 |
| 25 | TWICE | 1666177 |
| 26 | TXT | 1806679 |
| 27 | Young Tak | 534147 |

데이터 전처리 ② : 그룹 솔로활동 그룹 전체에 포함 및 아티스트이름에 따른 오름차순 정리

엑셀을 통해 전처리한 파일을 불러와 DataFrame을 만들어보도록 하겠습니다.

◈ 2022 K-pop 아이돌 연간 앨범판매량 데이터를 활용하여 코드를 입력해보고 결과를 함께 확인해봅시다.

DnA7-5.ipynb

```
from google.colab import files                    # 코랩에 파일 업로드하기
myfile = files.upload()
```

파일 선택 kpop.csv

- **kpop.csv**(text/csv) - 464 bytes, last modified: 2023. 4. 30. - 100% done

Saving kpop.csv to kpop.csv

```
import io                                          # 데이터 입출력
import pandas as pd                                # pandas 불러오기
import numpy as np                                 # numpy 불러오기
```

```
df = pd.read_csv(io.BytesIO(myfile['kpop.csv']))  # csv 파일로 DataFrame 만들기
print(df)
```

| | Artist | Sales_2022 |
|---|---|---|
| 0 | aespa | 1803050 |
| 1 | ATEEZ | 1007575 |
| 2 | BLACKPINK | 2522941 |
| 3 | BTS | 5543817 |
| 4 | ENHYPEN | 2169740 |
| 5 | G-IDLE | 824113 |
| 6 | GOT7 | 459254 |
| 7 | ITZY | 2036463 |
| 8 | IVE | 2513587 |
| 9 | Kim Hojoong | 686586 |
| 10 | LE SSERAFIM | 754657 |
| 11 | LE SSERAFIM | 453215 |
| 12 | Lim Youngwoong | 1149643 |
| 13 | NCT 127 | 1825170 |
| 14 | NCT DREAM | 5007942 |
| 15 | NewJeans | 530766 |
| 16 | NMIXX | 1061028 |
| 17 | Red Velvet | 1497412 |
| 18 | Seventeen | 4338281 |

```
19    SMTOWN        564410
20    Stray Kids    4938401
21    THE BOYZ      439502
22    TREASURE      1281140
23    TWICE         1666177
24    TXT           1806679
25    Young Tak     534147
```

```
   # 앨범판매량에 따른 내림차순 정렬하기
8  df.sort_values(by='Sales_2022', ascending=False)
9  df2 = df.sort_values(by='Sales_2022', ascending=False)
10 print(df2)
```

```
   # 앨범판매량에 따른 상위 10개 데이터 추출하기
11 df3 = df2.iloc[:10]
12 print(df3)
```

```
      Artist        Sales_2022
3     BTS           5543817
14    NCT DREAM     5007942
20    Stray Kids    4938401
18    Seventeen     4338281
2     BLACKPINK     2522941
8     IVE           2513587
4     ENHYPEN       2169740
13    NCT 127       1825170
7     ITZY          2036463
24    TXT           1806679
          ...
```

8 2022 앨범판매량인 'Sales_2022' 열을 기준으로 앨범판매량이 많은 순인 내림차순으로 정렬하였습니다.

9 내림차순으로 정렬한 데이터를 df2의 변수에 저장하였습니다.

11 .iloc을 활용하여 행을 기준으로 추출한 상위 10개 데이터를 df3의 변수에 저장하였습니다.

◈ 정리한 2022 K-pop 아이돌 연간 앨범판매량 데이터를 활용하여 막대그래프로 표현해봅시다.

DnA7-5.ipynb

```
# 앨범판매량에 따른 상위 10개 데이터 막대그래프로 표현하기
import matplotlib.pyplot as plt
```

```
A1 = df3['Artist']                          # 아티스트 데이터 A1
print(A1)
```

```
3       BTS
14      NCT DREAM
20      Stray Kids
18      Seventeen
2       BLACKPINK
8       IVE
4       ENHYPEN
7       ITZY
13      NCT 127
24      TXT
Name: Artist, dtype: object
```

```
S1 = df3['Sales_2022']                      # 앨범판매량 데이터 S1
print(S1)
```

```
3       5543817
14      5007942
20      4938401
18      4338281
2       2522941
8       2513587
4       2169740
7       2036463
13      1825170
24      1806679
Name: Sales_2022, dtype: int64
```

```
plt.bar(A1, S1)                             # 막대그래프 그리기
plt.show()
```

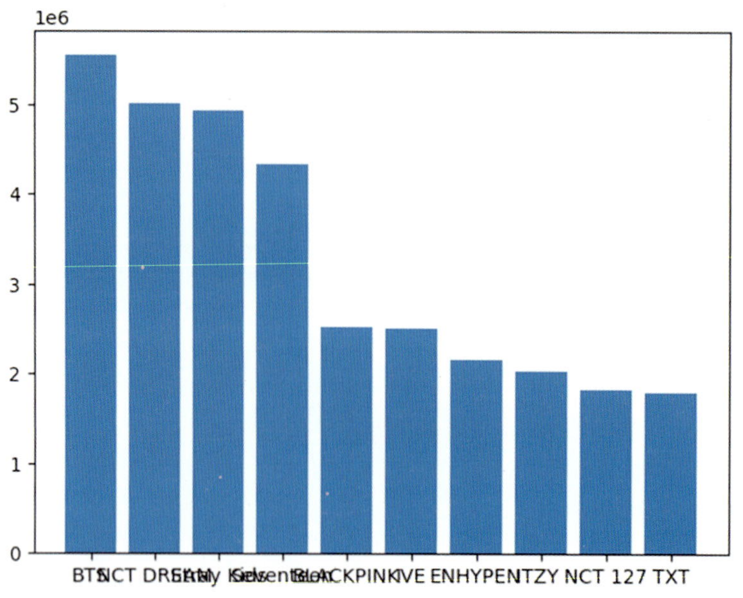


```
# 막대그래프 수정하여 완성하기
plt.bar(A1, S1)
plt.xticks(fontsize = 5.5)                              # x축 글씨 크기 설정하기
plt.ticklabel_format(axis='y', style='plain')           # y축 숫자 축약 없애기
plt.title('2022 the Most selling album in Korea')
plt.show()
```

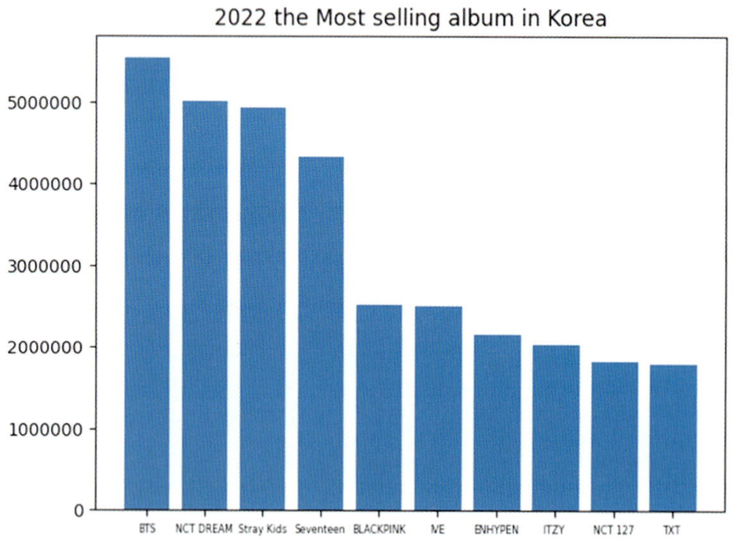

14 df3의 가수 이름을 나타내는 'Artist'열을 A1에 저장하였습니다.

16 df3의 2022 앨범 판매량을 나타내는 'Sales_2022'열을 S1에 저장하였습니다.

21 만든 막대그래프에서 x축 글씨가 겹치는 문제가 생겼습니다. 이 때, xticks() 함수를 활용하여 x축의 글씨 크기를 줄일 수 있습니다.

22 만든 막대그래프에서 y축의 숫자가 축약되어 지수로 표현되는 문제가 생겼습니다. 이 때, ticklabel_format(axis='y', style='plain') 명령어를 활용하여 y축의 숫자가 축약되는 문제를 해결할 수 있습니다.

**TIP ChatGPT 활용하여 파이썬 코드 완성하기**

ChatGPT를 활용하여 쉽고 빠르게 파이썬 코드를 완성할 수 있습니다. 예를 들어, 원하지 않은 그래프의 모양이 나왔을 때 ChatGPT로 쉽게 해결방법을 찾을 수 있습니다.

〈예시〉

문제 ① : x축의 글씨가 겹치는 상황

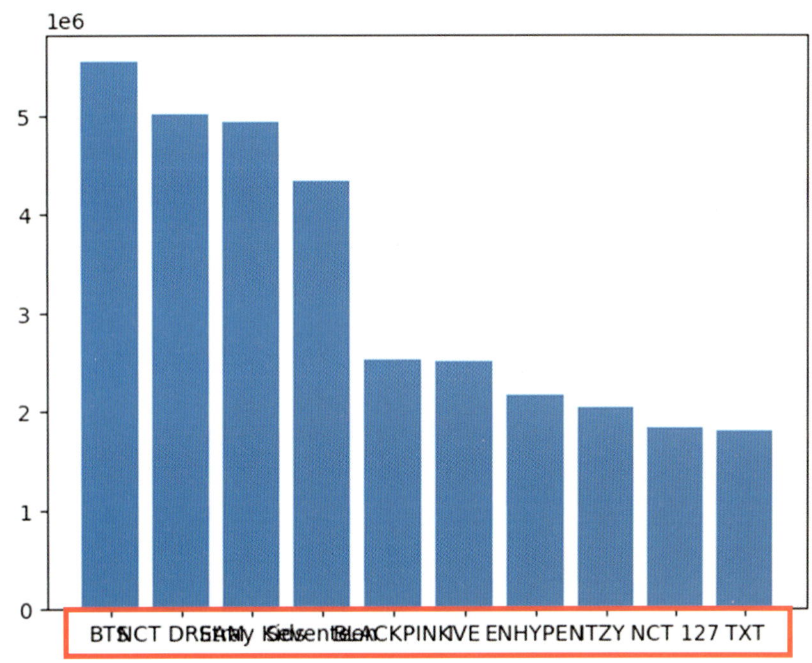


ChatGPT 답변 : matplotlib 라이브러리에서 xticks(fontsize=?)

D 파이썬 x축 글씨크기 줄이는 방법 알려줘

파이썬에서 x축 레이블의 글씨 크기를 조절하는 방법은 matplotlib 라이브러리를 사용하여 그래프의 x축 레이블을 포맷하는 것입니다.

아래 예시 코드에서 `xticks(fontsize=10)`를 사용하여 x축 레이블의 글씨 크기를 10으로 설정할 수 있습니다.

python Copy code

```python
import matplotlib.pyplot as plt

plt.plot([1, 2, 3, 4], [1, 4, 9, 16])
plt.xlabel('X-Label', fontsize=12)
plt.ylabel('Y-Label')
plt.xticks(fontsize=10)
plt.show()
```

위 코드에서 `xlabel` 함수를 사용하여 x축 레이블을 설정하고 `xticks` 함수를 사용하여 x축 눈금의 글씨 크기를 조절합니다. `fontsize` 매개변수를 조절하여 글씨 크기를 원하는 값으로 설정할 수 있습니다. 이렇게 지정한 후에는 그래프를 그릴 때 x축 레이블의 글씨 크기가 조절된 것을 확인할 수 있습니다.

## 문제 ② : y축 지수표현방식 없애기

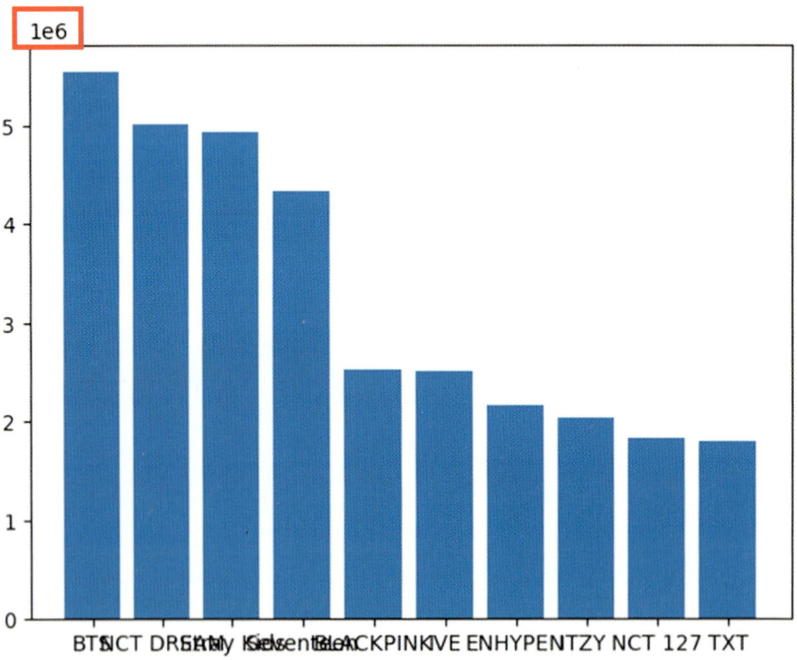


ChatGPT 답변 : plt.ticklabel_format(axis='y', style='plain')

◈ 정리한 2022 K-pop 아이돌 연간 앨범판매량 데이터를 활용하여 원그래프로 표현해봅시다.

**DnA7-5.ipynb**

```python
# 앨범판매량에 따른 상위 5개 데이터 원그래프로 표현하기
df4 = df2.iloc[:5]
print(df4)
```

```
        Artist          Sales_2022
3       BTS             5543817
14      NCT DREAM       5007942
20      Stray Kids      4938401
18      Seventeen       4338281
2       BLACKPINK       2522941
```

```python
A2 = df4['Artist']
print(A2)
```

```
3       BTS
14      NCT DREAM
20      Stray Kids
18      Seventeen
2       BLACKPINK
Name: Artist, dtype: object
```

```
29 S2 = df4['Sales_2022']
30 print(S2)
```

```
3     5543817
14    5007942
20    4938401
18    4338281
2     2522941
Name: Sales_2022, dtype: int64
```

```
31 plt.pie(S2, labels=A2, autopct='%.1f%%', startangle=30)
32 plt.title('2022 the Most selling album in Korea')
33 plt.show()
```

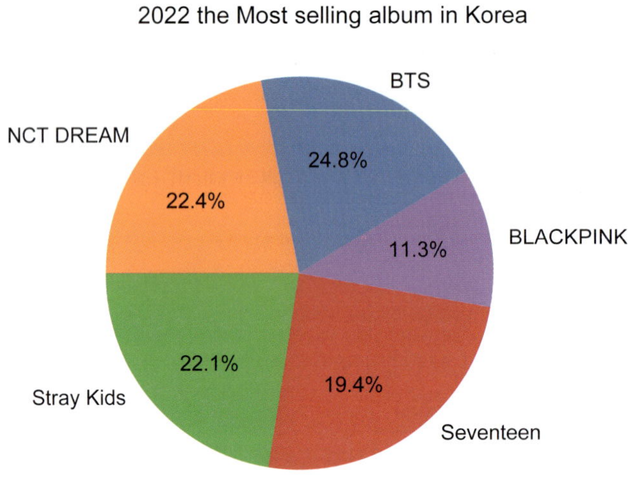


25 df2에서 앨범판매량에 따른 상위 5개 데이터를 추출하여 df4에 저장하였습니다.

27 df4의 가수 이름을 나타내는 'Artist'열을 A2에 저장하였습니다.

29 df4의 2022 앨범 판매량을 나타내는 'Sales_2022'열을 S2에 저장하였습니다.

31 pie( ) 함수를 활용하면 자동으로 백분율을 계산하여 원 그래프를 만들어줍니다.

◈ 데이터를 시각화한 결과를 해석해봅시다.

- 2022년 우리나라에서 앨범 판매량이 가장 많은 아이돌은 BTS였다.
- 2022년 우리나라에서 앨범 판매량이 가장 많은 아이돌 중 상위 5개의 그룹에서 유일한 걸그룹은 블랙핑크였다.
- 2022년 앨범 판매량을 기준으로 볼 때 NCT DREAM, Stray Kids, Seventeen 그룹이 BTS를 잇는 대한민국을 대표하는 보이그룹으로 유력해보인다.

## 2. 전체 코드 확인하기

DnA7-5.ipynb

```python
from google.colab import files
myfile = files.upload()
```

```
파일 선택 kpop.csv
• kpop.csv(text/csv) - 464 bytes, last modified: 2023. 4. 30. - 100% done
Saving kpop.csv to kpop.csv
```

```python
import io
import pandas as pd
import numpy as np
```

```python
df = pd.read_csv(io.BytesIO(myfile['kpop.csv']))
print(df)
```

```
    Artist          Sales_2022
0   aespa           1803050
1   ATEEZ           1007575
2   BLACKPINK       2522941
3   BTS             5543817
4   ENHYPEN         2169740
5   G-IDLE          824113
6   GOT7            459254
7   ITZY            036463
8   IVE             2513587
9   Kim Hojoong     686586
10  LE SSERAFIM     754657
11  LE SSERAFIM     453215
12  Lim Youngwoon   1149643
13  NCT 127         1825170
14  NCT DREAM       5007942
15  NewJeans        530766
16  NMIXX           1061028
17  Red Velvet      1497412
18  Seventeen       4338281
19  SMTOWN          564410
20  Stray Kids      4938401
21  THE BOYZ        439502
22  TREASURE        1281140
23  TWICE           1666177
```

```
24    TXT           1806679
25    Young Tak     534147
```

```python
# 앨범판매량에 따른 내림차순 정렬하기
df.sort_values(by='Sales_2022', ascending=False)
df2 = df.sort_values(by='Sales_2022', ascending=False)
print(df2)
```

```python
# 앨범판매량에 따른 상위 10개 데이터 추출하기
df3 = df2.iloc[:10]
print(df3)
```

```
      Artist        Sales_2022
3     BTS           5543817
14    NCT DREAM     5007942
20    Stray Kids    4938401
18    Seventeen     4338281
2     BLACKPINK     2522941
8     IVE           2513587
4     ENHYPEN       2169740
7     ITZY          036463
13    NCT 127       1825170
24    TXT           1806679
        ...
```

```python
# 앨범판매량에 따른 상위 10개 데이터 막대그래프로 표현하기
import matplotlib.pyplot as plt
```

```python
A1 = df3['Artist']
print(A1)
```

```
3     BTS
14    NCT DREAM
20    Stray Kids
18    Seventeen
2     BLACKPINK
8     IVE
4     ENHYPEN
7     ITZY
13    NCT 127
24    TXT
Name: Artist, dtype: object
```

```
S1 = df3['Sales_2022']
print(S1)
```

```
3       5543817
14      5007942
20      4938401
18      4338281
2       2522941
8       2513587
4       2169740
7       036463
13      1825170
24      1806679
Name: Sales_2022, dtype: int64
```

```
plt.bar(A1, S1)
plt.show()
```

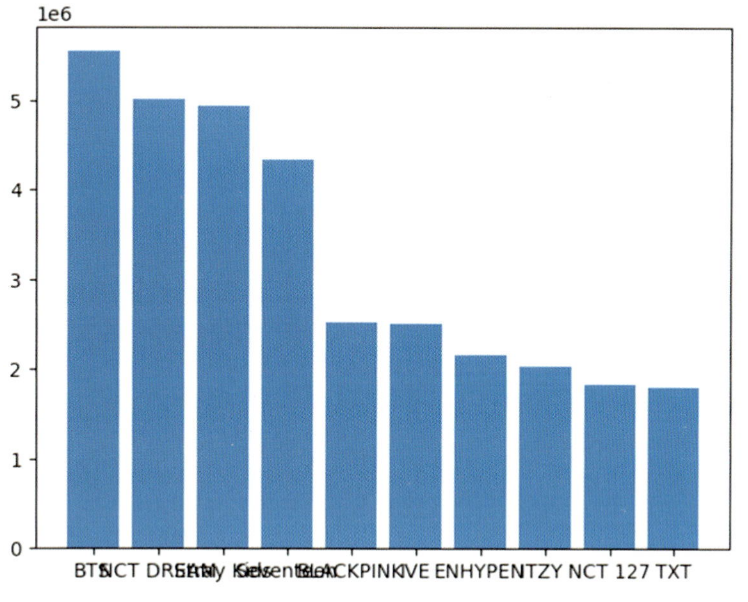


```
# 막대그래프 수정하여 완성하기
plt.bar(A1, S1)
plt.xticks(fontsize = 5.5)                       # x축 글씨 크기 설정하기
plt.ticklabel_format(axis='y', style='plain')    # y축 숫자 축약 없애기
```

```
plt.title('2022 the Most selling album in Korea')
plt.show()
```

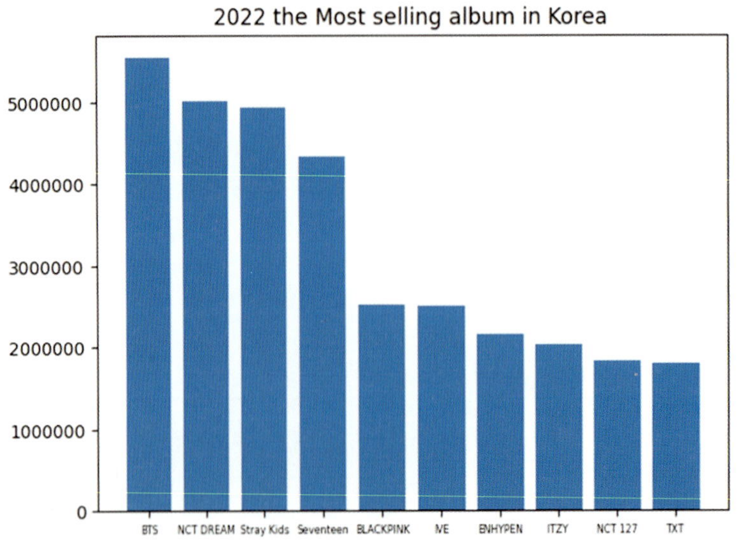


```
# 앨범판매량에 따른 상위 5개 데이터 원그래프로 표현하기
df4 = df2.iloc[:5]
print(df4)
```

```
        Artist          Sales_2022
3       BTS             5543817
14      NCT DREAM       5007942
20      Stray Kids      4938401
18      Seventeen       4338281
2       BLACKPINK       2522941
```

```
A2 = df4['Artist']
print(A2)
```

```
3       BTS
14      NCT DREAM
20      Stray Kids
18      Seventeen
2       BLACKPINK
Name: Artist, dtype: object
```

```
S2 = df4['Sales_2022']
print(S2)
```

```
3     5543817
14    5007942
20    4938401
18    4338281
2     2522941
Name: Sales_2022, dtype: int64
```

```
plt.pie(S2, labels=A2, autopct='%.1f%%', startangle=30)
plt.title('2022 the Most selling album in Korea')
plt.show()
```

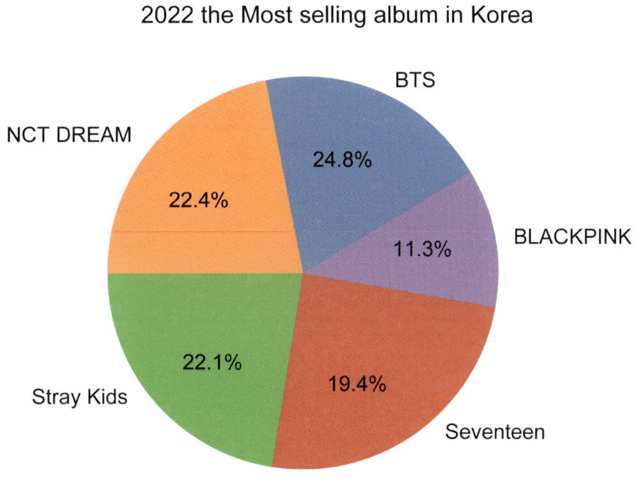

3부

# 인공지능과 데이터 분석의 실제

CHAPTER 08

# 우리 반 조사 결과, 예쁘게 꾸며봐요


8.1 워드클라우드란?
8.2 워드클라우드 플랫폼 체험
8.3 코랩으로 워드클라우드 생성하기
스스로 해보기


## 들어가며

워드클라우드는 빈도가 잦은 텍스트 데이터를 크게 표현하는 시각화 기법입니다. 학급에서 조사한 결과를 실시간으로 워드클라우드로 나타낼 수 있는 방법을 배우고 직접 표현해봅시다.

최 교사는 최근 교실 내 아이들의 언어 습관에 걱정이 많습니다. '어쩔티비'라는 단어가 유행하면서 학생들끼리 대화를 이어가지 못하고 싸우는 경우가 많았기 때문입니다. 문제는 유행어라는 이유로 마구잡이로 사용하지만 정작 듣는 학생은 기분 나빠한다는 것입니다. 이에 최 교사는 학생들이 듣기 싫은 말과 듣고 싶은 말을 조사하여 교실 앞에 게시하려고 합니다. 학생들이 언어 습관에 신경쓸 것을 기대하며 조금 더 특별하게 표현해보는 방법은 무엇이 있을까요?

## 8.1 워드클라우드란?

워드클라우드란 많이 언급되는 텍스트일수록 크게, 중앙에 위치하도록 표현해 키워드를 한눈에 파악할 수 있는 시각화기법입니다. 비정형데이터로 이루어진 빅데이터(big data)를 분석할 때 데이터의 특징이나 키워드를 도출하기 위해 활용되고 있습니다. 워드클라우드의 표현 특징상 텍스트 데이터의 키워드를 직관적으로 파악하기 쉽습니다.

## 8.2 워드클라우드 플랫폼 체험

### (1) 워드클라우드를 나타낼 수 있는 프레젠테이션 생성하기

◈ 워드클라우드를 생성할 수 있는 플랫폼에 접속해 봅시다.

www.mentimeter.com에 접속합니다. 계정이 있다면 [Log in], 계정이 없다면 [Sign up]을 눌러 계정을 등록하여 봅시다.

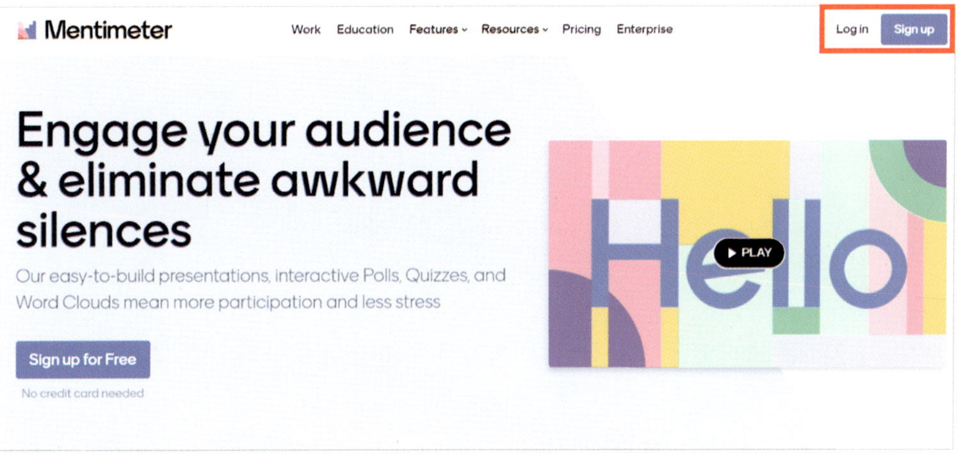


프로그램을 사용하기 위해서는 로그인이 필요합니다. 계정이 없다면 구글 이메일을 이용해서 쉽게 계정을 등록할 수 있습니다.

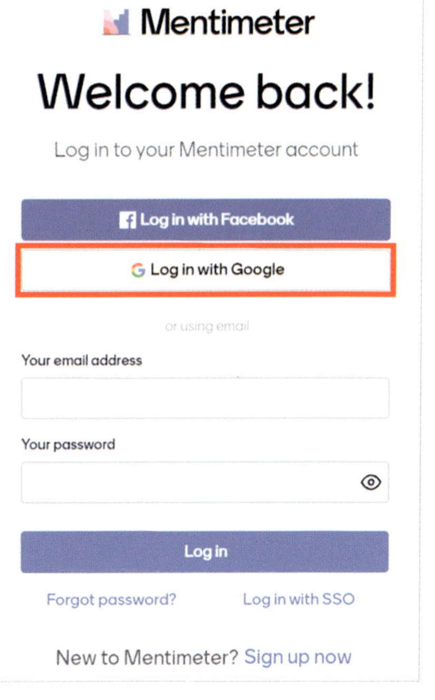

◈ 프레젠테이션을 생성해 봅시다.

[My presentations] - [+New presentation]을 차례로 누릅니다. 아래 사진에서는 필자가 반 학생들과 만들었던 내용을 확인할 수 있습니다.

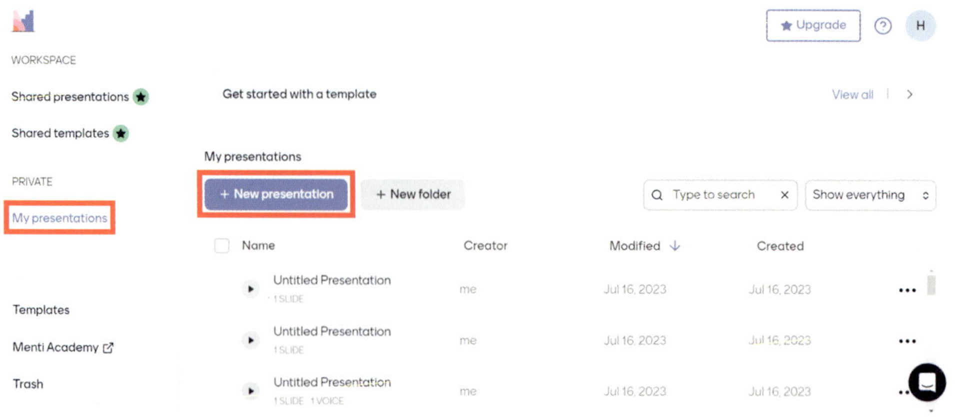


원하는 스타일을 선택합니다. 여기서는 [Blank]를 눌러 기본 스타일을 선택해 보겠습니다.

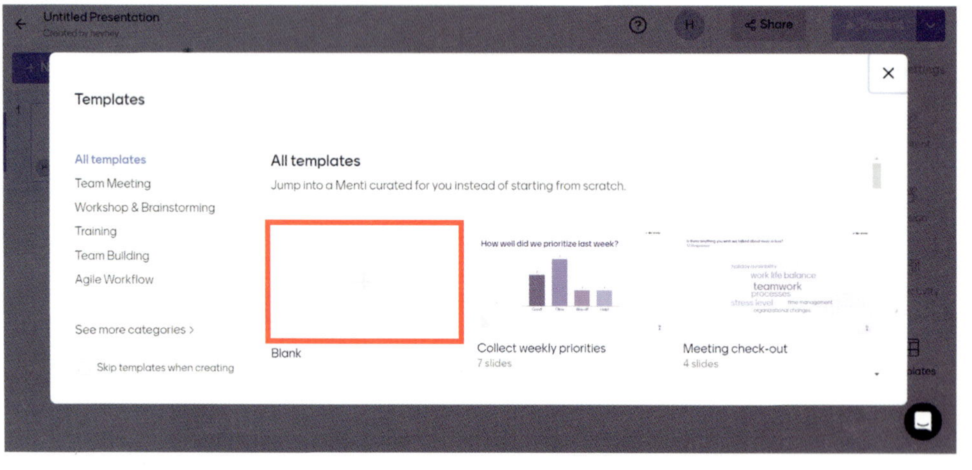

왼쪽에 다양한 기능을 선택할 수 있는 창이 뜹니다. 우리는 두 번째에 있는 Word Cloud를 선택해 보겠습니다.

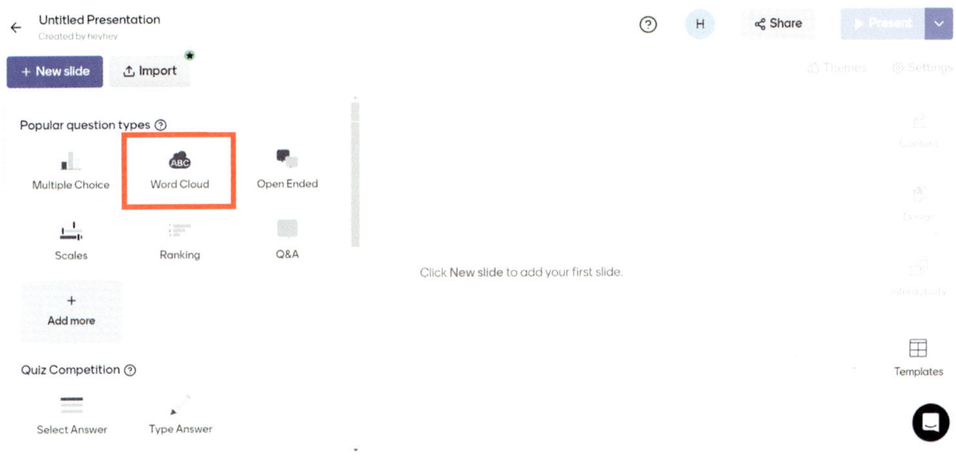


워드클라우드를 선택하면 다음과 같이 프레젠테이션을 만들 수 있게 됩니다. 어떤 기능이 있는지 살펴 봅시다.

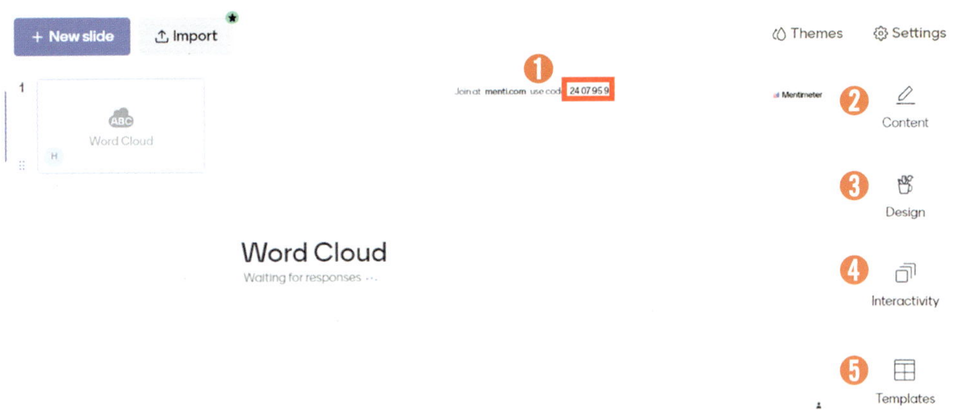


① 학생들이 menti.com에 접속하여 해당 워드클라우드 프레젠테이션으로 접속할 수 있는 코드입니다. 수업에 활용하기 위해 별도로 기록해 두는 것이 좋습니다.
② 프레젠테이션에 나타날 콘텐츠를 세부 설정 할 수 있는 메뉴입니다.
③ 프레젠테이션 화면의 레이아웃과 글꼴 사이즈 등을 설정할 수 있는 메뉴입니다.
④ 학생들이 접속할 menti.com 화면에 좋아요, 물음표 등의 아이콘을 나타나게 설

정할 수 있습니다. 또한 워드클라우드가 나타나는 프레젠테이션 화면에 접속 코드 공개, QR코드를 제공하는 등 프레젠테이션을 보는 사람들과 상호작용할 수 있는 메뉴입니다.

⑤ 다양한 템플릿을 사용할 수 있는 메뉴입니다.

◈ [Content] 메뉴에서 워드클라우드를 만들기 위해 세부 설정을 해 봅시다.

① 프레젠테이션에 나타날 콘텐츠를 변경할 수 있습니다. 여기서는 워드클라우드를 선택하였습니다.

② 프레젠테이션에 보여지는 제목을 변경할 수 있습니다. "우리반 학생들이 좋아하는 음식은?"으로 제목을 변경하여 봅시다.

③ 한 사람당 응답할 수 있는 답변의 개수를 정할 수 있습니다. 기본으로 3개가 설정되어 있습니다.

④ 활성화할 경우 한 사람이 여러 번 응답할 수 있습니다.

⑤ 슬라이드 배경에 이미지를 삽입할 수 있습니다. 이미지의 레이아웃은 [Design]메뉴에서 변경할 수 있습니다.

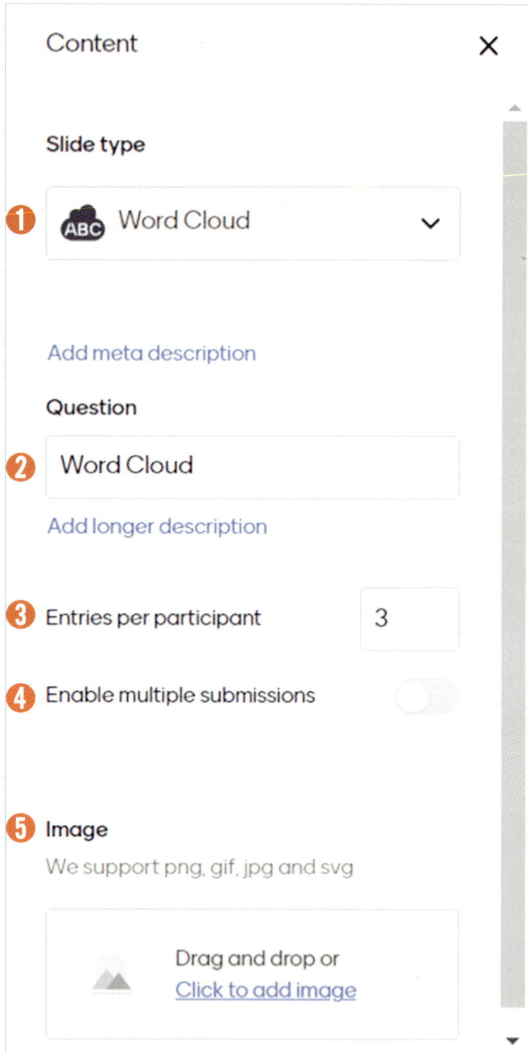

◈ [Interactivity] 메뉴에서 수업에 활용하기 위한 세부 설정을 해 봅시다.

① menti.com에 접속한 학생들이 해당 반응을 보일 수 있습니다.
② 활성화할 경우에만 답변을 제출할 수 있습니다.
③ 활성화할 경우 슬라이드 위에 접속 코드가 보입니다.
④ 활성화할 경우 슬라이드에 QR코드가 제공됩니다.
⑤ 활성화할 경우 응답 결과가 보여집니다. 학생들이 전부 응답하기 전까지 결과를 가릴 수 있습니다.

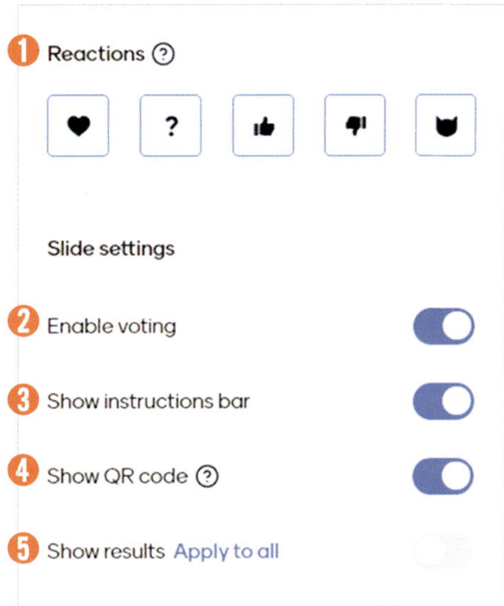


위의 사진처럼 설정했을 경우 교사의 슬라이드에서 나타나는 화면입니다.

학생 한명이 답변을 제출하고 하트를 누른 상태이며 응답 결과는 가려져 있습니다.

## (2) 워드클라우드 생성하기

이제 워드클라우드를 만들 준비가 다 끝났습니다. 학생들이 www.menti.com에 접속하게 합니다. www.mentimeter.com에서 생성했던 코드를 알려주어 입력하게 합니다.

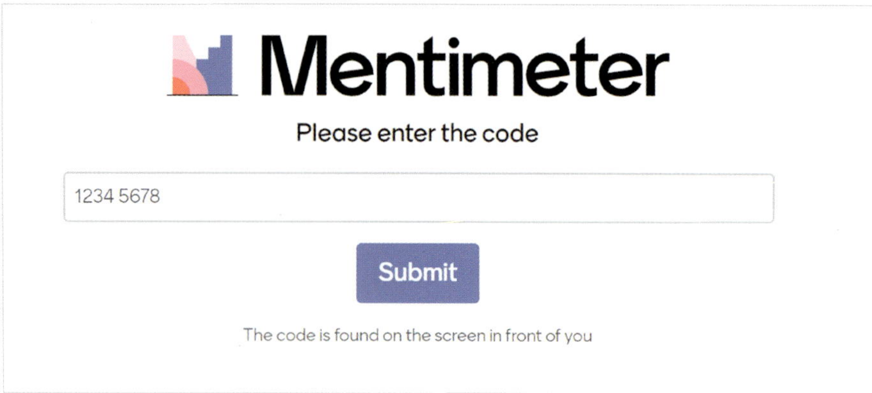


코드를 입력하면 다음과 같이 답변을 입력할 수 있는 창이 나타납니다. 답변을 입력하고 [Submit]를 누르게 합니다.

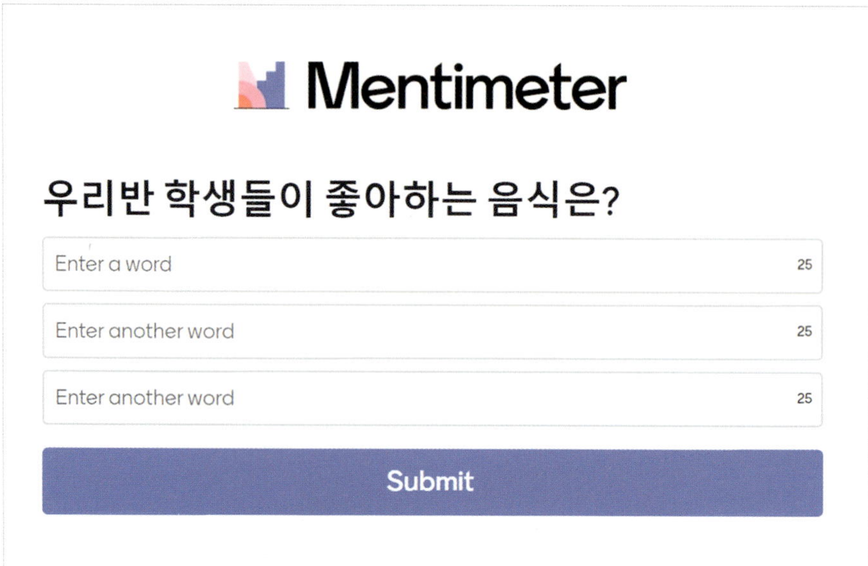


교사의 컴퓨터에는 학생들이 입력한 대답이 실시간으로 모여 워드클라우드를 형성하게 됩니다.

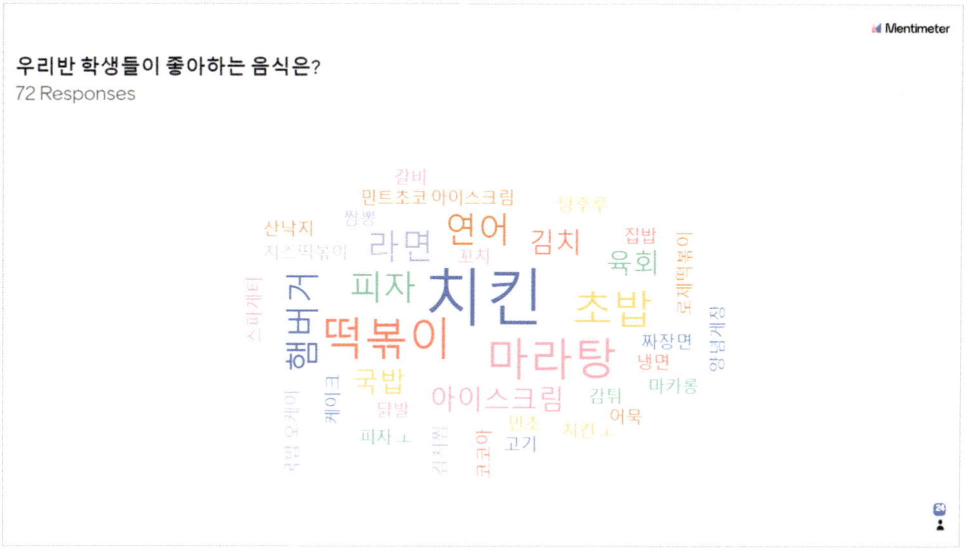


결과를 확인해보니 필자의 반 학생들이 가장 좋아하는 음식은 치킨입니다. 그 뒤를 마라탕, 떡볶이, 초밥이 뒤쫓고 있습니다. 그 다음으로 많이 언급된 음식은 햄버거, 피자, 연어, 라면 등이 있습니다.

굉장히 간단한 활동이면서도 수업 중 아이디어를 모을 때 활용할 수 있는 좋은 활동입니다. 예를 들어 이번 시간 공부할 학습 문제를 적은 후 주요 단어에 빈칸을 뚫어 놓고 "빈칸에 들어갈 단어는?" 혹은 수업 마무리에 "이번 시간에 공부한 내용 중 중요한 단어는?" 과 같이 활용할 수 있습니다.

## 8.3 코랩으로 워드클라우드 생성하기

### 8.3.1 구글 폼으로 데이터 모으기

#### (1) 구글 폼 생성하기

① google.com에 접속합니다.

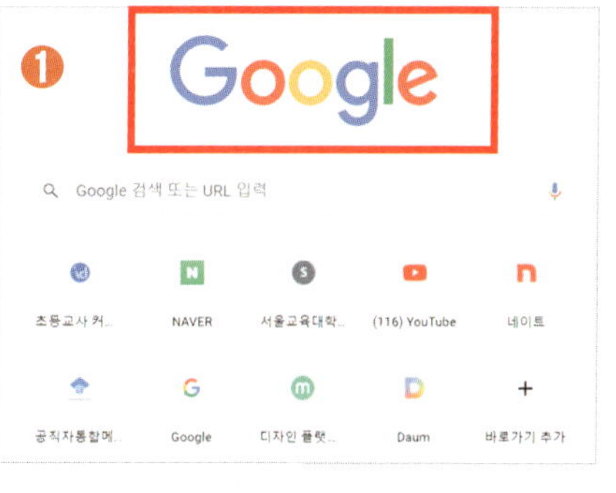

② 로그인 후 9개의 점을 누릅니다.

③ 스크롤을 아래로 내려서 [Forms]를 누릅니다.

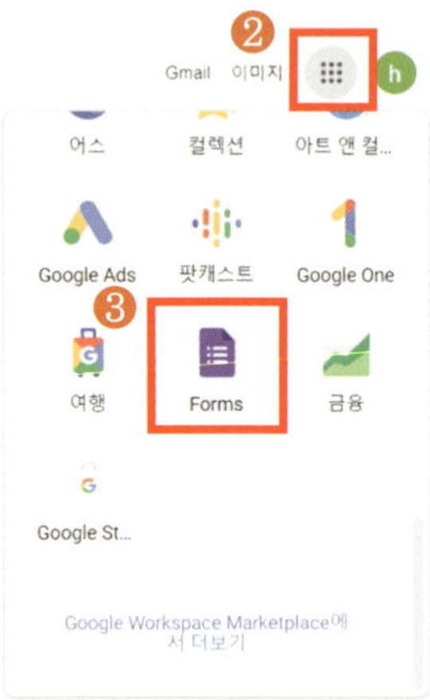

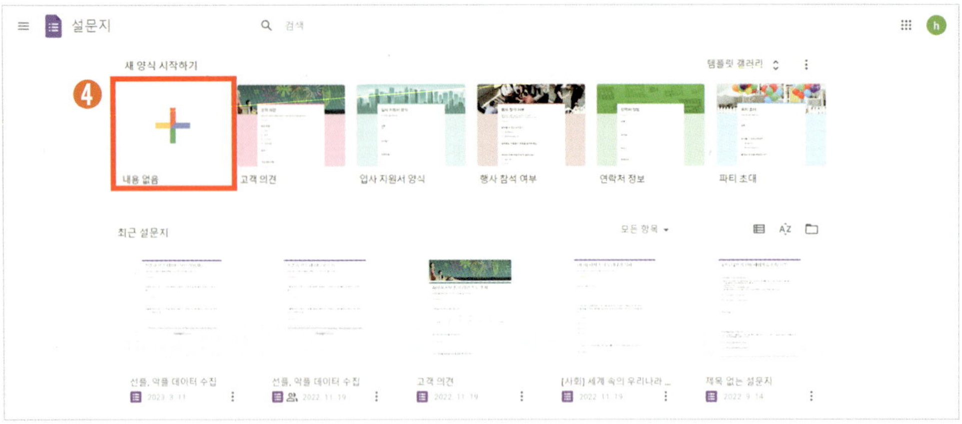

④ 새로운 양식을 불러옵니다. 템플릿 갤러리를 눌러 원하는 양식을 불러와도 좋습니다.

## (2) 구글 폼 만들기

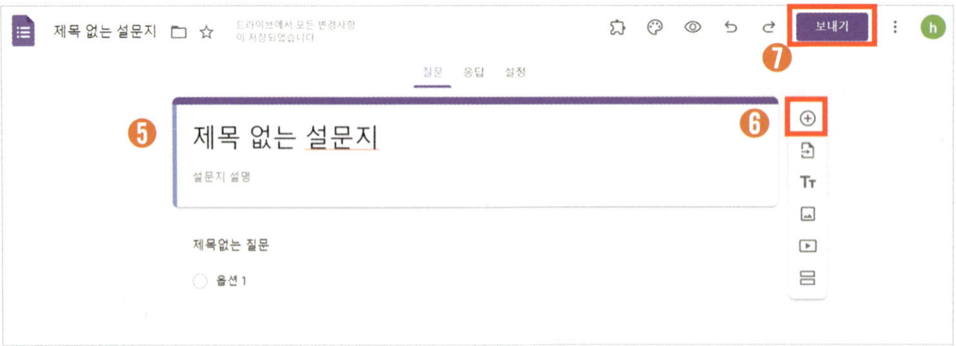

⑤ 설문지 제목, 질문을 입력합니다.
⑥ 질문을 추가하고 싶은 경우 사용합니다.
⑦ 양식이 완성되면 [보내기]버튼을 누릅니다.

## (3) 구글 폼 공유하기

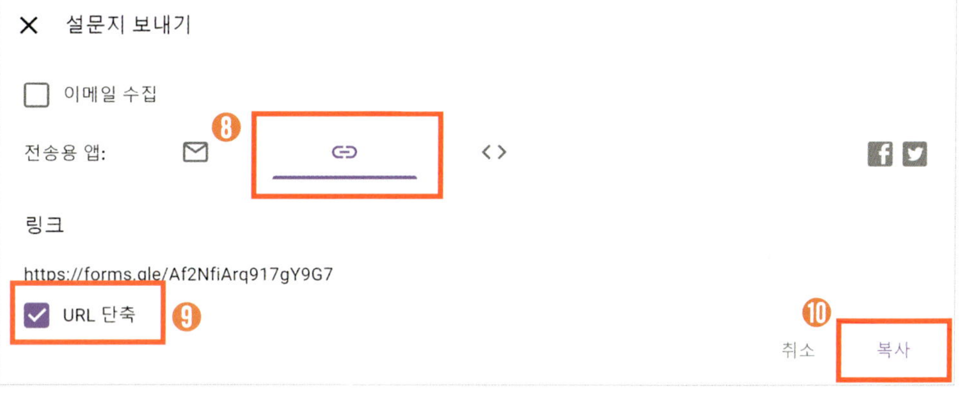


⑧ 링크 아이콘을 누릅니다.
⑨ 설문을 작성할 수 있는 링크를 확인할 수 있으며 너무 긴 경우 URL단축을 사용할 수 있습니다.
⑩ URL 링크를 복사하여 설문 대상에게 링크를 공유합니다.

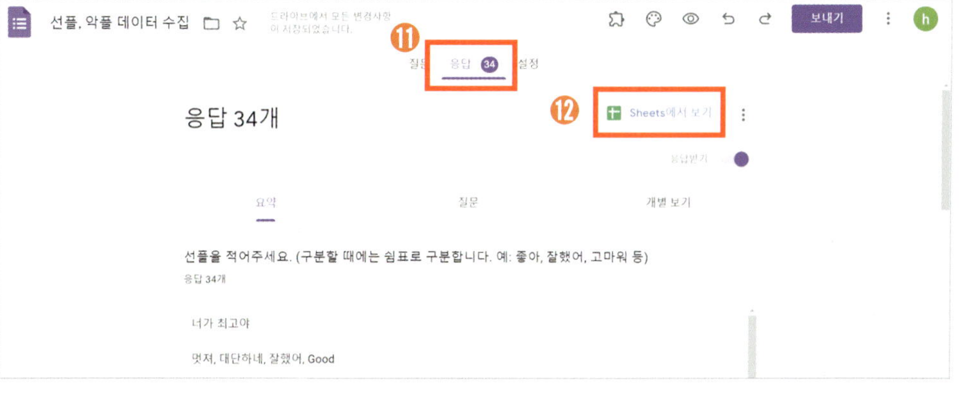


⑪ [응답] 탭을 누르면 설문 결과를 확인할 수 있습니다.
⑫ [Sheets에서 보기]를 누르면 구글스프레드시트에서 응답 결과를 확인할 수 있습니다.

### (4) 구글 폼 응답 결과를 구글 스프레드 시트에서 확인하기

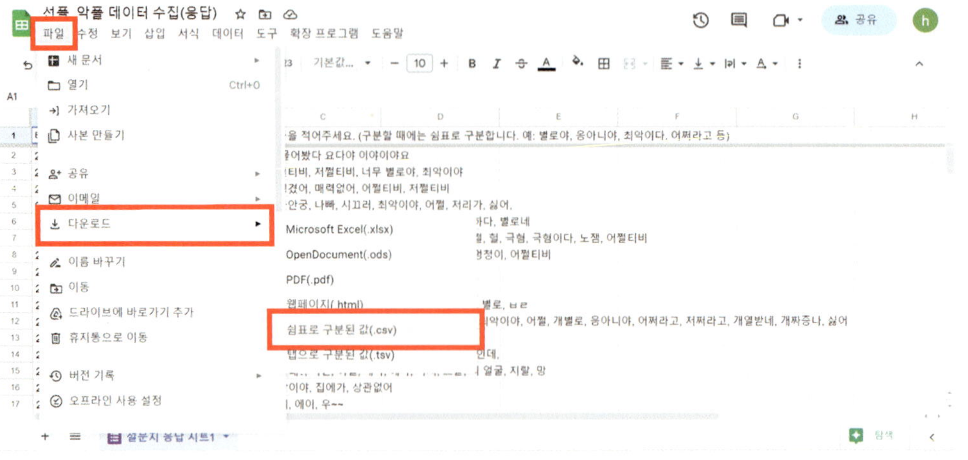

⑬ 구글 스프레드 시트에서 [파일]-[다운로드]-[쉼표로 구분한 값(.csv)]을 선택하면 응답 결과를 csv 파일로 다운받을 수 있습니다.

구글 폼 응답 결과가 없는 독자분들을 위해 실습용 구글 스프레드 시트를 생성해보겠습니다. 제공된 구글 스프레드 시트 "선플, 악플 데이터 수집(응답)"을 열어 봅시다. 제공된 권한은 뷰어이므로 자유롭게 편집이 가능하도록 사본을 생성합니다. 구글 폼으로 응답 받은 조사 결과가 있을 경우 다음 장에서 실습을 계속합니다.

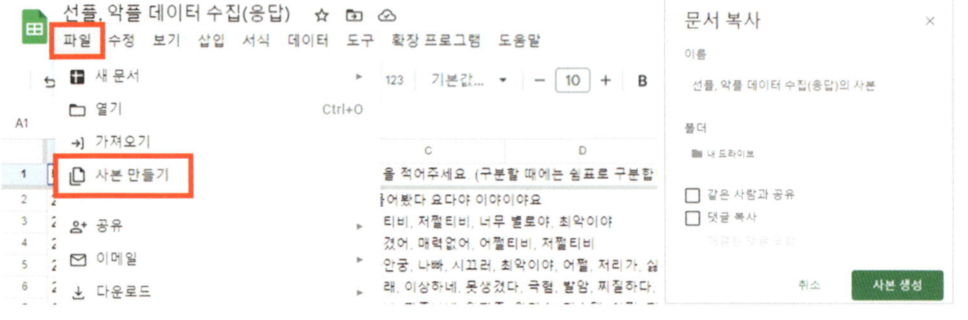

## 8.3.2 구글 스프레드 시트 불러오기

구글 폼은 실시간으로 응답을 받을 수 있기 때문에 스프레드 시트 역시 응답 결과에 따라 지속적으로 업데이트 됩니다. 실시간으로 업데이트되는 결과를 활용하기 위해

Colab에 구글 스프레드 시트를 연동해 보겠습니다.

## (1) Google API 생성하기

◈ Google API를 생성하기 위하여 https://console.cloud.google.com/에 접속합니다.

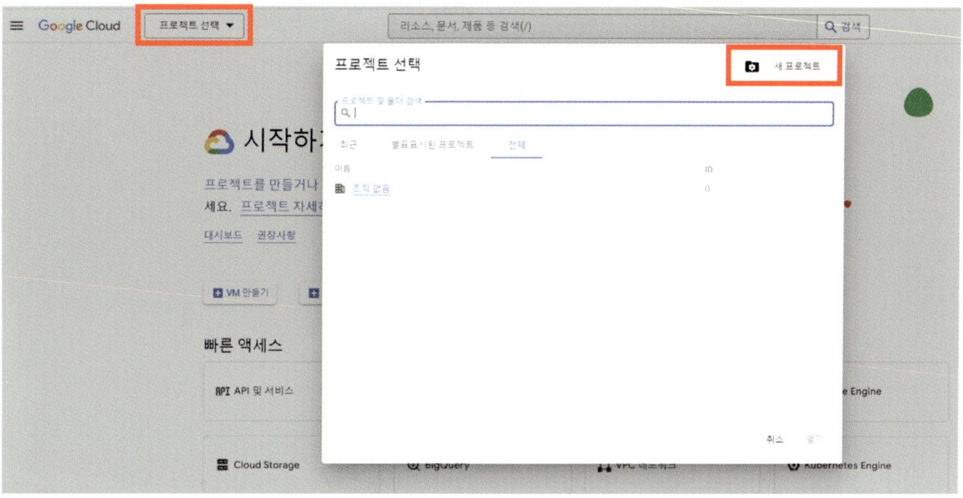


① Google Cloud 옆에 있는 [프로젝트 선택] 네모 상자를 눌러 줍니다.

② 팝업 창이 뜨면 [새 프로젝트]를 눌러 생성하여 줍니다

◈ API를 생성하기 위한 새 프로젝트를 생성해 봅시다.

③ 새 프로젝트를 만들 수 있는 팝업 창에서 프로젝트 이름을 설정합니다. 프로젝트 이름은 4~30글자 사이의 영문으로 생성할 수 있으며 프로젝트 이름 뒤에 난수가 추가되어 프로젝트 ID가 생성됩니다. 프로젝트 ID 역시 수정을 눌러 변경이 가능합니다. 이번 실습에서는 프로젝트 ID 변경 없이 그대로 진행해보겠습니다.

④ [만들기]를 눌러 프로젝트 생성을 완료합니다.

⑤ 새 프로젝트가 생성되었음을 확인하였습니다. [메뉴]-[API 및 서비스]-[사용자 인증 정보]를 누릅니다.

◈ API 사용을 위한 사용자 인증 정보를 만들어 봅시다.

⑥ [+ 사용자 인증 정보 만들기]-[서비스 계정]을 선택합니다.

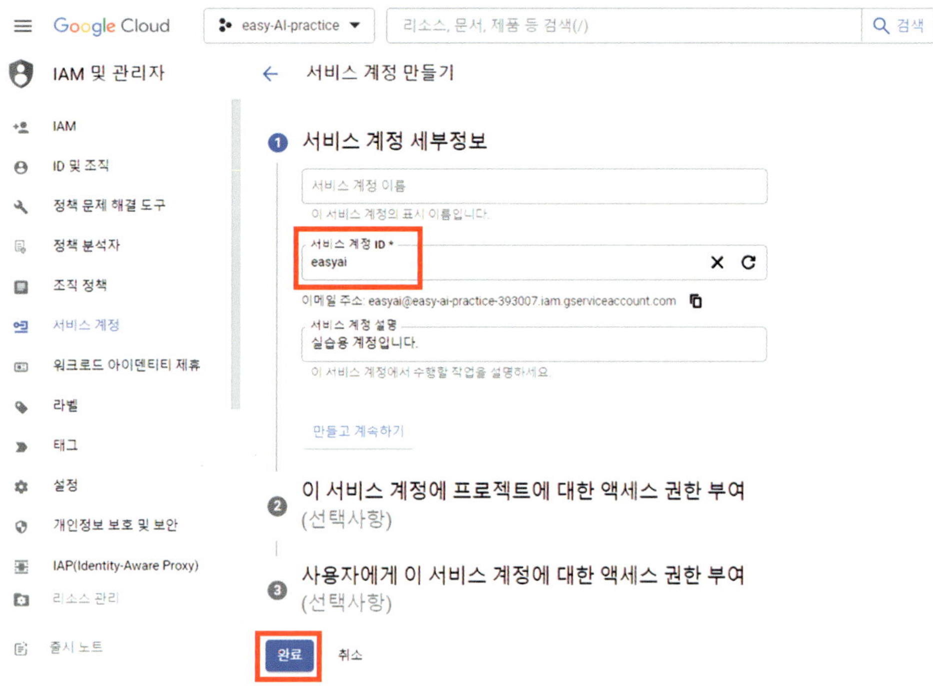


⑦ 서비스 계정 ID를 원하는 단어로 입력한 후 [완료]버튼을 누릅니다.

⑧ OAuth 동의 화면을 구성하기 위해 [동의 화면 구성]을 누릅니다.

⑨ User Type을 외부로 설정한 후 만들기 버튼을 누릅니다.

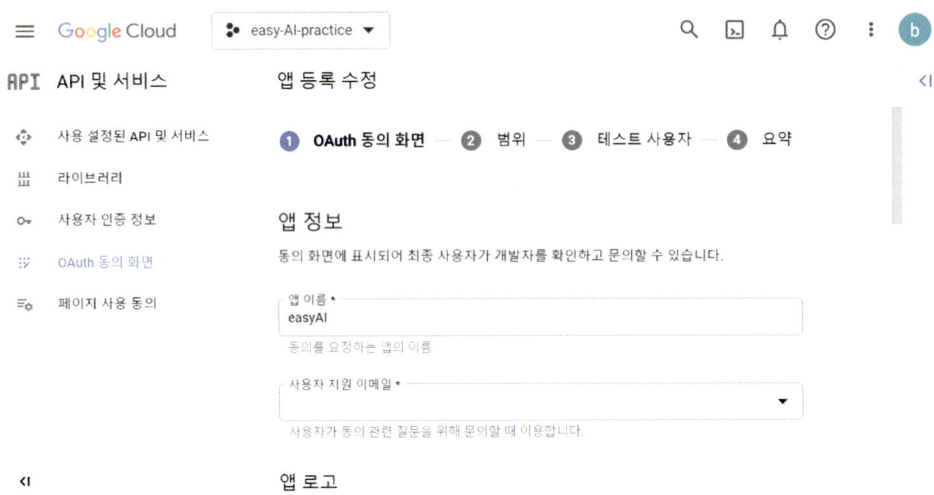


⑩ 앱 정보의 앱 이름과 사용자 지원 이메일을 입력합니다. 앱 이름은 원하는 단어로 입력하며 사용자 지원 이메일은 현재 구글 API 서비스에 로그인한 이메일을 입력하면 됩니다. 아래 스크롤을 내리면 나타나는 개발자 연락 및 정보 역시 동일한 이메일을 입력하면 됩니다. 이후 범위, 테스트 사용자, 요약 모두 변경할 필요 없이 [저장 후 계속]버튼을 클릭하면 됩니다.

◈ API 키를 생성해 봅시다.

왼쪽 메뉴에서 [사용자 인증 정보]를 눌러 ⑧번 화면으로 돌아간 후 서비스 계정에 생성된 이메일 주소를 누릅니다. 이 때 이메일 계정을 복사해서 메모장에 붙여넣기 해 둡니다. 이메일 주소를 클릭하면 아래와 같은 화면이 나타납니다.

⑪ [키]-[키 추가]-[새 키 만들기]를 눌러 API 키를 생성합니다.

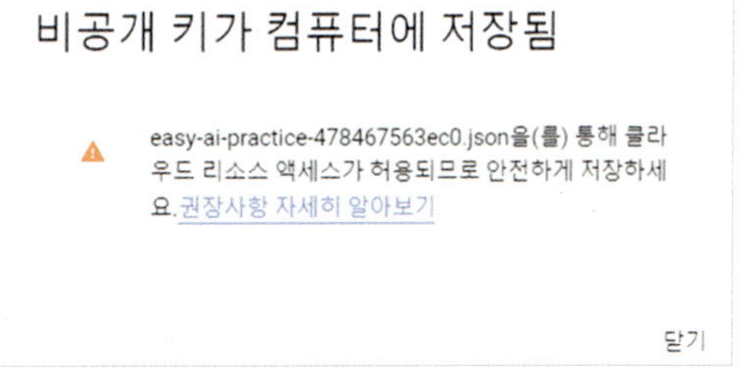


⑫ 팝업창이 뜨면 [JSON]을 선택한 후 [만들기]를 눌러줍니다. 오른쪽 그림과 같은 팝업창이 뜨며 다운로드 폴더에 JSON 파일이 생성됩니다. [닫기]를 눌러 팝업창을 닫아줍시다.

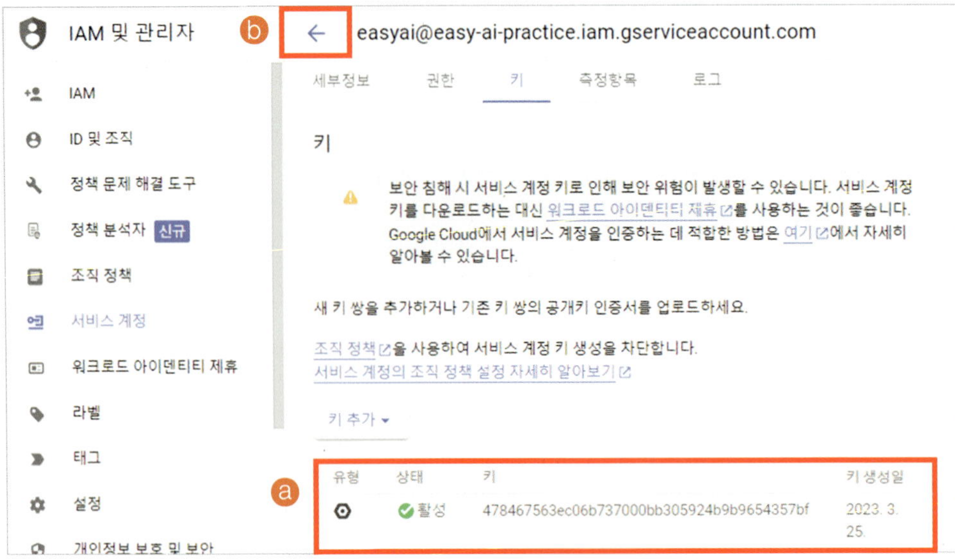


⑬ ⓐ 키가 생성되었음을 확인할 수 있습니다.

ⓑ 상단의 [🡸] 뒤로 가기 버튼을 두 번 눌러줍니다

## (2) 구글 스프레드 시트 불러오기

◈ API와 구글 스프레드 시트를 연동하여 봅시다.

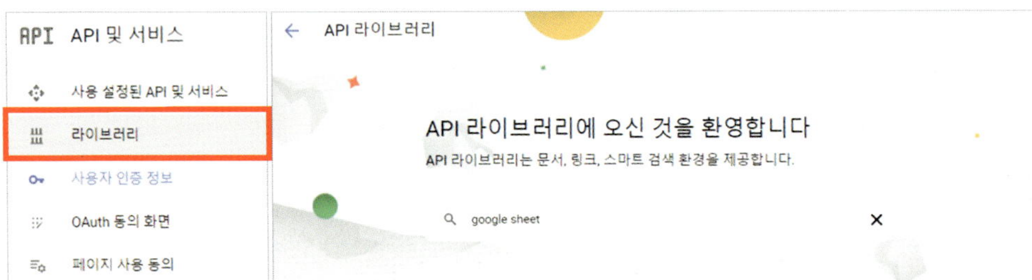


① 메뉴 창에서 [라이브러리]를 눌러줍니다. 검색창에 [google sheet]를 입력합니다.

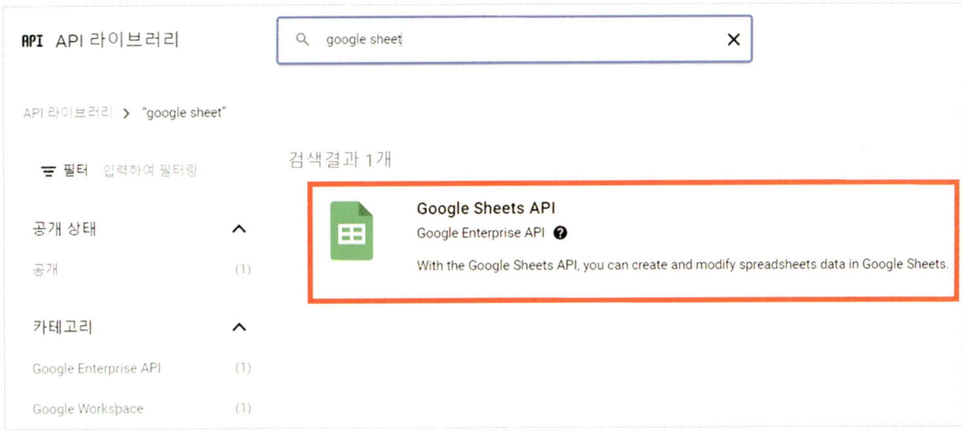


② 검색 결과에 나타난 [Google Sheets API]를 선택합니다. 아래와 같이 팝업 창이 나타나면 [사용]을 눌러줍니다.

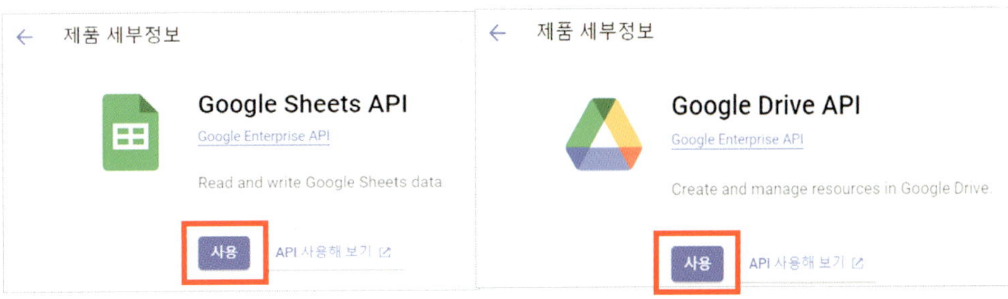


③ 같은 방식으로 [Google Drive API]를 검색하여 [사용]을 눌러줍니다.

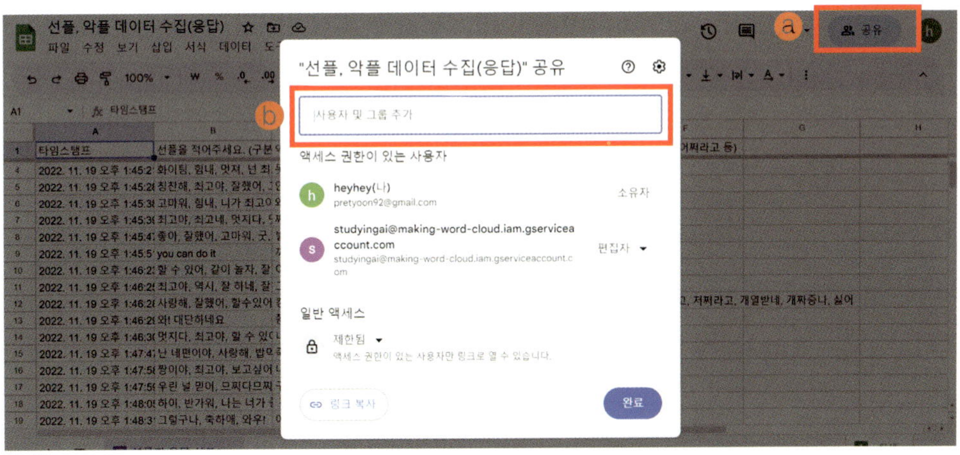

연동하려는 구글 스프레드 시트를 열은 후

④ ⓐ 오른쪽 상단의 [공유]를 눌러줍니다.

ⓑ 앞((1)-⑦)에서 복사해두었던 계정을 붙여넣기 합니다.

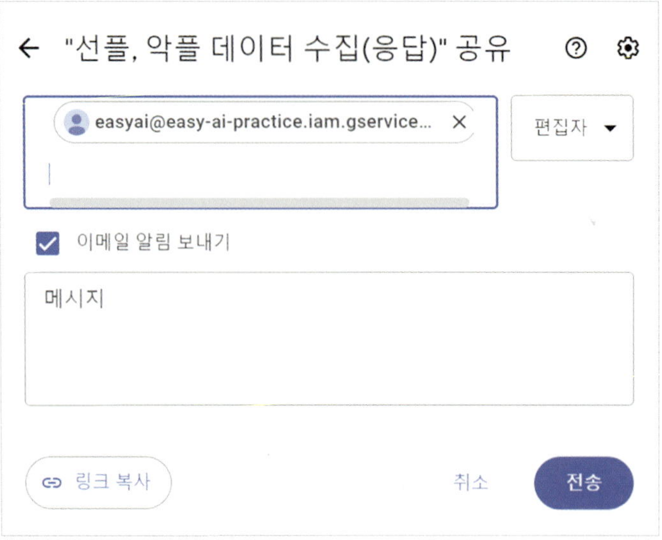


⑤ 팝업창이 뜨면 [전송]을 눌러줍니다.

### (3) 코랩과 구글 스프레드 시트 연동하기

생성된 구글 스프레드 시트 속 데이터를 코랩에서 활용할 수 있도록 불러오겠습니다. 이때 주의할 점은 본인의 json파일을 준비하는 것입니다.

DnA8-3.ipynb

```
pip install gspread
```

```
Looking in indexes: https://pypi.org/simple, https://us-python.pkg.dev/colab-wheels/public/simple/
Requirement already satisfied: gspread in /usr/local/lib/python3.9/dist-packages (3.4.2)
Requirement already satisfied: google-auth in /usr/local/lib/python3.9/dist-packages (from gspread) (2.16.2)
Requirement already satisfied: requests>=2.2.1 in /usr/local/lib/python3.9/dist-packages (from gspread) (2.27.1)
Requirement already satisfied: charset-normalizer~=2.0.0 in /usr/local/lib/python3.9/dist-packages (from requests>=2.2.1->gspread) (2.0.12)
Requirement already satisfied: certifi>=2017.4.17 in /usr/local/lib/python3.9/dist-packages (from requests>=2.2.1->gspread) (2022.12.7)
Requirement already satisfied: idna<4,>=2.5 in /usr/local/lib/python3.9/dist-packages (from requests>=2.2.1->gspread) (3.4)
Requirement already satisfied: urllib3<1.27,>=1.21.1 in /usr/local/lib/python3.9/dist-packages (from requests>=2.2.1->gspread) (1.26.15)
Requirement already satisfied: cachetools<6.0,>=2.0.0 in /usr/local/lib/python3.9/dist-packages (from google-auth->gspread) (5.3.0)
Requirement already satisfied: six>=1.9.0 in /usr/local/lib/python3.9/dist-packages (from google-auth->gspread) (1.16.0)
Requirement already satisfied: pyasn1-modules>=0.2.1 in /usr/local/lib/python3.9/dist-packages (from google-auth->gspread) (0.2.8)
Requirement already satisfied: rsa<5,>=3.1.4 in /usr/local/lib/python3.9/dist-packages (from google-auth->gspread) (4.9)
Requirement already satisfied: pyasn1<0.5.0,>=0.4.6 in /usr/local/lib/python3.9/dist-packages (from pyasn1-modules>=0.2.1->google-auth->gspread) (0.4.8)
```

```
from google.colab import files
myfile=files.upload()                    # json파일 업로드
```

```
파일 선택 easy-ai-practi...7563ec0.json
• easy-ai-practice-478467563ec0.json(application/json) - 2315 bytes, last modified: 2023. 3. 25. - 100% done
Saving easy-ai-practice-478467563ec0.json to easy-ai-practice-478467563ec0 (1).json
```

```
4  import gspread
5  from oauth2client.service_account import ServiceAccountCredentials
6  scope = ['https://www.googleapis.com/auth/drive']
7  json_file_name = 'easy-ai-practice-478467563ec0.json'
   # 위에서 불러온 json파일 이름과 일치시켜 주세요.

8  credentials = ServiceAccountCredentials.from_json_keyfile_name(json_
   file_name, scope)
9  gc=gspread.authorize(credentials)

10 doc=gc.open_by_url('https://docs.google.com/spreadsheets/d/
   1vQVBYyJnOA3w5FgPGq84r-qVoWrtucLwHz7iHj23Ab0/edit?resourcekey
   #gid=430410447')
   # 가져오려는 파일 주소로 바꿔 주세요.

11 worksheet=doc.worksheet('설문지 응답 시트1')
   # 시트 이름 확인해 주세요.

12 cell_data = worksheet.acell('B1').value
13 print(cell_data)
```

```
선플을 적어주세요. (구분할 때에는 쉼표로 구분합니다. 예: 좋아, 잘했어, 고마워 등)
```

3 다운로드 폴더에 저장되어 있는 json파일을 업로드해 주세요. json파일이 없는 경우 (1)-⑨를 참고합니다.

7 업로드한 json 파일명으로 작성해 주세요.

10 사용하려는 구글 스프레드시트 주소를 입력해 주세요.

11 사용하려는 시트 이름으로 수정해 주세요. 구글 스프레드 시트에서 공유 권한이 제공 되어야 사용할 수 있습니다. 혹시 오류가 난다면 앞 부분((2)-④)을 참고해 주세요.

12 연동이 잘 되었는지 스프레드 시트의 B1 셀에 있는 데이터를 불러 확인해 봅시다.

**TIP**

이 과정이 어려우신 분은 csv 파일을 업로드하여 활용하면 됩니다. 다만 실시간 반영이 되지 않으므로 변경이 생길 때마다 파일을 다운받아 업로드하여 코랩 프로그램을 다시 실행시켜 주어야 합니다.

### 8.3.3 코랩에서 워드클라우드 생성하기

#### (1) 워드클라우드 생성에 필요한 라이브러리 설치하기

워드클라우드를 생성하기 위해 필요한 라이브러리를 설치해보겠습니다. 첫 번째는 konlpy 라이브러리로 한글 형태소를 분석해주며 설치하는 데 약 3분 정도의 시간이 소요됩니다. 두 번째는 워드클라우드를 그려주는 wordcloud 라이브러리입니다.

DnA8-3.ipynb

```
# konlpy 라이브러리 설치
!curl -s https://raw.githubusercontent.com/teddylee777/machine-learning/master/99-Misc/01-Colab/mecab-colab.sh | bash
```

```
--2023-05-17 11:33:16--  https://www.dropbox.com/s/9xls0tgtf3edgns/mecab-0.996-ko-0.9.2.tar.gz?dl=1
Resolving www.dropbox.com (www.dropbox.com)... 162.125.3.18, 2620:100:6018:18::a27d:312
Connecting to www.dropbox.com (www.dropbox.com)|162.125.3.18|:443... connected.
HTTP request sent, awaiting response... 302 Found
Location: /s/dl/9xls0tgtf3edgns/mecab-0.996-ko-0.9.2.tar.gz [following]
--2023-05-17 11:33:16--  https://www.dropbox.com/s/dl/9xls0tgtf3edgns/mecab-0.996-ko-0.9.2.tar.gz
Reusing existing connection to www.dropbox.com:443.
HTTP request sent, awaiting response... 302 Found
Location: https://uc0ed79841530cf221f8867fb05f.dl.dropboxusercontent.com/cd/0/get/B80mx3pgLuofvcTT0cXRY2-pPK7L8Vd9FMwXl
--2023-05-17 11:33:16--  https://uc0ed79841530cf221f8867fb05f.dl.dropboxusercontent.com/cd/0/get/B80mx3pgLuofvcTT0cXRY:
Resolving uc0ed79841530cf221f8867fb05f.dl.dropboxusercontent.com (uc0ed79841530cf221f8867fb05f.dl.dropboxusercontent.c
Connecting to uc0ed79841530cf221f8867fb05f.dl.dropboxusercontent.com (uc0ed79841530cf221f8867fb05f.dl.dropboxuserconte
HTTP request sent, awaiting response... 200 OK
Length: 1414979 (1.3M) [application/binary]
Saving to:  'mecab-0.996-ko-0.9.2.tar.gz?dl=1'

mecab-0.996-ko-0.9. 100%[===================>]   1.35M  --.-KB/s    in 0.07s

2023-05-17 11:33:17 (19.8 MB/s) -  'mecab-0.996-ko-0.9.2.tar.gz?dl=1'  saved [1414979/1414979]
```

… 이하생략 …

```
# wordcloud 라이브러리 설치
pip install wordcloud
```

```
Looking in indexes: https://pypi.org/simple, https://us-python.pkg.dev/colab-wheels/public/simple/
Requirement already satisfied: wordcloud in /usr/local/lib/python3.10/dist-packages (1.8.2.2)
Requirement already satisfied: numpy>=1.6.1 in /usr/local/lib/python3.10/dist-packages (from wordclo
Requirement already satisfied: pillow in /usr/local/lib/python3.10/dist-packages (from wordcloud) (8
Requirement already satisfied: matplotlib in /usr/local/lib/python3.10/dist-packages (from wordcloud
Requirement already satisfied: contourpy>=1.0.1 in /usr/local/lib/python3.10/dist-packages (from matp
Requirement already satisfied: cycler>=0.10 in /usr/local/lib/python3.10/dist-packages (from matplot
Requirement already satisfied: fonttools>=4.22.0 in /usr/local/lib/python3.10/dist-packages (from ma
Requirement already satisfied: kiwisolver>=1.0.1 in /usr/local/lib/python3.10/dist-packages (from ma
Requirement already satisfied: packaging>=20.0 in /usr/local/lib/python3.10/dist-packages (from matp
Requirement already satisfied: pyparsing>=2.3.1 in /usr/local/lib/python3.10/dist-packages (from matp
Requirement already satisfied: python-dateutil>=2.7 in /usr/local/lib/python3.10/dist-packages (from
Requirement already satisfied: six>=1.5 in /usr/local/lib/python3.10/dist-packages (from python-dateu
```

```
from wordcloud import WordCloud
from konlpy.tag import Okt, Mecab
from collections import Counter
```

## (2) 데이터 전처리하기

워드클라우드를 만들기 위해 데이터를 가공해보겠습니다. 처음 불러온 데이터는 리스트 타입이므로 str 문자열 메소드를 이용하여 데이터를 문자열로 바꾸어야 합니다.

**DnA8-3.ipynb**

```
19 column_data = worksheet.col_values(2)
20 print(column_data)
```

```
['선플을 적어주세요. (구분할 때에는 쉼표로 구분합니다. 예: 좋아, 잘했어, 고마워 등)', '너가 최고야', '멋져, 대단하네,
```

```
21 column_str=str(column_data)
22 print(column_str)
```

```
['선플을 적어주세요. (구분할 때에는 쉼표로 구분합니다. 예: 좋아, 잘했어, 고마워 등)', '너가 최고야', '멋져, 대단하네,
```

```
23 column_str = column_str.replace("[",'').replace("]",'').
   replace(',','')
24 print(column_str)
```

```
'선플을 적어주세요. (구분할 때에는 쉼표로 구분합니다. 예: 좋아 잘했어 고마워 등)' '너가 최고야' '멋져 대단하네
```

19 스프레드 시트 2열에 있는 데이터를 column_data변수 이름을 가진 리스트로 생성합니다.

21 19번 셀에서 생성한 리스트를 문자열로 변환하여 줍니다.

23 21번 셀에서 생성한 문자열에서 대괄호([, ]) 와 쉼표(,)를 제거해 줍니다.

## (3) 워드클라우드 생성하기

◈ 워드클라우드를 한글로 나타낼 수 있도록 폰트를 설치해봅시다.

**DnA8-3.ipynb**

```
   # 한글 폰트 설치
25 !sudo apt-get install -y fonts-nanum
26 !sudo fc-cache -fv
27 !rm ~/.cache/matplotlib -rf
```

```
Reading package lists... Done
Building dependency tree
Reading state information... Done
The following NEW packages will be installed:
  fonts-nanum
0 upgraded, 1 newly installed, 0 to remove and 23 not upgraded.
Need to get 9,599 kB of archives.
After this operation, 29.6 MB of additional disk space will be used.
Get:1 http://archive.ubuntu.com/ubuntu focal/universe amd64 fonts-nanum all 20180306-3 [9,599 kB]
```

… 이하생략 …

◈ matplotlib 라이브러리를 이용하여 워드클라우드를 생성하여 봅시다.

DnA8-3.ipynb

```
import matplotlib.pyplot as plt
plt.rc('font', family='NanumBarunGothic')
wordcloud=WordCloud(font_path='font/NanumBarunGothic.ttf',
background_color='white').generate(column_str)
```

```
plt.figure(figsize=(22,22))
plt.imshow(wordcloud, interpolation='lanczos')
plt.axis('off')
plt.show()
```

한글이 뜨지 않는 경우 [런타임]-[런타임 다시 시작]을 클릭하여 프로그램을 다시 실행시켜 봅시다.

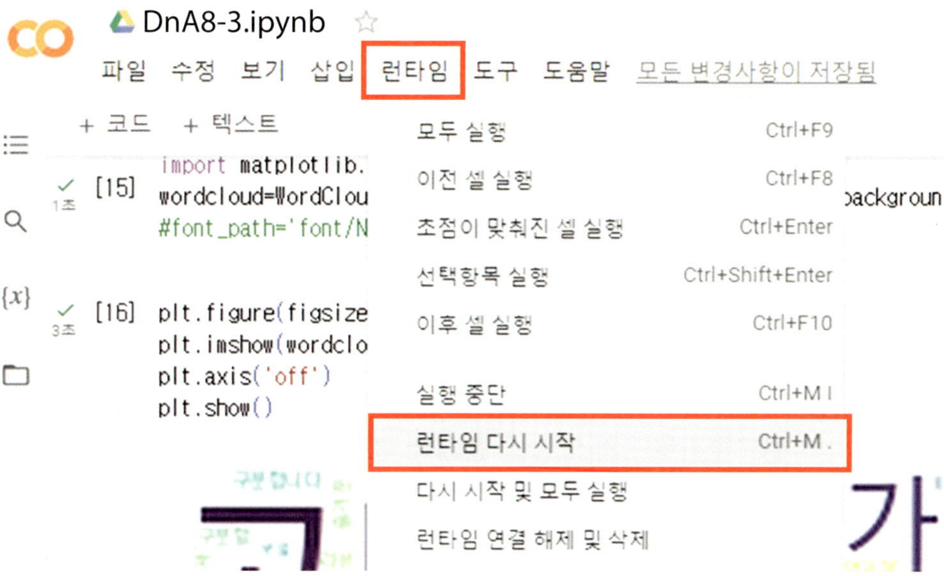


**TIP**

코랩에서 matplotlib 라이브러리를 사용하게 되면 한글 깨짐 현상이 나타나게 됩니다. 그 경우 다음과 같이 실행해 봅시다.

① 셀에 나눔 폰트를 설치하는 명령어를 입력하여 실행합니다.

```
!sudo apt-get install -y fonts-nanum
!sudo fc-cache -fv
!rm ~/.cache/matplotlib -rf
```

② [런타임]-[런타임 다시 시작]을 클릭하여 런타임을 재시작합니다.

③ matplotlib 폰트를 나눔 폰트로 지정합니다.

```
import matplotlib.pyplot as plt
plt.rc('font', family='NanumBarunGothic')
```

나눔 폰트는 네이버에서 제공하는 무료 폰트로 나눔고딕, 나눔명조, 나눔바른펜, 나눔스퀘어 등이 있지만 위의 코드를 설치하여 사용할 수 있는 폰트는 아래 제시된 8개의 폰트입니다.

| | |
|---|---|
| NanumMyeongjo | NanumMyeongjoBold |
| NanumSquareR | NanumSquareB |
| NanumBarunGothic | NanumBarunGothicBold |
| NanumGothic | NanumGothicBold |

폰트 설치 및 재실행 과정이 번거로운 경우 업로드할 csv 파일에 있는 내용을 영어로 변경하여 사용할 수도 있습니다.

### (4) 워드클라우드의 모양을 변경해 봅시다.

먼저 인터넷에서 원하는 모양의 그림을 검색합니다. 학생들이 듣고 싶은 말이 주제이므로 말풍선 모양을 검색했습니다. 그림(cloud.jpeg)이 준비되었으면 다음과 같이 코드를 입력합니다.

무료 이미지 illustAC 제공

**TIP**

"wordcloud mask images"로 검색하면 워드클라우드를 위한 다양한 이미지를 찾을 수 있습니다.

DnA8-3.ipynb

```
import numpy as np
from PIL import Image

from google.colab import files
myfile=files.upload()
```

```
파일 선택  cloud.jpeg
• cloud.jpeg(image/jpeg) - 3795 bytes, last modified: 2023. 4. 10. - 100% done
Saving cloud.jpeg to cloud.jpeg
```

```
39 mask=np.array(Image.open('cloud.jpeg'))     # 이미지를 array데이터로 변환
40 mask
```

```
array([[255, 255, 255, ..., 255, 255, 255],
       [255, 255, 255, ..., 255, 255, 255],
       [255, 255, 255, ..., 255, 255, 255],
       ...,
       [255, 255, 255, ..., 255, 255, 255],
       [255, 255, 255, ..., 255, 255, 255],
       [255, 255, 255, ..., 255, 255, 255]], dtype=uint8)
```

```
41 mask=WordCloud(font_path='font/NanumBarunGothic.ttf', background_
   color='white', mask=mask, random_state=1).generate(column_str)
```

```
42 plt.figure(figsize=(22,22))
43 plt.imshow(mask, interpolation='lanczos')  # 이미지 부드럽게 하기
44 plt.axis('off')
45 plt.show()
```

36 이미지를 분석 및 처리하기 위한 코드입니다.

37 워드클라우드 모양으로 변환하기 위한 이미지 파일을 업로드합니다.

39 이미지를 array 데이터로 변환합니다. array로 변환하였을 때 값 “255”이 포함되어 있어야만 마스크 기능을 사용할 수 있습니다. 혹시 “0”으로 나타난다면 다른 이

미지를 검색해야 합니다.

40 구름 이미지를 numpy를 이용해 array데이터로 변환하였더니 “255”값이 포함되어 있음을 확인할 수 있습니다.

41 random_state는 새로고침할 때마다 동일한 결과를 나타낼 때 사용합니다. 워드클라우드 모양을 나타내는 mask 변수는 앞서 저장해주었던 mask를 입력해 줍니다.

42 이외 코드는 앞선 워드클라우드 설정과 동일합니다. 다만 워드클라우드를 나타내기 위해 41번째 셀에서 설정한 mask 함수를 입력해 줍니다. interpolation= ‘lanczos’는 픽셀을 채워 이미지를 부드럽게 해주는 코드입니다.

46 생성된 워드클라우드를 이미지 파일로 저장하고 싶을 때 사용하는 코드입니다. [다운로드]폴더에서 확인할 수 있습니다.

### 8.3.4 학급 홈페이지에 워드클라우드 띄우기

만들어진 워드클라우드를 학급 홈페이지에 게시하여 봅시다. 학급 홈페이지에 게시하기 위해서는 이미지 파일로 저장하는 방법과 HTML 코드로 변환하여 게시하는 방법이 있습니다.

이미지 파일로 저장하는 것은 별도의 코드를 입력할 필요가 없어 쉽지만 데이터가 반영될 때마다 새로 이미지를 다운받아 변경해줘야 하는 불편함이 있습니다. HTML 코드로 변환하려면 코드를 새로 입력하여야 하지만 데이터가 반영될때마다 실시간으로 반영되는 장점이 있습니다. 이번 장에서는 앞선 장에서 그린 워드클라우드를 HTML 코드로 변환하여 홈페이지에 띄워보도록 하겠습니다.

**TIP HTML이란**

Hyper Text Markup Language로 웹 사이트의 모습을 표현하기 위한 데이터의 구조를 나타내는 언어입니다. 인터넷 페이지에서 오른쪽 마우스 버튼을 클릭한 후 “페이지 원본 보기” 혹은 “페이지 소스 보기”를 클릭하면 해당 페이지에 입력된 HTML을 확인할 수 있습니다.

Microsoft Edge

Chrome

HTML은 꺾쇠 괄호(〈 . 〉)에 둘러싸인 '태그'형태로 작성됩니다. 태그는 명령어의 집합을 의미하며 기본적으로는 여는 태그와 닫는 태그로 구성됩니다. 아래 그림은 Chrome에서 구글 홈페이지를 나타내는 HTML입니다.

```
<!doctype html>
<html dir="ltr" lang="ko">
  <head>
    <meta charset="utf-8">
    <title>새 탭</title>
    <style>
      body {
        background: #FFFFFF;
        margin: 0;
      }

      #backgroundImage {
        border: none;
        height: 100%;
        pointer-events: none;
        position: fixed;
        top: 0;
        visibility: hidden;
        width: 100%;
      }

      [show-background-image] #backgroundImage {
        visibility: visible;
      }
    </style>
  </head>
  <body>
    <iframe id="backgroundImage" src=""></iframe>
    <ntp-app></ntp-app>
    <script type="module" src="new_tab_page.js"></script>
    <link rel="stylesheet" href="chrome://resources/css/text_defaults_md.css">
    <link rel="stylesheet" href="chrome://theme/colors.css?sets=ui,chrome">
    <link rel="stylesheet" href="shared_vars.css">
  </body>
</html>
```

## (1) 워드클라우드를 이미지로 저장하기

생성된 워드클라우드 위에 마우스 커서를 올린 후 오른쪽 버튼을 클릭합니다. [이미지를 다른 이름으로 저장]을 눌러 저장할 수 있습니다.

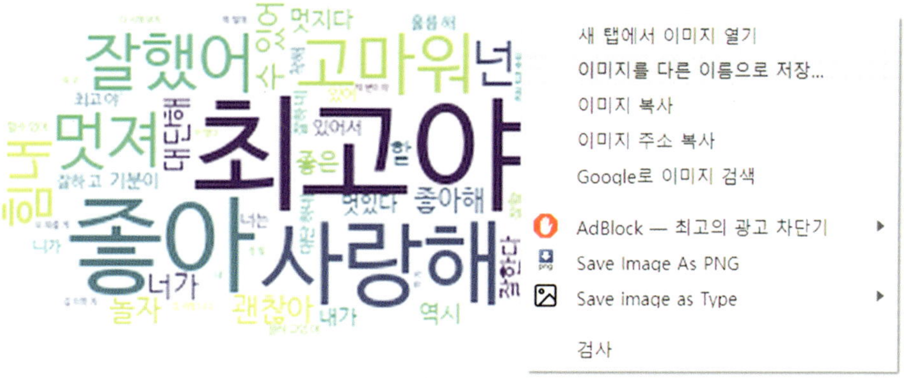

## (2) 워드클라우드를 HTML로 변환하기

다음과 같이 코드를 입력하여 봅시다. 결과로 출력된 HTML코드는 복사해 두도록 합니다.

DnA8-3.ipynb

```
46 fig, ax = plt.subplots()
47 ax.imshow(mask, interpolation='bilinear')
48 ax.set_axis_off()
```

```
49 !pip install mpld3
```

```
Looking in indexes: https://pypi.org/simple, https://us-python.pkg.dev/colab-wheels/public/simple/
Collecting mpld3
  Downloading mpld3-0.5.9-py3-none-any.whl (201 kB)
     ──────────────────────────────────── 201.2/201.2 kB 7.9 MB/s eta 0:00:00
Requirement already satisfied: matplotlib in /usr/local/lib/python3.9/dist-packages (from mpld3) (3.7.1)
Requirement already satisfied: jinja2 in /usr/local/lib/python3.9/dist-packages (from mpld3) (3.1.2)
Requirement already satisfied: MarkupSafe>=2.0 in /usr/local/lib/python3.9/dist-packages (from jinja2->mpld3) (2.1.2)
Requirement already satisfied: contourpy>=1.0.1 in /usr/local/lib/python3.9/dist-packages (from matplotlib->mpld3) (1.0.7)
Requirement already satisfied: pillow>=6.2.0 in /usr/local/lib/python3.9/dist-packages (from matplotlib->mpld3) (8.4.0)
Requirement already satisfied: numpy>=1.20 in /usr/local/lib/python3.9/dist-packages (from matplotlib->mpld3) (1.22.4)
Requirement already satisfied: importlib-resources>=3.2.0 in /usr/local/lib/python3.9/dist-packages (from matplotlib->mpld3) (5.12.0)
Requirement already satisfied: python-dateutil>=2.7 in /usr/local/lib/python3.9/dist-packages (from matplotlib->mpld3) (2.8.2)
Requirement already satisfied: fonttools>=4.22.0 in /usr/local/lib/python3.9/dist-packages (from matplotlib->mpld3) (4.39.3)
Requirement already satisfied: cycler>=0.10 in /usr/local/lib/python3.9/dist-packages (from matplotlib->mpld3) (0.11.0)
Requirement already satisfied: packaging>=20.0 in /usr/local/lib/python3.9/dist-packages (from matplotlib->mpld3) (23.1)
Requirement already satisfied: pyparsing>=2.3.1 in /usr/local/lib/python3.9/dist-packages (from matplotlib->mpld3) (3.0.9)
Requirement already satisfied: kiwisolver>=1.0.1 in /usr/local/lib/python3.9/dist-packages (from matplotlib->mpld3) (1.4.4)
Requirement already satisfied: zipp>=3.1.0 in /usr/local/lib/python3.9/dist-packages (from importlib-resources>=3.2.0->matplotlib->mpld3) (3.15.0)
Requirement already satisfied: six>=1.5 in /usr/local/lib/python3.9/dist-packages (from python-dateutil>=2.7->matplotlib->mpld3) (1.16.0)
Installing collected packages: mpld3
Successfully installed mpld3-0.5.9
```

```
50 import mpld3
```

```
51 print(mpld3.fig_to_html(fig, figid='THIS_IS_FIGID'))
```

```
<style>

</style>

<div id="THIS_IS_FIGID"></div>
<script>
function mpld3_load_lib(url, callback){
  var s = document.createElement('script');
  s.src = url;
  s.async = true;
  s.onreadystatechange = s.onload = callback;
  s.onerror = function(){console.warn("failed to load library " + url);};
  document.getElementsByTagName("head")[0].appendChild(s);
}
```

… 이하생략 …

48 ax.imshow( ) 함수는 'WordCloud' 객체가 생성한 이미지를 특정 캔버스에 그리는

함수입니다. 도화지에 워드클라우드를 인쇄한다고 생각하면 됩니다.

49 mpld3는 matplotlib그래픽을 웹페이지, 브라우저와 같은 환경에서 사용할 수 있는 HTML코드로 내보내기 위한 간단한 API를 생성해주는 라이브러리입니다.

### (3) HTML코드를 웹페이지에 삽입하기

웹페이지를 생성하기 위해서는 HTML, JAVA 등 컴퓨터 언어를 익혀 직접 생성할 수도 있지만 구글의 사이트 도구 기능을 이용하면 웹페이지를 쉽게 생성할 수 있습니다.

① 먼저 sites.google.com에 접속합니다. 새 사이트를 만들기 위해 템플릿을 골라 줍니다. 실습을 위해 [내용 없음]을 선택해보겠습니다. 원하는 템플릿을 선택해도 좋습니다.

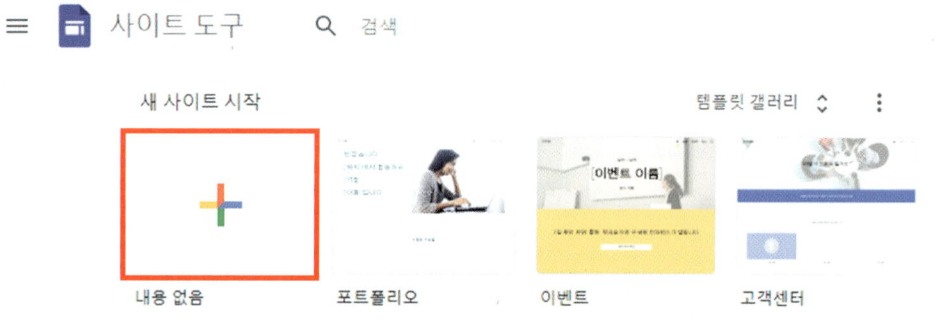


② [내용 없음] 템플릿을 선택한 후 생성되는 화면입니다. 먼저 사이트 이름 및 웹페이지 제목을 변경하여 봅시다.

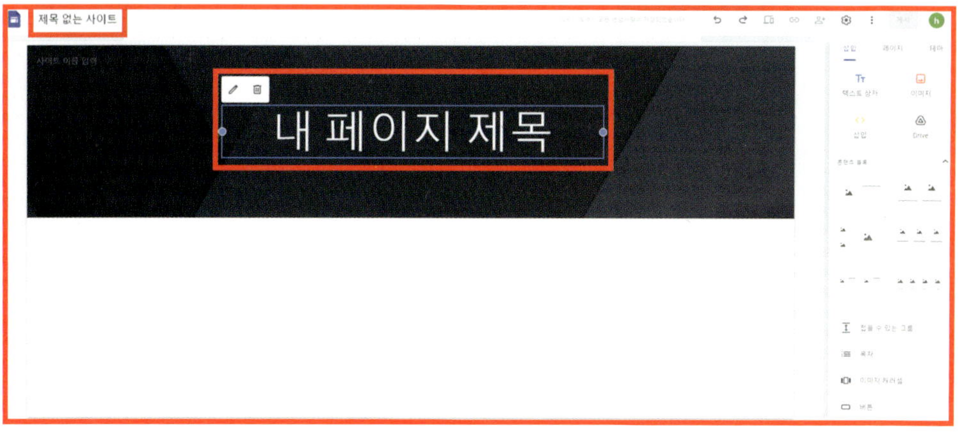

③ [삽입]창에서 [삽입]을 눌러주면 아래 그림과 같은 팝업창이 뜹니다. [소스 코드]를 눌러준 후 코랩에서 복사해두었던 코드를 붙여넣기(ctrl+v)해줍니다.

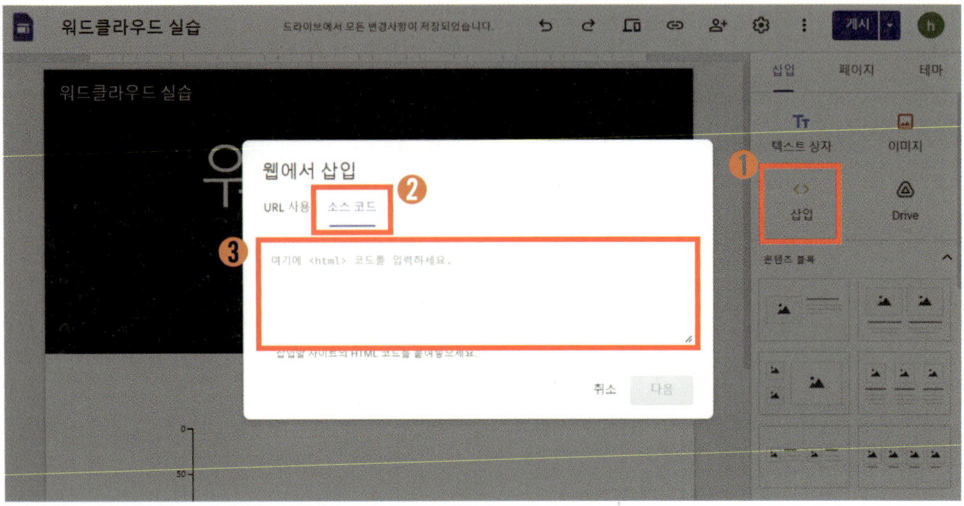


④ 결과를 확인한 후 [삽입]을 눌러줍니다.

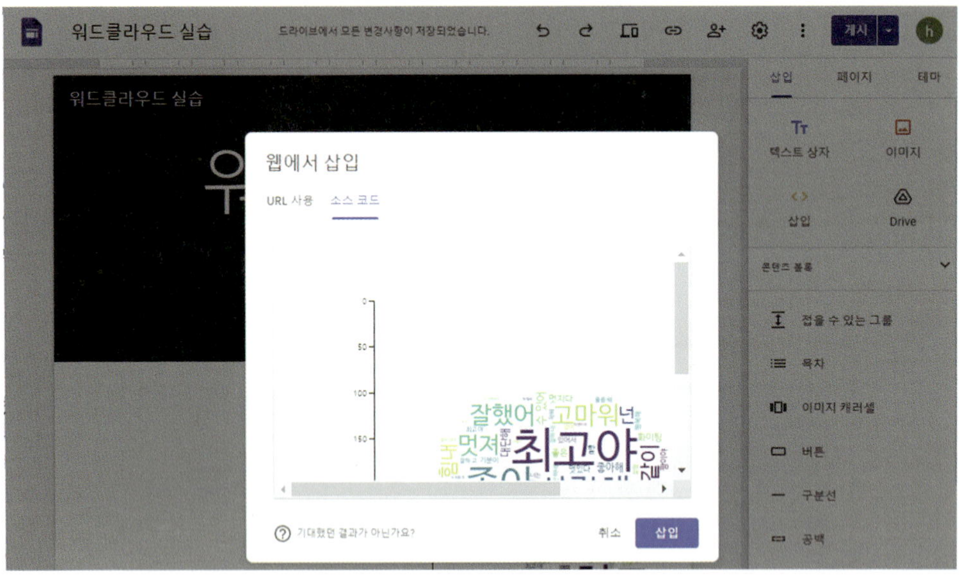


⑤ 위치 및 크기를 조정합니다. 생성된 워드클라우드를 꾹 누르면 위치를 조정할 수 있는 눈금이 나타납니다. 생성된 워드클라우드를 클릭하면 파란 네모 상자가 나타나며 크기를 조정할 수 있습니다. 위에 나타난 휴지통을 누르면 사이트 내에서

제거할 수 있습니다.

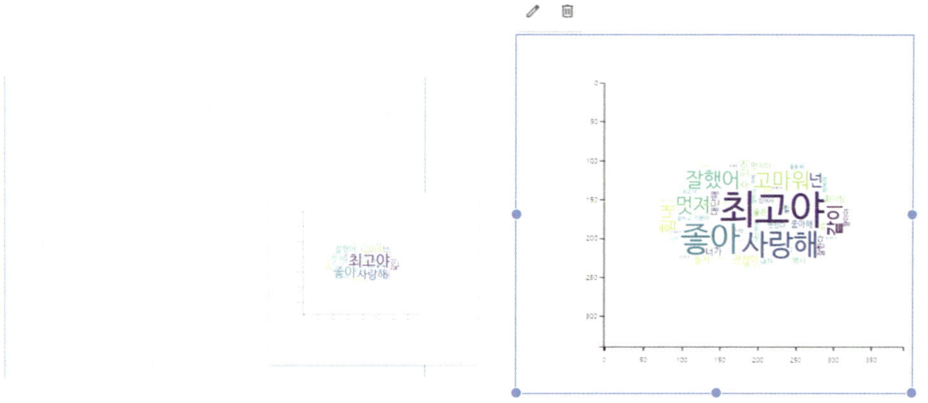

## 8.3.5 전체 코드 확인하기

DnA8-3.ipynb

```
pip install gspread
```

```
Looking in indexes: https://pypi.org/simple, https://us-python.pkg.dev/colab-wheels/public/simple/
Requirement already satisfied: gspread in /usr/local/lib/python3.9/dist-packages (3.4.2)
Requirement already satisfied: google-auth in /usr/local/lib/python3.9/dist-packages (from gspread) (2.16.2)
Requirement already satisfied: requests>=2.2.1 in /usr/local/lib/python3.9/dist-packages (from gspread) (2.27.1)
Requirement already satisfied: charset-normalizer~=2.0.0 in /usr/local/lib/python3.9/dist-packages (from requests>=2.2.1->gspread) (2.0.12)
Requirement already satisfied: certifi>=2017.4.17 in /usr/local/lib/python3.9/dist-packages (from requests>=2.2.1->gspread) (2022.12.7)
Requirement already satisfied: idna<4,>=2.5 in /usr/local/lib/python3.9/dist-packages (from requests>=2.2.1->gspread) (3.4)
Requirement already satisfied: urllib3<1.27,>=1.21.1 in /usr/local/lib/python3.9/dist-packages (from requests>=2.2.1->gspread) (1.26.15)
Requirement already satisfied: cachetools<6.0,>=2.0.0 in /usr/local/lib/python3.9/dist-packages (from google-auth->gspread) (5.3.0)
Requirement already satisfied: six>=1.9.0 in /usr/local/lib/python3.9/dist-packages (from google-auth->gspread) (1.16.0)
Requirement already satisfied: pyasn1-modules>=0.2.1 in /usr/local/lib/python3.9/dist-packages (from google-auth->gspread) (0.2.8)
Requirement already satisfied: rsa<5,>=3.1.4 in /usr/local/lib/python3.9/dist-packages (from google-auth->gspread) (4.9)
Requirement already satisfied: pyasn1<0.5.0,>=0.4.6 in /usr/local/lib/python3.9/dist-packages (from pyasn1-modules>=0.2.1->google-auth->gspread) (0.4.8)
```

```
from google.colab import files
myfile=files.upload()                    # json파일 업로드
```

```
파일 선택 easy-ai-practi...7563ec0.json
• easy-ai-practice-478467563ec0.json(application/json) - 2315 bytes, last modified: 2023. 3. 25. - 100% done
Saving easy-ai-practice-478467563ec0.json to easy-ai-practice-478467563ec0 (1).json
```

```
import gspread
from oauth2client.service_account import ServiceAccountCredentials
scope = ['https://www.googleapis.com/auth/drive']
json_file_name = 'easy-ai-practice-478467563ec0.json'
# 위에서 불러온 json파일 이름과 일치시켜 주세요.
```

```
credentials = ServiceAccountCredentials.from_json_keyfile_name(json_
file_name, scope)
```

```
gc=gspread.authorize(credentials)
```

```
doc=gc.open_by_url('https://docs.google.com/spreadsheets/d/1vQVBYyJnOA3w5FgPGq84r-qVoWrtucLwHz7iHj23Ab0/edit?resourcekey#gid=430410447')
# 가져오려는 파일 주소로 바꿔 주세요.
```

```
worksheet=doc.worksheet('설문지 응답 시트1')
# 시트 이름 확인해 주세요.
```

```
cell_data = worksheet.acell('B1').value
print(cell_data)
```

```
선플을 적어주세요. (구분할 때에는 쉼표로 구분합니다. 예: 좋아, 잘했어, 고마워 등)
```

```
# 한글 형태소 분석을 위한 konlpy라이브러리 설치
!curl -s https://raw.githubusercontent.com/teddylee777/machine-learning/master/99-Misc/01-Colab/mecab-colab.sh | bash
```

```
--2023-03-25 13:37:48--  https://www.dropbox.com/s/9xls0tgtf3edgns/mecab-0.996-ko-0.9.2.tar.gz?dl=1
Resolving www.dropbox.com (www.dropbox.com)... 162.125.3.18, 2620:100:6018:18::a27d:312
Connecting to www.dropbox.com (www.dropbox.com)|162.125.3.18|:443... connected.
HTTP request sent, awaiting response... 302 Found
Location: /s/dl/9xls0tgtf3edgns/mecab-0.996-ko-0.9.2.tar.gz [following]
--2023-03-25 13:37:49--  https://www.dropbox.com/s/dl/9xls0tgtf3edgns/mecab-0.996-ko-0.9.2.tar.gz
Reusing existing connection to www.dropbox.com:443.
HTTP request sent, awaiting response... 302 Found
```

… 이하생략 …

```
# 워드클라우드 생성을 위한 wordcloud라이브러리 설치
pip install wordcloud
```

```
Looking in indexes: https://pypi.org/simple, https://us-python.pkg.dev/colab-wheels/public/simple/
Requirement already satisfied: wordcloud in /usr/local/lib/python3.9/dist-packages (1.8.2.2)
Requirement already satisfied: numpy>=1.6.1 in /usr/local/lib/python3.9/dist-packages (from wordcloud) (1.22.4)
Requirement already satisfied: matplotlib in /usr/local/lib/python3.9/dist-packages (from wordcloud) (3.7.1)
Requirement already satisfied: pillow in /usr/local/lib/python3.9/dist-packages (from wordcloud) (8.4.0)
Requirement already satisfied: importlib-resources>=3.2.0 in /usr/local/lib/python3.9/dist-packages (from matplotlib->wordcloud) (5.12.0)
Requirement already satisfied: packaging>=20.0 in /usr/local/lib/python3.9/dist-packages (from matplotlib->wordcloud) (23.0)
Requirement already satisfied: pyparsing>=2.3.1 in /usr/local/lib/python3.9/dist-packages (from matplotlib->wordcloud) (3.0.9)
Requirement already satisfied: fonttools>=4.22.0 in /usr/local/lib/python3.9/dist-packages (from matplotlib->wordcloud) (4.39.2)
Requirement already satisfied: kiwisolver>=1.0.1 in /usr/local/lib/python3.9/dist-packages (from matplotlib->wordcloud) (1.4.4)
Requirement already satisfied: contourpy>=1.0.1 in /usr/local/lib/python3.9/dist-packages (from matplotlib->wordcloud) (1.0.7)
Requirement already satisfied: cycler>=0.10 in /usr/local/lib/python3.9/dist-packages (from matplotlib->wordcloud) (0.11.0)
Requirement already satisfied: python-dateutil>=2.7 in /usr/local/lib/python3.9/dist-packages (from matplotlib->wordcloud) (2.8.2)
Requirement already satisfied: zipp>=3.1.0 in /usr/local/lib/python3.9/dist-packages (from importlib-resources>=3.2.0->matplotlib->wordcloud) (3.15.0)
Requirement already satisfied: six>=1.5 in /usr/local/lib/python3.9/dist-packages (from python-dateutil>=2.7->matplotlib->wordcloud) (1.16.0)
```

```
from wordcloud import WordCloud
from konlpy.tag import Okt, Mecab
from collections import Counter
```

```
column_data = worksheet.col_values(2)
print(column_data)
```

```
['선플을 적어주세요. (구분할 때에는 쉼표로 구분합니다. 예: 좋아, 잘했어, 고마워 등)', '너가 최고야', '멋져, 대단하네,
```

```
column_str=str(column_data)
print(column_str)
```

```
['선플을 적어주세요. (구분할 때에는 쉼표로 구분합니다. 예: 좋아, 잘했어, 고마워 등)', '너가 최고야', '멋져, 대단하네,
```

```
column_str = column_str.replace("[",'').replace("]",'').replace(',','')
print(column_str)
```

```
'선플을 적어주세요. (구분할 때에는 쉼표로 구분합니다. 예: 좋아 잘했어 고마워 등)' '너가 최고야' '멋져 대단하네
```

```
# 한글 폰트 설치
!sudo apt-get install -y fonts-nanum
!sudo fc-cache -fv
!rm ~/.cache/matplotlib -rf
```

```
Reading package lists... Done
Building dependency tree
Reading state information... Done
… 이하생략 …
```

```
import matplotlib.pyplot as plt
plt.rc('font', family='NanumBarunGothic')
wordcloud=WordCloud(font_path='font/NanumBarunGothic.ttf',
background_color='white').generate(column_str)
```

```
plt.figure(figsize=(22,22))
plt.imshow(wordcloud, interpolation='lanczos')
plt.axis('off')
plt.show()
```

```
import numpy as np
from PIL import Image
```

```
from google.colab import files
myfile=files.upload()                         # 말풍선 모양 그림 업로드하기
```

```
파일 선택 cloud.jpeg
• cloud.jpeg(image/jpeg) - 3795 bytes, last modified: 2023. 4. 10. - 100% done
Saving cloud.jpeg to cloud.jpeg
```

```
mask=np.array(Image.open('cloud.jpeg'))      # 이미지를 array데이터로 변환
mask
```

```
array([[255, 255, 255, ..., 255, 255, 255],
       [255, 255, 255, ..., 255, 255, 255],
       [255, 255, 255, ..., 255, 255, 255],
       ...,
       [255, 255, 255, ..., 255, 255, 255],
       [255, 255, 255, ..., 255, 255, 255],
       [255, 255, 255, ..., 255, 255, 255]], dtype=uint8)
```

```
mask=WordCloud(font_path='font/NanumBarunGothic.ttf', background_
color='white', mask=mask, random_state=1).generate(column_str)
```

```
plt.figure(figsize=(22,22))
plt.imshow(mask, interpolation='lanczos')  # 이미지 부드럽게 하기
plt.axis('off')
plt.show()
```

```python
fig, ax = plt.subplots()
ax.imshow(mask, interpolation='bilinear')
ax.set_axis_off()
```

```
!pip install mpld3
```

```
Looking in indexes: https://pypi.org/simple, https://us-python.pkg.dev/colab-wheels/public/simple/
Collecting mpld3
  Downloading mpld3-0.5.9-py3-none-any.whl (201 kB)
     ━━━━━━━━━━━━━━━━━━━━━━━━━━━━━━━━━━━━━━━━ 201.2/201.2 kB 7.9 MB/s eta 0:00:00
Requirement already satisfied: matplotlib in /usr/local/lib/python3.9/dist-packages (from mpld3) (3.7.1)
Requirement already satisfied: jinja2 in /usr/local/lib/python3.9/dist-packages (from mpld3) (3.1.2)
Requirement already satisfied: MarkupSafe>=2.0 in /usr/local/lib/python3.9/dist-packages (from jinja2->mpld3) (2.1.2)
Requirement already satisfied: contourpy>=1.0.1 in /usr/local/lib/python3.9/dist-packages (from matplotlib->mpld3) (1.0.7)
Requirement already satisfied: pillow>=6.2.0 in /usr/local/lib/python3.9/dist-packages (from matplotlib->mpld3) (8.4.0)
Requirement already satisfied: numpy>=1.20 in /usr/local/lib/python3.9/dist-packages (from matplotlib->mpld3) (1.22.4)
Requirement already satisfied: importlib-resources>=3.2.0 in /usr/local/lib/python3.9/dist-packages (from matplotlib->mpld3) (5.12.0)
Requirement already satisfied: python-dateutil>=2.7 in /usr/local/lib/python3.9/dist-packages (from matplotlib->mpld3) (2.8.2)
Requirement already satisfied: fonttools>=4.22.0 in /usr/local/lib/python3.9/dist-packages (from matplotlib->mpld3) (4.39.3)
Requirement already satisfied: cycler>=0.10 in /usr/local/lib/python3.9/dist-packages (from matplotlib->mpld3) (0.11.0)
Requirement already satisfied: packaging>=20.0 in /usr/local/lib/python3.9/dist-packages (from matplotlib->mpld3) (23.1)
Requirement already satisfied: pyparsing>=2.3.1 in /usr/local/lib/python3.9/dist-packages (from matplotlib->mpld3) (3.0.9)
Requirement already satisfied: kiwisolver>=1.0.1 in /usr/local/lib/python3.9/dist-packages (from matplotlib->mpld3) (1.4.4)
Requirement already satisfied: zipp>=3.1.0 in /usr/local/lib/python3.9/dist-packages (from importlib-resources>=3.2.0->matplotlib->mpld3) (3.15.0)
Requirement already satisfied: six>=1.5 in /usr/local/lib/python3.9/dist-packages (from python-dateutil>=2.7->matplotlib->mpld3) (1.16.0)
Installing collected packages: mpld3
Successfully installed mpld3-0.5.9
```

```python
import mpld3
```

```python
print(mpld3.fig_to_html(fig, figid='THIS_IS_FIGID'))
```

```
<style>

</style>

<div id="THIS_IS_FIGID"></div>
<script>
function mpld3_load_lib(url, callback){
    var s = document.createElement('script');
    s.src = url;
    s.async = true;
    s.onreadystatechange = s.onload = callback;
    s.onerror = function(){console.warn("failed to load library " + url);};
    document.getElementsByTagName("head")[0].appendChild(s);
}
```

… 이하생략 …

# 스스로 해보기

## 1. 노래 가사를 워드클라우드로 만들기

도라지 도라지 백도라지 심심산천에 백도라지
한두 뿌리만 캐어도 대광주리로 철철 넘누나
에헤요 에헤요 에헤애야 어여라 난다 지화자 좋다
저기 저 산 밑에 도라지가 한들한들

도라지 도라지 도라지 앞 남산 골작의 도라지
한 뿌리 두 뿌리 받으니 산골에 도라지 풍년일세
에헤요 에헤요 에헤야 어여라 난다 지화자 좋다
네가 내 간장을 스리살살 다 녹인다

도라지 도라지 도라지 은율 금산포 백도라지
한 포기만 캐어도 광주리 광주리 반씩 된다
에헤요 에헤요 에헤야 어여라 난다 지화자 좋다
얼시구 좋구나 내 사랑아

도라지 도라지 도라지 강원도 금강산 백도라지
도라지 캐는 아가씨들 손맵씨도 멋들어졌네

이 노래는 경기 지역의 신민요인 '도라지타령'입니다. 가사가 적혀 있는 txt파일('도라지타령.txt')을 업로드하여 다음의 조건을 만족하는 워드클라우드를 생성해 봅시다.

〈조건〉
① 주어진 텍스트 파일을 활용하세요.
② 한글 폰트를 NanumMyeongjo (나눔명조)로 설정해보세요.
③ 그래프의 세부 조건은 자유롭게 설정해보세요.

◈ 아래는 텍스트 파일을 불러오기 위한 코드입니다. [DnA8-3]을 참고하며 제공된 코드를 이어서 작성하여 워드클라우드를 생성해 봅시다.

**DnA8-4.ipynb**

```
1 from google.colab import files
2 myfile=files.upload()                    # txt파일 업로드
```

```
파일 선택  도라지타령.txt
• 도라지타령.txt(text/plain) - 831 bytes, last modified: 2023. 7. 22. - 100% done
Saving 도라지타령.txt to 도라지타령.txt
```

```
3 with open('도라지타령.txt', 'r') as file:
4 lyrics=file.read()
```

```
5 lyrics
```

```
'도라지 도라지 백도라지 심심산천에 백도라지₩n한두 뿌리만 캐어도 대광주리로 철철 넘누나₩n에헤요 에헤요 에헤애야 어여라 난다 지화자 좋다₩n저기 저 산 밑에 도라지가 한들한들₩n₩n도라지 도라지 도라지 앞 남산 골작의 도라지₩n한 뿌리 두 뿌리 받으니 산골에 도라지 풍년일세₩n에헤요 에헤요 에헤야 어여라 난다 지화자 좋다₩n네가 내 간장을 스리살살 다 녹인다₩n₩n도라지 도라지 도라지 은율 금산포 백도라지₩n한 포기만 캐어도 광주리 광주리 반씩 된다₩n에헤요 에헤요 에헤야 어여라 난다 지화자 좋다₩n얼시구 좋구나 내 사랑아₩n₩n도라지 도라지 도라지 강원도 금강산 백도라지₩n도라지 캐는 아가씨들 손맵씨도 멋들어졌네'
```

5 \n은 줄바꿈을 의미합니다. 워드클라우드 작성에 영향을 주지 않으므로 신경쓰지 않아도 됩니다.

◈ 다음과 같이 코드를 입력해 봅시다.

**DnA8-4.ipynb**

```
  # 한글 형태소 분석을 위한 konlpy라이브러리 설치
6 !curl -s https://raw.githubusercontent.com/teddylee777/machine-learning/master/99-Misc/01-Colab/mecab-colab.sh | bash
```

```
--2023-05-17 11:33:16--  https://www.dropbox.com/s/9xls0tgtf3edgns/mecab-0.996-ko-0.9.2.tar.gz?dl=1
Resolving www.dropbox.com (www.dropbox.com)... 162.125.3.18, 2620:100:6018:18::a27d:312
Connecting to www.dropbox.com (www.dropbox.com)|162.125.3.18|:443... connected.
HTTP request sent, awaiting response... 302 Found
Location: /s/dl/9xls0tgtf3edgns/mecab-0.996-ko-0.9.2.tar.gz [following]
--2023-05-17 11:33:16--  https://www.dropbox.com/s/dl/9xls0tgtf3edgns/mecab-0.996-ko-0.9.2.tar.gz
Reusing existing connection to www.dropbox.com:443.
HTTP request sent, awaiting response... 302 Found
Location: https://uc0ed79841530cf221f8867fb05f.dl.dropboxusercontent.com/cd/0/get/B80mx3pgLuofvcTT0cXRY2-pPK7L8Vd9FMwXl
--2023-05-17 11:33:16--  https://uc0ed79841530cf221f8867fb05f.dl.dropboxusercontent.com/cd/0/get/B80mx3pgLuofvcTT0cXRY;
Resolving uc0ed79841530cf221f8867fb05f.dl.dropboxusercontent.com (uc0ed79841530cf221f8867fb05f.dl.dropboxusercontent.c
Connecting to uc0ed79841530cf221f8867fb05f.dl.dropboxusercontent.com (uc0ed79841530cf221f8867fb05f.dl.dropboxuserconte
HTTP request sent, awaiting response... 200 OK
Length: 1414979 (1.3M) [application/binary]
Saving to: 'mecab-0.996-ko-0.9.2.tar.gz?dl=1'

mecab-0.996-ko-0.9. 100%[===================>]   1.35M  --.-KB/s    in 0.07s

2023-05-17 11:33:17 (19.8 MB/s) - 'mecab-0.996-ko-0.9.2.tar.gz?dl=1' saved [1414979/1414979]
```

… 이하생략 …

```
pip install wordcloud
```

```
Looking in indexes: https://pypi.org/simple, https://us-python.pkg.dev/colab-wheels/public/simple/
Requirement already satisfied: wordcloud in /usr/local/lib/python3.10/dist-packages (1.8.2.2)
Requirement already satisfied: numpy>=1.6.1 in /usr/local/lib/python3.10/dist-packages (from wordclou
Requirement already satisfied: pillow in /usr/local/lib/python3.10/dist-packages (from wordcloud) (8
Requirement already satisfied: matplotlib in /usr/local/lib/python3.10/dist-packages (from wordcloud
Requirement already satisfied: contourpy>=1.0.1 in /usr/local/lib/python3.10/dist-packages (from mat
Requirement already satisfied: cycler>=0.10 in /usr/local/lib/python3.10/dist-packages (from matplot
Requirement already satisfied: fonttools>=4.22.0 in /usr/local/lib/python3.10/dist-packages (from ma
Requirement already satisfied: kiwisolver>=1.0.1 in /usr/local/lib/python3.10/dist-packages (from ma
Requirement already satisfied: packaging>=20.0 in /usr/local/lib/python3.10/dist-packages (from matp
Requirement already satisfied: pyparsing>=2.3.1 in /usr/local/lib/python3.10/dist-packages (from mat
Requirement already satisfied: python-dateutil>=2.7 in /usr/local/lib/python3.10/dist-packages (from
Requirement already satisfied: six>=1.5 in /usr/local/lib/python3.10/dist-packages (from python-date
```

… 이하생략 …

```
from wordcloud import WordCloud
from konlpy.tag import Okt, Mecab
from collections import Counter
```

```
# 폰트 설치
!sudo apt-get install -y fonts-nanum
!sudo fc-cache -fv
!rm ~/.cache/matplotlib -rf
```

```
Reading package lists... Done
Building dependency tree
Reading state information... Done
fonts-nanum is already the newest version (20180306-3).
0 upgraded, 0 newly installed, 0 to remove and 24 not upgraded.
/usr/share/fonts: caching, new cache contents: 0 fonts, 1 dirs
/usr/share/fonts/truetype: caching, new cache contents: 0 fonts, 3 dirs
```

… 이하생략 …

```
import matplotlib.pyplot as plt
plt.rc('font', family='NanumMyeongjo')      #폰트 설정
wordcloud=WordCloud(font_path='font/NanumMyeongjo.ttf', background_
color='white').generate(lyrics)
```

```
plt.figure(figsize=(22,22))
plt.imshow(wordcloud, interpolation='lanczos')
plt.axis('off')
plt.show()
```

◈ 프로그램을 실행시켜 결과를 확인해 봅시다.

DnA8-4.ipynb

**TIP**

노래 가사를 워드클라우드로 생성하여 노래 제목을 맞추는 놀이로 연계할 수 있습니다. 노래 대부분 후렴구가 반복됨에 따라 워드클라우드에 후렴구에 나오는 단어들이 크게 제시되기 때문입니다.

## 2. 워드클라우드를 꽃 모양으로 변경하기

노래 가사에 어울리는 꽃 모양으로 워드클라우드를 생성해 봅시다. 'flower.jpg' 파일을 다운로드받아 활용할 수 있습니다.

◈ 다음과 같이 코드를 입력해 봅시다.

DnA8-4.ipynb

```
from google.colab import files
myfile=files.upload()                          # jpg파일 업로드
```

```
파일 선택 flower.jpg
• flower.jpg(image/jpeg) - 13089 bytes, last modified: 2023. 5. 18. - 100% done
Saving flower.jpg to flower.jpg
```

```
import numpy as np
from PIL import Image
```

```
mask=np.array(Image.open('flower.jpg'))
mask
```

```
array([[[255, 255, 255],
        [255, 255, 255],
        [255, 255, 255],
        ...,
        [255, 255, 255],
        [255, 255, 255],
        [255, 255, 255]],
                          … 중략 …
```

```
[[255, 255, 255],
 [255, 255, 255],
 [255, 255, 255],
 ....
 [255, 255, 255],
 [255, 255, 255],
 [255, 255, 255]]], dtype=unit8)
```

```python
wc_cloud=WordCloud(font_path='font/NanumMyeongjo.ttf', background_
color='white', mask=mask, random_state=1).generate(lyrics)
```

```python
plt.figure(figsize=(10,10))
plt.imshow(wc_cloud, interpolation='lanczos')
plt.axis('off')
plt.show()
```

◈ 프로그램을 실행시켜 결과를 확인해 봅시다.

**DnA8-4.ipynb**

## 3. 전체 코드 확인하기

DnA8-4.ipynb

```
from google.colab import files
myfile=files.upload()                          # txt파일 업로드
```

```
파일 선택 도라지타령.txt
• 도라지타령.txt(text/plain) - 831 bytes, last modified: 2023. 7. 22. - 100% done
Saving 도라지타령.txt to 도라지타령.txt
```

```
with open('도라지타령.txt', 'r') as file:
lyrics=file.read()
```

```
lyrics
```

'도라지 도라지 백도라지 심심산천에 백도라지₩n한두 뿌리만 캐어도 대광주리로 철철 넘누나₩n에헤요 에헤요 에헤애야 어여라 난다 지화자 좋다₩n저기 저 산 밑에 도라지가 한들한들₩n₩n도라지 도라지 도라지 앞 남산 골작의 도라지₩n한 뿌리 두 뿌리 받으니 산골에 도라지 풍년일세₩n에헤요 에헤요 에헤야 어여라 난다 지화자 좋다₩n네가 내 간장을 스리살살 다 녹인다₩n₩n도라지 도라지 도라지 은율 금산포 백도라지₩n한 포기만 캐어도 광주리 광주리 반씩 된다₩n에헤요 에헤요 에헤야 어여라 난다 지화자 좋다₩n얼시구 좋구나 내 사랑아₩n₩n도라지 도라지 도라지 강원도 금강산 백도라지₩n도라지 캐는 아가씨들 손맵씨도 멋들어졌네'

```
# 한글 형태소 분석을 위한 konlpy라이브러리 설치
!curl -s https://raw.githubusercontent.com/teddylee777/machine-learning/master/99-Misc/01-Colab/mecab-colab.sh | bash
```

```
--2023-05-17 11:33:16--  https://www.dropbox.com/s/9xIs0tgtf3edgns/mecab-0.996-ko-0.9.2.tar.gz?dl=1
Resolving www.dropbox.com (www.dropbox.com)... 162.125.3.18, 2620:100:6018:18::a27d:312
Connecting to www.dropbox.com (www.dropbox.com)|162.125.3.18|:443... connected.
HTTP request sent, awaiting response... 302 Found
Location: /s/dl/9xIs0tgtf3edgns/mecab-0.996-ko-0.9.2.tar.gz [following]
--2023-05-17 11:33:16--  https://www.dropbox.com/s/dl/9xIs0tgtf3edgns/mecab-0.996-ko-0.9.2.tar.gz
Reusing existing connection to www.dropbox.com:443.
HTTP request sent, awaiting response... 302 Found
Location: https://uc0ed79841530cf221f8867fb05f.dl.dropboxusercontent.com/cd/0/get/B80mx3pgLuofvcTT0cXRY2-pPK7L8Vd9FMwXI
--2023-05-17 11:33:16--  https://uc0ed79841530cf221f8867fb05f.dl.dropboxusercontent.com/cd/0/get/B80mx3pgLuofvcTT0cXRY;
Resolving uc0ed79841530cf221f8867fb05f.dl.dropboxusercontent.com (uc0ed79841530cf221f8867fb05f.dl.dropboxusercontent.c
Connecting to uc0ed79841530cf221f8867fb05f.dl.dropboxusercontent.com (uc0ed79841530cf221f8867fb05f.dl.dropboxuserconter
HTTP request sent, awaiting response... 200 OK
Length: 1414979 (1.3M) [application/binary]
Saving to: 'mecab-0.996-ko-0.9.2.tar.gz?dl=1'

mecab-0.996-ko-0.9. 100%[===================>]   1.35M  --.-KB/s    in 0.07s

2023-05-17 11:33:17 (19.8 MB/s) - 'mecab-0.996-ko-0.9.2.tar.gz?dl=1' saved [1414979/1414979]

… 이하생략 …
```

```
pip install wordcloud
```

```
Looking in indexes: https://pypi.org/simple, https://us-python.pkg.dev/colab-wheels/public/simple/
Requirement already satisfied: wordcloud in /usr/local/lib/python3.10/dist-packages (1.8.2.2)
Requirement already satisfied: numpy>=1.6.1 in /usr/local/lib/python3.10/dist-packages (from wordclo
Requirement already satisfied: pillow in /usr/local/lib/python3.10/dist-packages (from wordcloud) (8
Requirement already satisfied: matplotlib in /usr/local/lib/python3.10/dist-packages (from wordcloud
Requirement already satisfied: contourpy>=1.0.1 in /usr/local/lib/python3.10/dist-packages (from mat
Requirement already satisfied: cycler>=0.10 in /usr/local/lib/python3.10/dist-packages (from matplot
Requirement already satisfied: fonttools>=4.22.0 in /usr/local/lib/python3.10/dist-packages (from ma
Requirement already satisfied: kiwisolver>=1.0.1 in /usr/local/lib/python3.10/dist-packages (from ma
Requirement already satisfied: packaging>=20.0 in /usr/local/lib/python3.10/dist-packages (from matp
Requirement already satisfied: pyparsing>=2.3.1 in /usr/local/lib/python3.10/dist-packages (from mat
Requirement already satisfied: python-dateutil>=2.7 in /usr/local/lib/python3.10/dist-packages (from
Requirement already satisfied: six>=1.5 in /usr/local/lib/python3.10/dist-packages (from python-date
```

… 이하생략 …

```python
from wordcloud import WordCloud
from konlpy.tag import Okt, Mecab
from collections import Counter
```

```python
# 폰트 설치
!sudo apt-get install -y fonts-nanum
!sudo fc-cache -fv
!rm ~/.cache/matplotlib -rf
```

```
Reading package lists... Done
Building dependency tree
Reading state information... Done
fonts-nanum is already the newest version (20180306-3).
0 upgraded, 0 newly installed, 0 to remove and 24 not upgraded.
/usr/share/fonts: caching, new cache contents: 0 fonts, 1 dirs
/usr/share/fonts/truetype: caching, new cache contents: 0 fonts, 3 dirs
```

… 이하생략 …

```python
import matplotlib.pyplot as plt
plt.rc('font', family='NanumMyeongjo')      # 폰트 설정
wordcloud=WordCloud(font_path='font/NanumMyeongjo.ttf', background_
color='white').generate(lyrics)
```

```python
plt.figure(figsize=(22,22))
plt.imshow(wordcloud, interpolation='lanczos')
plt.axis('off')
plt.show()
```

```
from google.colab import files
myfile=files.upload()                                    # jpg파일 업로드
```

파일 선택 flower.jpg

- **flower.jpg**(image/jpeg) - 13089 bytes, last modified: 2023. 5. 18. - 100% done

```
Saving flower.jpg to flower.jpg
```

```
import numpy as np
from PIL import Image
```

```
mask=np.array(Image.open('flower.jpg'))
mask
```

```
array([[[255, 255, 255],
        [255, 255, 255],
        [255, 255, 255],
        ....,
        [255, 255, 255],
        [255, 255, 255],
        [255, 255, 255]],

                              … 중략 …

       [[255, 255, 255],
        [255, 255, 255],
        [255, 255, 255],
        ....,
        [255, 255, 255],
        [255, 255, 255],
        [255, 255, 255]]], dtype=unit8)
```

CHAPTER

09

# 데이터 분석을 위한 통계의 기초

9.1 기술통계분석
9.2 Box Plot을 이용한 기술통계분석
9.3 히스토그램을 이용한 기술통계분석
9.4 상관관계분석
스스로 해보기

들어가며

데이터 분석을 통해 수집된 데이터에서 유용한 정보를 뽑아내어 통계에 활용할 수 있습니다. 다양한 데이터를 신속하게 처리하여 문제를 해결해 봅시다.

최 교사는 새 학기가 시작되어 학생들의 수준을 파악하기 위한 진단 평가를 실시하였습니다. 국어, 수학, 사회, 과학, 영어 각각 6쪽이 되는 30명의 시험지를 채점하니 꼬박 이틀이 걸렸습니다. 미도달 학생을 분류하여 명단을 제출하고 나니 산더미 같이 쌓인 시험지가 눈에 들어옵니다. 공들여 채점한 시험 결과를 더 잘 활용할 수 있는 방법은 없을까요?

# 9.1 기술통계분석

## 9.1.1 기술통계분석이란?

기술통계분석(Descriptive Analysis)은 수치데이터로 측정한 현상을 요약 및 설명하는 역할을 하는 통계학의 분야입니다. 빈도/도수분석(Frequency Analysis)으로 현상에 대한 자세한 설명을 가능하게 합니다. 대푯값/중심화 경향 등 자료를 요약 및 대표하는 수를 찾아 사회현상을 요약하고 변화하는 정도를 파악할 수 있습니다. 기술통계에서 기본적으로 사용하는 시각화자료들은 박스플롯(상자그림), 도수분포표, 히스토그램 등이 있으며 사실을 객관적으로 확인하는 데 중점을 두고 있습니다.

## 9.1.2 기술통계분석의 항목과 의미

describe( ) 함수를 사용하여 모든 항목에 대한 요약 통계 결과를 일괄적으로 확인할 수 있습니다. 아래의 표와 같은 항목에 대한 DataFrame이 생성됩니다.

| 항목 | 의미 |
|---|---|
| count | 결측치(NaN)을 제외한 유효한 데이터 수 |
| mean | 평균 |
| min | 최솟값 |
| 25% | 1사분위 수 (하위 25% 위치의 데이터) |
| 50% | 2사분위 수 (중앙값, 하위 50% 위치의 데이터) |
| 75% | 3사분위 수 (하위 75% 위치의 데이터, 상위 25%) |
| max | 최댓값 |

* NaN이란 not a number의 의미로 값이 없을 때 DataFrame에 출력됩니다. 파이썬의 null과 같은 의미입니다.

### (1) 평균값

평균값은 모든 값을 더한 후 개수로 나눈 값입니다. 예를 들어 1, 2, 3, 4, 5, 100의 평균은 (1+2+3+4+5+100)/6이므로 19.7입니다. 평균은 특정 값이 다른 값들의 범위와 차이가 큰 경우 신뢰도가 떨어집니다. 위의 데이터에서 100에 해당하는 값은 다른 값들에 비해 극단적으로 높습니다. 이러한 형태의 값을 '극단치' 라고 합니다.

### (2) 중간값

중간값은 모든 값을 순서대로 정렬했을 때 가운데 위치에 있는 값입니다. 평균의 신뢰도가 현저히 낮을 경우 데이터의 분포를 확인하기 위해 사용합니다.

| 데이터의 수가 홀수인 경우 | 데이터의 수가 짝수인 경우 |
|---|---|
| 모든 값을 순서대로 정렬한 후 가운데 위치의 값 | 모든 값을 순서대로 정렬한 후 가운데 두 값의 평균 |
| 1, 2, 3, 4, 5의 중앙값은 가운데 값인 3 | 1, 2, 3, 4, 5, 6의 중앙값은 가운데 두 값인 3과 4의 평균값인 3.5 |

### (3) 사분위 수

사분위 수는 데이터 표본을 4개의 동일한 구간으로 나눈 값입니다. 사분위 수는 데이터의 관측치가 아닌 계산된 값입니다. 사분위 수를 사용하여 데이터 집합의 범위와 중심의 위치를 신속하게 평가할 수 있습니다.

| 용어 | 설명 |
|---|---|
| 1사분위 수 | 데이터의 하위 25%가 이 값보다 작거나 같음. |
| 2사분위 수 | 중위수 데이터의 50%가 이 값보다 작거나 같음. (=중앙값) |
| 3사분위 수 | 데이터의 하위 75%가 이 값보다 작거나 같음. |

예를 들어 데이터가 7, 9, 16, 36, 39, 45, 45, 46, 48, 51인 경우 1사분위 수는 14.25 2사분위 수는 42, 3사분위 수는 46.5가 됩니다. 사분위 간 범위는 극단치의 영향을 받지 않기 때문에 치우침이 많은 데이터의 경우 중심 위치와 범위에서 평균 및 표준편차보다 더 나은 측도가 될 수 있습니다.

### 9.1.3 기술통계분석의 DataFrame 생성

#### (1) 데이터 준비하기

◈ "grade.csv" 파일을 업로드하기 위한 코드를 입력해 봅시다.

DnA9-1.ipynb

```
1 from google.colab import files
2 myfile=files.upload()
```

```
파일 선택 grade.csv
• grade.csv(text/csv) - 105 bytes, last modified: 2022. 5. 14. - 100% done
Saving grade.csv to grade.csv
```

◈ Pandas 라이브러리를 이용하여 DataFrame을 생성해 봅시다.

DnA9-1.ipynb

```
3 import pandas as pd
4 df=pd.read_csv('grade.csv', encoding="euc-kr")
```

3 칼럼 이름이 한글로 되어 있어 그냥 데이터만 불러온다면 오류가 생깁니다. 따라서 encoding="euc-kr"과 같이 코드를 입력해주어 인코딩해줍니다.

### (2) 요약통계 확인하기

◈ describe( ) 코드를 입력하여 요약통계의 결과를 확인해 봅시다.

DnA9-1.ipynb

```
5 df1=df.describe()                  # 요약 통계하기
6 df1                                # df1 나타내기
```

5 df의 이름을 가진 데이터프레임을 요약통계한 값을 df1 이름을 가진 데이터프레임으로 저장합니다.

◈ 프로그램을 실행시켜 요약통계 값을 확인해 봅시다.

DnA9-1.ipynb 실행 결과

| | 국어 | 영어 | 수학 | 과학 |
|---|---|---|---|---|
| **count** | 5.000000 | 4.000000 | 3.000000 | 4.000000 |
| **mean** | 92.200000 | 67.500000 | 60.333333 | 73.500000 |
| **std** | 20.474374 | 17.078251 | 28.536526 | 10.246951 |
| **min** | 63.000000 | 50.000000 | 31.000000 | 64.000000 |
| **25%** | 88.000000 | 57.500000 | 46.500000 | 68.500000 |
| **50%** | 92.000000 | 65.000000 | 62.000000 | 71.000000 |
| **75%** | 98.000000 | 75.000000 | 75.000000 | 76.000000 |
| **max** | 120.000000 | 90.000000 | 88.000000 | 88.000000 |

국어 과목을 예시로 분석 결과를 확인해 봅시다. 국어 과목의 평균(mean)은 92.2점이고 표준편차(std)는 20.47입니다. 네 과목 중 평균이 가장 높지만 표준편차 값을 보니 점수 간의 분포가 제법 큼을 알 수 있습니다. 국어 점수가 가장 낮은 학생(min)은 63점이고 높은 학생(max)은 120점을 맞았음을 알 수 있습니다. 1사분위 수(하위 25%)의 점수는 88점, 2사분위 수(중위값)은 92점, 3사분위 수(하위 75%)의 점수는 98점입니다.

## 9.1.4 특정 column(열)에 대한 기술통계분석

◈ describe( ) 코드를 입력하여 특정 column(열)의 결과를 확인해봅시다.

**DnA9-1.ipynb**

```
df2=df['국어'].describe()                # 국어 칼럼에 대한 요약 통계하기
df2                                      # df2 나타내기
```

5 df의 이름을 가진 DataFrame의 국어 칼럼에 대한 요약통계를 df2의 이름을 가진 DataFrame으로 저장합니다. 데이터프레임이름['칼럼 이름'].describe( ) 코드를 입력하면 특정 칼럼에 대한 요약통계를 확인할 수 있습니다.

◈ 프로그램을 실행시켜 '국어' 칼럼에 대한 요약통계 값을 확인해 봅시다.

**DnA9-1.ipynb 실행 결과**

```
count      5.000000
mean      92.200000
std       20.474374
min       63.000000
25%       88.000000
50%       92.000000
75%       98.000000
max      120.000000
Name: 국어, dtype: float64
```

## 9.1.5 기술통계분석값을 개별적으로 얻기

필요한 통계값만 구하기 위하여 해당하는 명령어를 입력해 봅시다.

# 데이터의 갯수

```
df3=df.count()
df3
```

결과

```
Unnamed: 0    5
국어          5
영어          4
수학          3
과학          4
dtype: int64
```

# 데이터의 평균

```
df4=df.mean()
df4
```

결과

```
국어        120
영어       90.0
수학       88.0
과학       88.0
dtype: object
```

# 데이터의 최댓값

```
df5=df.max()
df5
```

결과

```
Unnamed: 0      마연
국어             120
영어            90.0
수학            88.0
과학            88.0
dtype: object
```

# 데이터의 최솟값

```
df6=df.min()
df6
```

결과

```
Unnamed: 0      가연
국어              63
영어            50.0
수학            31.0
과학            64.0
dtype: object
```

# 데이터의 표준편차

```
df7=df.std()
df7
```

결과

```
국어    20.474374
영어    17.078251
수학    28.536526
과학    10.246951
dtype: float64
```

# 데이터의 1사분값(하위 25%의 값)

```
df8=df.quantile(q=0.25)
df8
```

결과

```
국어    88.0
영어    57.5
수학    46.5
과학    68.5
Name: 0.25, dtype: float64
```

# 데이터의 2사분값(하위 50%의 값)

```
df9=df.quantile(q=0.50)
df9
```

결과

```
국어    92.0
영어    65.0
수학    62.0
과학    71.0
Name: 0.5, dtype: float64
```

# 데이터의 3사분값(하위 75%의 값)

```
df11=df.quantile(q=0.75)
df11
```

결과

```
국어    98.0
영어    75.0
수학    75.0
과학    76.0
Name: 0.75, dtype: float64
```

## 9.1.6 전체 코드 확인하기

DnA9-1.ipynb

```
from google.colab import files
myfile=files.upload()
```

```
파일 선택 grade.csv
• grade.csv(text/csv) - 105 bytes, last modified: 2022. 5. 14. - 100% done
Saving grade.csv to grade.csv
```

```
import pandas as pd
df=pd.read_csv('grade.csv', encoding="euc-kr")
```

```
df1=df.describe()                    # 요약 통계하기
df1                                  # df1 나타내기
```

| | 국어 | 영어 | 수학 | 과학 |
|---|---|---|---|---|
| **count** | 5.000000 | 4.000000 | 3.000000 | 4.000000 |
| **mean** | 92.200000 | 67.500000 | 60.333333 | 73.500000 |
| **std** | 20.474374 | 17.078251 | 28.536526 | 10.246951 |
| **min** | 63.000000 | 50.000000 | 31.000000 | 64.000000 |
| **25%** | 88.000000 | 57.500000 | 46.500000 | 68.500000 |
| **50%** | 92.000000 | 65.000000 | 62.000000 | 71.000000 |
| **75%** | 98.000000 | 75.000000 | 75.000000 | 76.000000 |
| **max** | 120.000000 | 90.000000 | 88.000000 | 88.000000 |

```
df2=df['국어'].describe()            # 국어 칼럼에 대한 요약 통계하기
df2
```

```
count     5.000000
mean     92.200000
std      20.474374
min      63.000000
25%      88.000000
50%      92.000000
75%      98.000000
max     120.000000
Name: 국어, dtype: float64
```

```
df3=df.count()                       # 데이터의 갯수
df3
```

```
Unnamed: 0    5
국어          5
영어          4
수학          3
과학          4
dtype: int64
```

```
df4=df.mean()                        # 데이터의 평균
```

```
df4
```

```
국어          120
영어         90.0
수학         88.0
과학         88.0
dtype: object
```

```
df5=df.max()                          # 데이터의 최댓값
df5
```

```
Unnamed: 0      마연
국어              120
영어             90.0
수학             88.0
과학             88.0
dtype: object
```

```
df6=df.min()                          # 데이터의 최솟값
df6
```

```
Unnamed: 0      가연
국어               63
영어             50.0
수학             31.0
과학             64.0
dtype: object
```

```
df7=df.std()                          # 데이터의 표준편차
df7
```

```
국어    20.474374
영어    17.078251
수학    28.536526
과학    10.246951
dtype: float64
```

```
df8=df.quantile(q=0.25)               # 데이터의 1사분값(하위 25%의 값)
df8
```

```
국어    88.0
영어    57.5
수학    46.5
과학    68.5
Name: 0.25, dtype: float64
```

```
df9=df.quantile(q=0.50)               # 데이터의 2사분값(하위 50%의 값)
```

```
df9
```

```
국어    92.0
영어    65.0
수학    62.0
과학    71.0
Name: 0.5, dtype: float64
```

```
df11=df.quantile(q=0.75)                  # 데이터의 3사분값(하위 75%의 값)
df11
```

```
국어    98.0
영어    75.0
수학    75.0
과학    76.0
Name: 0.75, dtype: float64
```

## 9.2 Box Plot을 이용한 기술통계분석

### 9.2.1 Box Plot이란?

Box Plot은 데이터의 분포를 파악할 수 있어 서로 다른 데이터 집단을 쉽게 비교할 수 있는 데이터 시각화 기법입니다.

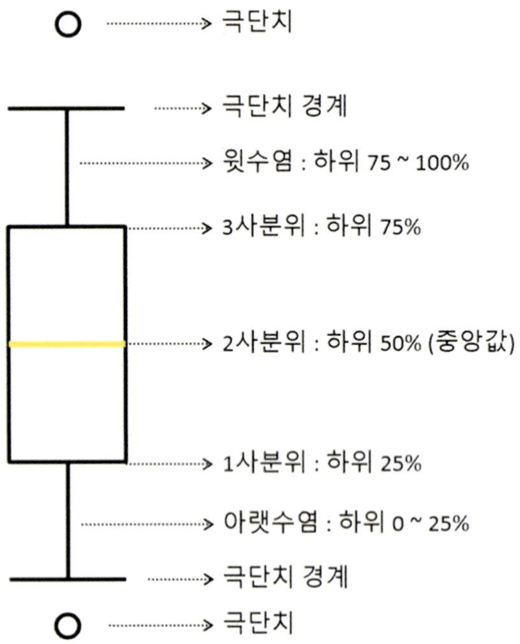


Box Plot은 데이터를 그대로 보여주는 것이 아닌 다섯 숫자 요약이라는 통계학적 개념으로 데이터를 가공하여 시각화합니다. 다섯 숫자 요약이란 최솟값(minimum), 최댓값(maximum), 1사분위 수(Q1), 2사분위 수(중앙값, Q2), 3사분위 수(Q3) 등의 다섯가지 통계로 데이터를 나타내는 방법입니다.

이중 가장 중요한 수치는 바로 중앙값입니다. 중앙값(2사분위 수)를 기준으로 데이터의 50%는 상위에, 나머지 50%는 하위에 분포되어 있습니다. 상자는 중앙값을 기준으로 상하위 25%의 데이터의 범위를 나타냅니다. 전체 데이터를 작은 값에서 큰 값으로 정렬했을 때 하위 25%는 1사분위 수, 75%는 3사분위 수라고 합니다.

상자의 양 끝에 연결된 선은 극단치 경계를 나타내는 선으로 수염이라고도 부릅니다, 중앙값의 1.5배 거리 안에 있는 데이터의 최댓값과 최솟값을 기준으로 수염이 표시되며 수염 밖에 표시된 데이터는 특이한 분포를 보이는 이상치라고 합니다. 이상치 중에서 유달리 높거나 낮은 값의 데이터를 극단치라고 합니다.

통계를 낼 때 보통 평균이나 표준편차를 많이 이용하지만 데이터에 극단치가 있는 경우 의미가 왜곡될 수 있습니다. Box Plot을 이용하면 이상치가 포함된 정도를 쉽게 판단할 수 있기에 통계의 함정을 피할 수 있습니다.

### 9.2.2 Box Plot 표현하기

◈ 한글 폰트를 설치해봅시다.

DnA9-2.ipynb

```
!sudo apt-get install -y fonts-nanum
!sudo fc-cache -fv
!rm ~/.cache/matplotlib -rf
```

```
Reading package lists... Done
Building dependency tree
Reading state information... Done
fonts-nanum is already the newest version (20180306-3).
0 upgraded, 0 newly installed, 0 to remove and 24 not upgraded.
/usr/share/fonts: caching, new cache contents: 0 fonts, 1 dirs
/usr/share/fonts/truetype: caching, new cache contents: 0 fonts, 3 dirs
/usr/share/fonts/truetype/humor-sans: caching, new cache contents: 1 fonts, 0 dirs
/usr/share/fonts/truetype/liberation: caching, new cache contents: 16 fonts, 0 dirs
/usr/share/fonts/truetype/nanum: caching, new cache contents: 10 fonts, 0 dirs
/usr/local/share/fonts: caching, new cache contents: 0 fonts, 0 dirs
/root/.local/share/fonts: skipping, no such directory
/root/.fonts: skipping, no such directory
/usr/share/fonts/truetype: skipping, looped directory detected
/usr/share/fonts/truetype/humor-sans: skipping, looped directory detected
/usr/share/fonts/truetype/liberation: skipping, looped directory detected
/usr/share/fonts/truetype/nanum: skipping, looped directory detected
/var/cache/fontconfig: cleaning cache directory
/root/.cache/fontconfig: not cleaning non-existent cache directory
/root/.fontconfig: not cleaning non-existent cache directory
fc-cache: succeeded
```

> **TIP**
> 설치 후 한글이 나타나지 않으면 [런타임]-[런타임 다시 시작]을 누른 후 다시 실행하여 주세요.

◈ “grade.csv” 파일을 업로드할 수 있는 코드를 입력해 봅시다.

**DnA9-2.ipynb**

```
4  from google.colab import files
5  myfile=files.upload()
```

```
파일 선택 grade.csv
• grade.csv(text/csv) - 105 bytes, last modified: 2022. 5. 14. - 100% done
Saving grade.csv to grade.csv
```

```
6  import pandas as pd
7  df=pd.read_csv('grade.csv', encoding="euc-kr")
```

◈ Box Plot을 그려 봅시다.

**DnA9-2.ipynb**

```
8  import matplotlib.pyplot as plt                       # matplotlib 불러오기
9  plt.rc('font', family='NanumBarunGothic')             # 폰트 이름 지정
10 plt.rcParams["font.size"]=14                          # 글자 크기 지정
11 plt.rcParams["figure.figsize"]=(12,6)                 # 그래프의 크기 지정
12 import warnings
13 warnings.filterwarnings("ignore")                     # 경고메시지 무시하기
```

```
14 df.boxplot()                                          # df를 boxplot으로 나타내기
```

9 plt.rc(‘font’, family=‘폰트 명’) : 사용할 폰트의 이름을 지정합니다. 이 코드에서는 나눔바른고딕체로 설정하였습니다.

10 plt.rcParams[“font.size”] : 사용할 폰트의 크기를 지정합니다.

11 plt.rcParams[“figure.figsize”] : 그래프의 가로, 세로의 크기를 inch 단위로 지정합니다.

12-13 warnings.filterwarnings("ignore") : 경고메시지를 표시하지 않습니다. 이 명령어가 없어도 그래프가 나타나지만 이 코드를 넣지 않으면 그래프 위에 수 많은 문구도 함께 나타날 것입니다.

◈ 프로그램을 실행시켜 Box Plot을 확인해 봅시다.

**DnA9-2.ipynb 실행 결과**

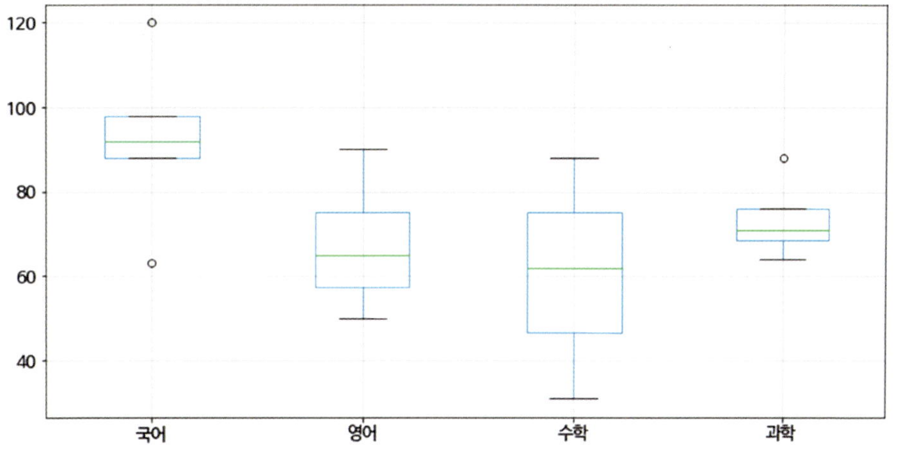


Box Plot에서는 최솟값(minimum), 최댓값(maximum), 1사분위 수(Q1), 2사분위 수(중앙값, Q2), 3사분위 수(Q3)를 확인할 수 있습니다. 국어 과목의 경우 최솟값은 약 88점, 최댓값은 약 98점임을 알 수 있습니다. 국어 과목은 최솟값이 1사분위 수와, 최댓값이 3사분위 수와 일치하고 있습니다. 참고로 기술통계분석에서 최솟값은 63점, 최댓값은 120점이었습니다. 앞선 기술통계 값과 다른 이유는 무엇일까요? 바로 기술통계는 극단치를 포함한 최솟값 및 최댓값을 나타내었지만 Box Plot에서는 중앙값을 기준으로 ±150% 범위의 최솟값 및 최댓값을 나타내기 때문입니다. 영어, 수학, 과학 과목은 독자분들이 해석해 보시기 바랍니다.

### 9.2.3 특정 column(열)에 대한 Box Plot 그리기

◈ 특정 column(열)만 선택하여 Box Plot을 그리는 코드를 입력해 봅시다.

DnA9-2.ipynb

```
df.boxplot(['영어'])                    # 영어 칼럼에 대한 Box Plot 그리기
```

12 데이터프레임이름.boxplot([‘칼럼이름’]) : 특정 칼럼을 지정하여 Box Plot을 그릴 때 사용합니다.

◈ 프로그램을 실행시켜 Box Plot을 확인해 봅시다.

DnA9-2.ipynb 실행 결과

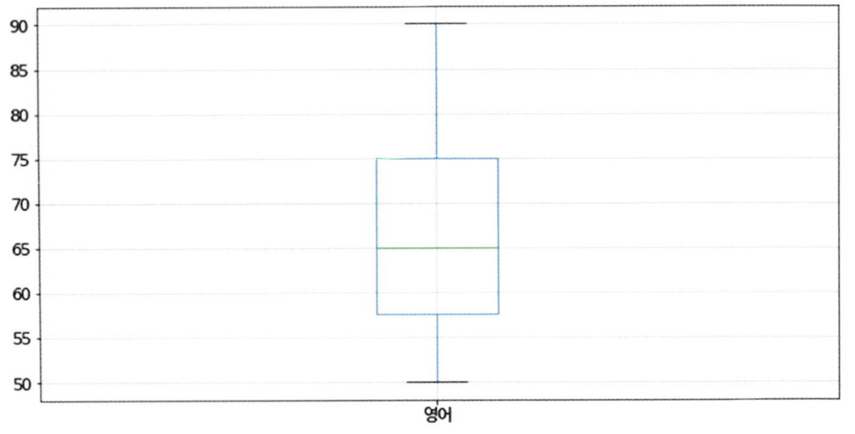


영어 칼럼의 최댓값은 90, 최솟값은 50입니다. 가장 높은 점수가 90점, 낮은 점수가 50점이란 말이겠지요. 영어 과목의 경우 극단치를 보이는 값은 없습니다. 1사분위 값은 57, 2사분위 값(중앙값)은 65, 3사분위 값은 75입니다. 하위 25% 값인 57점 이하인 학생들은 보충 학습이 필요할 것으로 판단하며 데이터 분석 결과를 활용할 수 있습니다. df['영어'].describe( ) 명령어를 입력하여 요약통계 값을 나타내고 해석한 결과와 비교해 봅시다.

### 9.2.4 Box Plot 꾸미기

코랩에 제공된 라이브러리를 활용하면 조금 더 간편하게 코드를 수행할 수 있습니다. 이번에는 Seaborn라이브러리를 이용하여 Box Plot을 꾸며보겠습니다.

**TIP seaborn이란?**

matplotlib을 기반으로 하는 데이터 시각화 라이브러리입니다. 인터페이스가 제공되어 보다 예쁜 그래프 표현이 가능합니다. seaborn의 다양한 그래프 스타일이 궁금하신 분은 https://seaborn.pydata.org/을 방문해 보세요.

◈ seaborn라이브러리를 이용하여 Box Plot을 그려 봅시다.

**DnA9-2.ipynb**

```
import matplotlib.pyplot as plt                     # matplotlib 라이브러리 불러오기
import seaborn as sns                               # seaborn 라이브러리 불러오기
plt.rcParams['font.family']='NanumGothic'           # 나눔고딕 폰트 설정하기
plt.figure(figsize=(10,6))                          # 그래프의 크기 지정
plt.title("우리반 성적 박스플롯")                     # 제목 지정
sns.set_style("whitegrid")                          # 그래프 스타일 지정
sns.boxplot(data=df)                                # 그래프 데이터 지정
plt.show()                                          # 그래프 나타내기
```

◈ 실행 결과를 확인해 봅시다.

**DnA9-2.ipynb 실행 결과**

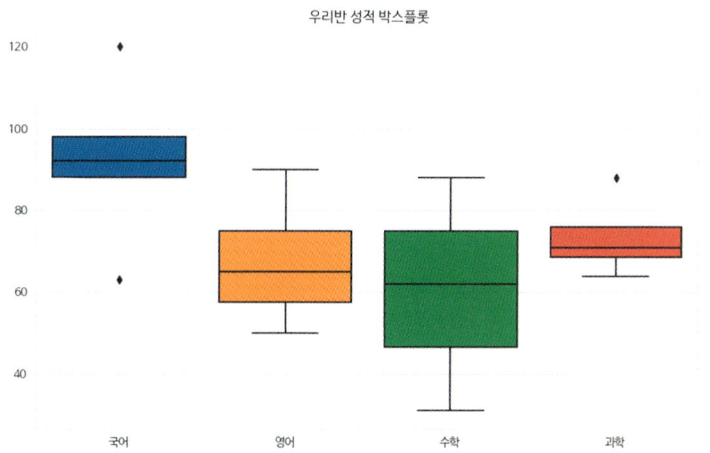

21번째 셀의 sns.set_style( ) 명령어를 이용하여 스타일을 다양하게 변경해 봅시다. seaborn이 제공하는 기본 테마는 darkgrid, whitegrid, dark, white 등이 있습니다.

sns.set_style("darkgrid")

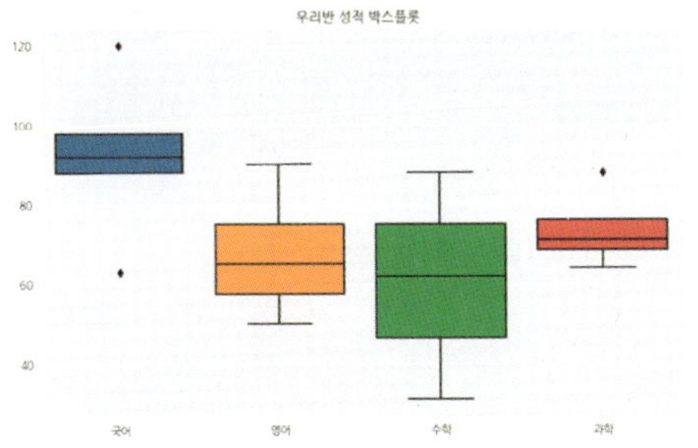


sns.set_style("whitegrid")

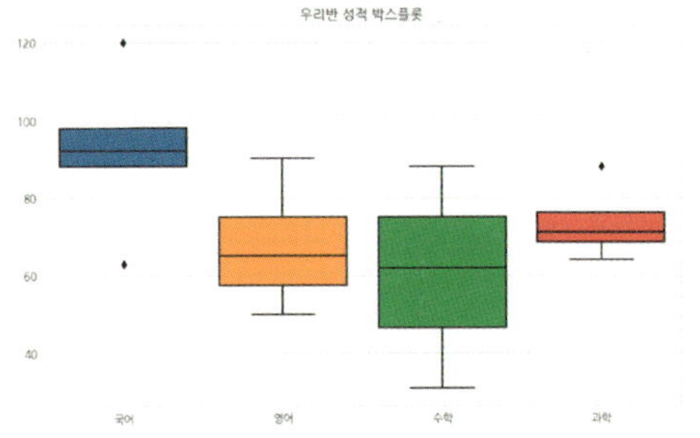


sns.set_style("dark")

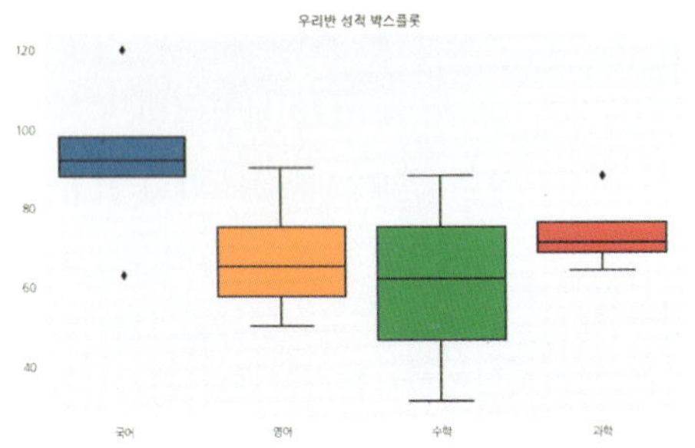


sns.set_style("white")

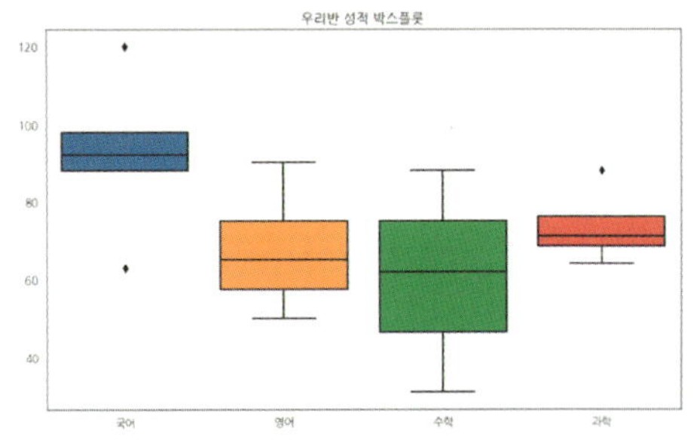


darkgrid와 dark의 차이가 보이시나요? 단어에도 명시되어 있듯 격자(grid)의 유무입니다. 어떤 스타일이 가장 마음에 드나요?

**TIP**
특정 값에 대한 정보를 얻길 원한다면 격자(grid)를 포함한 스타일을 선택할 수 있습니다.

## 9.2.5 전체 코드 확인하기

DnA9-2.ipynb

```
!sudo apt-get install -y fonts-nanum
!sudo fc-cache -fv
```

```
!rm ~/.cache/matplotlib -rf
```

```
Reading package lists... Done
Building dependency tree
Reading state information... Done
fonts-nanum is already the newest version (20180306-3).
0 upgraded, 0 newly installed, 0 to remove and 24 not upgraded.
/usr/share/fonts: caching, new cache contents: 0 fonts, 1 dirs
/usr/share/fonts/truetype: caching, new cache contents: 0 fonts, 3 dirs
/usr/share/fonts/truetype/humor-sans: caching, new cache contents: 1 fonts, 0 dirs
/usr/share/fonts/truetype/liberation: caching, new cache contents: 16 fonts, 0 dirs
/usr/share/fonts/truetype/nanum: caching, new cache contents: 10 fonts, 0 dirs
/usr/local/share/fonts: caching, new cache contents: 0 fonts, 0 dirs
/root/.local/share/fonts: skipping, no such directory
/root/.fonts: skipping, no such directory
/usr/share/fonts/truetype: skipping, looped directory detected
/usr/share/fonts/truetype/humor-sans: skipping, looped directory detected
/usr/share/fonts/truetype/liberation: skipping, looped directory detected
/usr/share/fonts/truetype/nanum: skipping, looped directory detected
/var/cache/fontconfig: cleaning cache directory
/root/.cache/fontconfig: not cleaning non-existent cache directory
/root/.fontconfig: not cleaning non-existent cache directory
fc-cache: succeeded
```

```
from google.colab import files
myfile=files.upload()
```

```
파일 선택 grade.csv
• grade.csv(text/csv) - 105 bytes, last modified: 2022. 5. 14. - 100% done
Saving grade.csv to grade.csv
```

```
import pandas as pd
df=pd.read_csv('grade.csv', encoding="euc-kr"
```

```
import matplotlib.pyplot as plt                    #matplotlib 라이브러리 불러오기
plt.rc('font', family='NanumBarunGothic')  # 폰트 이름 지정
plt.rcParams["font.size"]=14                       # 글자 크기 지정
plt.rcParams["figure.figsize"]=(12,6)              # 그래프의 크기 지정
import warnings
warnings.filterwarnings("ignore")                  # 경고메시지 무시하기
```

```
df.boxplot()                                       # df를 boxplot으로 나타내기
```

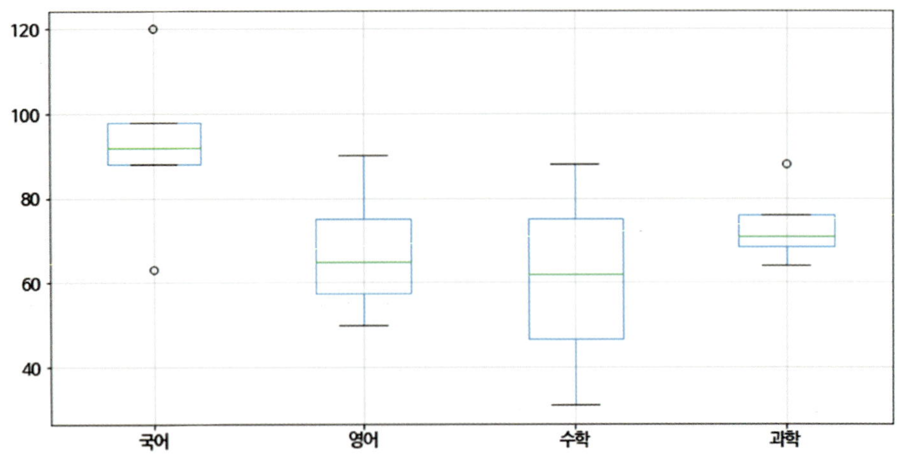


```
df.boxplot(['영어'])                                # 영어 칼럼에 대한 box plot 그리기
```

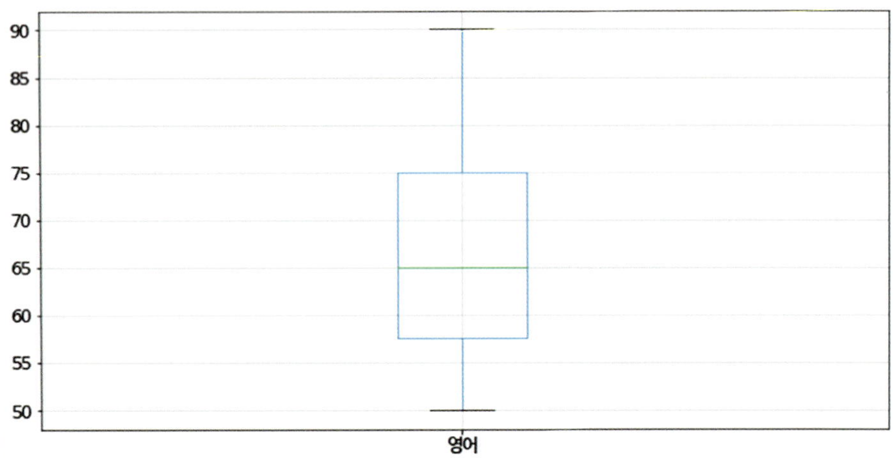


```
import matplotlib.pyplot as plt                    # matplotlib 라이브러리 불러오기
import seaborn as sns                              # seaborn 라이브러리 불러오기
plt.rcParams['font.family']='NanumGothic'          # 나눔고딕 폰트 설정하기
plt.figure(figsize=(10,6))                         # 그래프의 크기 지정
plt.title("우리반 성적 박스플롯")                    # 제목 지정
sns.set_style("whitegrid")                         # 그래프 스타일 지정
sns.boxplot(data=df)                               # 그래프 데이터 지정
plt.show()                                         # 그래프 나타내기
```

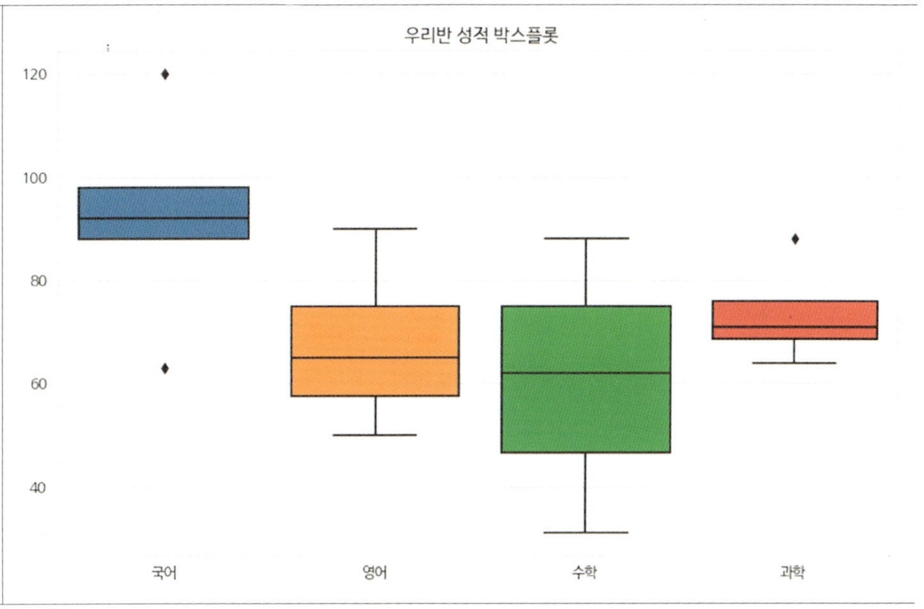


## 9.3 히스토그램을 이용한 기술통계분석

### 9.3.1 히스토그램이란?

히스토그램은 도수 분포를 그래프로 나타낸 그림입니다. 풀어 설명하면 특정 범위(계급 구간) 안에 있는 값의 개수를 나타냅니다.

세로 막대 그래프와 모양이 비슷해 보이지만 히스토그램은 직사각형 사이가 서로 떨어져 있으면 안 됩니다. 가로축은 연속된 자료의 범위를 나타내기 때문입니다. 막대 그래프와 히스토그램은 어떤 차이가 있을지 아래 표에서 비교해 보겠습니다.

| 히스토그램 | 비교의 근거 | 막대 그래프 |
|---|---|---|
| 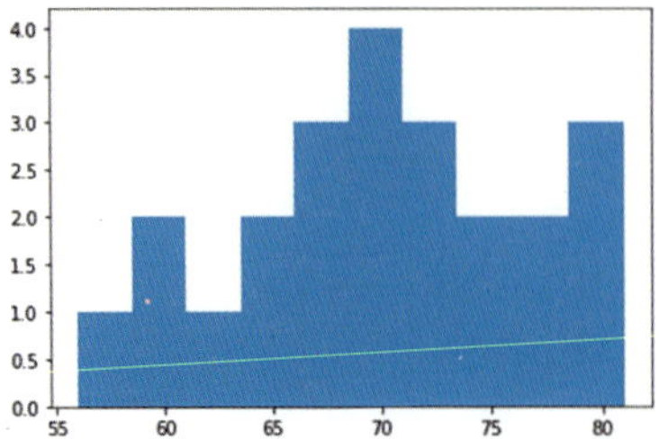 | 그림 | 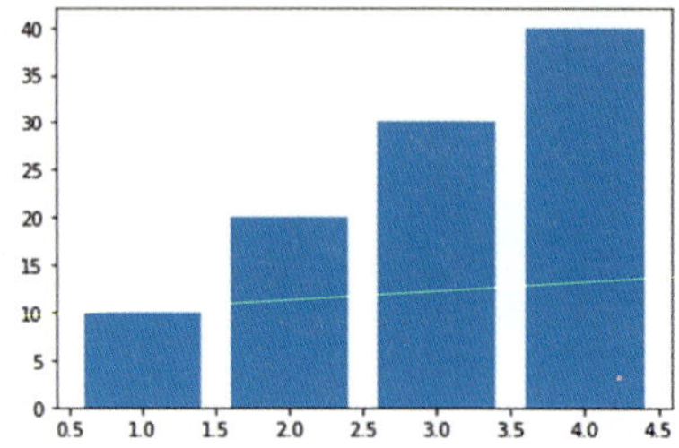 |
| 막대를 사용하여 숫자 데이터의 빈도를 그림으로 나타낸 것입니다. | 의미 | 막대를 사용하여 여러 범주의 데이터를 비교하는 데이터를 그림으로 나타낸 것입니다. |
| 비 이산 변수의 분포 | 나타내는 것 | 이산 변수의 비교 |
| 양적 데이터 | 데이터 종류 | 범주 형 데이터 |
| 막대가 서로 닿으므로 막대 사이에 공백이 없습니다. | 공백 유무 | 막대는 서로 닿지 않으므로 막대 사이에 공백이 있습니다. |
| 요소는 그룹화되어 범위로 간주됩니다. | 집단 | 요소는 개별 항목으로 간주됩니다. |
| 범주 순서대로 그려지므로 막대를 재정렬 할 수 없습니다. | 막대 재정렬 여부 | 결과값이 가장 낮은 것부터 높은 것 순으로 다시 정렬하여 나타낼 수 있습니다 |
| 계급의 크기에 따라 달라질 수 있습니다. | 비의 폭 | 동일합니다. |

### 9.3.2 도수 분포표와 히스토그램

도수 분포표는 주어진 자료를 몇 개의 계급으로 나누고, 각 계급에 속하는 도수를 조사하여 나타낸 표입니다. 다음은 학생들의 몸무게를 조사하여 도수 분포표로 나타낸 자료입니다.

히스토그램을 그리기 위해서는 도수 분포표로 정리를 해두는 것이 편합니다. 히스토그램의 가로축에는 각 계급의 양 끝값, 세로축에는 도수를 써 넣습니다. 각 계급의 크기를 가로로, 도수를 세로로 하는 직사각형을 차례로 그려줍니다. 참고로 이 히스토그램의 계급의 크기는 5, 도수는 학생 수가 되겠습니다.

〈정리되지 않은 자료〉

| | | | |
|---|---|---|---|
| 68 | 81 | 64 | 56 |
| 74 | 61 | 77 | 68 |
| 71 | 80 | 59 | 67 |
| 69 | 73 | 69 | 74 |
| 65 | 72 | 69 | 78 |
| 59 | 57 | 70 | 79 |

〈도수 분포표〉

| 몸무게 | 학생 수 |
|---|---|
| 55이상~60미만 | 4 |
| 60이상~65미만 | 2 |
| 65이상~70미만 | 7 |
| 70이상~75미만 | 6 |
| 75이상~80미만 | 2 |
| 80이상~85미만 | 3 |
| 합 계 | 24 |

〈히스토그램〉

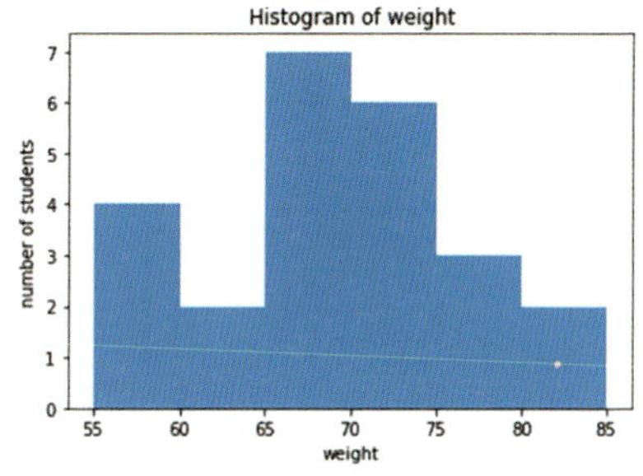


하지만 우리의 코랩과 matplotlib 라이브러리를 이용하면 도수 분포표를 만들지 않은 채 히스토그램을 그릴 수 있습니다. 데이터를 입력하여 바로 그려보도록 하겠습니다.

**TIP 용어 정리**

- ○ 변량 : 자료를 수량으로 나타낸 것
- ○ 계급 : 변량을 일정한 간격으로 나눈 구간
- ○ 계급의 크기 : 구간의 너비
- ○ 도수 : 각 계급에 속하는 자료의 수

## 9.3.3 히스토그램 그리기

◈ 한글 폰트를 설치해봅시다.

DnA9-3.ipynb

```
!sudo apt-get install -y fonts-nanum
!sudo fc-cache -fv
!rm ~/.cache/matplotlib -rf
```

```
Reading package lists... Done
Building dependency tree
Reading state information... Done
fonts-nanum is already the newest version (20180306-3).
```

… 이하생략 …

◈ "mathgrade.csv" 파일을 업로드할 수 있는 코드를 입력해 봅시다.

해당 데이터는 2015 개정 수학과 교육과정 6학년 1학기에 해당하는 단원명 및 학생들의 시험 점수를 포함하고 있습니다.

DnA9-3.ipynb

```
from google.colab import files
myfile=files.upload()
```

```
파일 선택 mathgrade.csv
• mathgrade.csv(text/csv) - 711 bytes, last modified: 2022. 5. 18. - 100% done
Saving mathgrade.csv to mathgrade (1).csv
```

```
import pandas as pd
df=pd.read_csv('mathgrade.csv', encoding="euc-kr")
```

◈ 히스토그램을 그릴 데이터를 선택하여 봅시다.

학생들의 '분수의 나눗셈' 단원 점수 분포를 알아보기 위하여 '분수의 나눗셈' 칼럼만 슬라이싱하였습니다.

DnA9-3.ipynb

```
from numpy import array
math1=math[['분수의 나눗셈']]
math1
```

◈ 히스토그램을 그려 봅시다.

DnA9-3.ipynb

```
import matplotlib.pyplot as plt
plt.rc('font', family='NanumBarunGothic')
plt.figure(figsize=(10,6))
plt.title("분수의 나눗셈 히스토그램")
plt.hist(math1)
```

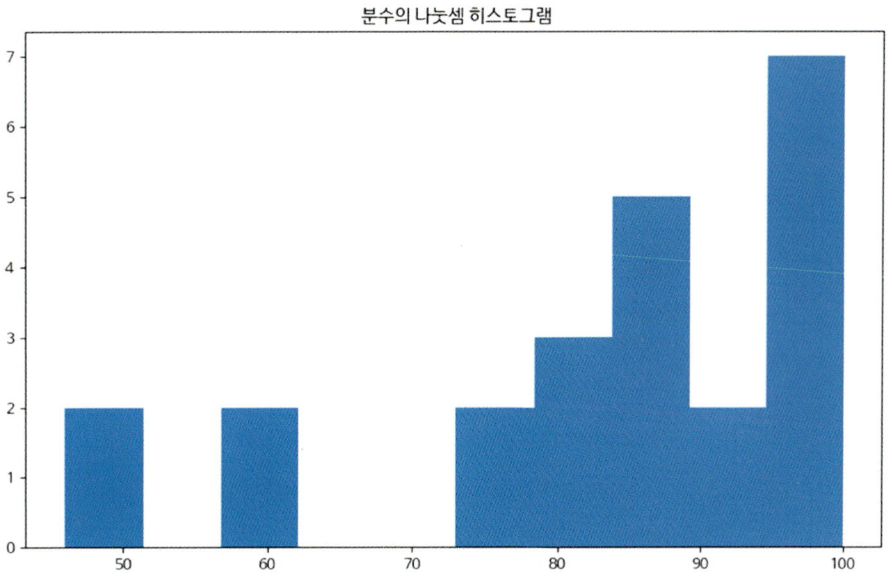


50점 근처에 있는 학생이 2명, 60점 근처에 있는 학생이 2명, 70점 중후반 점수를 받은 학생이 2명, 80초반 점수를 받은 학생이 3명, 80후반 점수를 받은 학생이 5명, 90점 초반 점수를 받은 학생이 2명, 90점 후반 및 100점을 받은 학생이 7명 있습니다.

### 9.3.4 전체 코드 확인하기

DnA9-3.ipynb

```
!sudo apt-get install -y fonts-nanum
!sudo fc-cache -fv
!rm ~/.cache/matplotlib -rf
```

```
Reading package lists... Done
Building dependency tree
Reading state information... Done
fonts-nanum is already the newest version (20180306-3).
```

… 이하생략 …

```
from google.colab import files
myfile=files.upload()
```

```
파일 선택 mathgrade.csv
• mathgrade.csv(text/csv) - 711 bytes, last modified: 2022. 5. 18. - 100% done
Saving mathgrade.csv to mathgrade (1).csv
```

```
import pandas as pd
df=pd.read_csv('mathgrade.csv', encoding="euc-kr")
```

```
from numpy import array
math1=math[['분수의 나눗셈']]
math1
```

```
import matplotlib.pyplot as plt
plt.rc('font', family='NanumBarunGothic')
plt.figure(figsize=(10,6))
plt.title("분수의 나눗셈 히스토그램")
plt.hist(math1)
```

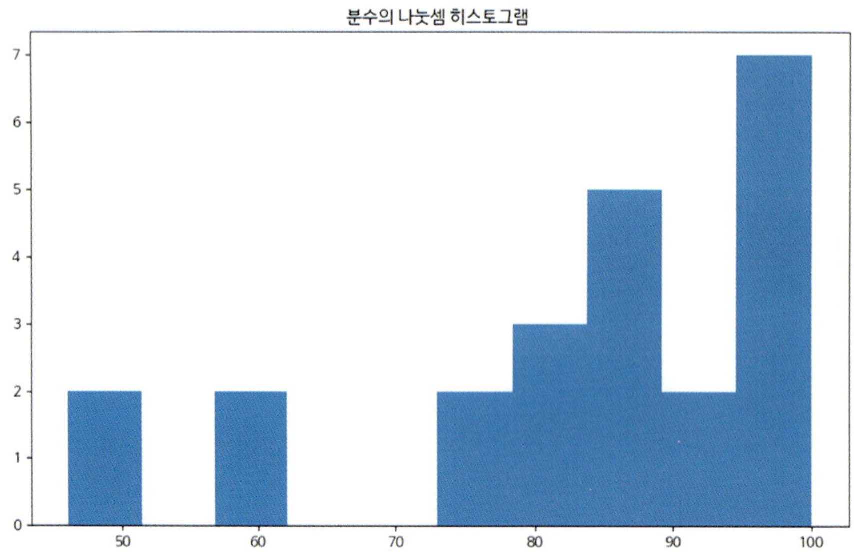


## 9.4 상관관계 분석

### 9.4.1 상관관계 분석이란?

상관관계 분석(Correlation Analysis)은 두 변수간에 어떤 선형적 관계를 갖고 있는지를 분석하는 방법입니다. 두 변수는 서로 독립적이거나 상관된 관계일 수 있으며 이때 두 변수간 관계의 강도를 상관관계(Correlation, Correlation coefficient)라 합니다.

상관관계 분석에서는 두 변수간의 관련성을 구하기 위해 보편적으로 피어슨 상관 계수(Pearson correlation coefficient)가 이용됩니다. 피어슨 상관 계수 'r'은 x와 y가 함께 변하는 정도 또는 x와 y가 각각 변하는 정도를 의미합니다.

| r값 | 관계 | r값 | 관계 |
|---|---|---|---|
| +0.7 ~ +1.0 | 강한 양적 상관관계 | −1.0 ~ −0.7 | 강한 음적 상관관계 |
| +0.3 ~ +0.7 | 뚜렷한 양적 상관관계 | −0.7 ~ −0.3 | 뚜렷한 음적 상관관계 |
| +0.1 ~ +0.3 | 약한 양적 상관관계 | −0.3 ~ −0.1 | 약한 음적 상관관계 |
| −0.1 ~ +0.1 | 상관관계 거의 없음 | | |

상관계수는 두 변수간의 연관된 정도를 나타낼 뿐 인과관계를 설명하는 것은 아닙니다. 두 변수간에 원인과 결과의 인과관계가 있는지에 대한 여부는 회귀분석을 활용하여 인과 관계의 방향, 정도, 수학적 모델을 통해 확인해 볼 수 있습니다.

### 9.4.2 상관관계 분석하기

다음 데이터는 6학년 어느 반 학생들의 1학기 수학 시험 점수입니다. '분수의 나눗셈과 소수의 나눗셈은 같은 연산 영역에 속해 있으므로 분수의 나눗셈의 성적이 좋다면 소수의 나눗셈의 성적도 좋을 것이다'라는 가설을 세우고 시험 점수 간의 상관관계를 분석해 보겠습니다.

| | Unnamed: 0 | 분수의 나눗셈 | 각기둥과 각뿔 | 소수의 나눗셈 | 비와 비율 | 여러 가지 그래프 | 직육면체의 부피와 겉넓이 |
|---|---|---|---|---|---|---|---|
| 0 | 학생1 | 60.0 | 75.0 | 67.0 | 48.0 | 70.0 | 42.0 |
| 1 | 학생2 | 87.0 | 100.0 | 100.0 | 88.0 | 100.0 | 91.0 |
| 2 | 학생3 | 99.0 | 90.0 | 70.0 | 84.0 | 95.0 | 84.0 |
| 3 | 학생4 | 95.0 | 100.0 | 90.0 | 80.0 | 100.0 | 70.0 |
| 4 | 학생5 | 90.0 | 100.0 | 80.0 | 88.0 | 95.0 | 84.0 |

◈ 상관관계 분석을 위한 코드를 입력해 봅시다.

**DnA9-4.ipynb**

```
from google.colab import files                    # 파일 업로드하기
myfile=files.upload()
```

```
import pandas as pd
df=pd.read_csv('mathgrade.csv', encoding="euc-kr")
```

```
corr=df.corr(method='pearson')                    # 상관관계 분석하기
print(corr)                                       # 분석 결과 출력하기
```

◈ 프로그램을 실행시켜 상관관계 분석 결과를 확인해 봅시다.

**DnA9-4.ipynb 실행 결과**

```
                  분수의 나눗셈   각기둥과 각뿔   소수의 나눗셈     비와 비율   여러 가지 그래프
분수의 나눗셈         1.000000   0.581232   0.631867   0.502661   0.740138
각기둥과 각뿔         0.581232   1.000000   0.737331   0.713328   0.834480
소수의 나눗셈         0.631867   0.737331   1.000000   0.596818   0.747691
비와 비율            0.502661   0.713328   0.596818   1.000000   0.807858
여러 가지 그래프       0.740138   0.834480   0.747691   0.807858   1.000000
직육면체의 부피와 겉넓이  0.538605   0.676990   0.682458   0.759018   0.807438

                 직육면체의 부피와 겉넓이
분수의 나눗셈                0.538605
각기둥과 각뿔                0.676990
소수의 나눗셈                0.682458
비와 비율                   0.759018
여러 가지 그래프              0.807438
직육면체의 부피와 겉넓이         1.000000
```

"분수의 나눗셈"과 "소수의 나눗셈" 단원 점수 간의 상관관계 분석 결과는 0.631867로 약한 양의 상관관계가 있음을 확인할 수 있습니다. 다른 단원들과의 상관관계 분석 결과를 살펴보니 전부 0.5보다 큰 값으로 수학 점수 간에는 양의 상관관계를 확인할 수 있습니다. 데이터를 통해 수학은 기초실력이 중요함을 추측해볼 수 있습니다.

### 9.4.3 Scatter Matrix(산점도)를 활용한 상관관계 분석

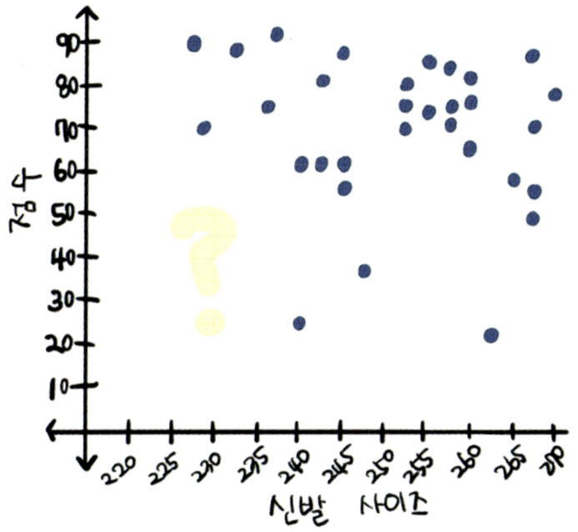


산점도란 두 변수의 관계를 보여주는 자료 표시 방법입니다. 각 측정값은 두 변수를 의미하는 (x, y)의 점으로 나타냅니다.

왼쪽에 보이는 그림은 학생의 신발 사이즈와 퀴즈 점수를 보여주는 산점도입니다. 이때 각 측정값의 x좌표는 신발 사이즈를 의미하며 y좌표는 퀴즈 점수를 의미합니다. 선 형태가 보이지 않는 것으로 보아 두 변수는 뚜렷한 상관관계가 없다고 할 수 있습니다.

이처럼 산점도 내에서 패턴이나 관계를 파악할 수 있으며, 변수 x의 증가에 대한 변수 y의 변화 정도를 파악하며 상관관계를 확인할 수 있습니다.

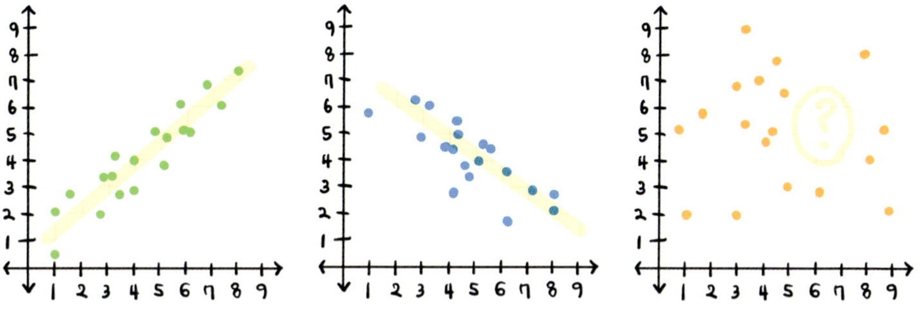

하지만 맨 오른쪽 그림처럼 상관관계가 보이지 않는다고 해서 독립인 것은 아닙니다. 상관관계가 없을 때 독립인 경우는 확률변수가 정규분포를 따르는 지 추가로 확인이 필요합니다. 아래의 표는 피어슨이 제시한 상관관계 분석의 해석 기준입니다.

$0.8 \leqq r$일 때, 강한 상관이 있습니다.
$0.6 \leqq r < 0.8$일 때, 상관이 있습니다.
$0.4 \leqq r < 0.6$일 때, 약한 상관이 있습니다.
$r < 0.4$일 때, 거의 상관이 없습니다.

〈 상관계수에 따른 데이터 분포 〉

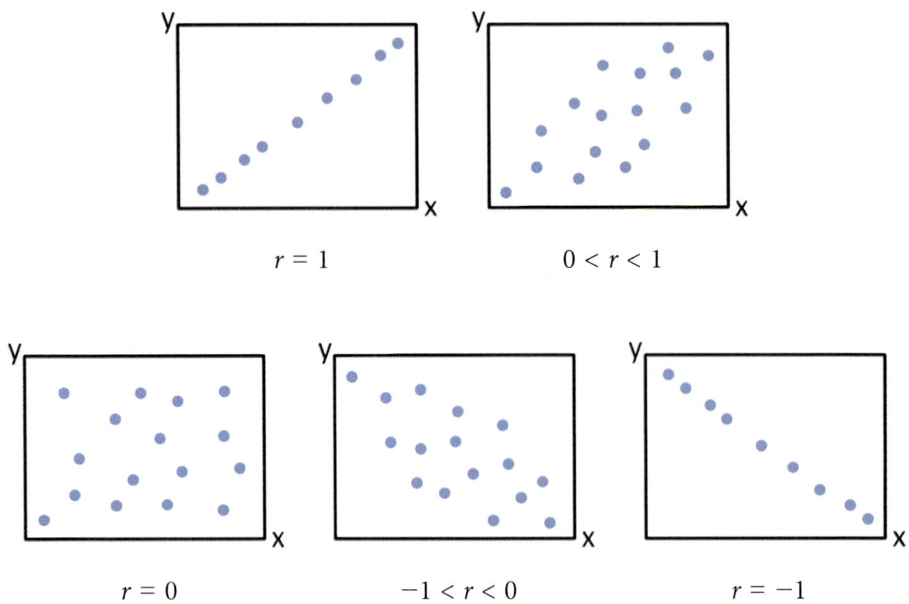


◈ 다음과 같이 입력하여 산점도를 그려봅시다.

**DnA9-4.ipynb**

```
7  import matplotlib.pyplot as plt
8  plt.scatter(df[['분수의 나눗셈']], df['소수의 나눗셈'], label='calculation')
9  plt.legend(loc='best')
10 plt.xlabel('fraction')
11 plt.ylabel('decimal')
12 plt.show()
```

8 산점도를 그립니다. 이 때 x축은 '분수의 나눗셈' 열, y축은 '소수의 나눗셈' 열을 이

용하며 calculation(연산)이라는 이름의 범례를 붙여줍니다. 영어로 쓴 이유는 그림이 나타날 때 한글이 깨질 수 있기 때문입니다.

9 범례의 위치는 최적의 위치에 자동으로 배치합니다.

10 x축에 분수를 의미하는 'fraction' 이름을 붙여줍니다.

11 y축에 소수를 의미하는 'decimal' 이름을 붙여줍니다.

◈ 프로그램을 실행시켜 산점도 그림을 확인해 봅시다.

**DnA9-4.ipynb 실행 결과**

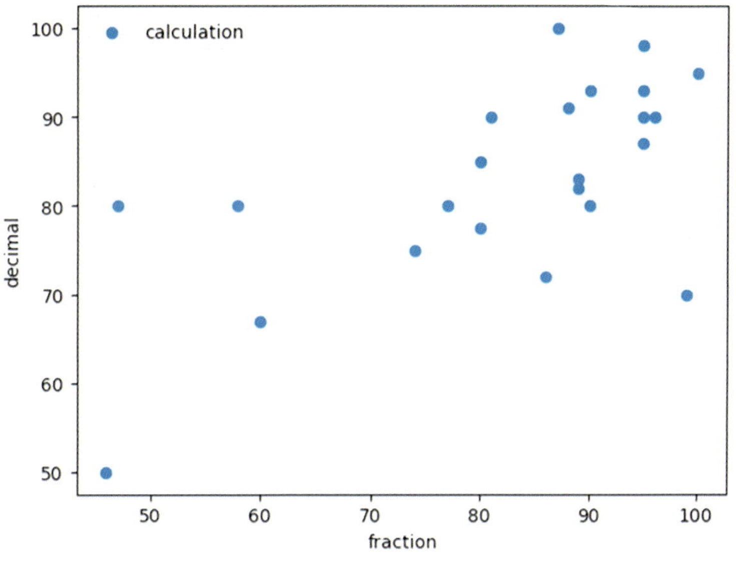


그림을 보았을 때 점들이 우상향을 그리고 있으므로 양의 상관관계가 있음을 알 수 있습니다. 실제로 앞선 장에서 상관계수가 0.631867임을 확인한 바 있으며 피어슨이 제시한 상관관계 해석 기준에 의해 상관이 있다고 볼 수 있습니다.

### 9.4.4 전체 코드 확인하기

**DnA9-4.ipynb**

```
from google.colab import files                    # 파일 업로드하기
myfile=files.upload()
```

```
import pandas as pd
df=pd.read_csv('mathgrade.csv', encoding="euc-kr")
```

```
corr=df.corr(method='pearson')                    # 상관관계 분석하기
print(corr)                                       # 분석 결과 출력하기
```

```
              분수의 나눗셈  각기둥과 각뿔  소수의 나눗셈   비와 비율  여러 가지 그래프
분수의 나눗셈        1.000000  0.581232  0.631867  0.502661   0.740138
각기둥과 각뿔        0.581232  1.000000  0.737331  0.713328   0.834480
소수의 나눗셈        0.631867  0.737331  1.000000  0.596818   0.747691
비와 비율          0.502661  0.713328  0.596818  1.000000   0.807858
여러 가지 그래프      0.740138  0.834480  0.747691  0.807858   1.000000
직육면체의 부피와 겉넓이  0.538605  0.676990  0.682458  0.759018   0.807438

             직육면체의 부피와 겉넓이
분수의 나눗셈              0.538605
각기둥과 각뿔              0.676990
소수의 나눗셈              0.682458
비와 비율                0.759018
여러 가지 그래프            0.807438
직육면체의 부피와 겉넓이          1.000000
```

```
import matplotlib.pyplot as plt
import matplotlib.pyplot as plt
import matplotlib.pyplot as pltplt.legend(loc='best')
plt.xlabel('fraction')
plt.ylabel('decimal')
plt.show()
```

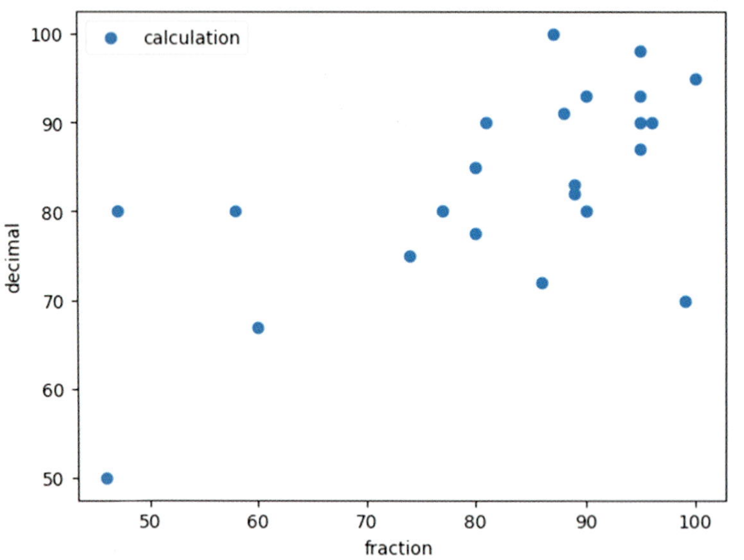

# 스스로 해보기

## 1. 우리 반 학생들의 체격 분석하기

NEIS에서 우리 반 학생들의 키와 몸무게를 확인하여 체격을 분석해 봅시다. 학급 학생들의 데이터가 없는 경우 교재에서 제공하는 "physique.csv"을 활용할 수 있습니다.

〈조건〉
(1) 키에 대한 칼럼만 선택하여 요약 통계 분석을 실시해 봅시다.
(2) 키에 대한 칼럼만 선택하여 Box Plot을 그려 보고 해석해 봅시다.
(3) 키에 대한 히스토그램을 그리고 해석해 봅시다.
  – 히스토그램의 이름을 "Histogram of student's height"로 설정해 봅시다.
(4) 키와 몸무게에 대한 산점도를 그려 봅시다.
  – 산점도의 이름을 "Scatter of  student's physique"로 설정해 봅시다.
  – x축의 이름을 'height', y축의 이름을 'weight'로 설정해 봅시다.
  – 범례의 이름을 'physique'로 설정하고 위치를 'best'로 설정해 봅시다.

◈ csv파일을 불러오기 위한 코드를 입력해봅시다.

DnA9–5.ipynb

```
from google.colab import files
myfile=files.upload()
```

```
파일 선택 physique.csv
• physique.csv(text/csv) - 255 bytes, last modified: 2023. 5. 20. - 100% done
Saving physique.csv to physique.csv
```

```
import pandas as pd
df=pd.read_csv('physique.csv')
```

### (1) 기술 통계 분석하기

키에 대한 칼럼만 선택하여 요약 통계 분석을 실시하는 코드입니다.

DnA9-5.ipynb

```
df1=df['height'].describe()
df1
```

```
count     21.000000
mean     135.428571
std        6.452530
min      123.800000
25%      131.100000
50%      136.500000
75%      141.300000
max      147.100000
Name: height, dtype: float64
```

### (2) Box Plot 그리기

키에 대한 칼럼만 선택하여 Box Plot을 그리는 코드입니다.

DnA9-5.ipynb

```
import matplotlib.pyplot as plt
df.boxplot(['height'])
```

또는

DnA9-5.ipynb

```
df2=pd.DataFrame(df['height'])
df2.boxplot()
```

혹시 df1.boxplot( )라고 입력하셨나요? "'Series' object has no attribute 'boxplot' "와 같은 오류메시지를 보고 당황하셨을 겁니다. 앞서 정의한 df1은 'height' 칼럼에 대한 요약 통계 값으로 'Series'로 표현된 값이기 때문에 Box Plot을 그릴 수 없습니다. df2=pd.DataFrame(df['height']) 와 같이 'height' 칼럼을 'df2'이름을 가진 DataFrame으로 만들어 준다면 칼럼을 입력하지 않고도 그릴 수 있습니다.

**DnA9-5.ipynb 실행 결과**

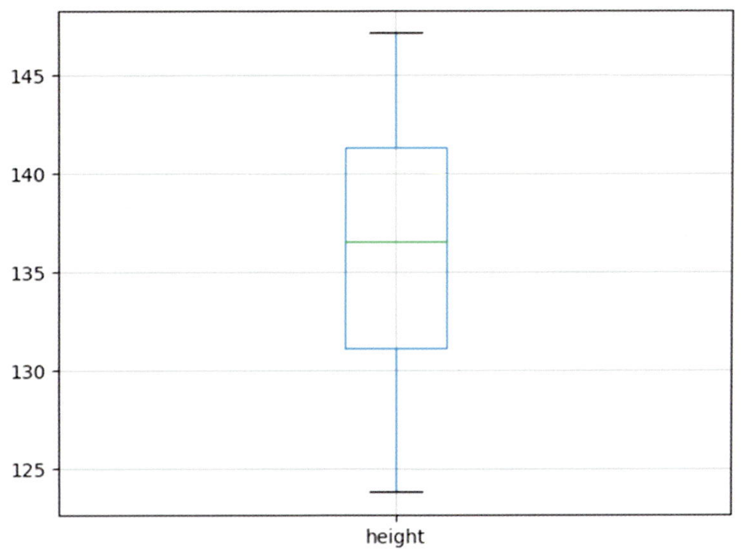


우리 반에서 가장 작은 학생의 키는 120cm보다 크고 125cm보다 작습니다. 우리 반에서 가장 큰 학생의 키는 145cm보다 크고 150cm보다는 작습니다. 실제로 데이터를 확인해보면 가장 작은 학생은 123cm, 큰 학생은 147cm입니다. 1사분위 값은 131cm, 2사분위 값은 136cm, 3사분위 값은 141cm입니다. 우리 반 학생들의 키 중앙값은 136cm로 이를 기준으로 작다, 크다로 나눌 수 있습니다.

### (3) 히스토그램 그리기

키에 대한 칼럼만 선택하여 히스토그램을 그리는 코드입니다.

**DnA9-5.ipynb**

```
plt.title("Histogram of student's height")
plt.hist(df[['height']])
```

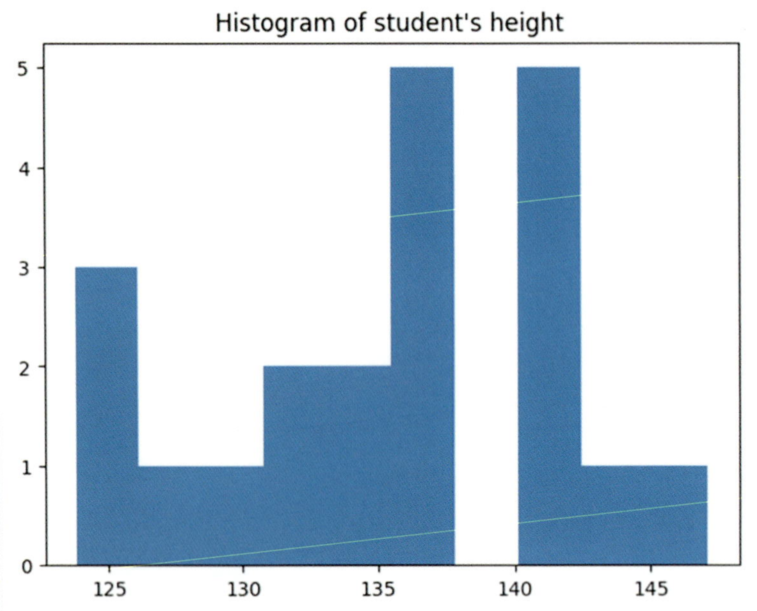


히스토그램의 꼭지점을 연결해보면 정규분포 곡선의 형태를 띄고 있는 듯 하면서도 키가 작은 학생이 많음을 확인할 수 있습니다.

## (4) 산점도 그리기

키를 x축으로 몸무게를 y축으로 하여 산점도를 그리는 코드입니다.

DnA9-5.ipynb

```
plt.title("Scatter of student's physique")  # 제목 설정
plt.scatter(df['height'], df['weight'], label= 'physique')
plt.legend(loc='best')                      # 범례 위치 설정
plt.xlabel('height')                        # x축 이름 설정
plt.ylabel('weight')                        # y축 이름 설정
plt.show
```

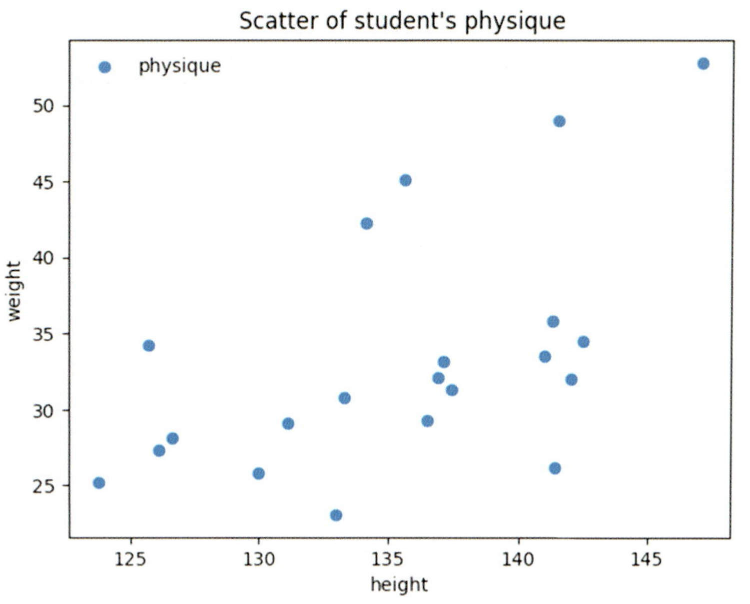


## 2. 전체 코드 확인하기

DnA9-5.ipynb

```
from google.colab import files
myfile=files.upload()
```

파일 선택 physique.csv

- **physique.csv**(text/csv) - 255 bytes, last modified: 2023. 5. 20. - 100% done

```
Saving physique.csv to physique.csv
```

```
import pandas as pd
df=pd.read_csv('physique.csv')
```

```
df1=df['height'].describe()
df1
```

```
count     21.000000
mean     135.428571
std        6.452530
min      123.800000
25%      131.100000
```

```
50%      136.500000
75%      141.300000
max      147.100000
Name: height, dtype: float647
```

```python
import matplotlib.pyplot as plt
df.boxplot(['height'])
```

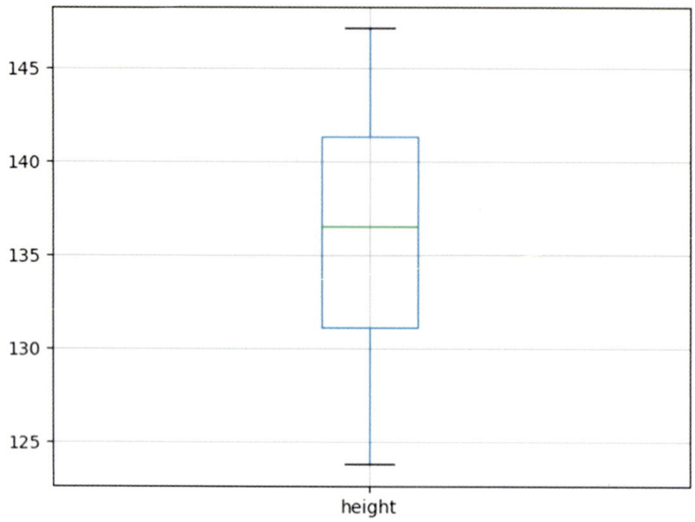


```python
df2=pd.DataFrame(df['height'])
df2.boxplot()
```

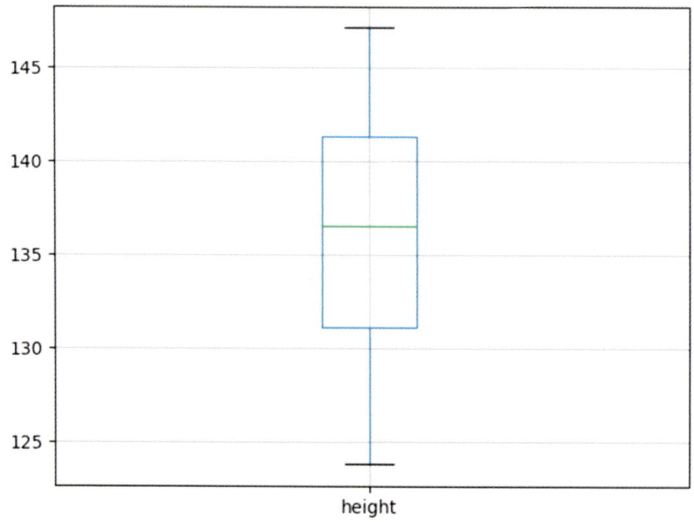


```python
plt.title("Histogram of student's height")
```

```
plt.hist(df[['height']])
```

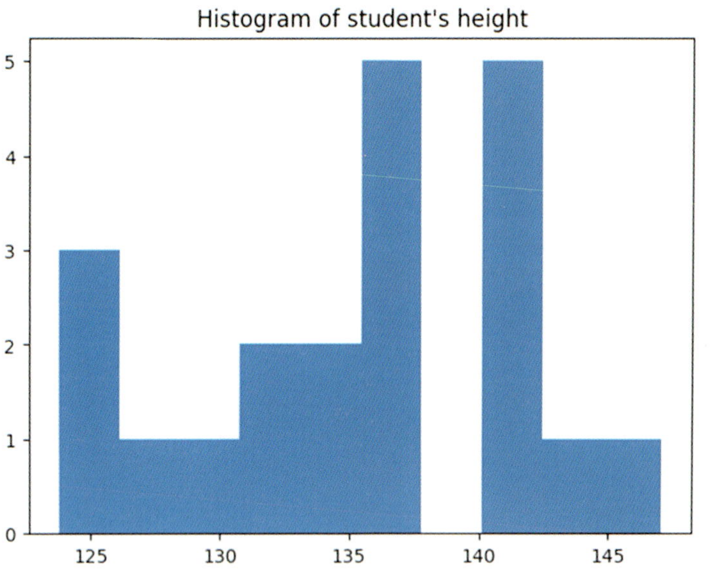


```
plt.title("Scatter of student's physique")  # 제목 설정
plt.scatter(df['height'], df['weight'], label= 'physique')
plt.legend(loc='best')                      # 범례 위치 설정
plt.xlabel('height')                        # x축 이름 설정
plt.ylabel('weight')                        # y축 이름 설정
plt.show
```

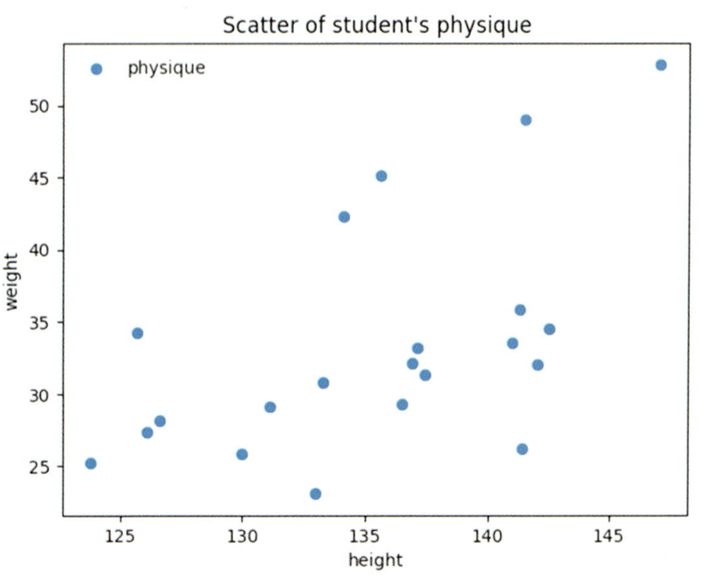

CHAPTER

# 10 보고서에 자주 등장하는 표, 정체가 뭐야?


10.1 독립 표본 *t*-test
10.2 대응 표본 *t*-test
10.3 *t*-test 실전
10.4 외부 프로그램 사용하기
스스로 해보기


들어가며

*t*-test는 두 집단의 데이터 세트의 평균이 유의미한 차이가 있는지 판별하는 방법으로 많은 연구 및 보고서에서 사용하고 있습니다. 학생들에게 적용한 수업이 유의미한 효과가 있었는지 확인하기 위해 *t*-test를 이용하여 분석해봅시다.

인공지능 교사 연구회를 만들기로 결심한 최 교사는 계획서를 쓰기 위해 작년도 연구 보고서를 읽다가 표를 발견합니다. 평균과 표준편차는 알겠는데 *t*, *z*, *p*는 도대체 뭔지 모르겠습니다. 수업 적용 사전-사후 평균을 비교할 때 *t*-test를 사용한다는 말은 들어본 것 같은데 *t*-test란 무엇이며 어떻게 사용해야 하는 걸까요?

<표 13> 인공지능 리터러시 사전-사후검사 결과 비교

| | 사전 평균 (표준편차) | 사후 평균 (표준편차) | $t$ | $z$ | $p$ |
|---|---|---|---|---|---|
| 인공지능 리터러시 전체* | 3.318 (0.786) | 4.515 (1.067) | -6.035 | | <.001 |
| 인공지능 기초지식* | 2.864 (1.068) | 4.364 (1.185) | -5.309 | | <.0 |
| 인공지능 개발역량* | 3.023 (1.009) | 4.534 (1.333) | -5.806 | | < |
| 인공지능 활용능력* | 3.700 (1.056) | 4.555 (1.101) | -4.034 | | <.0 |
| 인공지능 윤리적 가치관** | 3.536 (0.813) | 4.582 (1.051) | | -3.232 | <.00 |

*대응 표본 t-test 수행(n= 22), ** 윌 콕슨 부호순위검정 수행(df= 21)

## 10.1 독립 표본 *t*–test

### 10.1.1 독립 표본 *t*–test란?

독립 표본 *t*-test(Independent Two sample *t*-test)란 서로 다른 두 집단의 차이를 분석하는 방법입니다. 두 집단 각각을 대표할 수 있는 값을 도출한 후에 집단간에 서로 차이가 있는지 분석합니다. 독립 표본 *t*-test의 방법으로는 Student's *t*-test와 Welch's *t*-test의 두 종류가 있으며 둘 다 일부를 추출하여 전체를 판단하는 모수적 검정방법(Parametric Test)입니다. 만약 세 집단 이상을 동시에 비교하여 각 집단의 평균이 차이가 나는지를 알아보기 위해서는 분산분석(Analysis of Variance, ANOVA)를 이용합니다.

독립 표본 *t*-test를 수행하기 위해서는 독립성(Independence), 정규성(Normality), 등분산성(Identical Interval and Continuity)를 만족해야 합니다.

### (1) 독립성

비교하려는 두 집단을 구성하는 대상이 서로 관계가 없어야 합니다. 예를 들어 100명의 지원자를 대상으로 신약이 기존의 약과 차이가 있는지를 알아본다면 신약을 사용하는 집단과 기존의 약을 사용하는 집단을 서로 관련이 없도록 구성해야 합니다.

만약 동일한 대상자에게 신약을 복용하기 전과 후의 효과를 비교하고 싶다면 독립성의 조건을 만족하지 않기 때문에 대응 표본 *t*-test(Paired Sample *t*-test)를 사용해야 합니다.

### (2) 정규성

수집한 데이터가 특정 값에 편중됨 없이 적절히 잘 수집되었는지 확인하는 과정으로, 정규분포(Normal Distribution)를 충족해야 합니다. 정규분포란 평균을 중심으로 그래프의 좌우가 대칭구조를 나타내는 자료 분포입니다.

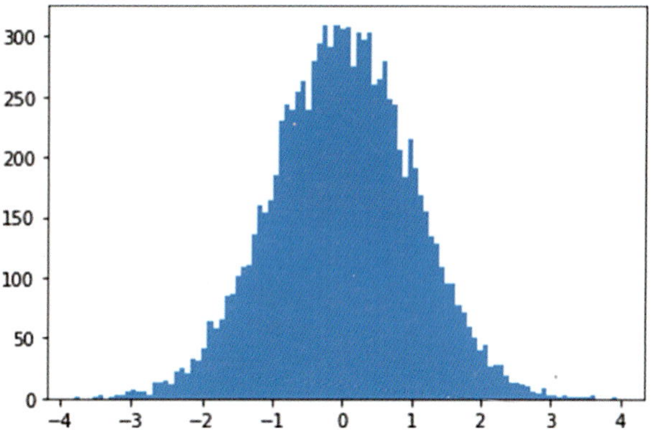


중심 극한 정리(Central Limit Theorem)을 통해 표본 집단(Sample)의 표본 수가 30개 이상일 경우 표본 평균(Sample Mean)은 모집단(Population)의 자료 분포와는 상관없이 정규분포를 따른다는 것이 증명되었습니다.

반면 30개 미만의 표본 수에 대해서는 Kolmogorov-Smirnov Test와 Shapiro-Wilk Test 등을 이용하여 자료의 정규성을 검증해야 합니다. 만일 정규성이 검증되지 않으면 비모수적 검정 방법인 Mann-Whitney U-test를 수행해야 합니다.

### (3) 등분산성

두 집단의 분산이 동일한 지 살펴봅니다. 두 집단의 표본 간에 유의미한 차이가 있는지 살펴볼 수 있습니다.

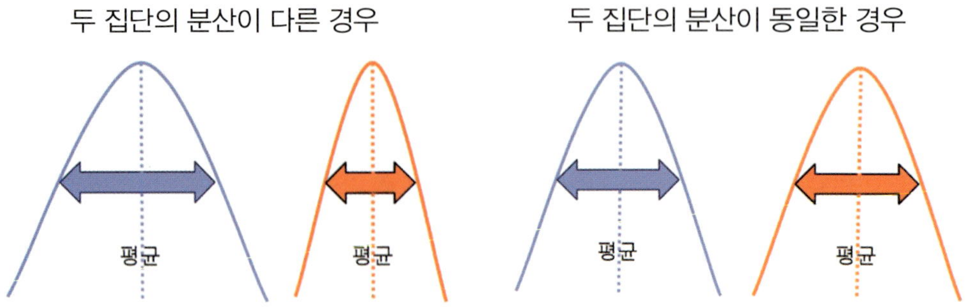


분산성까지 충족되었다면 Student's *t*-test를 이용합니다. 등분산성을 충족시키지 못한 경우 Welch's *t*-test를 수행합니다.

아래 그림을 참고하여 독립성, 정규성, 등분산성 만족 여부에 따라 검정 방법을 선택할 수 있습니다.

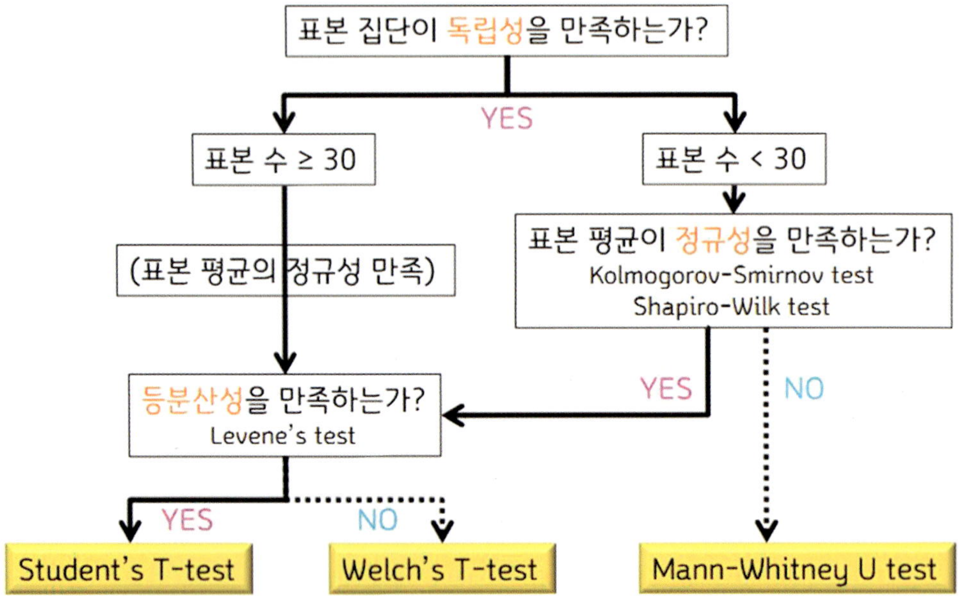


### 10.1.2 STUDENT와 *t*-test는 무슨 관련이 있을까?

STUDENT's *t*-test 어원은 한 직장인의 이야기에서 시작됩니다. 이 이야기의 주인공인 윌리엄 고셋(William Sealy Gosset)은 영국의 통계학자이자 양조기술사로 윈체스터 대학에서 수학과 자연 과학을 공부한 뒤 옥스퍼드에 편입했고, 1899년 기네스에 취직했습니다. 기네스는 생산량을 증가시키면서도 특유의 향과 맛을 유지할 수 있도록 고셋에게 맥주에 들어가는 '홉'의 이상적인 비율을 알아내게 했습니다. 하지만 분석을 위해 제공되는 맥주의 양은 한계가 있었기 때문에 고셋은 표본을 통해 전체의 비율을 유추하는 통계적 방법을 개발하고 적용하였습니다. 고셋은 적은 양의 맥주로 이상적인 홉의 비율을 알아내는 데 성공하였으나, 기네스는 고셋의 발견 방법을 독점하기 위하여 학계에 통계 기법을 발표하지 못하게 하였습니다. 연구원이었지만 동시에 회사원이기도 했기에 고셋은 기네스와 절충을 시도합니다. 결국 연구원 신분이 노출되지 않는 가명으로 연구내용을 발표할 수 있도록 허락을 얻고 'STUDENT'라는 가명으로 1908년 옥스퍼드대학교 학술지에 발표하게 됩니다. *t*-test의 'T'는 이 때 고셋의 가명인 STUDENT에서 유래된 것으로 알려졌습니다.

William Sealy Gosset(1876~1937)

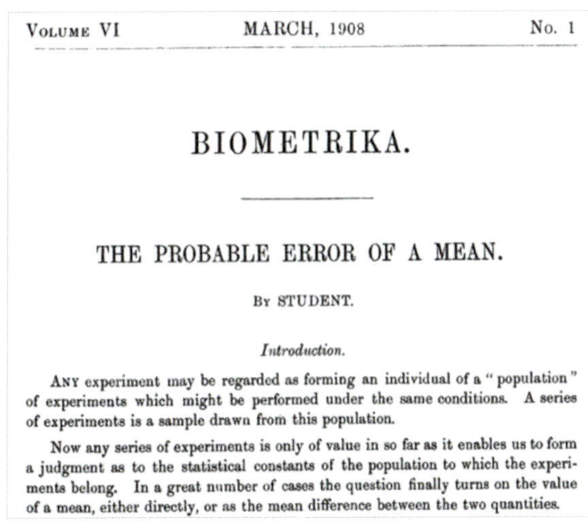

VOLUME VI    MARCH, 1908    No. 1

BIOMETRIKA.

THE PROBABLE ERROR OF A MEAN.

BY STUDENT.

*Introduction.*

ANY experiment may be regarded as forming an individual of a "population" of experiments which might be performed under the same conditions. A series of experiments is a sample drawn from this population.

Now any series of experiments is only of value in so far as it enables us to form a judgment as to the statistical constants of the population to which the experiments belong. In a great number of cases the question finally turns on the value of a mean, either directly, or as the mean difference between the two quantities.

고셋의 논문, The probable error of a mean, STEUDENT. Biometrika, Volume 6, Issue 1 (Mar., 1908), 1–25.

### 10.1.3 독립 표본 *t*-test 수행하기

준비된 데이터는 a반과 b반의 인공지능 리터러시에 대한 사전, 사후 검사 결과입니다. 인공지능 리터러시 변화 결과를 살펴보기에 앞서 a반과 b반을 대상으로 독립 표본 검사를 실행해 봅시다.

#### (1) 데이터 준비하기

◈ 파일을 업로드할 수 있는 코드를 입력해 봅시다.

**DnA10-1.ipynb**

```
from google.colab import files                  # csv파일 불러오기
myfile=files.upload()
```

```
...  파일 선택  선택된 파일 없음          Cancel upload
```

"inde_ttest.csv" 파일을 선택하여 업로드합니다. 데이터 파일은 교재 뒷편에 제시된 구글드라이브 링크에서 다운받을 수 있습니다.

**DnA10-1.ipynb 실행 결과**

```
파일 선택  inde_ttest.csv
• inde_ttest.csv(text/csv) - 7176 bytes, last modified: 2023. 3. 19. - 100% done
Saving inde_ttest.csv to inde_ttest.csv
```

◈ DataFrame을 생성해 봅시다.

**DnA10-1.ipynb**

```
import pandas as pd                  # pandas 라이브러리 불러오기
from numpy import array              # numpy 라이브러리 불러오기
df=pd.read_csv('inde_ttest.csv')     # DataFrame 생성하기

xA=array(df.pre1[0:39])              # 0~40행 데이터를 xA으로 지정하기
xB=array(df.pre1[39:74])             # 40~75행 데이터를 xB로 지정하기

xA, xB                               # xA, xB 데이터 불러오기
```

◈ 데이터프레임이 잘 생성되었는지 확인해 봅시다.

**DnA10-1.ipynb 실행 결과**

```
(array([5, 4, 5, 4, 5, 5, 4, 4, 5, 5, 5, 4, 5, 5, 4, 5, 4, 4, 4, 3, 5, 2, 4, 5, 5, 5, 5, 4, 5, 3, 1, 3, 5, 5, 5,
       5])
 array([4, 5, 5, 2, 5, 4, 4, 5, 4, 5, 3, 4, 5, 4, 3, 4, 4, 4, 4, 5, 4, 5, 5, 2, 5, 3, 3, 5, 4, 4, 5, 4]))
```

### (2) 등분산성 검사 수행하기

◈ 표본수가 30개 이상으로 정규성을 만족하므로 등분산성 검사를 수행해 봅시다.

**DnA10-1.ipynb**

```
from scipy.stats import levene     # levene의 등분산성 검정 함수 불러오기
levene(xA, xB)                     # x1, x2에 대한 levene의 등분산성 검정
```

◈ 프로그램을 실행시켜 등분산성 검정 결과를 확인해 봅시다.

**DnA10-1.ipynb 실행 결과**

```
LeveneResult(statisitc=0.001049264372878651, pvalue=0.9742500486953616
```

Levene의 등분산성 검정 결과 pvalue의 값이 0.05보다 크기 때문에 두 모집단의 분산이 같다고 볼 수 있습니다.

### (3) *t*-test 수행하기

◈ 독립 표본 *t*-test를 실행하여 봅시다.

**DnA10-1.ipynb**

```
11 from scipy.stats import ttest_ind     # t-test 검정 함수 불러오기
12 ttest_ind(xA, xB)                     # xA, xB에 대한 독립 표본 t-test 검정
```

12 : 만약 등분산성을 만족하지 못했다면 *t*-test검정을 수행할 때 equal_var=False 명령어를 입력하면 됩니다. ttest_ind(xA, xB, equal_var=False)

◈ 프로그램을 실행시켜 독립 표본 *t*-test 결과를 확인해 봅시다.

**DnA10-1.ipynb 실행 결과**

```
Ttest_indResult(statistic=1.1330629304961806, pvalue=0.26099957122744605)
```

유의확률 pvalue의 값이 0.05보다 작아야 통계적으로 유의미하다고 볼 수 있습니다. 하지만 검정 결과 pvalue의 값은 약 0.05보다 큰 0.26으로 유의미한 차이가 없습니다. 따라서 A반과 B반은 속한 반에 따라 인공지능 리터러시 점수에 차이가 없다고 볼 수 있습니다.

### 10.1.4 전체 코드 확인하기

**DnA10-1.ipynb**

```python
from google.colab import files                  # csv파일 불러오기
myfile=files.upload()
```

```
파일 선택 inde_ttest.csv
• inde_ttest.csv(text/csv) - 7176 bytes, last modified: 2023. 3. 19. - 100% done
Saving inde_ttest.csv to inde_ttest.csv
```

```python
import pandas as pd                             # pandas 라이브러리 불러오기
from numpy import array                         # numpy 라이브러리 불러오기
df=pd.read_csv('inde_ttest.csv')                # DataFrame 생성하기
```

```python
xA=array(df.pre1[0:39])                         # 0~40행 데이터를 xA으로 지정하기
xB=array(df.pre1[39:74])                        # 40~75행 데이터를 xB로 지정하기
```

```python
xA, xB                                          # xA, xB 데이터 불러오기
```

```
(array([5, 4, 5, 4, 5, 5, 4, 4, 5, 5, 5, 4, 5, 5, 4, 5, 4, 4, 4, 3, 5, 2, 4, 5, 5, 5, 5, 4, 5, 3, 1, 3, 5,
        5, 5, 5])
 array([4, 5, 5, 2, 5, 4, 4, 5, 4, 5, 3, 4, 5, 4, 3, 4, 4, 4, 4, 5, 4, 5, 5, 2, 5, 3, 3, 5, 4, 4, 5, 4]))
```

```python
from scipy.stats import levene                  # Levene의 등분산성 검증
levene(xA, xB)
```

```
LeveneResult(statisitc=0.001049264372878651, pvalue=0.9742500486953616
```

```python
from scipy.stats import ttest_ind               # 독립 표본 검증
ttest_ind(xA, xB)               # 등분산성을 만족했으므로 student's t-test 실시
```

```
Ttest_indResult(statistic=1.1330629304961806, pvalue=0.26099957122744605)
```

### 10.1.5 독립 표본 *t*-test 정리하기

#### (1) 정규성 검정

◈ 데이터가 30개 이상일 경우

– 정규성이 성립되므로 정규성 검정을 생략하고 등분산성 검정으로 넘어 갑니다.

◈ 데이터가 30개 미만일 경우

– Shapiro-Wilks 정규성 검정을 실행합니다.

```
from scipy.stats import shapiro
print(shapiro(x1, x2))          # pvalue가 0.05보다 크다 → 정규성 만족
```

– 정규성을 만족한 경우 등분산성 검정으로 넘어 갑니다.
– 정규성을 만족하지 않을 경우 Mann-Whitney U-Test를 실행합니다.

```
from scipy.stats import mannwhitneyu
mannwhitneyu(x1, x2)
```

#### (2) 등분산성 검정

◈ Levene's Test를 실행합니다.

```
from scipy.stats import levene
levene(x1, x2)                  # pvalue가 0.05보다 크다 → 등분산성 만족
```

#### (3) 독립 표본 검정

◈ 등분산성을 만족한 경우

– Student's *t*-test를 실행합니다.

```
from scipy.stats import ttest_ind
ttest_ind(x1, x2)               # pvalue가 0.05보다 작다 → 유의미한 통계
```

◈ 등분산성을 만족하지 않았을 경우

– Welch's *t*-test를 실행합니다.

```
from scipy.stats import ttest_ind
ttest_ind(x1, x2, equal_var=False)
```

## 10.2 대응 표본 t-test

독립 표본 *t*-test는 두 집단 간의 평균 차이를 분석한다면 대응 표본 *t*-test는 같은 집단을 대상으로 실험 전과 후의 차이를 비교할 때 사용합니다. A반의 인공지능 리터러시 사전-사후 검사 결과를 비교해 봅시다.

### 10.2.1 대응 표본 t-test 수행하기

#### (1) 데이터 준비하기

◈ "de_ttest.csv" 파일을 업로드할 수 있는 코드를 입력해 봅시다.

DnA10-2.ipynb

```
from google.colab import files                # csv파일 불러오기
myfile=files.upload()
```

```
파일 선택  de_ttest.csv
• de_ttest.csv(text/csv) - 6389 bytes, last modified: 2023. 3. 26. - 100% done
Saving de_ttest.csv to de_ttest.csv
```

◈ 사전 검사 및 사후 검사 평균에 대한 DataFrame을 생성해 봅시다.

DnA10-2.ipynb

```
import pandas as pd                   # pandas 라이브러리 불러오기
from numpy import array               # numpy 라이브러리 불러오기
df=pd.read_csv('de_ttest.csv')        # DataFrame 생성하기
```

```
x1=array(df.pre_mean[0:37])           # 1~38행 데이터를 x1으로 지정하기
x2=array(df.post_mean[0:37])          # 1~38행 데이터를 x2로 지정하기
```

```
x1, x2                                # x1, x2 데이터 불러오기
```

6 1~38행은 A반, 그 이후는 B반의 데이터였습니다. 사전 검사의 평균을 의미하는 'pre_mean'열에서 1~38행의 행의 데이터만 선택하여 x1 함수로 지정합니다.

7 1~38행은 A반, 그 이후는 B반의 데이터였습니다. 사후 검사의 평균을 의미하는 'post_mean'열에서 1~38행의 행의 데이터만 선택하여 x2 함수로 지정합니다.

◈ 데이터프레임이 잘 생성되었는지 확인해 봅시다.

**DnA10-2.ipynb 실행 결과**

```
(array([3.3125, 2.9375, 3.375 , 2.75  , 2.8125, 3.75  , 3.0625, 4.0625,
        3.4375, 3.25  , 3.75  , 3.25  , 2.5   , 3.25  , 2.5   , 3.6875,
        2.75  , 3.    , 3.5625, 2.0625, 3.1875, 2.875 , 1.8125, 2.9375,
        3.4375, 3.3125, 3.    , 3.5   , 3.4375, 3.3125, 3.6875, 2.5   ,
        3.1875, 3.    , 4.625 , 3.4375, 4.4375]),
 array([3.25  , 3.5625, 5.    , 2.    , 3.0625, 3.9375, 4.8125, 4.5625,
        3.3125, 2.8125, 5.    , 3.8125, 2.6875, 2.5   , 2.8125, 3.375 ,
        2.6875, 2.9375, 3.4375, 3.9375, 3.625 , 3.9375, 3.5625, 3.    ,
        4.5625, 3.125 , 4.125 , 3.5   , 4.5   , 3.125 , 3.8125, 4.0625,
        4.0625, 3.75  , 3.9375, 3.8125, 5.    ]))
```

## (2) 정규성 검사 수행하기

◈ 데이터에 대한 정규성 검사를 실행해 봅시다.

**DnA10-2.ipynb**

```
9  from scipy.stats import shapiro      # shapiro 정규성 검정 함수 불러오기
10 normal1 = shapiro(x1)                # x1에 대한 shapiro 검정
11 normal2 = shapiro(x2)                # x2에 대한 shapiro 검정
12 print(normal1, normal2)              # 검정 결과 나타내기
```

10 x1에 대한 shapiro 검정 결과를 normal1로 저장합니다.

11 x2에 대한 shapiro 검정 결과를 normal2로 저장합니다.

**DnA10-2.ipynb 실행 결과**

```
ShapiroResult(statistic=0.9731625318527222, pvalue=0.5006038546562195)
ShapiroResult(statistic=0.977039635181427, pvalue=0.6286657452583313)
```

앞에 있는 숫자는 검정 통계값을 의미하며 뒤에 있는 숫자는 pvalue를 의미합니다. x1과 x2 모두 pvalue의 값이 0.05보다 커서 정규성을 만족합니다.

### (3) 대응표본 *t*-test 수행하기(정규성 만족일 경우)

정규성 결과를 만족하였으니 대응표본 *t*-test를 수행해봅시다.

**DnA10-2.ipynb**

```
from scipy.stats import ttest_rel          # t-test 검정 함수 불러오기
ttest_rel(x1, x2)                          # x1, x2에 대한 t-test 검정
```

**DnA10-2.ipynb 실행 결과**

```
TtestResult(statistic=-3.665629670976956, pvalue=0.0007897862708928881, df=36)
```

x1, x2에 대한 *t*-test 검사 결과 pvalue가 0.05보다 작으므로 사전-사후검사 평균 점수는 통계적으로 유의미한 차이가 있다고 볼 수 있습니다.

### (4) Wilcoxon Sign-Ranked Test 수행하기(정규성 불만족일 경우)

만약 03번에서 정규성을 만족하지 않거나 데이터의 개수가 30개 미만이라면 Wilcoxon Sign-Ranked Test를 수행합니다.

**DnA10-2.ipynb**

```
from scipy.stats import shapiro        # 정규성 검정 → 불만족
normal1 = shapiro(x1)
normal2 = shapiro(x2)
print(normal1, normal2)
```

```
from scipy.stats import wilcoxon       # wilcoxon 검정 함수 불러오기
wilcoxon(x1, x2)                       # x1, x2에 대한 wilcoxon 검정
```

**DnA10-2.ipynb 실행 결과**

```
WilcoxonResult(statistic=138.5, pvalue=0.002233325828645062)
```

pvalue가 0.05보다 작기 때문에 사전 사후 검사의 평균은 통계적으로 유의미하다고 볼 수 있습니다.

## 10.2.2 전체 코드 확인하기

DnA10-2.ipynb

```
from google.colab import files              # csv파일 불러오기
myfile=files.upload()
```

```
파일 선택 10ttest.csv
• 10ttest.csv(text/csv) - 6389 bytes, last modified: 2023. 3. 26. - 100% done
Saving 10ttest.csv to 10ttest.csv
```

```
import pandas as pd                         # pandas 함수 불러오기
from numpy import array                     # numpy 함수 불러오기
df=pd.read_csv('10ttest.csv')               # 데이터 프레임 생성하기
```

```
x1=array(df.pre_mean[0:37])                 # 1~38행 데이터를 x1으로 지정하기
x2=array(df.post_mean[0:37])                # 1~38행 데이터를 x2로 지정하기
```

```
x1, x2                                      # x1, x2 데이터 불러오기
```

```
(array([3.3125, 2.9375, 3.375 , 2.75  , 2.8125, 3.75  , 3.0625, 4.0625,
        3.4375, 3.25  , 3.75  , 3.25  , 2.5   , 3.25  , 2.5   , 3.6875,
        2.75  , 3.    , 3.5625, 2.0625, 3.1875, 2.875 , 1.8125, 2.9375,
        3.4375, 3.3125, 3.    , 3.5   , 3.4375, 3.3125, 3.6875, 2.5   ,
        3.1875, 3.    , 4.625 , 3.4375, 4.4375]),
 array([3.25  , 3.5625, 5.    , 2.    , 3.0625, 3.9375, 4.8125, 4.5625,
        3.3125, 2.8125, 5.    , 3.8125, 2.6875, 2.5   , 2.8125, 3.375 ,
        2.6875, 2.9375, 3.4375, 3.9375, 3.625 , 3.9375, 3.5625, 3.    ,
        4.5625, 3.125 , 4.125 , 3.5   , 4.5   , 3.125 , 3.8125, 4.0625,
        4.0625, 3.75  , 3.9375, 3.8125, 5.    ]))
```

```
from scipy.stats import shapiro             # shapiro 정규성 검정 함수 불러오기
normal1 = shapiro(x1)                       # x1에 대한 shapiro 검정
normal2 = shapiro(x2)                       # x2에 대한 shapiro 검정
print(normal1, normal2)                     # 검정 결과 나타내기
```

```
ShapiroResult(statistic=0.9731625318527222, pvalue=0.5006038546562195)
ShapiroResult(statistic=0.977039635181427, pvalue=0.6286657452583313)
```

```
from scipy.stats import ttest_rel           # t-test 검정 함수 불러오기
```

```
14 ttest_rel(x1, x2)                            # x1, x2에 대한 t-test 검정
   TtestResult(statistic=-3.665629670976956, pvalue=0.0007897862708928881, df=36)
15 # from scipy.stats import wilcoxon           # wilcoxon 검정 함수 불러오기
16 # wilcoxon(x1,x2)                            # x1, x2에 대한 wilcoxon 검정
   WilcoxonResult(statistic=138.5, pvalue=0.002233325828645062)
```

15-16 코드를 숨김 처리한 이유는 데이터 분석 결과 정규성이 만족되어 wilcoxon 검정을 실행할 필요가 없기 때문입니다.

## 10.3 *t*–test 실전

데이터를 분석하다보면 전체의 평균뿐만 아니라 부분의 평균을 구해야 하는 경우도 있습니다. 이번 챕터에서는 기존의 데이터 파일에서 필요한 부분만 이용하여 데이터를 분석해보도록 하겠습니다.

데이터 파일은 A반과 B반의 사전 검사 16문항, 사후 검사 16문항에 대한 응답이 기록되어 있습니다. 사전 사후 검사 문항은 동일하며 4개의 문항씩 4개의 하위 영역을 이루고 있습니다. A영역 1-4번, B영역 5-8번, C영역 9-12번, D영역 13-16번입니다. 데이터 파일에서 A 영역 결과만을 선택하여 사전-사후 검사 결과를 비교해 봅시다.

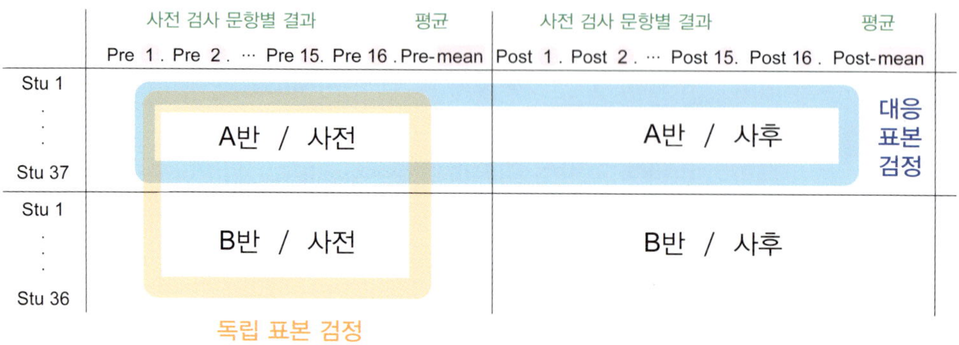


### 10.3.1 대응 표본 *t*–test 수행하기

전체 학생을 대상으로 유의미한 평균 상승이 있었는지 확인하기 위해 대응 표본 검정을 실시해보겠습니다.

## (1) 데이터 준비하기

◈ "realttest.csv" 파일을 업로드할 수 있는 코드를 입력해 봅시다.

DnA10–3.ipynb

```
from google.colab import files                    # csv파일 불러오기
myfile=files.upload()
```

```
파일 선택  realttest.csv
• realttest.csv(text/csv) - 6389 bytes, last modified: 2023. 3. 26. - 100% done
Saving realttest.csv to realttest.csv
```

◈ 사전 검사 및 사후 검사에 대한 DataFrame을 생성해 봅시다.

DnA10–3.ipynb

```
import pandas as pd                    # pandas 라이브러리 불러오기
from numpy import array                # numpy 라이브러리 불러오기
df=pd.read_csv('ttestreal.csv')        # DataFrame 생성하기
```

```
df                                     # 생성된 DataFrame 확인하기
```

| | Unnamed: 0 | Unnamed: 1 | pre1 | pre2 | pre3 | pre4 | pre5 | pre6 | pre7 | pre8 | ... |
|---|---|---|---|---|---|---|---|---|---|---|---|
| 0 | stu1 | A | 3 | 3 | 4 | 4 | 3 | 4 | 4 | 3 | ... |
| 1 | stu3 | A | 5 | 4 | 4 | 2 | 2 | 5 | 1 | 1 | ... |
| 2 | stu5 | A | 4 | 4 | 4 | 4 | 3 | 3 | 4 | 3 | ... |
| 3 | stu7 | A | 4 | 1 | 4 | 5 | 1 | 2 | 1 | 2 | ... |
| 4 | stu9 | A | 4 | 2 | 4 | 5 | 1 | 2 | 2 | 3 | ... |
| ... | ... | ... | ... | ... | ... | ... | ... | ... | ... | ... | ... |

## (2) 데이터 전처리하기

◈ 필요한 칼럼만 선택하여 DataFrame을 생성해 봅시다.

영역 A에 해당하는 문항만 선택하여 DataFrame을 새로 생성해보겠습니다. 사전, 사후 검사 문항 1~4번에 해당하며 새로운 DataFrame의 이름을 resultA라고 명명해주었습니다.

DnA10-3.ipynb

```
resultA=df[['pre1','pre2','pre3','pre4','post1','post2','post3',
'post4']]
resultA
```

| | pre1 | pre2 | pre3 | pre4 | post1 | post2 | post3 | post4 |
|---|---|---|---|---|---|---|---|---|
| 0 | 3 | 3 | 4 | 4 | 3 | 2 | 3 | 3 |
| 1 | 5 | 4 | 4 | 2 | 5 | 2 | 3 | 5 |
| 2 | 4 | 4 | 4 | 4 | 5 | 5 | 5 | 5 |
| 3 | 4 | 1 | 4 | 5 | 1 | 2 | 1 | 2 |
| 4 | 4 | 2 | 4 | 5 | 4 | 2 | 4 | 4 |
| ... | ... | ... | ... | ... | ... | ... | ... | ... |

◈ DataFrame에 새로운 칼럼을 추가해 봅시다.

사전, 사후 검사 문항 1~4번의 결과에 해당하는 평균을 각각 구해 DataFrame에 열을 추가해주겠습니다.

DnA10-3.ipynb

```
resultA['preA']=(df['pre1']+df['pre2']+df['pre3']+df['pre4'])/4
resultA['postA']=(df['post1']+df['post2']+df['post3']+
df['post4'])/4
resultA
```

| | pre1 | pre2 | pre3 | pre4 | post1 | post2 | post3 | post4 | preA | postA |
|---|---|---|---|---|---|---|---|---|---|---|
| 0 | 3 | 3 | 4 | 4 | 3 | 2 | 3 | 3 | 3.50 | 2.75 |
| 1 | 5 | 4 | 4 | 2 | 5 | 2 | 3 | 5 | 3.75 | 3.75 |
| 2 | 4 | 4 | 4 | 4 | 5 | 5 | 5 | 5 | 4.00 | 5.00 |
| 3 | 4 | 1 | 4 | 5 | 1 | 2 | 1 | 2 | 3.50 | 1.50 |
| 4 | 4 | 2 | 4 | 5 | 4 | 2 | 4 | 4 | 3.75 | 3.50 |
| ... | ... | ... | ... | ... | ... | ... | ... | ... | ... | ... |

◈ 사전 검사 및 사후 검사 평균에 대한 리스트를 생성해 봅시다.

DnA10-3.ipynb

```
12 preA=array(resultA.preA)          # 1~38행 데이터를 x1으로 지정하기
13 postA=array(resultA.postA)        # 1~38행 데이터를 x2로 지정하기
```

```
14 preA, postA                       # preA, postA 결과 출력하기
```

```
(array([3.5 , 3.75, 4.  , 3.5 , 3.75, 4.5 , 3.5 , 4.25, 4.  , 3.5 , 4.  ,
        3.25, 3.5 , 4.  , 3.75, 4.  , 3.25, 3.5 , 4.5 , 2.  , 3.5 , 3.  ,
        1.75, 3.  , 4.  , 3.5 , 4.  , 4.  , 4.  , 3.75, 4.5 , 3.  , 3.75,
        3.75, 5.  , 3.75, 4.75, 2.  , 2.5 , 3.  , 3.75, 3.5 , 3.75, 2.  ,
        5.  , 3.5 , 3.5 , 5.  , 3.25, 5.  , 5.  , 3.75, 3.75, 2.25, 2.5 ,
        1.  , 4.25, 4.5 , 3.25, 4.  , 3.5 , 4.5 , 3.75, 3.25, 3.5 , 3.  ,
        3.5 , 4.75, 3.25, 3.25, 4.25, 4.25, 4.75]),
 array([2.75, 3.75, 5.  , 1.5 , 3.5 , 4.75, 5.  , 4.5 , 3.5 , 2.75, 5.  ,
        4.  , 3.25, 2.75, 3.  , 4.  , 3.25, 2.75, 4.  , 3.5 , 3.75, 4.25,
        3.75, 2.25, 4.75, 3.5 , 4.  , 4.  , 5.  , 3.5 , 4.  , 3.  , 4.25,
        4.25, 5.  , 4.25, 5.  , 4.25, 3.5 , 3.25, 3.75, 5.  , 2.5 , 4.5 ,
        5.  , 4.25, 4.25, 4.  , 3.  , 5.  , 5.  , 3.75, 5.  , 3.75, 3.5 ,
        4.25, 5.  , 5.  , 4.  , 3.5 , 4.25, 4.  , 5.  , 4.25, 3.25, 4.5 ,
        3.5 , 4.25, 4.  , 4.25, 3.25, 4.  , 4.  ]))
```

12 'resultA' DataFrame에서 'preA' 이름을 가진 열을 리스트로 변환하여 preA라는 이름의 함수로 저장합니다.

### (3) 정규성 검사 수행하기

데이터에 대한 정규성 검사를 수행해 봅시다.

DnA10-3.ipynb

```
15 from scipy.stats import shapiro   # shapiro 정규성 검정 함수 불러오기
16 normal1 = shapiro(preA)           # preA에 대한 shapiro 검정
17 normal2 = shapiro(postA)          # postA에 대한 shapiro 검정
18 print(normal1, normal2)           # 검정 결과 나타내기
```

16 preA에 대한 shapiro 검정 결과를 normal1로 저장합니다.

17 postA에 대한 shapiro 검정 결과를 normal2로 저장합니다.

**DnA10-3.ipynb 실행 결과**

```
ShapiroResult(statistic=0.9427250623703003, pvalue=0.0023942841216921806)
ShapiroResult(statistic=0.9420105218887329, pvalue=0.002200088696554303)
```

앞에 있는 숫자는 검정 통계값을 의미하며 뒤에 있는 숫자는 pvalue를 의미합니다. preA와 postA 모두 pvalue의 값이 0.05보다 작으므로 정규성을 만족하지 않습니다.

### (4) Wilcoxon Signed Rank Test 수행하기(정규성 불만족의 경우)

정규성이 만족되지 않았으므로 Wilcoxon Signed Rank Test를 수행해 봅시다.

**DnA10-3.ipynb**

```
from scipy.stats import wilcoxon          # wilcoxon 검정 함수 불러오기
wilcoxon(preA, postA)                     # preA, postA에 대한 wilcoxon 검정
```

```
WilcoxonResult(statistic=535.5, pvalue=0.008109634384822133)
```

사전 검사, 사후 검사 평균에 대한 pvalue가 0.05보다 작기 때문에 사전 사후 평균의 차이는 통계적으로 유의미하다고 볼 수 있습니다.

### (5) 대응 표본 *t*-test 수행하기(정규성 만족의 경우)

만약 정규성을 만족하였다면 *t*-test를 수행합니다.

**DnA10-3.ipynb**

```
from scipy.stats import ttest_rel         # t-test 검정 함수 불러오기
ttest_rel(preA, postA)                    # preA, postA에 대한 t-test 검정
```

**DnA10-3.ipynb 실행 결과**

```
TtestResult(statistic=-2.766560066465527, pvalue=0.0071941648641369515, df=72)
```

x1, x2에 대한 *t*-test 검사 결과 pvalue가 0.05보다 작기 때문에 사전-사후검사 평균 점수는 통계적으로 유의미한 차이가 있다고 볼 수 있습니다.

## 10.3.2 T-Test 마무리 정리

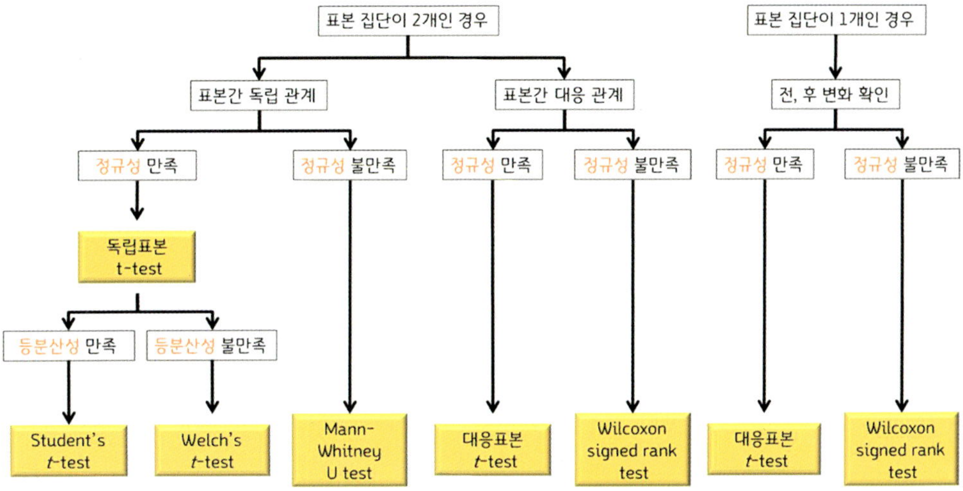


## 10.3.3 전체 코드 확인하기

DnA10-3.ipynb

```
from google.colab import files          # csv파일 불러오기
myfile=files.upload()
```

파일 선택 realttest.csv

- **realttest.csv**(text/csv) - 6389 bytes, last modified: 2023. 3. 26. - 100% done

```
Saving realttest.csv to realttest.csv
```

```
import pandas as pd                     # pandas 함수 불러오기
from numpy import array                 # numpy 함수 불러오기
df=pd.read_csv('ttestreal .csv')        # 데이터 프레임 생성하기
```

```
df                                      # 생성된 데이터 프레임 확인하기
```

| | Unnamed: 0 | Unnamed: 1 | pre1 | pre2 | pre3 | pre4 | pre5 | pre6 | pre7 | pre8 | ... |
|---|---|---|---|---|---|---|---|---|---|---|---|
| 0 | stu1 | A | 3 | 3 | 4 | 4 | 3 | 4 | 4 | 3 | ... |
| 1 | stu3 | A | 5 | 4 | 4 | 2 | 2 | 5 | 1 | 1 | ... |
| 2 | stu5 | A | 4 | 4 | 4 | 4 | 3 | 3 | 4 | 3 | ... |
| 3 | stu7 | A | 4 | 1 | 4 | 5 | 1 | 2 | 1 | 2 | ... |
| 4 | stu9 | A | 4 | 2 | 4 | 5 | 1 | 2 | 2 | 3 | ... |
| ... | ... | ... | ... | ... | ... | ... | ... | ... | ... | ... | ... |

```python
resultA=df[['pre1','pre2','pre3','pre4','post1','post2','post3', 'post4']]
resultA
```

| | pre1 | pre2 | pre3 | pre4 | post1 | post2 | post3 | post4 |
|---|---|---|---|---|---|---|---|---|
| 0 | 3 | 3 | 4 | 4 | 3 | 2 | 3 | 3 |
| 1 | 5 | 4 | 4 | 2 | 5 | 2 | 3 | 5 |
| 2 | 4 | 4 | 4 | 4 | 5 | 5 | 5 | 5 |
| 3 | 4 | 1 | 4 | 5 | 1 | 2 | 1 | 2 |
| 4 | 4 | 2 | 4 | 5 | 4 | 2 | 4 | 4 |
| ... | ... | ... | ... | ... | ... | ... | ... | ... |

```python
resultA['preA']=(df['pre1']+df['pre2']+df['pre3']+df['pre4'])/4
resultA['postA']=(df['post1']+df['post2']+df['post3']+df['post4'])/4
resultA
```

| | pre1 | pre2 | pre3 | pre4 | post1 | post2 | post3 | post4 | preA | postA |
|---|---|---|---|---|---|---|---|---|---|---|
| 0 | 3 | 3 | 4 | 4 | 3 | 2 | 3 | 3 | 3.50 | 2.75 |
| 1 | 5 | 4 | 4 | 2 | 5 | 2 | 3 | 5 | 3.75 | 3.75 |
| 2 | 4 | 4 | 4 | 4 | 5 | 5 | 5 | 5 | 4.00 | 5.00 |
| 3 | 4 | 1 | 4 | 5 | 1 | 2 | 1 | 2 | 3.50 | 1.50 |
| 4 | 4 | 2 | 4 | 5 | 4 | 2 | 4 | 4 | 3.75 | 3.50 |
| ... | ... | ... | ... | ... | ... | ... | ... | ... | ... | ... |

```python
preA=array(resultA.preA)                # 1~38행 데이터를 x1으로 지정하기
postA=array(resultA.postA)              # 1~38행 데이터를 x2로 지정하기
```

```python
preA, postA                             # preA, postA 결과 출력하기
```

```
(array([3.5 , 3.75, 4.  , 3.5 , 3.75, 4.5 , 3.5 , 4.25, 4.  , 3.5 , 4.  ,
        3.25, 3.5 , 4.  , 3.75, 4.  , 3.25, 3.5 , 4.5 , 2.  , 3.5 , 3.  ,
        1.75, 3.  , 4.  , 3.5 , 4.  , 4.  , 4.  , 3.75, 4.5 , 3.  , 3.75,
        3.75, 5.  , 3.75, 4.75, 2.  , 2.5 , 3.  , 3.75, 3.5 , 3.75, 2.  ,
        5.  , 3.5 , 3.5 , 5.  , 3.25, 5.  , 5.  , 3.75, 3.75, 2.25, 2.5 ,
        1.  , 4.25, 4.5 , 3.25, 4.  , 3.5 , 4.5 , 3.75, 3.25, 3.5 , 3.  ,
        3.5 , 4.75, 3.25, 3.25, 4.25, 4.25, 4.75]),
 array([2.75, 3.75, 5.  , 1.5 , 3.5 , 4.75, 5.  , 4.5 , 3.5 , 2.75, 5.  ,
        4.  , 3.25, 2.75, 3.  , 4.  , 3.25, 2.75, 4.  , 3.5 , 3.75, 4.25,
        3.75, 2.25, 4.75, 3.5 , 4.  , 4.  , 5.  , 3.5 , 4.  , 3.  , 4.25,
        4.25, 5.  , 4.25, 5.  , 4.25, 3.5 , 3.25, 3.75, 5.  , 2.5 , 4.5 ,
        5.  , 4.25, 4.25, 4.  , 3.  , 5.  , 5.  , 3.75, 5.  , 3.75, 3.5 ,
        4.25, 5.  , 5.  , 4.  , 3.5 , 4.25, 4.  , 5.  , 4.25, 3.25, 4.5 ,
        3.5 , 4.25, 4.  , 4.25, 3.25, 4.  , 4.  ]))
```

```
15 from scipy.stats import shapiro          # shapiro 정규성 검정 함수 불러오기
16 normal1 = shapiro(preA)                   # preA에 대한 shapiro 검정
17 normal2 = shapiro(postA)                  # postA에 대한 shapiro 검정
18 print(normal1, normal2)                   # 검정 결과 나타내기
```

```
ShapiroResult(statistic=0.9427250623703003, pvalue= 0.0023942841216921806)
ShapiroResult(statistic=0.9420105218887329, pvalue= 0.002200088696554303)
```

```
   # 정규성 불만족으로 인한 wilcoxon 검정 시행
19 from scipy.stats import wilcoxon         # wilcoxon 검정 함수 불러오기
20 wilcoxon(preA, postA)                     # x1, x2에 대한 wilcoxon 검정
```

```
WilcoxonResult(statistic=535.5, pvalue=0.008109634384822133)
```

```
   # 정규성을 만족할 경우 t-test 시행
21 # from scipy.stats import ttest_rel
22 # ttest_rel(preA, postA)
```

```
TtestResult(statistic=-2.766560066465527, pvalue=0.0071941648641369515, df=72)
```

21-22 코드를 숨김 처리한 이유는 정규성 불만족으로 인한 wilcoxon 검정을 실행하였기 때문에 t-test를 실행할 필요가 없기 때문입니다.

## 10.4 외부 프로그램 사용하기

코랩에서도 간단한 코드로 데이터 분석이 가능하지만 외부프로그램을 이용하면 몇 번의 클릭만으로도 데이터 분석이 가능합니다.

주로 사용하는 통계프로그램으로는 SPSS가 있지만 이 책에서는 누구나 무료로 사용할 수 있도록 개방되어 있는 JASP통계프로그램을 활용해 보겠습니다.

### (1) JASP통계프로그램 다운받기

먼저 https://jasp-stats.org에 접속합니다. 상단에 다운로드를 눌러 컴퓨터 운영체제에 맞는 파일을 선택하여 설치를 진행합니다.

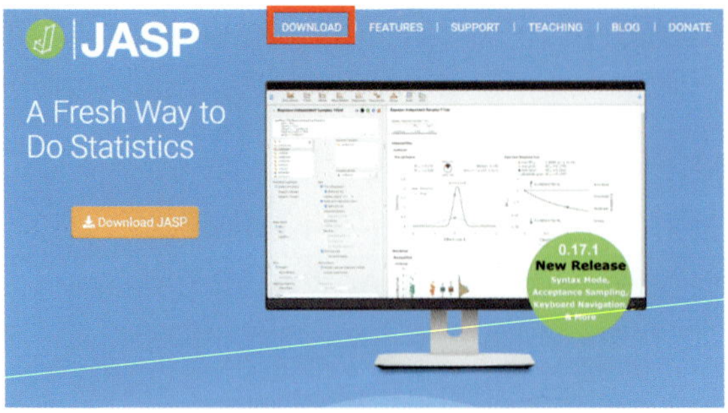


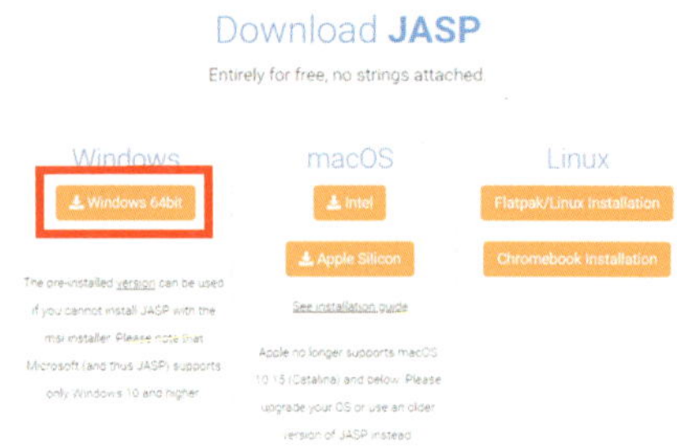


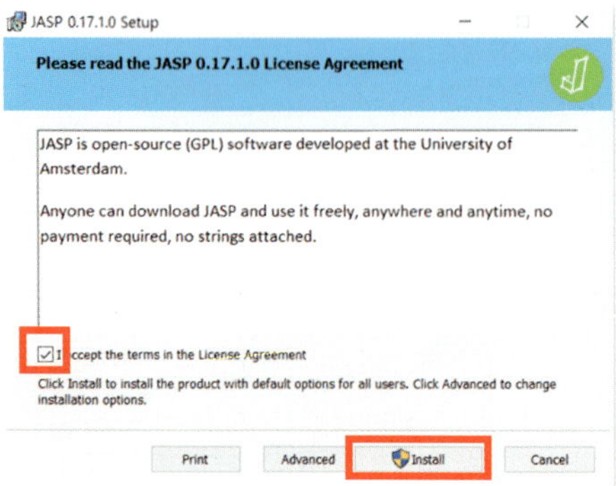


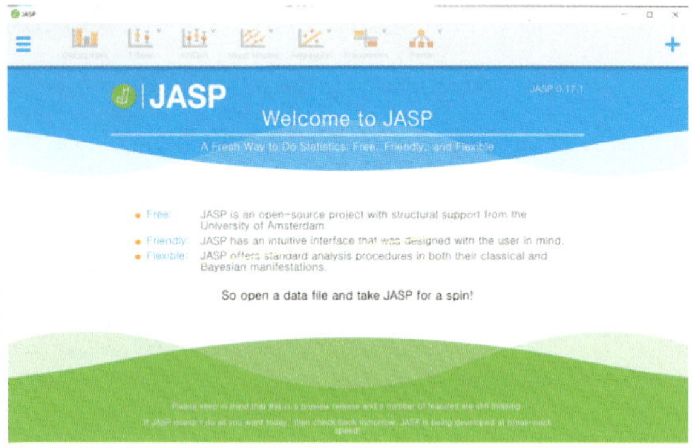


## (2) 데이터 준비하기

컴퓨터에 저장되어 있는 데이터 파일(ttest.csv)을 불러옵니다.

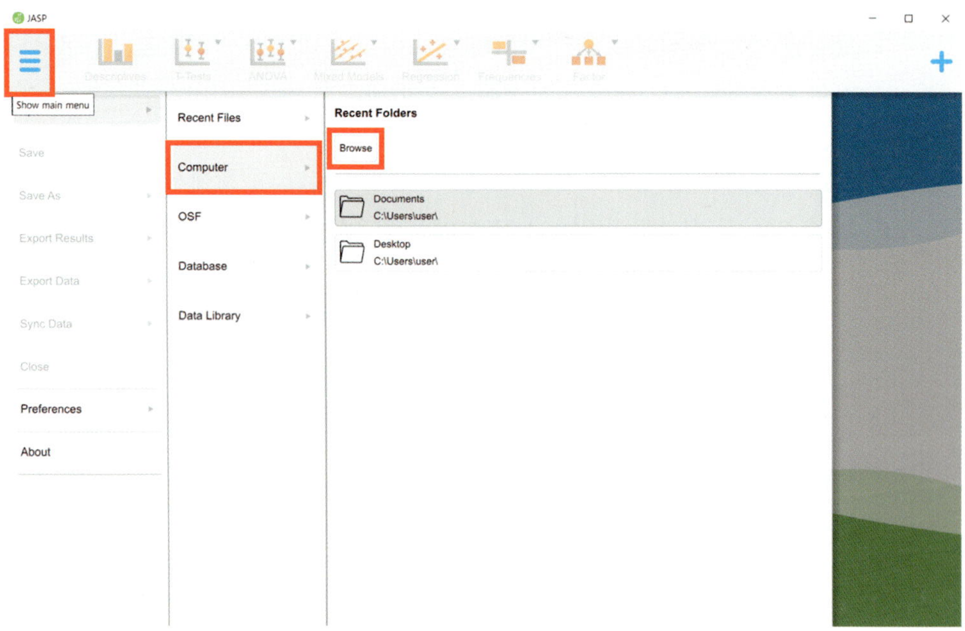

### (3) 데이터 전처리하기

열 추가하기

A영역의 사전, 사후 평균을 비교하기 위해 A영역의 사전 평균을 계산하는 열을 추가해보겠습니다.

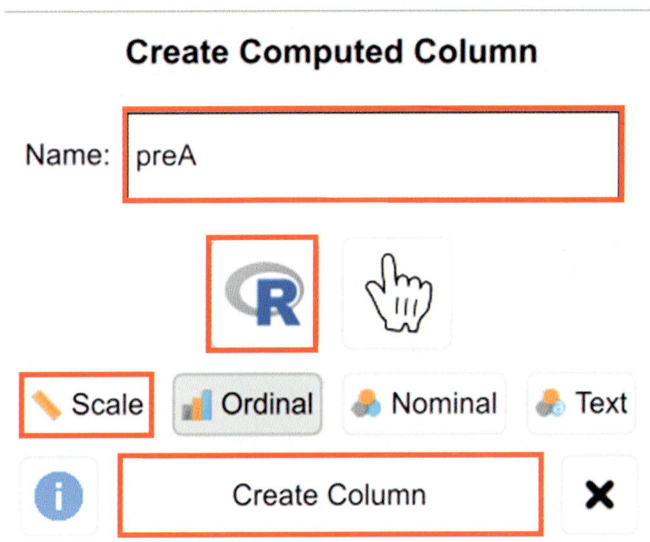


ⓐ Scale(척도)는 데이터(자료)가 정의되고 분류되는 방식을 나타냅니다. 자료는 질적 자료(qualitative)와 양적 자료(quantitative)로 구분할 수 있습니다. 이때 질적 자료는 숫자로 표현할 수 없는 정보이기에 연산이 불가능합니다. 그룹으로 묶기 때문에 범주형 자료라고도 하며 색깔, 성별, 취미, 국가 등이 포함됩니다. 양적 자료는 숫자로 표현할 수 있는 정보이기에 평균, 편차 등의 계산이 가능합니다. 키, 몸무게, 시험 성적 등이 포함됩니다.

ⓑ Ordinal scale은 '서열 척도'라고 불리며 서열(순위)이 있는 척도로 수량화할 수 있는 자료입니다. 숫자는 서열을 의미하지만 어느 정도 크고 작은지는 표현할 수 없습니다. 예를 들면 학년(1학년, 2학년, 3학년), 시험 성적(1등, 2등, 3등), 만족도(1

점, 2점, 3점)가 해당됩니다.

ⓒ Nominal scale은 '명목 척도'라고 불리며 이름을 나타내는 척도입니다. 숫자로 표현할 수는 있지만 숫자는 분류의 기능을 할 뿐 양적인 의미는 나타내지 않습니다. 성별을 표기할 때 남자를 0으로, 여자를 1로 표기하는 경우가 해당됩니다.

ⓓ Text는 문자로 이루어진 열을 추가할 때 사용합니다.

### 수식 작성하기

preA로 이름 붙인 column에 필요한 수식을 입력해 보겠습니다. 우리는 A영역의 사전 검사 평균과 사후 검사 평균의 column을 각각 추가할 것이므로 아래와 같은 수식을 추가해 보겠습니다.

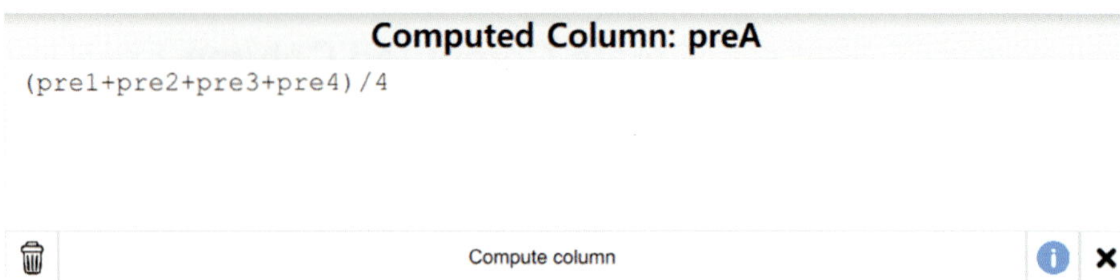


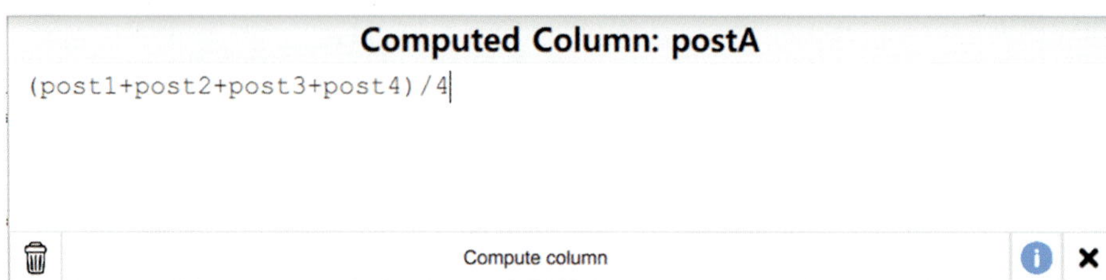


### 추가된 column 확인하기

[compute column]을 눌렀는데 아직 열에 값이 추가되지 않았습니다. 이럴 땐 Ordinal으로 표시된 값을 scale로 바꾸어 봅시다. 계산하려는 항목이 있는 열의 속성을 scale로 바꾼 후 [compute column]을 다시 누르면 열에 계산된 값이 나타나는 것을 확인할 수 있습니다.

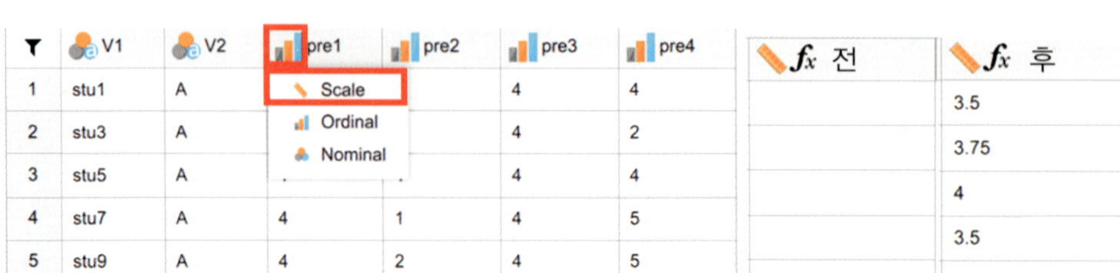

## (4) 기술통계분석

분석할 데이터 셋이 마련되었으니 기술통계분석을 통해 평균을 확인해 봅시다. 위의 메뉴에서 기술통계분석을 의미하는 [Descriptives]를 눌러줍니다. 왼쪽의 창에 나열된 항목들은 csv파일의 column명입니다. 기술통계분석을 실시할 column을 선택하여 더블클릭합니다. 우리는 'preA'와 'postA'에 대한 기술통계분석을 실시해보겠습니다. 아래의 그림은 preA가 선택되어 오른쪽 창으로 넘어가며 기술통계분석이 완료된 상태입니다. 유효한 값은 73개가 있으며 평균은 3.651, 표준편차는 0.8, 최소값은 1, 최대값은 5임을 확인할 수 있습니다. postA에 대해서도 실시하려면 마우스를 더블클릭해 주면 됩니다.

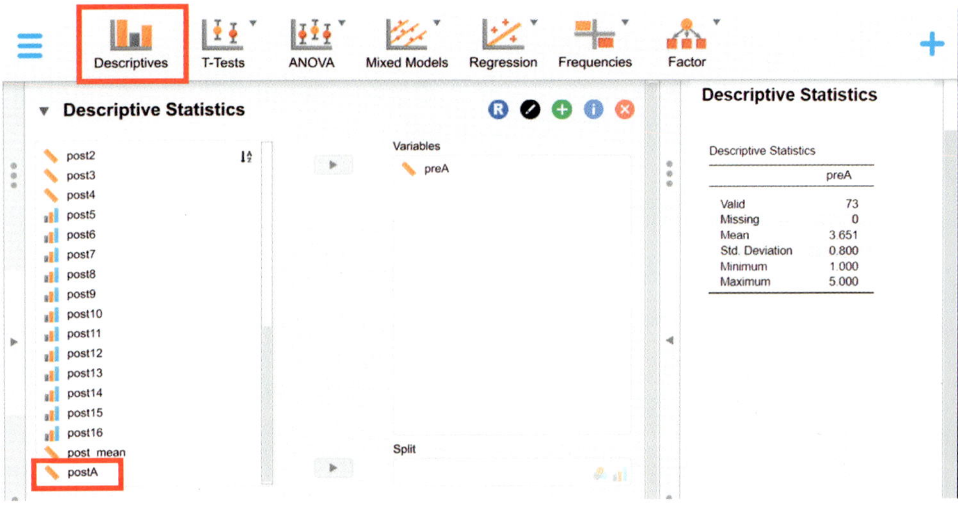


## (5) 대응 표본 검정 수행하기

평균을 확인했으니 이제는 평균 상승에 유의미한 효과가 있었는지 확인하기 위하여 *t*-test를 실시해 봅시다. 같은 그룹의 전후 차이를 확인하기 위한 검사이므로 독립 표본 검정이 아닌 대응 표본 검정을 실시해 봅시다. 위의 메뉴에서 [T-Tests]를 누르고 [Paired Samples T-Test]를 눌러줍니다. 검정을 실시할 column명을 더블클릭하면 오른쪽 창에 column명이 입력됩니다.

① [Alternative Hypothesis]는 대립 가설을 의미합니다. postA가 preA에 비해 평균이 더 높으므로 measure1〈measure2를 선택해줍니다.

② [Assumption Checks]에서 정규성 검사를 실행해줍니다. 정규성 검사 실행 결과 p값이 0.151로 0.05보다 크므로 정규성을 만족합니다.

정규성을 만족했으므로 ③ [Tests]에서 Student 검정을 선택해줍니다. 만약 정규성이 만족하지 않았을 경우 Wilcoxon signed-rank를 선택하여 실시해 줍니다. Student 검정 결과 p값은 0.05보다 작은 0.004이므로 preA와 postA는 유의미한 차이를 보였다고 볼 수 있습니다.

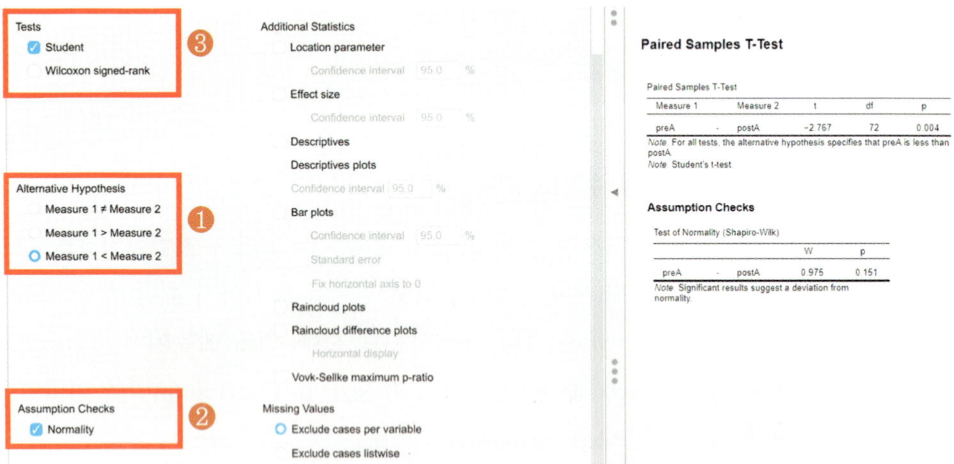

# 스스로 해보기

앞선 9장에서 학급 학생들의 체격을 살펴본 바 있습니다. 이번에는 우리 반과 옆 반의 체격 분포에 차이가 있는지 확인해 봅시다.

(1) 독립 표본 검정, 대응 표본 검정 중에 알맞은 검정방법이 무엇일지 생각해봅시다.
(2) 절차에 맞게 독립 표본 검정을 수행해봅시다.

csv파일을 불러오는 코드 및 데이터 분석을 위해 데이터를 전처리해놓은 코드입니다. 이어서 독립 표본 검정을 수행하는 코드를 입력해 봅시다.

**DnA10-5.ipynb**

```
from google.colab import files          # csv파일 불러오기
myfile=files.upload()
```

```
파일 선택 physiqueAB.csv
• physiqueAB.csv(text/csv) - 996 bytes, last modified: 2023. 5. 20. - 100% done
Saving physiqueAB.csv to physiqueAB.csv
```

```
import pandas as pd                      # pandas 라이브러리 불러오기
df=pd.read_csv('physiqueAB.csv')         # DataFrame 생성하기
```

```
xA=df['A_3rd height']                    # DataFrame 슬라이싱하기
xB=df['B_3rd height']
```

```
fromnumpy importarray                    # numpy 라이브러리 불러오기
xA=array(xA)                             # DataFrame을 배열로 변환하기
xB=array(xB)
xA, xB                                   # 변환된 데이터 출력해서 확인하기
```

```
(array([131.1, 137.1, 141.5, 142.5, 123.8, 142. , 141.3, 135.6, 136.9, 147.1, 126.6, 133.3, 134.1,
        133. , 126.1, 137.4, 130. , 141.4, 125.7, 141. , 136.5]),
 array([135.4, 133.5, 135.7, 140.7, 140. , 133.6, 137.5, 132. , 140.1, 140.1, 117.1, 127.3, 141.3,
        139.6, 149.9, 143. , 126.9, 147.3, 128. , 143. , 130.6]))
```

◈ 완성 코드를 확인해 봅시다.

DnA10-5.ipynb

```
# Shapiro-Wilks의의 정규성 검정 (표본 데이터가 30개 미만)
from scipy.stats import shapiro
print(shapiro(xA))
print(shapiro(xB))
```

```
ShapiroResult(statistic=0.955568253993988, pvalue=0.43171942234039307)
ShapiroResult(statistic=0.9668967723846436, pvalue=0.6638622879981995)
```

```
# Levene의 등분산성 검정
from scipy.stats import levene
levene(xA, xB)
```

```
LeveneResult(statistic=0.32598425597913605, pvalue=0.5712273399692491)
```

```
# Mann-Whitney의 독립표본 검정 (등분산성 검정 결과 0.05 미만)
from scipy.stats import ttest_ind
ttest_ind(xA, xB, equal_var=False)
```

```
Ttest_indResult(statistic=-0.4056958021880997, pvalue=0.6871281486599357)
```

표본 데이터가 30개 미만임에 따라 Shapiro-Wilk의 정규성 검정을 시행했습니다. 유의확률이 0.05보다 큼에 따라 다음 단계인 등분산성 검정으로 넘어갑니다. Levene의 등분산성 검정 결과 유의확률이 0.05보다 큼에 따라 다음 단계인 독립 표본 검정에서 student의 *t*-test를 실시합니다. 독립 표본 검정 결과 유의확률이 0.05보다 크므로 통계적으로 유의미하지 않습니다. 따라서 A반과 B반의 학생은 속한 반에 따라 체격에 차이가 없다고 볼 수 있습니다. 유의미한 체격 차이가 있었다면 반 대항 체육 경기를 하기에는 굉장히 불공평했을 것입니다.

CHAPTER 11

# 책을 많이 읽으면 국어 성적이 좋아질까?

11.1 선형회귀와 다항회귀
스스로 해보기

들어가며

인공지능은 주어진 데이터를 기반으로 결과값을 예측할 수 있습니다. 선을 그어서 결과 값을 예측하는 방법인 선형회귀와 곡선을 활용하여 결과 값을 예측하는 다항회귀를 학습하며 인공지능의 예측에 관해 알아봅시다.

인공지능의 학습 방법은 여러 가지가 있지만 크게 2가지 원리로 구분됩니다. 하나는 지도학습(Supervised Learning), 다른 하나는 비지도학습(Unsupervised Learning)입니다. 지도학습은 정답이 있는 데이터를 학습하는 것을 의미하고, 비지도학습은 정답이 없는 데이터를 학습합니다. 이번 차시에서는 정답이 있는 데이터를 학습하는 지도학습을 중심으로 '예측'과 '분류'의 기능에 관하여 학습해보겠습니다.

A 선생님의 학급 경영 목표 중 하나는 독서를 통한 학업 능력 및 사고 능력의 신장입니다. 학생의 독서 능력 활성화 및 학급 설명회를 위해 A 선생님은 학생의 독서 데이터와 국어 성적 간의 관계를 탐구하여 본인의 학급 경영관을 더욱 확고히 하고자 하였습니다.

출처 : hotpot.ai

A 선생님은 학생 독서량에 따른 국어 성적을 알아보기 위해 학생 독서량은 월별 평균 학생의 도서관 대출 수(권)을 조사하였고, 국어 성적은 학생의 국어 듣기 · 말하기, 읽기, 쓰기 성적의 평균 점수를 조사하였습니다. 책을 많이 읽으면 국어 성적이 좋아질까요? 월별 독서 권수에 따라 국어 성적의 점수를 예측할 수 있을까요?

## 11.1 선형회귀와 다항회귀

인공지능은 주어진 데이터를 기반으로 결과 값을 예측할 수 있습니다. 결과값을 예측하는 방법은 다양하지만 대표적인 방법은 선을 그어서 예측하는 방법이 있습니다. 선을 그어서 결과값을 예측하는 방법을 선형회귀(Linear regression)이라고 합니다.

선형회귀는 쉽게 말해 해당 데이터를 대표하는 최적의 선을 찾아서 특정 데이터의 값을 예측하는 것을 의미합니다. 단순선형회귀는 가로축인 x와 세로축인 y로 나타낸 점들을 대표하는 선을 찾는 과정을 의미합니다.

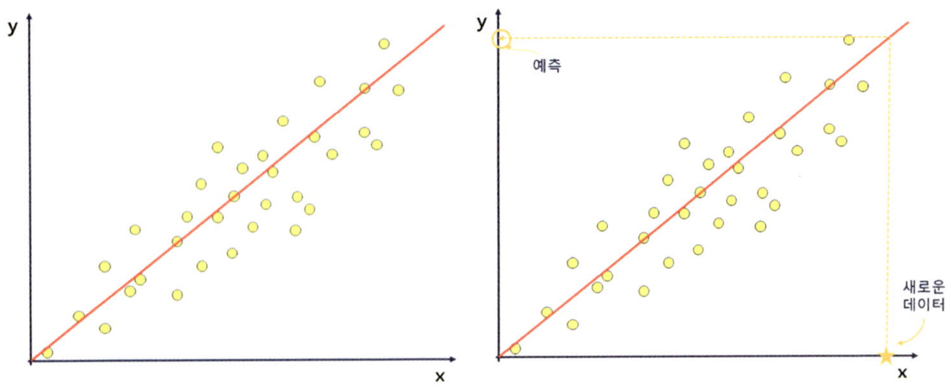


선형회귀를 활용하여 최적의 선을 찾기 전 먼저, 월 별 도서 대출 수(monthly)에 따른 국어 성적(korean) 데이터를 불러와서 표로 나타내도록 하겠습니다.

◈ 데이터를 불러오기 위한 코드를 입력하고 결과를 함께 확인해봅시다.

DnA11-1.ipynb

```
from google.colab import files                # 코랩에 파일 업로드하기
myfile = files.upload()
```

```
파일 선택 books.csv
• books.csv(text/csv) - 186 bytes, last modified: 2023. 7. 22. - 100% done
Saving books.csv to books.csv
```

```
import io                                     # 데이터 입출력
import pandas as pd                           # pandas 불러오기
```

```
import numpy as np                                    # numpy 불러오기
from matplotlib import pyplot as plt                  # matplotlib 불러오기

df = pd.read_csv(io.BytesIO(myfile['books.csv']))    # csv 파일로 데이터 프레임 만들기
df
```

| | monthly | korean |
|---|---|---|
| **0** | 12 | 85 |
| **1** | 9 | 70 |
| **2** | 8 | 64 |
| **3** | 9 | 75 |
| **4** | 11 | 80 |
| **5** | 18 | 90 |
| **6** | 15 | 85 |
| **7** | 16 | 85 |
| **8** | 20 | 90 |
| **9** | 20 | 92 |
| **10** | 12 | 85 |
| **11** | 12 | 80 |
| **12** | 3 | 50 |
| **13** | 6 | 60 |
| **14** | 8 | 64 |
| **15** | 9 | 68 |
| **16** | 10 | 75 |
| **17** | 12 | 84 |
| **18** | 23 | 95 |
| **19** | 20 | 91 |
| **20** | 15 | 82 |
| **21** | 16 | 86 |
| **22** | 5 | 68 |
| **23** | 13 | 85 |
| **24** | 17 | 88 |

### 11.1.1 선형회귀분석 ① – scipy 라이브러리

위 데이터를 선형회귀로 구현하기 위해서는 scipy 라이브러리를 활용합니다. scipy는 컴퓨팅의 여러 계산에 활용되는 라이브러리로 수학, 과학, 엔지니어링 등에 활용됩니다. scipy는 numpy, matplotlib, pandas와 함께 사용되며 통계분석, 최적화 등 여러 기능을 제공합니다. 본 장에서는 scipy의 통계분석 기능을 제공하는 scipy.stats를 활용하여 선형회귀모델을 구현해보겠습니다. scipy 라이브러리를 활용하여 선형회귀모델을 구현하는 코드는 아래와 같습니다.

DnA11–1.ipynb

```
from scipy import stats
stats.linregress(독립변수(x), 종속변수(y))
```

◈ 선형회귀분석(scipy)을 위한 코드를 입력하고 결과를 함께 확인해봅시다.

DnA11–1.ipynb

```
#선형회귀분석 1
from scipy import stats                      # scipy에서 stats 불러오기

xi = df['monthly']                           # monthly 열 데이터
y = df['korean']                             # korean 열 데이터

stats.linregress(xi, y)                      # 선형회귀분석
```

```
LinregressResult(slope=2.044273760459598,
                 intercept=52.99506681653553,
                 rvalue=0.9198387597775769,
                 pvalue=7.992304806561363e-11,
                 stderr=0.18179336231182655)
```

```
slope, intercept, r_value, p_value, std_err = stats.linregress(xi, y)
```

```
# slope: 기울기
print('slope:', slope)
```

```
slope: 2.044273760459598
```

```
# intercept: y절편
print('intercept:', intercept)
```

```
   intercept: 52.99506681653553
   # r_value: 결정계수
16 print('r value:', r_value)
   r value: 0.9198387597775769
   # p_value: 유의확률
17 print('p value:', p_value)
   p value: 7.992304806561363e-11
   # std_err: 표준편차
18 print('standard deviation:', std_err)
   standard deviation: 0.18179336231182655
   # y = 2.04xi + 52.99
19 line = slope*xi + intercept
   # 선형회귀 그래프 그리기
20 plt.plot(xi, y, 'o')
21 plt.plot(xi, line, 'r-')
22 plt.show()
```

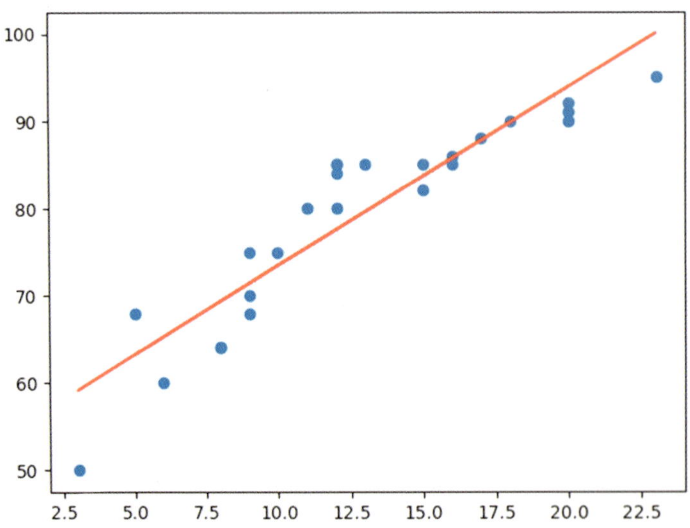


10,11 DataFrame의 월별 도서 대출 권 수(monthly) 열의 데이터를 xi, 국어 성적 점수(korean) 열의 데이터를 y 변수로 표현하였습니다.

12 독서량을 알아보는 데이터인 월별 도서 대출 권수에 따른 국어 점수 결과를 선형회귀모델로 나타낸 결과입니다.

| 결과 | 의미 |
|---|---|
| slope | 선형회귀모델의 기울기를 의미한다. |
| intercept | 선형회귀모델의 y절편을 의미한다. |
| rvalue | 선형회귀 모델의 결정계수를 의미한다. 결정 계수 값이 1에 가까울수록 높은 설명력을 가지는 것을 의미한다. |
| pvalue | 선형회귀모델의 유의확률을 의미한다. 선형회귀모델이 유의미한가를 확인할 수 있으며 일반적으로 0.05보다 작으면 유의미한 선형회귀모델로 해석할 수 있다. |
| stderr | 선형회귀모델의 표준편차를 의미한다. |

13 각각의 결과 값을 'slope', 'intercept', 'r_value', 'p_value', 'std_err'의 이름으로 저장하였습니다.

14 기울기는 약 2.04입니다.

15 y절편은 약 52.99입니다.

16 결정계수는 약 0.92로 본 선형회귀모델은 높은 설명력을 가집니다.

17 유의확률은 0.05보다 작으므로 유의미한 선형회귀모델로 해석할 수 있습니다.

19 선형회귀 그래프를 식으로 표현하였습니다.

20 월별 도서 대출 권 수(xi)에 따른 국어 성적(y) 데이터를 원 마커 형태로 그래프에 표현하였습니다.

21 월별 도서 대출 권 수(xi)에 따른 국어 성적을 나타내는 최적의 직선(line)을 빨간색 실선 형태로 그래프에 표현하였습니다.

## 11.1.2 선형회귀분석 ② – statsmodels 라이브러리

다른 방법을 활용하여 선형회귀분석을 할 수 있습니다. statsmodels 라이브러리는 회귀분석 기능을 제공하는 강력한 파이썬 라이브러리입니다. statsmodels은 모델에 대한 요약 결과 기능을 제공한다는 점에서 유용하다는 장점이 있습니다. statsmodels의 ols 함수를 사용하여 간단하게 선형회귀분석을 할 수 있습니다. statsmodels을 활용한 선형회귀분석 코드는 다음과 같습니다.

DnA11-1.ipynb

```
from statsmodels.formula.api import ols
ols('종속변수명(y)~독립변수명(x)', data=df).fit()
```

◈ 선형회귀분석(statsmodels)을 위한 코드를 입력하고 결과를 함께 확인해봅시다.

DnA11-1.ipynb

```
   # 선형회귀분석 2
23 from statsmodels.formula.api import ols
24 res = ols('korean~monthly', data=df).fit()
25 res.summary()                                   # y = 2.04xi + 52.99
```

OLS Regression Results

| | | | |
|---|---|---|---|
| **Dep. Variable:** | korean | **R-squared:** | 0.846 |
| **Model:** | OLS | **Adj. R-squared:** | 0.839 |
| **Method:** | Least Squares | **F-statistic:** | 126.5 |
| **Date:** | Tue, 09 May 2023 | **Prob (F-statistic):** | 7.99e-11 |
| **Time:** | 18:47:20 | **Log-Likelihood:** | -72.588 |
| **No. Observations:** | 25 | **AIC:** | 149.2 |
| **Df Residuals:** | 23 | **BIC:** | 151.6 |
| **Df Model:** | 1 | | |
| **Covariance Type:** | nonrobust | | |

| | coef | std err | t | P>\|t\| | [0.025 | 0.975] |
|---|---|---|---|---|---|---|
| **Intercept** | 52.9951 | 2.496 | 21.236 | 0.000 | 47.833 | 58.157 |
| **monthly** | 2.0443 | 0.182 | 11.245 | 0.000 | 1.668 | 2.420 |

| | | | |
|---|---|---|---|
| **Omnibus:** | 0.877 | **Durbin-Watson:** | 1.473 |
| **Prob(Omnibus):** | 0.645 | **Jarque-Bera (JB):** | 0.745 |
| **Skew:** | 0.029 | **Prob(JB):** | 0.689 |
| **Kurtosis:** | 2.157 | **Cond. No.** | 37.4 |

24 '종속변수명~독립변수명'에 따옴표를 넣어 한번에 묶어주는 것이 중요합니다.

25 ols을 활용하여 선형회귀분석을 실시한 결과를 해석해봅시다. y절편을 뜻하는 Intercept coef의 값은 52.99, x절편을 뜻하는 monthly coef의 값은 2.04로 선형회귀 직선은 y = 2.04xi + 52.99입니다.

| 결과 | 의미 |
|---|---|
| R-squared | 선형회귀모델의 설명력을 의미하는 것으로 rvalue와 같다. |
| Prob | 선형회귀모델의 유의미성을 의미하는 것으로 pvalue와 같으며 0.05보다 작으면 유의미한 선형회귀 모델로 해석할 수 있다. |
| Intercept coef | 선형회귀모델의 y절편을 의미한다(52.99). |
| monthly coef | 선형회귀모델의 기울기를 의미한다(2.04). monthly는 본 선형회귀모델의 독립변수명이다. |

### 11.1.3 다항회귀분석

앞에서 설명한 선형회귀는 최적의 직선을 구하여 데이터를 예측합니다. 그러나, 아래처럼 선을 조금 더 휘도록 한다면 더 정확한 값이 나올 수 있습니다. 다항회귀란, 선을 휘게 만드는 것과 같이 다항식을 사용한 선형회귀를 말합니다.

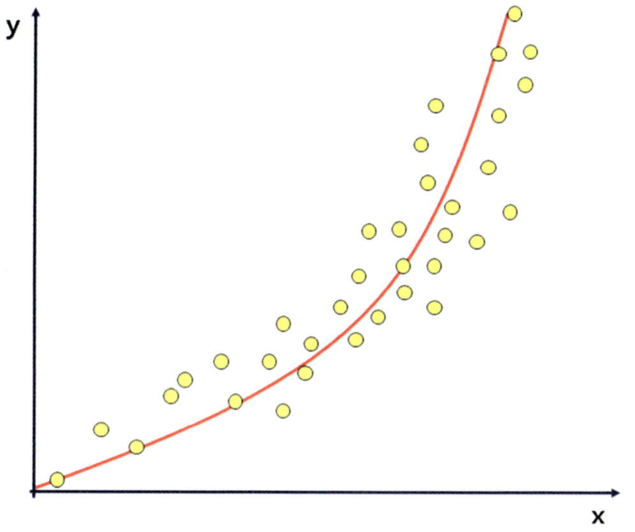


월별 도서 대출 권수에 따른 국어 성적 데이터를 더 정확하게 예측하기 위하여 다항회귀 활용하여 회귀모델을 나타내보도록 하겠습니다. 이번 다항회귀모델은 사이킷런(scikit-learn) 라이브러리를 사용합니다. scikit-learn은 파이썬의 기계학습 라이브러리로 인공지능의 기계학습인 분류, 회귀, 군집 등과 같은 모델을 구현하기 위해 주로 활용됩니다. scikit-learn을 활용하여 회귀모델을 나타내기 위한 코드는 아래와 같습니다.

DnA11-1.ipynb

```
from sklearn.linear_model import LinearRegression
```

scikit-learn을 통해 기계학습 구현할 때 훈련데이터와 테스트데이터를 분리하는 것은 중요합니다. 훈련데이터를 학습시킨 뒤 테스트데이터에 적용했을 때 성능이 생각보다 나오지 않는 현상을 오버피팅(Overfitting)이라고 합니다. 인공지능 모델이 내가 학습시킨 데이터에 너무 과적합되어 조금이라도 벗어난 데이터에 관해서 정확도가 현저히 떨어지는 현상을 의미합니다. 따라서 훈련데이터 자체를 일정 비율로 쪼개서 데이터를 학습시키며 학습 중간중간 내가 학습한 모델을 평가해주는 과정이 필요합니다. 이를 위해 훈련데이터를 일정 비율로 나누는 것이 필요합니다.

scikit-learn의 model_selection 라이브러리 안에 train_test_split 함수를 활용하여 쉽게 학습 훈련데이터셋(train set)과 테스트셋(test set)을 분리할 수 있습니다. 데이터를 분리하기 위한 코드는 아래와 같습니다.

DnA11-1.ipynb

```
from sklearn.model_selection import train_test_split
```

scikit-learn을 활용하여 월별 도서 대출 권 수에 따른 국어 점수 값을 예측하기 위한 최적의 곡선을 찾는 다항회귀를 나타내도록 하겠습니다. 다항회귀는 2차식의 그래프를 그리는 것이며 데이터를 제곱한 데이터가 필요합니다. (11.1.1과 동일한 DataFrame을 사용하기에 데이터를 불러오고 정리하는 부분은 생략하였습니다.)

◈ 다항회귀분석을 위한 코드를 입력하고 결과를 함께 확인해봅시다.

DnA11-1.ipynb

```
# 데이터 나누기
from sklearn.model_selection import train_test_split

train_input, test_input, train_target, test_target = train_test_
split(xi, y, random_state=42)

train_poly = np.column_stack((train_input ** 2,train_input))
test_poly = np.column_stack((test_input **2,test_input))

print(train_poly.shape, train_input.shape)
```

```
(18, 2) (18,)
```

```
print(test_poly.shape, test_input.shape)
```

```
(7, 2) (7,)
```

```
# 다항회귀분석
from sklearn.linear_model import LinearRegression
```

```
lr = LinearRegression()
```

```
lr.fit(train_poly, train_target)
```

```
▾ LinearRegression
LinearRegression()
```

```
lr.predict([[25**2,25]])
```

```
array([94.41826437])
```

```
lr.predict([[28**2,28]])
```

```
array([94.03809724])
```

```
print(lr.coef_)
```

```
[-0.08068898 4.14979342]
```

```
print(lr.intercept_)
```

```
41.10403963212253
```

```
# 다항회귀 그래프 그리기
point = np.arange(0, 30)
plt.scatter(train_input, train_target)
plt.scatter(25, 94.41, marker = 'D')
plt.scatter(28, 94.03, marker = '^')
plt.plot(point, -0.08068898*point**24.14979342*point + 41.10403963212253)
plt.xlabel('Takeout Books Monthly')
plt.ylabel('Korean Scores')
plt.show()
```

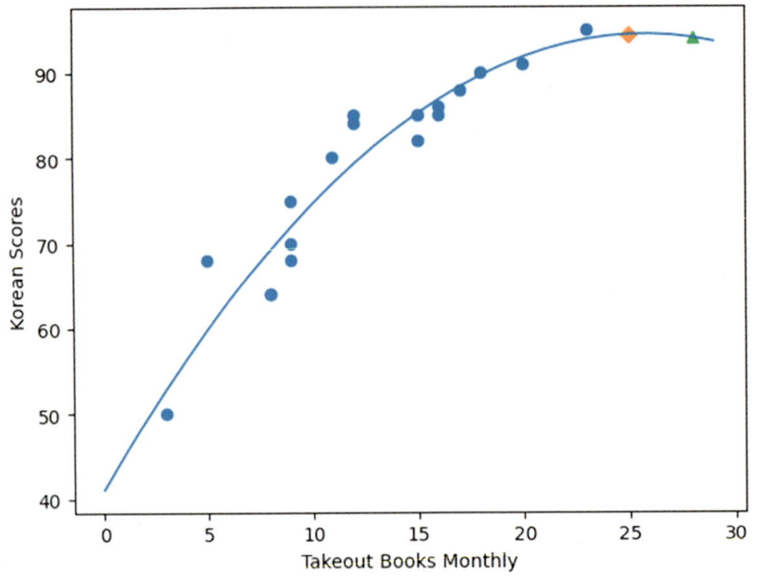


26 scikit-learn의 훈련데이터와 테스트데이터를 나누는 함수 가져옵니다.

27 랜덤하게 훈련데이터, 테스트데이터를 분류하는 것을 의미합니다. 'random_state=42'는 한번 가져오면 값이 변하지 않게 하는 것을 의미합니다.

28 numpy의 column_stack( ) 함수를 사용하여 기존의 train_input 데이터와 train_input 데이터에서 제곱한 데이터를 train_poly에 저장합니다.

29 numpy의 column_stack( ) 함수를 사용하여 기존의 test_input 데이터와 test_input 데이터에서 제곱한 데이터를 test_poly에 저장합니다.

30 새로운 데이터인 train_poly는 행이 18개, 열이 2개이며, 기존 데이터인 train_input은 행이 18개로 이루어져 있습니다.

31 새로운 데이터인 test_poly는 행이 7개, 열이 2개이며, 기존 데이터인 test_input은 행이 7개로 이루어져 있습니다.

32 scikit-learn에서 선형회귀를 불러옵니다.

34 제곱한 train_poly 데이터를 학습시켜서 train_target 데이터를 알아봅니다.

35, 36 학습시킨 다항회귀로 월별 대출 권수가 25권일 때와 28권일 때의 국어 점수 값을 예측해봅시다. 이때, 앞의 데이터를 제곱한 것처럼 대출 권수의 제곱과 원래 대출 권수 값을 함께 넣어줍니다.

37 2차식의 x값의 계수를 구하는 것을 의미합니다.

38 2차식의 y절편을 구하는 것을 의미합니다.

y = (-0.08068898)*x^2 + (4.14979342)*x + 41.10403963212253)

39 0과 30 사이의 X축의 값(월별 대출 권수)를 point라는 변수로 설정합니다.
41 위에서 구한 25권의 책을 대출 했을 때 국어 점수 94.41 산점도 그래프 위에 그립니다. 점 모양은 다이아몬드 모양으로 설정합니다.
42 위에서 구한 28권의 책을 대출 했을 때 국어 점수 94.03 산점도 그래프 위에 그립니다. 점 모양은 삼각형 모양으로 설정합니다.
43 앞에서 구했던 2차식의 계수와 y절편을 넣어서 그래프를 그립니다.

◈ 위의 회귀모델 결과를 분석해봅시다.

- 학생의 독서량을 월별 대출 권수로 파악했을 때 월별 독서량이 20~25권인 학생의 국어 점수가 가장 높은 것을 확인할 수 있다.
- 월별 독서량이 0권~20권 사이에서 가장 가파른 국어 점수의 상승이 있다.
- 월별 독서량의 25권 이상부터는 국어 점수가 더 이상 오르지 않는다는 것을 예측할 수 있었다.

### 11.1.4 전체 코드 확인하기

DnA11-1.ipynb

```
from google.colab import files
myfile = files.upload()
```

```
import io
import pandas as pd
import numpy as np
from matplotlib import pyplot as plt
```

```
df = pd.read_csv(io.BytesIO(myfile['books.csv']))
df
```

| | monthly | korean |
|---|---|---|
| 0 | 12 | 85 |
| 1 | 9 | 70 |
| 2 | 8 | 64 |
| 3 | 9 | 75 |
| 4 | 11 | 80 |
| 5 | 18 | 90 |
| 6 | 15 | 85 |
| 7 | 16 | 85 |
| 8 | 20 | 90 |
| 9 | 20 | 92 |
| 10 | 12 | 85 |
| 11 | 12 | 80 |
| 12 | 3 | 50 |
| 13 | 6 | 60 |
| 14 | 8 | 64 |
| 15 | 9 | 68 |
| 16 | 10 | 75 |
| 17 | 12 | 84 |
| 18 | 23 | 95 |
| 19 | 20 | 91 |
| 20 | 15 | 82 |
| 21 | 16 | 86 |
| 22 | 5 | 68 |
| 23 | 13 | 85 |
| 24 | 17 | 88 |

```
# 선형회귀분석
from scipy import stats

xi = df['monthly']
y = df['korean']

```

```
stats.linregress(xi, y)
```

```
LinregressResult(slope=2.044273760459598,
                 intercept=52.99506681653553,
                 rvalue=0.9198387597775769,
                 pvalue=7.992304806561363e-11,
                 stderr=0.18179336231182655)
```

```
slope, intercept, r_value, p_value, std_err = stats.linregress(xi, y)

#slope: 기울기
print('slope:', slope)
```

```
slope: 2.044273760459598
```

```
#intercept: y절편
print('intercept:', intercept)
```

```
intercept: 52.99506681653553
```

```
#r_value: 결정계수
print('r value:', r_value)
```

```
r value: 0.9198387597775769
```

```
#p_value: 유의확률
print('p value:', p_value)
```

```
p value: 7.992304806561363e-11
```

```
#std_err: 표준편차
print('standard deviation:', std_err)
```

```
standard deviation: 0.18179336231182655
```

```
# y = 2.04xi + 52.99
line = slope*xi + intercept

# 선형회귀 그래프 그리기
plt.plot(xi, y, 'o')
plt.plot(xi, line, 'r-')
plt.show()
```

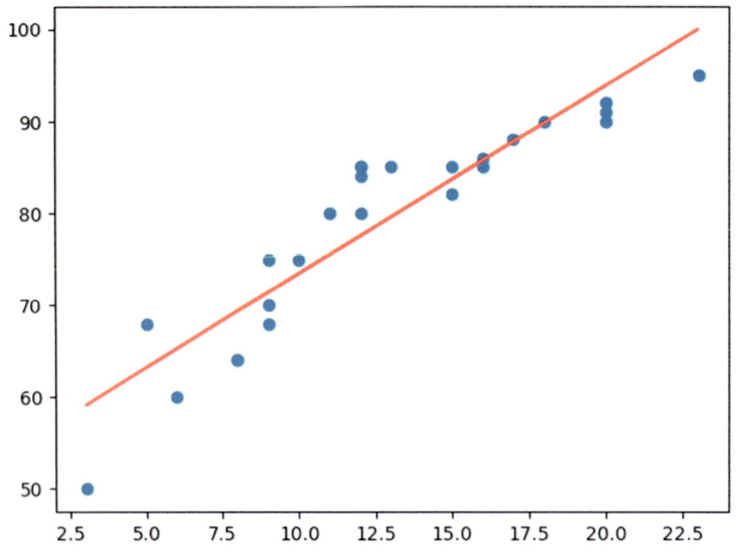

```python
# 선형회귀분석 2
from statsmodels.formula.api import ols
res = ols('korean~monthly', data=df).fit()
res.summary()
```

OLS Regression Results

| | | | |
|---|---|---|---|
| **Dep. Variable:** | korean | **R-squared:** | 0.846 |
| **Model:** | OLS | **Adj. R-squared:** | 0.839 |
| **Method:** | Least Squares | **F-statistic:** | 126.5 |
| **Date:** | Tue, 09 May 2023 | **Prob (F-statistic):** | 7.99e-11 |
| **Time:** | 18:47:20 | **Log-Likelihood:** | -72.588 |
| **No. Observations:** | 25 | **AIC:** | 149.2 |
| **Df Residuals:** | 23 | **BIC:** | 151.6 |
| **Df Model:** | 1 | | |
| **Covariance Type:** | nonrobust | | |

| | **coef** | **std err** | **t** | **P>\|t\|** | **[0.025** | **0.975]** |
|---|---|---|---|---|---|---|
| **Intercept** | 52.9951 | 2.496 | 21.236 | 0.000 | 47.833 | 58.157 |
| **monthly** | 2.0443 | 0.182 | 11.245 | 0.000 | 1.668 | 2.420 |

| | | | |
|---|---|---|---|
| **Omnibus:** | 0.877 | **Durbin-Watson:** | 1.473 |
| **Prob(Omnibus):** | 0.645 | **Jarque-Bera (JB):** | 0.745 |
| **Skew:** | 0.029 | **Prob(JB):** | 0.689 |
| **Kurtosis:** | 2.157 | **Cond. No.** | 37.4 |

```python
# 데이터 나누기
from sklearn.model_selection import train_test_split
```

```
train_input, test_input, train_target, test_target = train_test_
split(xi, y, random_state=42)
```

```
train_poly = np.column_stack((train_input ** 2,train_input))
test_poly = np.column_stack((test_input ** 2,test_input))
```

```
print(train_poly.shape, train_input.shape)
```

```
(18, 2) (18,)
```

```
print(test_poly.shape, test_input.shape)
```

```
(7, 2) (7,)
```

```
# 다항회귀분석
from sklearn.linear_model import LinearRegression
```

```
lr = LinearRegression()
```

```
lr.fit(train_poly, train_target)
```

```
▾ LinearRegression
LinearRegression()
```

```
lr.predict([[25**2,25]])
```

```
array([94.41826437])
```

```
lr.predict([[28**2,28]])
```

```
array([94.03809724])
```

```
print(lr.coef_)
```

```
[-0.08068898 4.14979342]
```

```
print(lr.intercept_)
```

```
41.10403963212253
```

```
# 다항회귀 그래프 그리기
point = np.arange(0, 30)
plt.scatter(train_input, train_target)
plt.scatter(25, 94.41, marker = 'D')
plt.scatter(28, 94.03, marker = '^')
plt.plot(point, -0.08068898*point**24.14979342*point + 41.10403963212253)
plt.xlabel('Takeout Books Monthly')
```

```
plt.ylabel('Korean Scores')
plt.show()
```

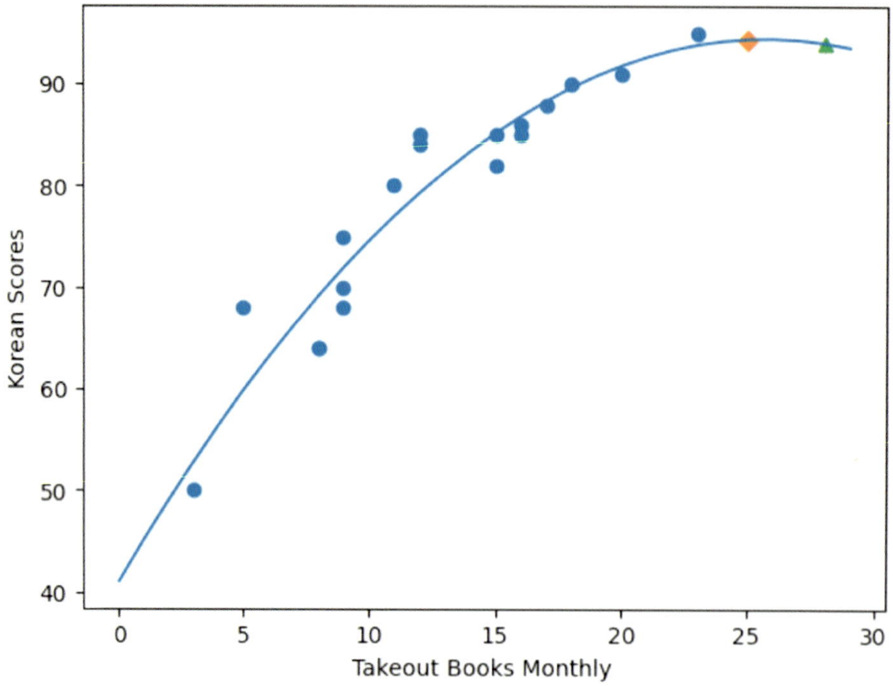

# 스스로 해보기

## 1. 2030년 1인 가구 수는?

이번 장에서는 학습한 선형회귀, 다항회귀를 연습하기 위해 1인 가구 수 데이터를 사용하고자 합니다.

경제가 성장함에 따라 1인 가구 수는 꾸준히 증가하고 있으며 2020년 기준 100명 중 12명이 1인가구로 살고 있습니다. 1인 가구의 성장은 최근 들어 더 가파른 모습을 보이고 있으며 최근 급격한 1인가구 수 증가를 반영하여 앞으로의 1인 가구 수의 예측은 선형이 아닌 곡선의 관계가 더 적절할 것으로 보입니다. 선형회귀분석, 다항회귀분석을 통하여 앞으로의 1인 가구 수를 예측해보겠습니다.

배운 내용을 바탕으로 차근차근 따라해보세요.

◈ 선형회귀와 다항회귀를 연습하기 위한 데이터를 불러오고 결과를 함께 확인해봅시다.

DnA11-2.ipynb

```
from google.colab import files
myfile = files.upload()
```

```
파일 선택  live alone.csv
• live alone.csv(text/csv) - 176 bytes, last modified: 2023. 5. 10. - 100% done
Saving live alone.csv to live alone.csv
```

```
import io
import pandas as pd
```

```
df = pd.read_csv(io.BytesIO(myfile['live alone.csv']))
```

```
df
```

| | year | la |
|---|---|---|
| **0** | 1985 | 661 |
| **1** | 1990 | 1021 |
| **2** | 1995 | 1642 |
| **3** | 2000 | 2224 |
| **4** | 2002 | 2630 |
| **5** | 2005 | 3171 |
| **6** | 2007 | 3570 |
| **7** | 2010 | 4142 |
| **8** | 2012 | 4560 |
| **9** | 2015 | 5203 |
| **10** | 2016 | 5398 |
| **11** | 2017 | 5619 |
| **12** | 2018 | 5849 |
| **13** | 2019 | 6147 |
| **14** | 2020 | 6643 |

◈ 선형회귀분석(scipy)을 위한 코드를 입력하고 결과를 함께 확인해봅시다.

DnA11-1.ipynb

```
# 선형회귀분석
from scipy import stats

xi = df['year']
y = df['la']

stats.linregress(xi, y)
```

```
LinregressResult(slope=173.56296904315192, intercept=-344511.6373905565, rvalue=0.9873645465598928,
pvalue=8.720644473197447e-12, stderr=7.725774905361881, intercept_stderr=15508.939351916666)
```

```
slope, intercept, r_value, p_value, std_err = stats.linregress(xi, y)
```

```
print('slope:', slope)
print('intercept:', intercept)
print('r value:', r_value)
print('p value:', p_value)
print('standard deviation:', std_err)
```

```
slope: 173.56296904315192
intercept: -344511.6373905565
r value: 0.9873645465598928
p value: 8.720644473197447e-12
standard deviation: 7.725774905361881
```

```
#y = 173.5630xi -344511.6373905565
line = slope*xi + intercept
```

```
from matplotlib import pyplot asplt
plt.plot(xi, y, 'o')
plt.plot(xi, line, 'r-')
plt.show()
```

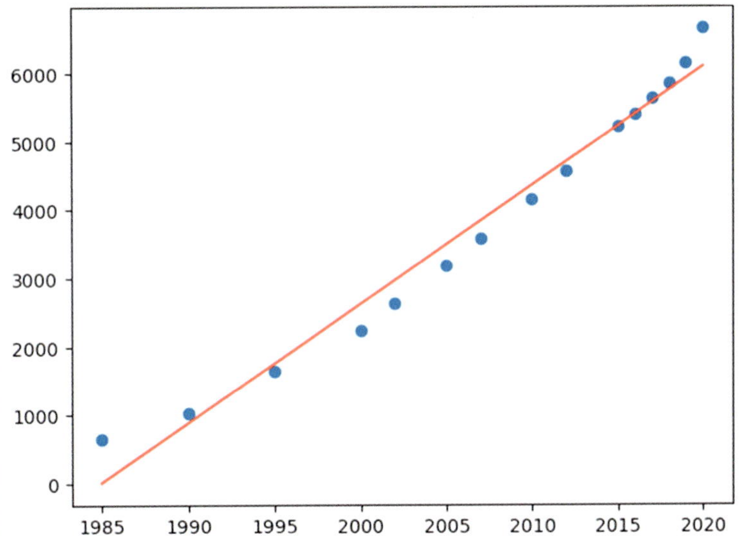

◈ 선형회귀분석(statsmodels)을 위한 코드를 입력하고 결과를 함께 확인해봅시다.

**DnA11-2.ipynb**

```
# 선형회귀분석2
from statsmodels.formula.api import ols
```

```
res = ols('la~year', data=df).fit()
```

```
res.summary()            # y(1인가구) = 173.5630*x(year) -3.445e+05
```

OLS Regression Results

| | | | |
|---|---|---|---|
| **Dep. Variable:** | la | **R-squared:** | 0.975 |
| **Model:** | OLS | **Adj. R-squared:** | 0.973 |
| **Method:** | Least Squares | **F-statistic:** | 504.7 |
| **Date:** | Tue, 09 May 2023 | **Prob (F-statistic):** | 8.72e-12 |
| **Time:** | 18:20:09 | **Log-Likelihood:** | -106.69 |
| **No. Observations:** | 15 | **AIC:** | 217.4 |
| **Df Residuals:** | 13 | **BIC:** | 218.8 |
| **Df Model:** | 1 | | |
| **Covariance Type:** | nonrobust | | |

| | **coef** | **std err** | **t** | **P>\|t\|** | **[0.025** | **0.975]** |
|---|---|---|---|---|---|---|
| **Intercept** | -3.445e+05 | 1.55e+04 | -22.214 | 0.000 | -3.78e+05 | -3.11e+05 |
| **year** | 173.5630 | 7.726 | 22.465 | 0.000 | 156.872 | 190.253 |

| | | | |
|---|---|---|---|
| **Omnibus:** | 2.590 | **Durbin-Watson:** | 0.419 |
| **Prob(Omnibus):** | 0.274 | **Jarque-Bera (JB):** | 1.566 |
| **Skew:** | 0.787 | **Prob(JB):** | 0.457 |
| **Kurtosis:** | 2.829 | **Cond. No.** | 3.78e+05 |

◈ 다항회귀분석을 위한 코드를 입력하고 결과를 함께 확인해봅시다.

**DnA11-2.ipynb**

```
# 다항회귀분석
from sklearn.model_selection import train_test_split
```

```
train_input, test_input, train_target, test_target = train_test_
split(xi, y, random_state=42)
```

```
train_poly = np.column_stack((train_input ** 2,train_input))
test_poly = np.column_stack((test_input ** 2,test_input))
```

```
print(train_poly.shape, train_input.shape)
```

```
(11, 2) (11,)
```

```
print(test_poly.shape, test_input.shape)
```

```
(4, 2) (4,)
```

```
from sklearn.linear_model import LinearRegression
```

```
lr = LinearRegression()
```

```
lr.fit(train_poly, train_target)
```

```
▾ LinearRegression
LinearRegression()
```

```
lr.predict([[2025**2,2025]])
```

```
array([7897.26936455])
```

```
lr.predict([[2030**2,2030]])
```

```
array([9434.65684945])
```

```
print(lr.coef_)
```

```
[ 2.78738047e+00 -1.09953503e+04]
```

```
print(lr.intercept_)
```

```
10843479.617401972
```

```
import numpy as np
import matplotlib.pyplot as plt
point = np.arange(1985, 2030)
plt.scatter(train_input, train_target)
plt.scatter(2025, 7897, marker = 'D')
plt.scatter(2030, 9434, marker = '^')
plt.plot(point, 2.78738047e+00*point**21.09953503e+04*point +
         10843479)
plt.xlabel('year')
plt.ylabel('Single-person household')
plt.show()
```

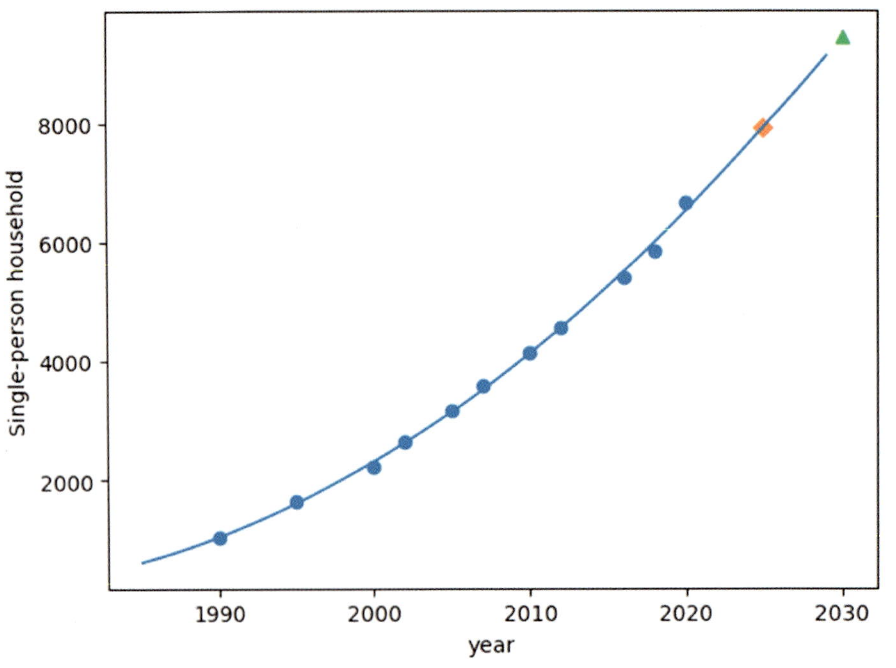
8000
6000
4000
2000
Single-person household
1990
2000
2010
2020
2030
year

CHAPTER

# 12 옷을 구매할 때 키와 몸무게에 맞는 사이즈를 추천받을 수 있을까?

12.1 분류를 위한 kNN 알고리즘
스스로 해보기

## 들어가며

인공지능은 주어진 데이터를 기반으로 결과값을 예측할 수 있습니다. 인접한 데이터의 개수를 바탕으로 가까운 그룹에 데이터의 결과 값을 예측하는 kNN알고리즘을 학습하며 인공지능의 분류 역할을 알아봅시다.

최 교사는 체육대회를 맞이하여 협동심을 고취하기 위해 반티를 제작하려고 합니다. 디자인을 마친 후 주문을 하기 위해 아이들에게 사이즈를 물어보았지만 "저는 제 사이즈를 모르는데요?"와 같은 답변을 마주하게 됩니다. 학부모에게 문자를 보내서 조사했지만 도리어 "선생님~ 우리 아이는 어떤 사이즈를 구매해야 할까요?"와 같은 문의를 받게 됩니다. 최 교사는 비슷한 체격을 가진 아이들이 선택한 사이즈를 알 수 있다면 반티 사이즈 선택이 한결 수월할 것이라 생각했습니다.

## 12.1 분류를 위한 kNN 알고리즘

### (1) kNN 알고리즘이란?

k-Nearest Neighbors Algorithm의 약어로 말 그대로 해석하면 가장 가까운 이웃에 따라 분류하는 알고리즘입니다. "유유상종(類類相宗) : 같은 날개를 가진 새들끼리 함께 모인다."란 뜻의 사자성어처럼 머신러닝에서 데이터를 가장 가까운 유사속성에 따라 분류하여 라벨링하게 됩니다.

이 '가깝다'라는 개념을 수학적으로 표현하기 위하여 kNN 알고리즘은 유클리디안 거리(Euclidean Distance)를 사용합니다. 유클리디안 거리는 그래프 위의 두 점 사이의 거리입니다. 2차원에서 두 점 $A = (x_1, x_1)$ $B = (x_2, y_2)$ 이 주어졌을 때 유클리디안 거리는 아래 그림과 같이 정의됩니다. 우리에게는 피타고라스 정리로도 익숙한 개념입니다.

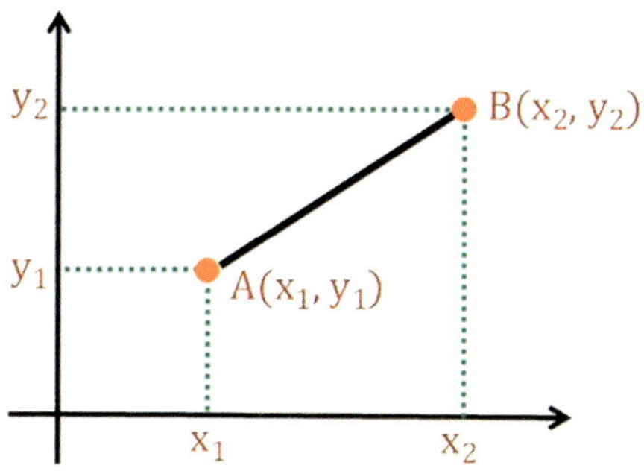


A와 B사이의 유클리디안 거리

$$= \sqrt{(x_2 - x_1)^2 + (y_2 - y_1)^2}$$

kNN 알고리즘은 데이터로부터 유클리디안 거리상 가장 가까운 'k'개수의 데이터를 찾아 해당 데이터의 라벨이 다수인 범주로 데이터를 분류하는 방식입니다. k = 3일 경우 가까운 3개의 데이터 중 데이터의 라벨이 더 많은 쪽으로 분류됩니다. 옆의 그림에서는 ★이 2개, ♥가 1개이므로 ★로 분류됩니다. 하지만 k=1일 경우 가장 가까운 그림은 ♥이므로 ♥로 분류됩니다.

kNN 알고리즘은 간단하여 구현하기 쉽습니다. 특별한 훈련을 하지 않는다는 점에서 게으른 학습(Lazy Learning)이라는 별명도 갖고 있습니다. 하지만 데이터가 많아질수록 분류 속도가 느려지고 계산량이 많아진다는 단점이 있습니다. 특별한 훈련 모델이 없는 대신 유클리디안 거리를 계속해서 계산하기 때문입니다.

### (2) kNN 알고리즘은 어디에 사용되나요?

인터넷을 하다보면 영화, 음악, 동영상, 상품 등 추천 알고리즘을 흔하게 접할 수 있습니다. 사용자의 정보를 기반으로 성향과 구매 패턴을 분류하여 비슷한 패턴을 가진 사람이 선택한 상품을 보여주게 되는데 바로 여기에 kNN 알고리즘이 활용되었다고 볼 수 있습니다. 이 외에도 의료 분야나 생명 과학 분야에서 유전자 데이터의 패턴 인식이나 암 진단 등에서도 사용되고 있습니다.

### (3) kNN 알고리즘 구현시 주의할 점

kNN 알고리즘은 거리 기반이므로 표준화가 필요합니다. 분포가 다를 경우 각 변수의 차이를 해석하기 어려우므로 데이터 전처리 과정을 통해 변수 값을 표준 범위로 조정해야 합니다.

아래의 그림에서 단맛과 매운맛을 측정하는 범위를 비교하여 봅시다. 같은 거리 내에서 단맛의 범위는 10인 반면에 매운맛을 측정하는 범위는 1,000,000으로 차이가 크고, 이는 거리 함수에 훨씬 더 많은 영향을 주게 됩니다. 이 때 데이터 조정을 통해 범위를 일치시키지 않는다면 대부분의 데이터를 매운 맛으로 분류하게 됩니다.

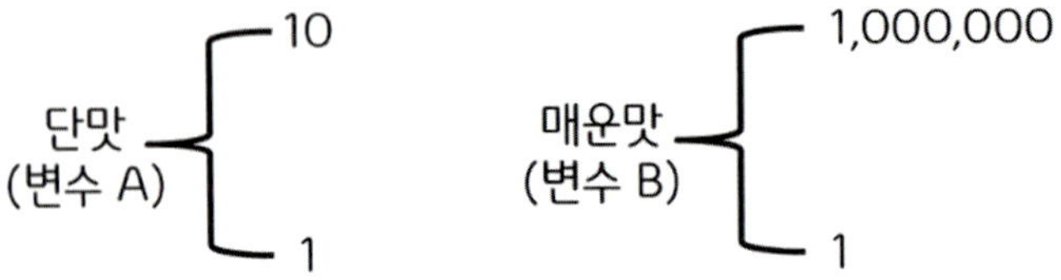


데이터를 조정하는 방법은 "정규화"와 "표준화"의 방법이 있습니다.

| | | |
|---|---|---|
| 최소-최대 정규화 | $X_{new} = \dfrac{X-\min(X)}{\max(X) - \min(X)}$ | 변수 X의 범위를 0%에서 100%까지로 나타내기 |
| Z-점수 표준화 | $X_{new} = \dfrac{X-\mu}{\sigma} = \dfrac{X-Mean(X)}{StdDev(X)}$ | 변수 X의 범위를 평균의 위 또는 아래로 몇 표준 편자만큼 떨어져 있는지 관점으로 확대/축소하기 |

수학 식을 계산하려니 머리가 아플 겁니다. 하지만 우리는 파이썬 함수를 이용해 손쉬운 계산이 가능합니다. 코랩을 통해 kNN 알고리즘을 구현해 봅시다.

### 12.1.2 kNN 알고리즘 구현하기

학생들의 키와 몸무게를 바탕으로 옷 사이즈를 분류한 데이터가 있습니다. 우리는 이 데이터를 바탕으로 특정 키와 몸무게에 맞는 옷 사이즈를 kNN 알고리즘으로 예측해보려고 합니다. 제공된 csv 파일에서는 키, 몸무게, 사이즈 데이터를 확인할 수 있습니다.

### (1) 데이터 준비하기

준비된 csv파일을 업로드하여 데이터프레임을 생성한 후 필요한 칼럼을 리스트로 추출해 보겠습니다.

DnA12-1.ipynb

```
1 from google.colab import files
2 myfile=files.upload()
```

```
파일 선택 size.csv
• size.csv(text/csv) - 5499 bytes, last modified: 2023. 5. 10. - 100% done
Saving size.csv to size.csv
```

```
3 import pandas as pd
4 df=pd.read_csv('size.csv', encoding="euc-kr")
```

4 데이터를 df로 불러옵니다. 칼럼 이름이 한글로 되어 있어 그냥 데이터만 불러온다면 오류가 생깁니다. encoding="euc-kr"과 같이 코드를 입력해주어 인코딩하여 오류를 방지합니다.

### (2) 데이터 전처리하기

불러온 데이터를 활용하기 위해 사용하기 편한 방법으로 전처리를 해보겠습니다. 먼저 사이즈 별로 분류된 키 데이터를 슬라이싱해준 후 같은 방법으로 사이즈 별로 분류된 몸무게 데이터를 슬라이싱해주려고 합니다. L 사이즈로 분류된 키 데이터를 "L_height", M 사이즈로 분류된 키 데이터를 "M_height"와 같은 이름으로 변수를 지정해주었습니다.

DnA12-1.ipynb

```
5 import numpy as np
```

```
6 XS_height=list(df.iloc[0:60,0])       # L사이즈로 분류된 키 슬라이싱
7 S_height=list(df.iloc[60:106,0])      # M사이즈로 분류된 키 슬라이싱
8 M_height=list(df.iloc[106:181,0])     # S사이즈로 분류된 키 슬라이싱
9 L_height=list(df.iloc[181:235,0])     # XL사이즈로 분류된 키 슬라이싱
10 XL_height=list(df.iloc[235:285,0])   # XS사이즈로 분류된 키 슬라이싱
```

```
11 XS_weight=list(df.iloc[0:60,1])          # L사이즈로 분류된 몸무게 슬라이싱
12 S_weight=list(df.iloc[60:106,1])         # M사이즈로 분류된 몸무게 슬라이싱
13 M_weight=list(df.iloc[106:181,1])        # S사이즈로 분류된 몸무게 슬라이싱
14 L_weight=listt(df.iloc[181:235,1])       # XL사이즈로 분류된 몸무게 슬라이싱
15 XL_weight=list(df.iloc[235:285,1])       # XS사이즈로 분류된 몸무게 슬라이싱
```

```
16 XS_height                                # 슬라이싱 결과 확인하기
```

```
[143.1,
 144.5
 142.1,
 143.8,

…중략…

 141.8
 152.2]
```

6 df 변수로 저장되어 있는 데이터프레임의 0행부터 59행과, 첫 번째 열(0)의 데이터를 슬라이싱하여 'XS_height'이름을 가진 list로 저장합니다. csv 파일을 확인하면 처음(1행)부터 61행까지는 XS사이즈로 분류되어 있으며 첫 번째 열(0)은 키가 입력된 데이터입니다.

7 6행과 동일하되 60행부터 105행까지 S 사이즈로 분류되어 있습니다.

8 6행과 동일하되 106행부터 180행까지 M 사이즈로 분류되어 있습니다.

9 6행과 동일하되 181행부터 234행까지 L 사이즈로 분류되어 있습니다.

10 6행과 동일하되 235행부터 284행까지 XL 사이즈로 분류되어 있습니다.

11-15 6-10행과 동일하지만 두 번째 열(1)은 몸무게가 입력된 데이터입니다. 따라서 변수명 역시 몸무게를 나타내는 '0_weight'으로 정해주었습니다.

16 list이기 때문에 아래로 길게 나열되고 있음을 확인할 수 있습니다. 만약 array였다면 [142.1, 143.8, 155.5 … 141.8, 152.2]과 같이 1행으로 이루어져 있었을 것입니다.

### (3) 데이터 분포 살펴보기

위에서 준비한 데이터의 분포를 살펴보기 위해 산점도를 그려 봅시다.

DnA12-1.ipynb

```
import matplotlib.pyplot as plt
plt.scatter(XS_height, XS_weight)
plt.scatter(S_height, S_weight)
plt.scatter(M_height, M_weight)
plt.scatter(L_height, L_weight)
plt.scatter(XL_height, XL_weight)
plt.xlabel('height')
plt.ylabel('weight')
plt.show()
```

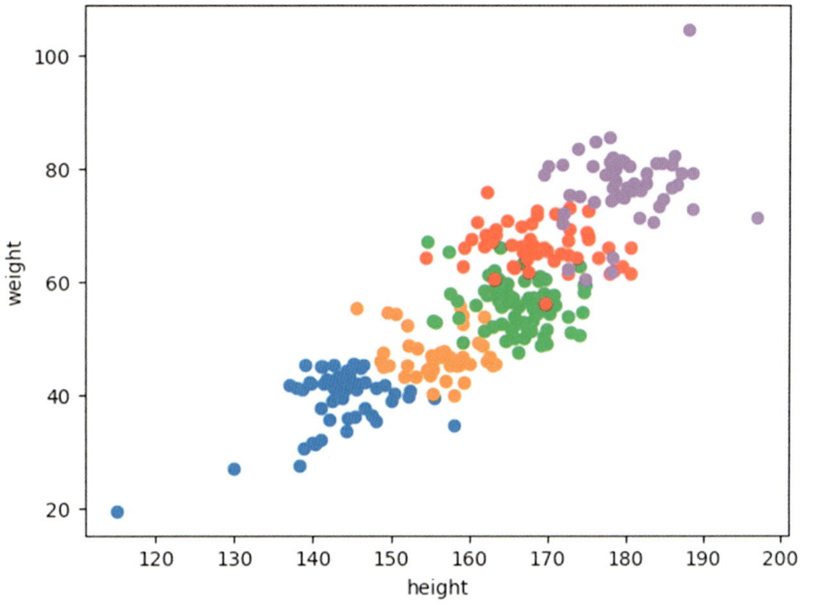


사이즈 별로 다른 색의 점으로 표시된 그래프가 그려졌습니다. 파란색 점은 XS, 주황색 점은 S, 초록색 점은 M, 빨간색 점은 L, 보라색 점은 XL 사이즈를 나타내고 있습니다.

키 164cm, 몸무게 49kg의 사람은 어떤 사이즈를 선택하는 것이 좋을까요? 기존에 학습한 데이터와 예측할 데이터(키 164, 몸무게 49)를 그래프로 표현하여 어느 사이즈 쪽에 위치하는지 확인해 보겠습니다. 본인의 사이즈를 확인하고 싶으시다면 39번째 행에 164, 49 대신 본인의 키와 몸무게를 차례로 쓰면 됩니다.

DnA12-1.ipynb

```
plt.scatter(XS_height, XS_weight)
plt.scatter(S_height, S_weight)
plt.scatter(M_height, M_weight)
plt.scatter(L_height, L_weight)
plt.scatter(XL_height, XL_weight)
plt.scatter(164, 49, marker='^')            # 164cm, 49kg 위치 표시
plt.xlabel('height')
plt.ylabel('weight')
```

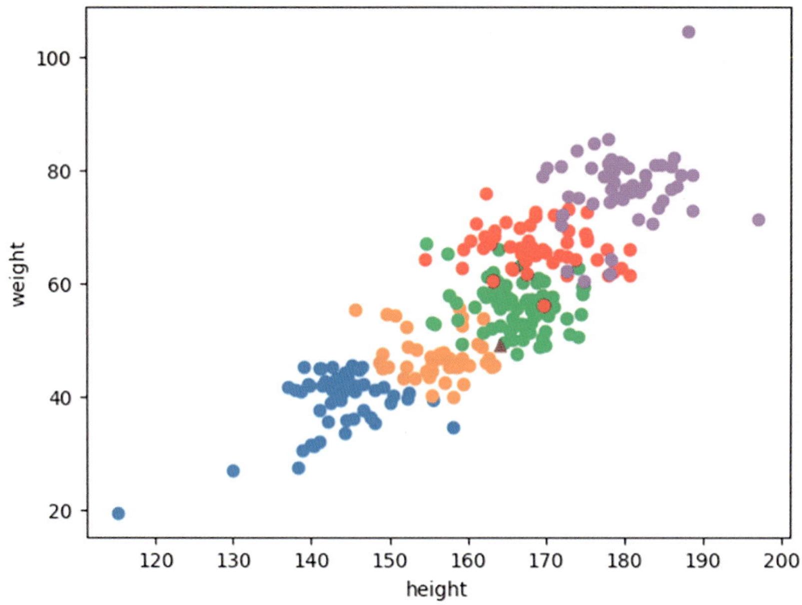


산점도를 확인해보니 주황색으로 찍힌 'S' 사이즈와 초록색으로 찍힌 'M' 사이즈 중간에 위치해 있습니다. 그림으로는 정확하게 구분할 수 없으니 kNN알고리즘 모델의 도움을 받도록 해 봅시다.

### (4) kNN 머신러닝 모델 만들기

신장 164cm, 몸무게 49kg의 분포는 'S' 사이즈와 'M' 사이즈 사이에 있으므로 S와 M

사이즈 데이터를 사용하여 분류할 수 있는 kNN머신러닝 모델을 만들어 보겠습니다.

**DnA12-1.ipynb**

```
34 height=S_height+M_height            # 데이터 합치기 (S 데이터 → M 데이터)
35 weight=S_weight+M_weight
```

```
36 size_data=[[l, w] for l, w in zip(height, weight)]
37 print(size_data)
```

```
[[159.2, 52.6], [158.3, 45.3], [157.6, 45.3], [156.3, 46.8], [157.5, …
```

```
38 size_target=[1]*46+ [0]*75            # S(1)와 M(0)을 숫자로 구분하기
39 print(size_target)
```

```
[1, 1, 1, 1, 1, 1, 1, 1, 1, 1, 1, 1, 1, 1, 1, 1, 1, 1, 1, 1, 1, 1, …
```

34 S 사이즈의 키 데이터와 M 사이즈의 키 데이터를 하나로 합쳐 줍니다.
35 S 사이즈의 몸무게 데이터와 M 사이즈의 몸무게 데이터를 하나로 합쳐 줍니다.
36 (키, 몸무게)를 2차원 list로 만들어주기 위해 zip( ) 함수를 이용하여 하나씩 원소를 꺼내 반환하여 줍니다.
38 S 사이즈와 M 사이즈를 숫자로 구분합니다. 이때 46은 S 사이즈 데이터의 개수이고, 75은 M 사이즈 데이터의 개수입니다.
39 결과를 보면 1이 46개, 0이 75개 출력되었음을 확인할 수 있습니다.

이제 Scikit-learn 패키지에서 kNN알고리즘을 구현한 모델을 불러온 후 데이터를 입력하여 머신러닝 시켜보겠습니다.

**DnA12-1.ipynb**

```
40 from sklearn.neighbors import KNeighborsClassifier
41 kn=KNeighborsClassifier()                 # kNN모델 불러오기
42 kn.fit(size_data, size_target)            # 데이터 훈련하기
```

```
▾ KNeighborsClassifier
KNeighborsClassifier()
```

```
43 kn.score(size_data, size_target)          # 머신러닝 모델 평가하기
```

```
0.9586776859504132
```

40 Scikit-learn 패키지에서 kNN알고리즘을 구현한 모델을 불러옵니다.

41 데이터를 훈련시킵니다. size_data를 size_target에 매칭하여 학습시킵니다.

42 훈련된 머신러닝 모델을 평가합니다. 평가 값은 0에서 1사이의 값으로 반환됩니다. 평가된 값은 약 0.95로 높은 점수를 받았습니다.

### (5) kNN 분류 머신러닝 모델 이용하기

앞선 164cm, 49kg의 데이터는 S와 M사이에 위치해 있었습니다. 앞선 장에서 만든 머신러닝 프로그램을 이용하여 결과를 분류하여 봅시다.

**DnA12-1.ipynb**

```
44  kn.predict([[164, 49]])                    # 데이터 입력하고 예측하기

    array([0])
```

kNN 알고리즘의 결과 164cm 49kg의 사람은 M 사이즈(0)를 추천받았습니다. 우리는 38번째 행에서 M 사이즈를 숫자 0으로 구분한 바 있습니다.

kn으로 학습된 kNN 알고리즘의 학습데이터와 타겟데이터를 확인해 봅시다.

**DnA12-1.ipynb**

```
45  print(kn._fit_X)                           # 학습데이터 확인하기

    [[149.6 54.5]
     [155.4 46.1]
     [159.1 46.7]
     [159.1 54.1]
      … 중략 …
     [167.4 56.6]
     [161.8 58.5]
     [160.7 55.8]]

46  print(kn._y)                               # 타겟데이터 확인하기

    [1 1 1 1 1 1 1 1 1 1 1 1 1 1 1 1 1 1 1 1 1 1 1 1 1 1 1 1 1 1 1 0 0 0 0 0 0 0 0 0 0 0 0 0 0 0 0 0 0 0 0
    0 0 0 0 0 0 0 0 0 0 0 0 0 0 0 0 0 0 0 0 0 0 0 0 0 0 0 0 0 0 0 0 0 0 0 0 0]
```

### (6) 정확도 예측하기

이웃계수(k)를 121개로 설정하여 머신러닝 모델을 학습시키고 정확도를 예측해 보겠습니다. 참고로 S 사이즈와 M 사이즈 데이터의 개수를 더한 121개의 데이터 중에서

M 사이즈 데이터가 75개이므로 값은 75/121일 것입니다.

DnA12-1.ipynb

```
47 kn121=KNeighborsClassifier(n_neighbors=121)
48 kn121.fit(size_data, size_target)
49 kn121.score(size_data,size_target)
```

```
0.6198347107438017
```

47 새로운 머신러닝 모델을 kn121로 이름 붙인 후 이웃계수 k를 121개로 설정합니다. 결과를 확인해보니 실제 75÷121을 계산한 값과 동일함을 알 수 있습니다.

### (7) 훈련데이터와 예측데이터 분류하기 (오류)

S 사이즈 데이터를 훈련데이터로, M 사이즈 데이터를 예측데이터로 분류하여 kNN 알고리즘을 만들어 봅시다.

DnA12-1.ipynb

```
50 train_input = size_data[:46]                # 훈련데이터 선택하기
51 train_target = [1]*46
```

```
52 test_input = size_data[46:]                 # 예측데이터 선택하기
53 test_target = test_target = [0]*75
```

```
54 kn=kn.fit(train_input, train_target)       # kNN알고리즘 학습시키기
```

```
55 kn.score(test_input, test_target)          # kNN알고리즘 테스트하기
```

```
0.0
```

50 훈련데이터를 선택합니다. 이때 S 사이즈 데이터는 46개가 있으므로 0번째 데이터부터 45번째 데이터까지 선택해줍니다.

51 찾을 대상을 숫자 1로 구분해 줍니다. (38번째 셀의 코드를 참고하세요)

52 예측데이터를 선택합니다. 이때 M 사이즈 데이터는 75개가 있으며 46번째 데이터부터 마지막까지 선택해 줍니다.

53 찾을 대상을 숫자 0으로 구분해 줍니다. (38번째 셀의 코드를 참고하세요)

55 머신러닝 정확도의 결과는 0.0입니다.

새로 훈련시킨 머신러닝 모델의 정확도 평가 결과 0이 나왔습니다. 어떤 오류가 있었던 걸까요? 바로 샘플링 편향 때문입니다. 훈련 데이터는 S 사이즈 데이터를 이용했지만 예측 데이터는 M 사이즈 데이터였습니다. 데이터는 서로 편향된 데이터로 연관성이 없었던 것입니다.

### (8) 훈련데이터와 예측데이터 분류하기(랜덤)

데이터 배열을 랜덤한 순서로 나타낸 후 훈련데이터와 예측데이터로 분류하여 kNN 모델을 만들어 봅시다.

DnA12-1.ipynb

```
import numpy as np                    # 리스트를 이용하여 2차원 배열로 바꾸기
input_arr=np.array(size_data)
target_arr=np.array(size_target)
```

```
print(input_arr)                      # 배열로 변환된 훈련 데이터 확인하기
```

```
[[159.2 52.6]
 [158.3 45.3]
 [157.6 45.3]
 [156.3 46.8]
 … 중략 …
 [165.7 52.3]
 [169.7 60.5]]
```

```
print(input_arr.shape)                # 배열의 크기 확인하기
```

```
(121, 2)
```

```
np.random.seed(44)                    # 랜덤 값을 일정한 값으로 정하여 유지하기
```

```
index=np.arange(121)                  # 0~120번째 데이터 배열을 index로 저장하기
np.random.shuffle(index)              # 배열을 랜덤한 순서로 나타내기
```

```
train_input = input_arr[index[:46]]   # 훈련데이터 슬라이싱하기
train_target= target_arr[index[:46]]
```

```
test_input = input_arr[index[46:]]    # 예측데이터 슬라이싱하기
test_target = target_arr[index[46:]]
```

```
68 plt.scatter(train_input[:, 0], train_input[:, 1])
69 plt.scatter(test_input[:, 0], test_input[:, 1])
70 plt.xlabel('height')
71 plt.ylabel('weight')
```

```
Text(0, 0.5, 'weight')
```

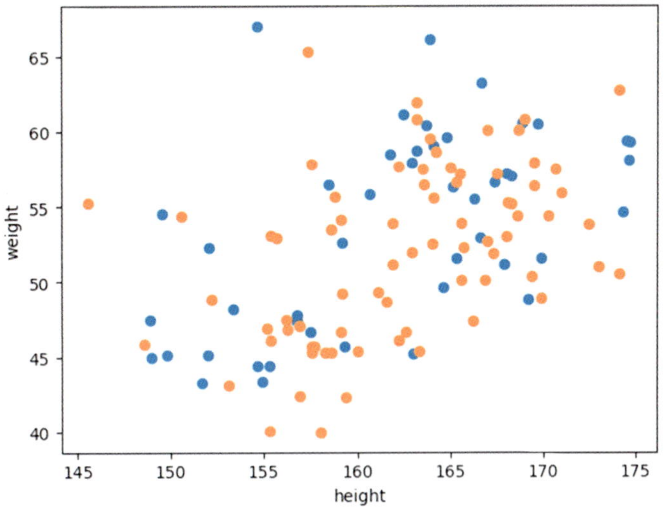


```
72 kn.fit(train_input, train_target)          # 데이터 훈련하기
```

```
▾ KNeighborsClassifier
KNeighborsClassifier()
```

```
73 kn.score(test_input, test_target)          # 훈련된 머신러닝 모델 평가하기
```

```
0.92
```

```
74 kn.predict(test_input)          # 예측데이터 입력하여 결과 예측하기
```

```
array([1, 1, 0, 0, 0, 0, 0, 1, 1, 1, 0, 1, 0, 0, 1, 0, 0, 1, 1, 0, 0, 1, 1, 0, 1, 0, 0, 0, 0, 0, 1, 1, 0, 1, 1,
0, 0, 0, 0, 1, 0, 0, 0, 0, 1, 1, 0, 0, 0, 0, 1, 1, 1, 1, 0, 1, 0, 0, 0, 0, 0, 0, 0, 1, 0, 0, 0, 0, 0, 1, 0, 1,
0, 1, 1])
```

```
75 test_target          # 훈련데이터의 타겟데이터 출력하기
```

```
array([1, 1, 0, 1, 0, 0, 0, 1, 1, 1, 0, 1, 0, 0, 1, 0, 0, 1, 1, 1, 0, 1, 1, 0, 1, 0, 0, 0, 0, 0, 1, 1, 0, 0, 1, 0,
0, 0, 0, 1, 0, 0, 0, 0, 1, 1, 0, 0, 0, 0, 0, 1, 1, 1, 0, 0, 0, 0, 0, 0, 0, 1, 0, 1, 0, 0, 0, 0, 0, 1, 0, 1, 0,
1, 1])
```

68 plt.scatter(train_input[:, 0], train_input[:, 1])은 train_input[:, 0]을 x축으로 train_input[:, 1]을 y축으로 하여 산점도를 그립니다. 이때 train_input[:, 0]은 64번째 코드행에서 저장한 훈련데이터 중 전체 행과 0번째 열의 키 데이터를 의미합니다.

train_input[:, 1]은 훈련데이터 중 전체 행과 1번째 열의 몸무게 데이터를 의미합니다.

예측데이터와 타겟데이터가 일치하면 예측이 잘 된 프로그램이라고 볼 수 있습니다. 우리가 만든 프로그램의 경우 74번째 행에서 출력된 예측데이터와 75번째 행에서 출력된 훈련데이터의 타겟데이터를 비교해보았더니 출력된 데이터 75개 중 69개가 일치하는 모습을 보입니다.

### (9) 훈련데이터와 예측데이터 분류하기

**DnA12-1.ipynb**

```
76 from sklearn.neighbors import KNeighborsClassifier
```

```
77 kn=KNeighborsClassifier()
78 kn.fit(train_input, train_target)
79 kn.score(test_input, test_target)
```

```
0.92
```

```
80 print(kn.predict([[164, 49]]))
```

```
[0]
```

```
81 plt.scatter(train_input[:, 0], train_input[:, 1])
82 plt.scatter(164, 49, marker='^')
```

```
<matplotlib.collections.PathCollection at 0x7f6c5fd71e10>
```

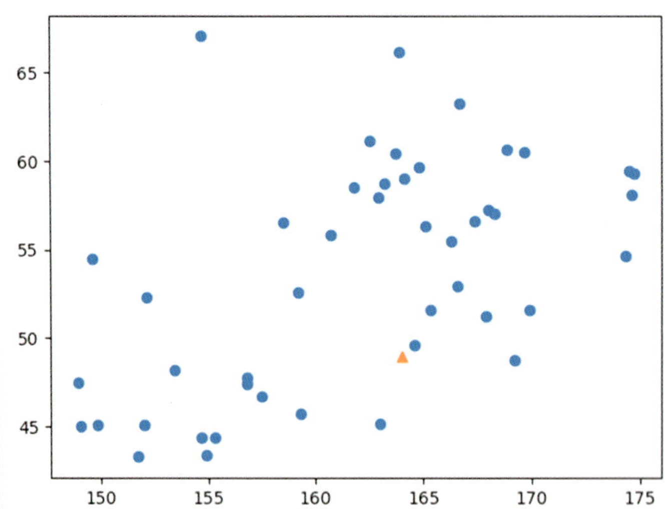

```
# [164, 49]의 이웃 5개(기본값)을 반환하기
distances, indexes = kn.kneighbors([[164,49]])
```

```
# [164, 49]의 이웃을 그래프에서 마름모로 나타내기
plt.scatter(train_input[:,0], train_input[:,1])
plt.scatter(164, 49, marker='^')
plt.scatter(train_input[indexes,0],train_input[indexes,1],
marker='D')
```

```
<matplotlib.collections.PathCollection at 0x7f6c5fc0b0d0>
```

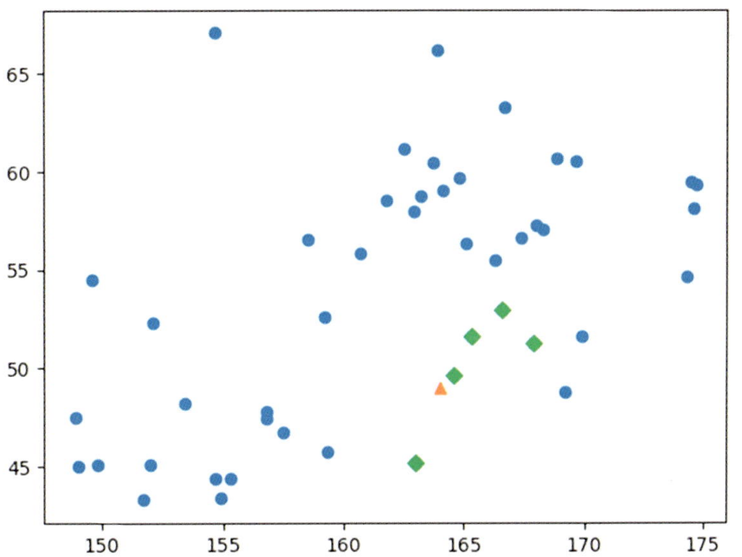


```
print(train_input[indexes])      # 이웃데이터의 훈련데이터 출력하기
```

```
[[[164.6 49.6]
  [165.3 51.6]
  [163.  45.2]
  [167.9 51.2]
  [166.6 52.9]]]
```

```
print(train_target[indexes])     # 이웃데이터의 타겟데이터(0과 1) 확인하기
```

```
[[0 0 1 0 0]]
```

```
print(distances)             # 이웃데이터와 입력데이터([164, 49]) 거리 확인하기
```

```
[[0.84852814 2.90688837 3.92937654 4.47772264 4.68721666]]
```

## 12.1.2 전체 코드 확인하기

DnA12-1.ipynb

```
from google.colab import files
myfile=files.upload()
```

```
파일 선택  size.csv
• size.csv(text/csv) - 5499 bytes, last modified: 2023. 5. 10. - 100% done
Saving size.csv to size.csv
```

```
import pandas as pd
df=pd.read_csv('size.csv', encoding="euc-kr")
```

```
import numpy as np
```

```
XS_height=list(df.iloc[0:60, 0])        # L사이즈로 분류된 키 슬라이싱
S_height=list(df.iloc[60:106, 0])       # M사이즈로 분류된 키 슬라이싱
M_height=list(df.iloc[106:181, 0])      # S사이즈로 분류된 키 슬라이싱
L_height=list(df.iloc[181:235, 0])      # XL사이즈로 분류된 키 슬라이싱
XL_height=list(df.iloc[235:285, 0])     # XS사이즈로 분류된 키 슬라이싱
XS_weight=list(df.iloc[0:60, 1])        # L사이즈로 분류된 몸무게 슬라이싱
S_weight=list(df.iloc[60:106, 1])       # M사이즈로 분류된 몸무게 슬라이싱
M_weight=list(df.iloc[106:181, 1])      # S사이즈로 분류된 몸무게 슬라이싱
L_weight=list(df.iloc[181:235, 1])      # XL사이즈로 분류된 몸무게 슬라이싱
XL_weight=list(df.iloc[235:285, 1])     # XS사이즈로 분류된 몸무게 슬라이싱
```

```
XS_height                               # 슬라이싱 결과 확인하기
```

```
[142.1,
 143.8,
 155.5,
 139.8,

…중략…

 141.8
 152.2]
```

```
import matplotlib.pyplot as plt
```

```
plt.scatter(XS_height, XS_weight)
plt.scatter(S_height, S_weight)
plt.scatter(M_height, M_weight)
plt.scatter(L_height, L_weight)
plt.scatter(XL_height, XL_weight)
plt.xlabel('height')
plt.ylabel('weight')
plt.show()
```

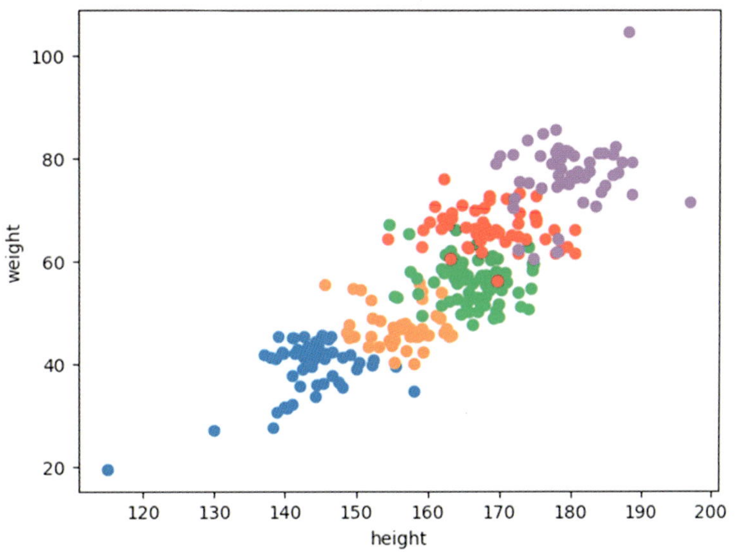


```
plt.scatter(XS_height, XS_weight)
plt.scatter(S_height, S_weight)
plt.scatter(M_height, M_weight)
plt.scatter(L_height, L_weight)
plt.scatter(XL_height, XL_weight)
plt.scatter(164, 49, marker='^')          # 164cm, 49kg 위치 표시
plt.xlabel('height')
plt.ylabel('weight')
```

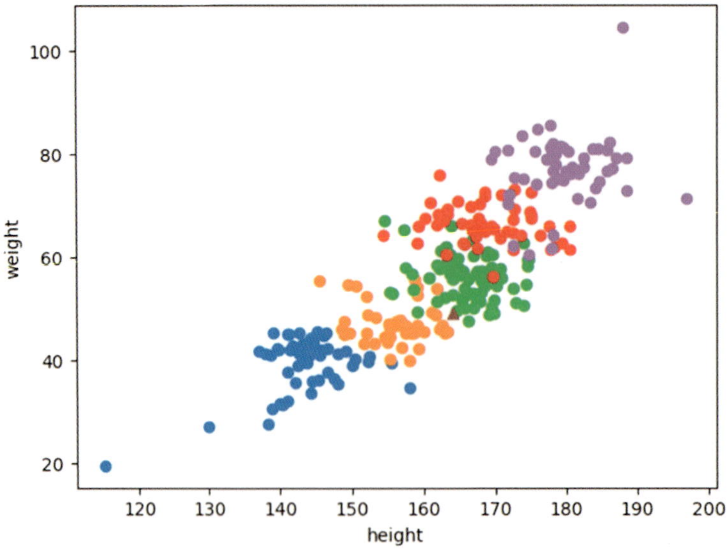


```
height=S_height+M_height                # 데이터 합치기 (S 데이터 → M 데이터)
weight=S_weight+M_weight
```

```
size_data=[[l,w] for l, w in zip(height, weight)]
print(size_data)
```

```
[[159.2, 52.6], [158.3, 45.3], [157.6, 45.3], [156.3, 46.8], [157.5, …
```

```
size_target=[1]*46+ [0]*75              # S(1)와 M(0)을 숫자로 구분하기
print(size_target)
```

```
[1, 1, 1, 1, 1, 1, 1, 1, 1, 1, 1, 1, 1, 1, 1, 1, 1, 1, 1, 1, 1, …
```

```
from sklearn.neighbors import KNeighborsClassifier
kn=KNeighborsClassifier()               # kNN모델 불러오기
kn.fit(size_data, size_target)          # 데이터 훈련하기
```

```
▾ KNeighborsClassifier
KNeighborsClassifier()
```

```
kn.score(size_data, size_target)        # 머신러닝 모델 평가하기
```

```
0.9586776859504132
```

```
kn.predict([[164, 49]])                 # 데이터 입력하고 예측하기
```

```
array([0])
```

```
print(kn._fit_X)                        # 학습데이터 확인하기
```

```
[[149.6 54.5]
 [155.4 46.1]
 [159.1 46.7]
 [159.1 54.1]
  … 중략 …
 [167.4 56.6]
 [161.8 58.5]
 [160.7 55.8]]
```

```
print(kn._y)                              # 타겟데이터 확인하기
```

```
[1 1 1 1 1 1 1 1 1 1 1 1 1 1 1 1 1 1 1 1 1 1 1 1 1 1 1 1 1 1 1 0 0 0 0 0 0 0 0 0 0 0 0 0 0 0 0 0 0 0 0
0 0 0 0 0 0 0 0 0 0 0 0 0 0 0 0 0 0 0 0 0 0 0 0 0 0 0 0 0 0 0 0 0 0 0 0 0]
```

```
kn121=KNeighborsClassifier(n_neighbors=121)
kn121.fit(size_data, size_target)
kn121.score(size_data,size_target)
```

```
0.6198347107438017
```

```
train_input = size_data[:46]              # 훈련데이터 선택하기
train_target = [1]*46
```

```
test_input = size_data[46:]               # 예측데이터 선택하기
test_target = test_target = [0]*75
```

```
kn=kn.fit(train_input, train_target)      # kNN알고리즘 학습시키기
```

```
kn.score(test_input, test_target)         # kNN알고리즘 테스트하기
```

```
0.0
```

```
import numpy as np          # list를 numpy모듈을 이용하여 2차원 배열로 바꾸기
input_arr=np.array(size_data)
target_arr=np.array(size_target)
```

```
print(input_arr)                          # 배열로 변환된 훈련 데이터 확인하기
```

```
[[159.2 52.6]
 [158.3 45.3]
 [157.6 45.3]
 [156.3 46.8]
  … 중략 …
 [165.7 52.3]
 [169.7 60.5]]
```

```
print(input_arr.shape)                    # 배열의 크기 확인하기
```

(121, 2)

```
np.random.seed(44)              # 랜덤 값을 일정한 값으로 정하여 유지하기
```

```
index=np.arange(121)            # 0~120번째 데이터 배열을 index로 저장하기
np.random.shuffle(index)        # 배열의 인덱스를 랜덤한 순서로 나타내기
```

```
train_input = input_arr[index[:46]]     # 훈련데이터 슬라이싱하기
train_target= target_arr[index[:46]]
```

```
test_input = input_arr[index[46:]]      # 예측데이터 슬라이싱하기
test_target = target_arr[index[46:]]
```

```
plt.scatter(train_input[:, 0], train_input[:, 1])
plt.scatter(test_input[:, 0], test_input[:, 1])
plt.xlabel('height')
plt.ylabel('weight')
```

Text(0, 0.5, 'weight')

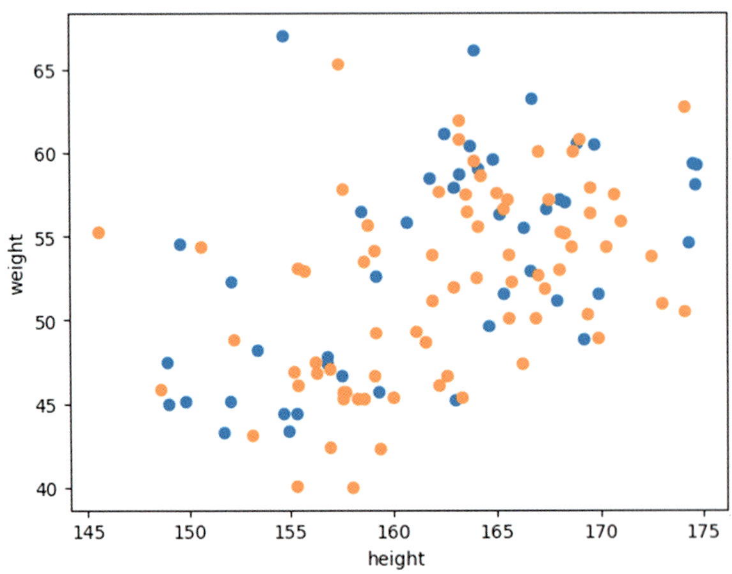


```
kn.fit(train_input, train_target)         # 데이터 훈련하기
```

▾ KNeighborsClassifier
KNeighborsClassifier()

```
kn.score(test_input, test_target)          # 훈련된 머신러닝 모델 평가하기
```

0.92

```
kn.predict(test_input)                     # 예측데이터 입력하여 결과 예측하기
```

array([1, 1, 0, 0, 0, 0, 0, 1, 1, 1, 0, 1, 0, 0, 1, 0, 0, 1, 1, 0, 0, 1, 1, 0, 1, 0, 0, 0, 0, 0, 1, 1, 0, 1, 1, 0, 0, 0, 0, 1, 0, 0, 0, 0, 1, 1, 0, 0, 0, 0, 1, 1, 1, 1, 0, 1, 0, 0, 0, 0, 0, 0, 0, 1, 0, 0, 0, 0, 0, 1, 0, 1, 0, 1, 1])

```
test_target                                # 훈련데이터의 타겟데이터 출력하기
```

array([1, 1, 0, 1, 0, 0, 0, 1, 1, 1, 0, 1, 0, 0, 1, 0, 0, 1, 1, 1, 0, 1, 1, 0, 1, 0, 0, 0, 0, 0, 1, 1, 0, 0, 1, 0, 0, 0, 0, 1, 0, 0, 0, 0, 1, 1, 0, 0, 0, 0, 0, 1, 1, 1, 0, 0, 0, 0, 0, 0, 0, 1, 0, 1, 0, 0, 0, 0, 0, 1, 0, 1, 0, 1, 1])

```
from sklearn.neighbors import KNeighborsClassifier
```

```
kn=KNeighborsClassifier()
kn.fit(train_input, train_target)
kn.score(test_input, test_target)
```

0.92

```
print(kn.predict([[164, 49]]))
```

[0]

```
plt.scatter(train_input[:,0], train_input[:,1])
plt.scatter(164, 49, marker='^')
```

<matplotlib.collections.PathCollection at 0x7f6c5fd71e10>

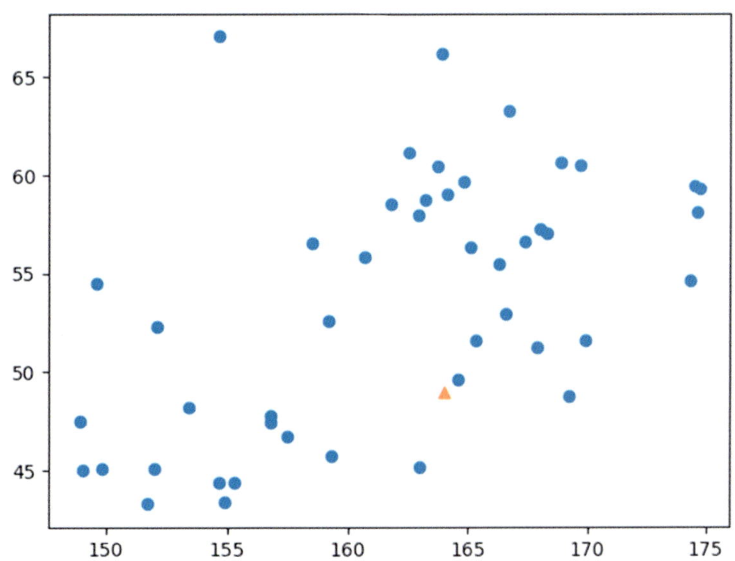

```
# [164, 49]의 이웃 5개(기본값)을 반환하기
83 distances, indexes = kn.kneighbors([[164, 49]])
```

```
# [164, 49]의 이웃을 그래프에서 마름모로 나타내기
84 plt.scatter(train_input[:, 0], train_input[:, 1])
85 plt.scatter(164, 49, marker='^')
86 plt.scatter(train_input[indexes,0],train_input[indexes,1],
   marker='D')
```

```
<matplotlib.collections.PathCollection at 0x7f6c5fc0b0d0>
```

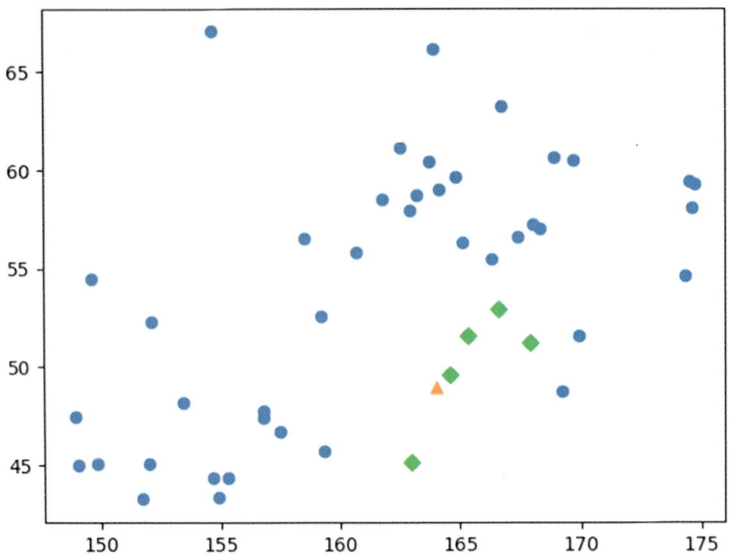


```
87 print(train_input[indexes])          # 이웃데이터의 훈련데이터 출력하기
```

```
[[[164.6 49.6]
  [165.3 51.6]
  [163.  45.2]
  [167.9 51.2]
  [166.6 52.9]]]
```

```
88 print(train_target[indexes])    # 이웃데이터의 타겟데이터(0과 1) 확인하기
```

```
[[0 0 1 0 0]]
```

```
89 print(distances)         # 이웃데이터와 입력데이터([164, 49]) 거리 확인하기
```

```
[[0.84852814 2.90688837 3.92937654 4.47772264 4.68721666]]
```

# 스스로 해보기

## 1. 이 붓꽃은 어떤 종류의 붓꽃일까?

이번 장에서는 학습한 kNN 알고리즘을 연습하기 위해 iris(붓꽃) 데이터를 사용하고자 합니다. Iris dataset은 데이터 분석을 연습하는 입문자라면 꼭 접해보게 되는 유명한 데이터입니다. 통계학자 피셔(R.A Fisher)의 붓꽃의 분류 연구에 기반한 데이터로 Setosa, Versiclolor, Virginica의 세 가지 붓꽃 종(species)로 나누어져 있습니다. 꽃받침 길이(Sepal Length), 꽃받침 폭(Sepal Width), 꽃잎의 길이(Petal Length), 꽃잎의 폭(Petal Width)의 데이터를 바탕으로 세 가지 붓꽃의 품종을 분류할 수 있습니다.

◈ Iris dataset을 살펴 봅시다.

DnA12-2.ipynb

```
from sklearn.datasets import load_iris        # Iris dataset 불러오기
iris=load_iris()
```

```
print(iris['DESCR'])                          # Iris dataset 살펴보기
```

```
.. _iris_dataset:

Iris plants dataset
--------------------

**Data Set Characteristics:**

    :Number of Instances: 150 (50 in each of three classes)
    :Number of Attributes: 4 numeric, predictive attributes and the class
    :Attribute Information:
        - sepal length in cm
        - sepal width in cm
        - petal length in cm
        - petal width in cm
        - class:
        - Iris-Setosa
```

- Iris-Versicolour
- Iris-Virginica

: Summary Statistics:

```
============== ==== ==== ======= ===== ====================
                Min  Max   Mean    SD   Class Correlation
============== ==== ==== ======= ===== ====================
sepal length:   4.3  7.9   5.84   0.83    0.7826
sepal width:    2.0  4.4   3.05   0.43   -0.4194
petal length:   1.0  6.9   3.76   1.76    0.9490  (high!)
petal width:    0.1  2.5   1.20   0.76    0.9565  (high!)
============== ==== ==== ======= ===== ====================
```

: Missing Attribute Values: None
: Class Distribution: 33.3% for each of 3 classes.
: Creator: R.A. Fisher
: Donor: Michael Marshall (MARSHALL%PLU@io.arc.nasa.gov)
: Date: July, 1988

The famous Iris database, first used by Sir R.A. Fisher. The dataset is taken from Fisher's paper. Note that it's the same as in R, but not as in the UCI Machine Learning Repository, which has two wrong data points.

This is perhaps the best known database to be found in the pattern recognition literature. Fisher's paper is a classic in the field and is referenced frequently to this day. (See Duda & Hart, for example.) The data set contains 3 classes of 50 instances each, where each class refers to a type of iris plant. One class is linearly separable from the other 2; the latter are NOT linearly separable from each other.

.. topic:: References

- Fisher, R.A. "The use of multiple measurements in taxonomic problems" Annual Eugenics, 7, Part II, 179-188 (1936); also in "Contributions to Mathematical Statistics" (John Wiley, NY, 1950).
- Duda, R.O., & Hart, P.E. (1973) Pattern Classification and Scene Analysis. (Q327.D83) John Wiley & Sons. ISBN 0-471-22361-1. See page 218.
- Dasarathy, B.V. (1980) "Nosing Around the Neighborhood: A New System Structure and Classification Rule for Recognition in Partially Exposed Environments". IEEE Transactions on Pattern Analysis and Machine Intelligence, Vol. PAMI-2, No. 1, 67-71.

```
  - Gates, G.W. (1972) "The Reduced Nearest Neighbor Rule". IEEE Transactions on
    Information Theory, May 1972, 431-433.
  - See also: 1988 MLC Proceedings, 54-64. Cheeseman et al"s AUTOCLASS II
    conceptual clustering system finds 3 classes in the data.
  - Many, many more ...
```

```python
print(iris['feature_names'])
```

```
['sepal length (cm)', 'sepal width (cm)', 'petal length (cm)', 'petal width (cm)']
```

```python
print(iris['data'])
```

```
[[5.1 3.5 1.4 0.2]
 [4.9 3.  1.4 0.2]
 [4.7 3.2 1.3 0.2]
 [4.6 3.1 1.5 0.2]
 [5.  3.6 1.4 0.2]
```

… 이하생략 …

```python
print(iris['target'])
```

```
[0 0 0 0 0 0 0 0 0 0 0 0 0 0 0 0 0 0 0 0 0 0 0 0 0 0 0 0 0 0 0 0 0 0 0 0 0 0 0 0 0 0 0
 0 0 0 0 0 0 0 1 1 1 1 1 1 1 1 1 1 1 1 1 1 1 1 1 1 1 1 1 1 1 1 1 1 1 1 1 1 1 1 1 1 1 1 1 1 1 1 1 1 1 1 1 1 1 1 1 1 1 1
 2 2 2 2 2 2 2 2 2 2 2 2 2 2 2 2 2 2 2 2 2 2 2 2 2 2 2 2 2 2 2 2 2 2 2 2 2 2 2 2 2 2 2 2 2 2 2
 2 2 2]
```

Iris dataset의 구성을 살펴보니 세 가지 품종(Setosa, Versicolur, Virginica)이 각각 50행씩 총 150행을 이루고 있습니다. 각각의 품종 별로 sepal length, sepla width, petal length, petal width 데이터가 순서대로 구성되어 있습니다. 데이터에 대한 요약 정보와 데이터를 만든 사람, 참고 문헌이 언급되어 있습니다.

◈ 훈련 데이터와 테스트 데이터를 나누어 봅시다.

**DnA12-2.ipynb**

```python
from sklearn.model_selection import train_test_split
train_input, test_input, train_target, test_target = train_test_split(iris['data'], iris['target'], random_state=0)
```

```python
print(train_input.shape)           # 훈련 데이터의 형태
print(train_target.shape)          # 훈련 데이터의 타겟 데이터의 형태
```

```
(112, 4)
(112,)
```

```
11 print(test_input.shape)                 # 테스트 데이터의 형태
12 print(test_target.shape)                # 테스트 데이터의 타겟 데이터의 형태
```

```
(38, 4)
(38,)
```

8 훈련 데이터와 테스트 데이터를 0.75 : 0.25의 비율로 나누었습니다. 이때 훈련 데이터를 train_input, 테스트 데이터를 test_input으로 훈련 데이터의 타겟 데이터는 train_target, 테스트 데이터의 타겟 데이터는 test_target으로 변수를 지정해 주었습니다. random_state=0을 이용하여 데이터셋을 무작위로 섞어주었습니다.

9 150의 0.75는 112, 0.25는 38이므로 훈련 데이터는 4열(꽃받침 길이, 꽃받침 너비, 꽃잎의 길이, 꽃잎의 너비)로 이루어진 112개 행의 데이터로 이루어져 있습니다.

10 훈련 데이터의 타겟 데이터는 각 품종을 의미하는 0, 1, 2로 이루어진 112개 행의 데이터로 이루어져 있습니다. print(train_target)을 입력하여 데이터를 살펴봅시다.

11 150의 0.75는 112, 0.25는 38이므로 테스트 데이터는 4열(꽃받침 길이, 꽃받침 너비, 꽃잎의 길이, 꽃잎의 너비)로 이루어진 38개 행의 데이터로 이루어져 있습니다.

12 테스트 데이터의 타겟 데이터는 각 품종을 의미하는 0, 1, 2로 이루어진 38개 행의 데이터로 이루어져 있습니다.

길을 가다가 발견한 붓꽃은 어떤 종류의 붓꽃인지 kNN 알고리즘을 통하여 분류해 봅시다. 측정한 꽃받침 길이, 꽃받침 너비, 꽃잎의 길이, 꽃잎의 너비는 순서대로 5.2, 4.1, 1.5, 0.1입니다. 앞선 장을 참고하여 스스로 코드를 구성하여 봅시다.

① 이웃의 개수를 3개로 하여 kNN모델을 만들어 봅시다.

② 측정한 붓꽃의 데이터를 가지고 결과 값을 예측해 봅시다.

③ 훈련된 머신러닝 모델의 정확도를 평가해 봅시다.

◈ (예시 답안) 코드를 입력하여 결과를 확인해 봅시다.

DnA12-2.ipynb

```
13 from sklearn.neighbors import KNeighborsClassifier
14 kn=KNeighborsClassifier(n_neighbors=3)
15 kn.fit(train_input, train_target)
```

```
▾        KNeighborsClassifier
KNeighborsClassifier(n_neighbors=3)
```

```
16 kn.predict([[5.2, 4.1, 1.5, 0.1]])          # 결과 값 예측하기
```

```
array([0])
```

```
17 kn.score(test_input, test_target)           # 정확도 평가하기
```

```
0.9736842105263158
```

16 결과가 0으로 나온 것을 보니 첫 번째 품종인 setosa로 분류되었음을 알 수 있습니다.

17 정확도는 0.97로 1과 굉장히 가까운 값이므로 높은 정확도를 보입니다.

## 2. 전체 코드 확인하기

DnA12-2.ipynb

```
from sklearn.datasets import load_iris          # Iris dataset 불러오기
iris=load_iris()
```

```
print(iris['DESCR'])                            # Iris dataset 살펴보기
```

```
.. _iris_dataset:
(이하생략)
```

```
print(iris['feature_names'])
```

```
['sepal length (cm)', 'sepal width (cm)', 'petal length (cm)', 'petal width (cm)']
```

```
print(iris['data'])
```

```
[[5.1 3.5 1.4 0.2]
 [4.9 3.  1.4 0.2]
 [4.7 3.2 1.3 0.2]
 [4.6 3.1 1.5 0.2]
 [5.  3.6 1.4 0.2]
```

… 이하생략 …

```python
print(iris['target'])
```

```
[0 0 0 0 0 0 0 0 0 0 0 0 0 0 0 0 0 0 0 0 0 0 0 0 0 0 0 0 0 0 0 0 0 0 0 0 0 0 0 0 0 0 0
 0 0 0 0 0 0 0 1 1 1 1 1 1 1 1 1 1 1 1 1 1 1 1 1 1 1 1 1 1 1 1 1 1 1 1 1 1 1 1 1 1 1 1 1 1 1 1 1 1 1 1 1 1 1 1 1 1
 2 2 2 2 2 2 2 2 2 2 2 2 2 2 2 2 2 2 2 2 2 2 2 2 2 2 2 2 2 2 2 2 2 2 2 2 2 2 2 2 2 2 2 2 2 2 2
 2 2 2]
```

```python
from sklearn.model_selection import train_test_split
train_input,test_input, train_target, test_target = train_test_split(iris['data'], iris['target'], random_state=0)
```

```python
print(train_input.shape)
print(train_target.shape)
```

```
(112, 4)
(112,)
```

```python
print(test_input.shape)
print(test_target.shape)
```

```
(38, 4)
(38,)
```

```python
from sklearn.neighbors import KNeighborsClassifier
kn=KNeighborsClassifier(n_neighbors=3)
kn.fit(train_input, train_target)
```

```
▾ KNeighborsClassifier
KNeighborsClassifier(n_neighbors=3)
```

```python
kn.predict([[5.2, 4.1, 1.5, 0.1]])          # 결과 값 예측하기
```

```
array([0])
```

```python
kn.score(test_input, test_target)          # 정확도 평가하기
```

```
0.9736842105263158
```

# 4부

# 교과 융합 데이터 과학 교육

CHAPTER

# 13 1인 가구 데이터로 보는 사회변화


13.1 문제 상황 인식하기
13.2 데이터 수집하기
13.3 데이터 분석하기
13.4 문제 해결하기


들어가며

데이터는 교과서 또는 일상에서 만날 수 있는 다양한 주제와 함께 실제 교육에서 활용할 수 있습니다. 본 차시에서는 앞에서 배운 상관관계분석을 활용한 데이터 기반 주제 중심 교육사례(사회)를 소개합니다.

## 13.1 문제 상황 인식하기

첫 번째 교육 사례의 주제는 '1인 가구 데이터'와 '상관관계분석'입니다. 이미 앞에서 선형회귀, 다항회귀를 연습할 때 사용했던 주제입니다. 이번에는 본 주제를 더 확장 시켜서 초등 사회과 수업과 융합한 데이터 융합 수업 사례를 소개해보겠습니다. 2022 개정 사회과 교육과정 '시장경제와 국가 간 거래'에 나오는 성취기준을 먼저 살펴봅시다.

| [6사11-02] 경제성장이 우리 생활에 미치는 영향을 파악하고, 빠른 경제성장으로 발생한 문제의 해결 방안을 탐색한다. |
|---|

'경제성장이 우리 생활에 미치는 영향'과 관련하여 본 차시의 수업 내용은 경제성장에 따른 전화 · 텔레비전 · 자동차의 변천 과정과 해외여행객 증가, 한류의 확산, 국제 행사 등 경제 성장에 따른 여러 가지 사회 변화의 모습을 제시합니다. 본 차시에서 소개하는 사회변화 모습을 실제 데이터를 기반으로 더 논리적이며 다양한 사회변화 모습을 탐구해보겠습니다.

– '나혼자 산다' 1인 가구 첫 40%돌파...저출산 · 고령화 대책 시급(22-08-23)

(출처 : https://n.news.naver.com/article/018/0005299408)

– 경기도, 1인 가구 140만명 위한 전담 조직 신설 검토(22-08-31)

(출처 : https://v.daum.net/v/20220831070006236)

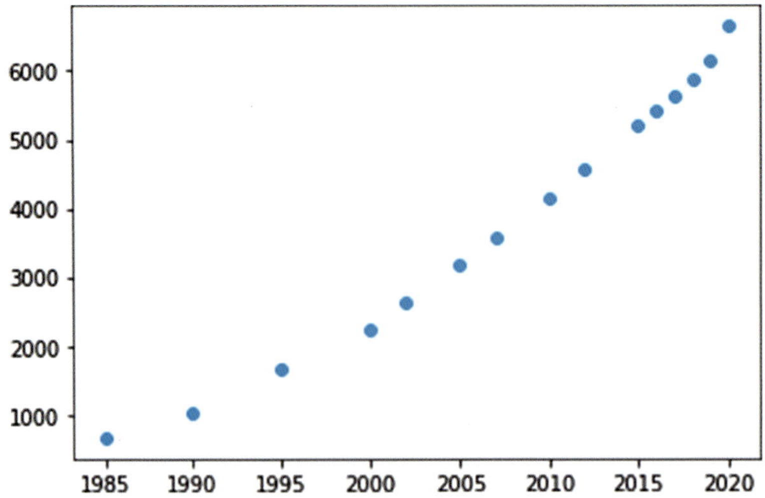

'2022 행정안전통계연보'에 따르면 2021년 기준 인구 수는 줄어드는데 가구 수는 늘었다고 밝혔습니다. 그 배경에는 1인 가구 수가 전체 가구 수의 첫 40%를 넘기며 1인 가구 수의 증가가 있었습니다. 실제로 연간 1인 가구 데이터를 시각화하였을 때, 최근 들어서 더 가파르게 증가하는 것을 확인할 수 있었습니다.

이러한 변화에 다양한 사회현상과 정책 등이 등장하고 있습니다. 실제 데이터 수집 및 분석을 통하여 1인 가구의 증가와 관련이 있는 사회 변화는 무엇이고 이에 적절한 정책 및 국가 지원 사항은 어느 것이 있을지 생각해보는 활동으로 수업을 구성하였습니다.

- 1인 가구 증가와 관련이 있는 사회변화 모습은 무엇인가?
- 1인 가구 증가와 관련된 적절한 국가적 정책과 지원은 무엇인가?

## 13.2 데이터 수집하기

수집할 데이터의 방향성과 범위를 설정하기 위해 KB금융지주 경영연구소에서 발간한 '2020 한국 1인가구 보고서(Korea One-person Households Report 2020)'의 내용 중 일부를 살펴보겠습니다.

- 1인가구는 소득의 절반을 생활비로 쓰며 식비와 주거비의 비중이 높다.
- 1인가구 라이프스타일에 부합하는 구독서비스 및 렌탈 이용 의향이 높은 편이다.
- 1인가구의 합리적 소비 지향성은 더욱 강화되었으며 중고거래 등도 활발히 이용한다.
- 1인가구들은 혼자 밥을 먹는 경우가 증가하였고 총 끼니 중 30%를 대충 때우고 있으며 가정간편식 이용이 증가하고 있다.
- 1인가구들은 주식을 중심으로 투자에 관심이 높았으며 이벤트성 예·적금과 보험 상품에도 관심을 보였다.

출처 : 2020 한국 1인가구 보고서 中

위의 1인가구 보고서는 최근 1인가구 증가에 따른 1인가구 현황, 생활방식, 소비행태, 금융 등에 관하여 알려주는 재미있는 보고서입니다. 위의 보고서를 기반으로 수집할 데이터를 아래와 같이 정해보았습니다.

- 월별 1인 가구 세대 수(2018~2021)
- 구독서비스, 중고거래, 가정간편식(HMR), 주식 검색어 추이(2018~2021)

구독서비스, 중고거래, 가정간편식, 주식 등의 검색어 추이는 실제 사용 비율, 가입자 수 등과 관련된 세부적인 데이터가 아니므로 한계가 존재할 것입니다. 다만, 관심도를 알 수 있다는 점에서 '인과관계'가 아닌 '관련성'을 알아보고자 합니다.

◈ '월별 1인 가구 세대 수(2018~2021)'의 데이터를 수집해봅시다.

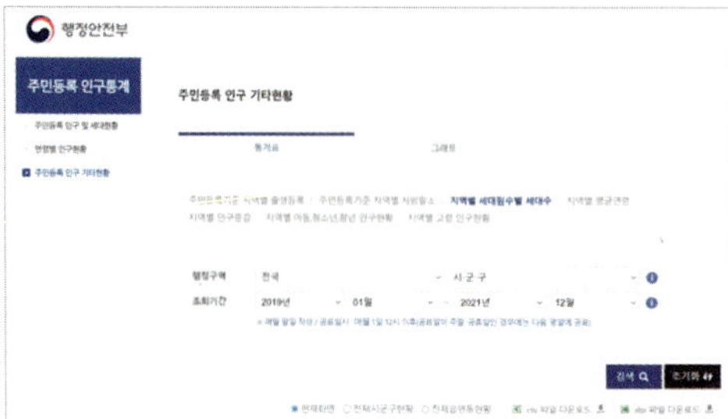


① 주민등록 인구통계데이터를 제공하는 행정안전부 사이트에 접속합니다. (https://jumin.mois.go.kr/)

② [주민등록 인구 기타 현황] - [지역별 세대원수별 세대수]를 클릭합니다.

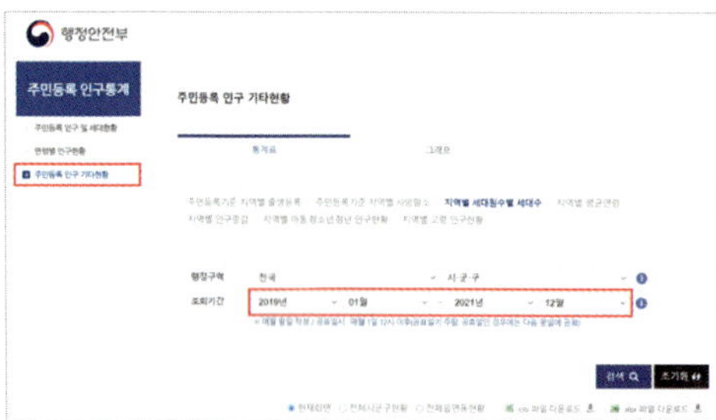


③ 월별로 제공되는 1인세대 데이터를 다운받습니다(한번에 최대 36개월까지 제공).

④ 월별 1인세대 데이터만 모아서 데이터를 정리합니다.

◈ '구독서비스, 중고거래, 가정간편식, 주식'관련 데이터를 수집해봅시다.

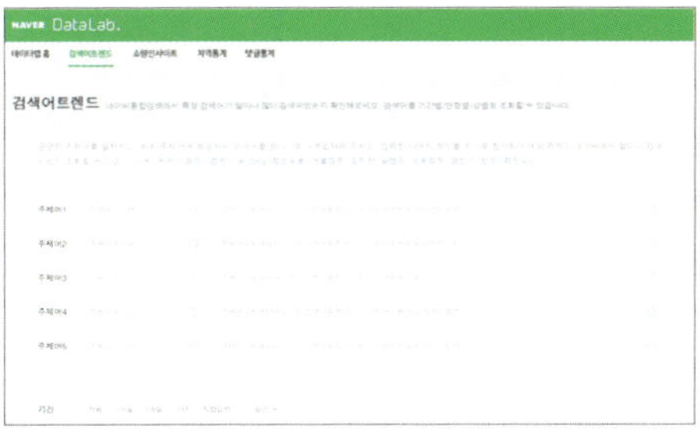

① 네이버 데이터랩 사이트에서 검색어 트렌드에 접속합니다. (https://datalab.naver.com)

② 주제어에 '구독서비스', '가정간편식', '중고거래', '주식'을 하나씩 입력 후 기간을 설정합니다.

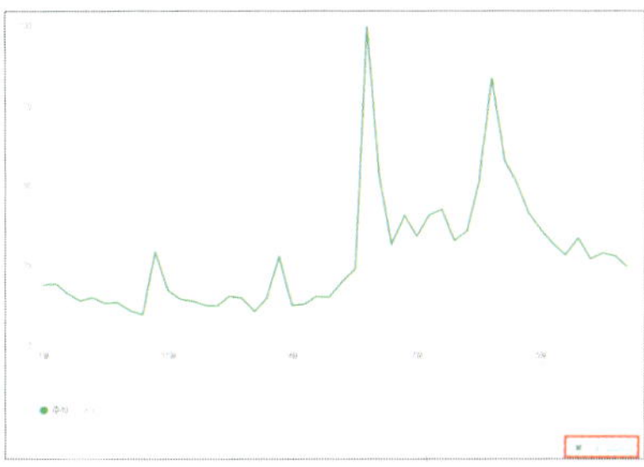

③ 검색어 트렌드 추이 데이터를 다운 받습니다.

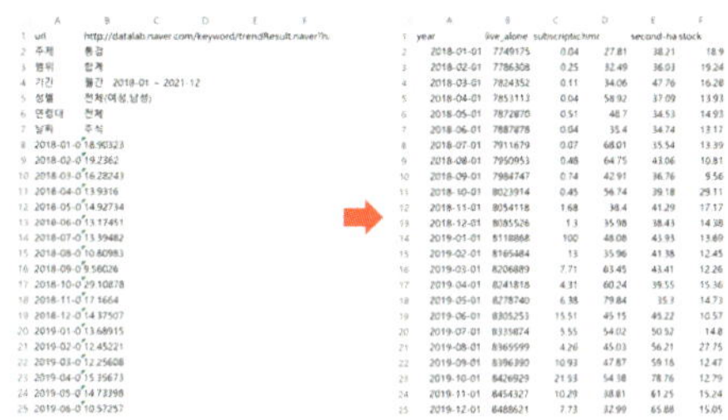

④ 다운받은 데이터를 하나의 엑셀에 정리합니다.

## 13.3 데이터 분석하기

### 13.3.1 데이터 살펴보기

◈ 다음과 같이 코드를 입력하고 결과를 확인해봅시다.

DnA13-3.ipynb

```
from google.colab import files
myfile = files.upload()
```

```
파일 선택 live_alone_monthly.csv
• live_alone_monthly.csv(text/csv) - 2109 bytes, last modified: 2023. 7. 22. - 100% done
Saving live_alone_monthly.csv to live_alone_monthly.csv
```

```python
import io
import pandas as pd
import numpy as np
from matplotlib import pyplot as plt
```

```python
df = pd.read_csv(io.BytesIO(myfile['live_alone_monthly.csv']))
```

```python
df
```

| | year | live_alone | subscription | hmr | second-hand | stock |
|---|---|---|---|---|---|---|
| 0 | 2018-01-01 | 7749175 | 0.04 | 27.81 | 38.21 | 18.90 |
| 1 | 2018-02-01 | 7786308 | 0.25 | 32.49 | 36.03 | 19.24 |
| 2 | 2018-03-01 | 7824352 | 0.11 | 34.06 | 47.76 | 16.28 |
| 3 | 2018-04-01 | 7853113 | 0.04 | 58.92 | 37.09 | 13.93 |
| 4 | 2018-05-01 | 7872870 | 0.51 | 48.70 | 34.53 | 14.93 |
| 5 | 2018-06-01 | 7887878 | 0.04 | 35.40 | 34.74 | 13.17 |
| 6 | 2018-07-01 | 7911679 | 0.07 | 68.01 | 35.54 | 13.39 |
| 7 | 2018-08-01 | 7950953 | 0.48 | 64.75 | 43.06 | 10.81 |
| 8 | 2018-09-01 | 7984747 | 0.74 | 42.91 | 36.76 | 9.56 |
| 9 | 2018-10-01 | 8023914 | 0.45 | 56.74 | 39.18 | 29.11 |
| 10 | 2018-11-01 | 8054118 | 1.68 | 38.40 | 41.29 | 17.17 |
| 11 | 2018-12-01 | 8085526 | 1.30 | 35.98 | 38.43 | 14.38 |

```python
live_alone = df['live_alone']
sub = df['subscription']
hmr = df['hmr']
used = df['second-hand']
st = df['stock']
```

```python
plt.scatter(live_alone, sub, color = '#FF5733', marker = 'o', s = 25)
plt.scatter(live_alone, hmr, color = '#33FFCE', marker = '^', s = 25)
plt.scatter(live_alone, used, color = 'mediumpurple', marker = '*', s = 30)
plt.scatter(live_alone, st, color = 'dodgerblue', marker = 'D', s = 20)
plt.xlabel('single-person households registration')
plt.ylabel('subscription, hmr, used, st')
plt.show()
```

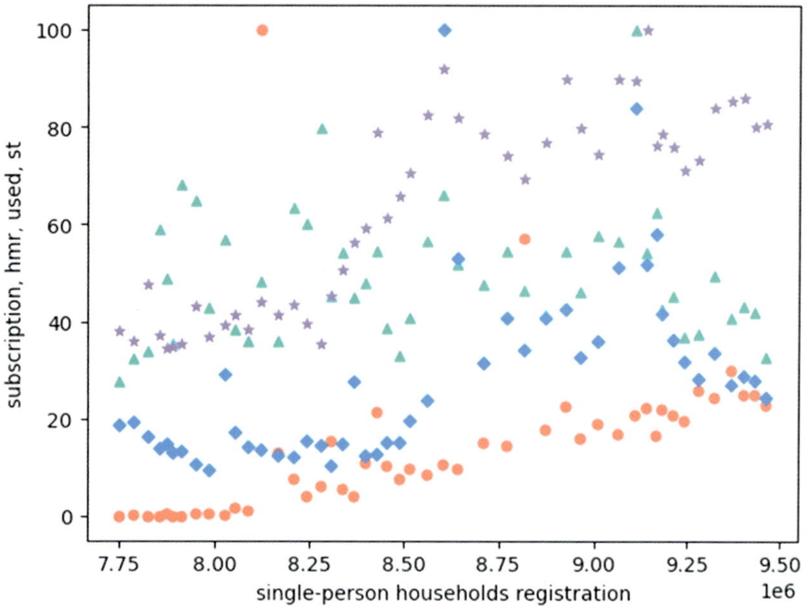


8 위 데이터에서 year은 연도, live_alone은 1인가구 수, subscription은 구독서비스, hmr은 가정간편식, second-hand는 중고거래, stock은 주식을 의미합니다.

9,10,11,12 각 변수에 데이터 프레임 값을 저장합니다.

14 X축을 1인가구 데이터(live_alone), Y축을 구독서비스(sub), 색은 #FF5733, 모양은 원모양(circle marker), 크기는 25입니다.

15 X축을 1인가구 데이터(live_alone), Y축을 가정간편식(hmr), 색은 #33FFCE, 모양은 위로된 삼각형 모양(triangle_up marker), 산점도 사이즈는 25입니다.

16 X축을 1인가구 데이터(live_alone), Y축을 중고거래(used), 색은 미디엄 퍼플(medium purple), 모양은 별모양(star marker), 산점도 사이즈는 30입니다.

17 X축을 1인가구 데이터(live_alone), Y축을 주식(st), 색은 다저블루(dodger blue), 모양은 위로된 다이아몬드 모양(diamond marker), 산점도 사이즈는 20입니다.

## 13.3.2 상관관계분석

상관관계분석을 통하여 1인 가구 수와 변화된 사회 모습을 나타내는 단어(구독서비스, 가정간편식, 중고거래, 주식)에 대한 관심도 사이의 상관관계를 알아보도록 하겠습니다. 위에서 학습하였듯이 피어슨 상관 계수를 통하여 두 변수간의 연관된 정도를 살펴보도록 하겠습니다.

◈ 상관관계분석을 위한 코드를 입력해보고 결과를 확인해봅시다.

DnA13-3.ipynb

```
df.corr(method='pearson')
```

|  | live_alone | subscription | hmr | second-hand | stock |
|---|---|---|---|---|---|
| live_alone | 1.000000 | 0.425281 | 0.044127 | 0.868262 | 0.537030 |
| subscription | 0.425281 | 1.000000 | -0.012049 | 0.354711 | 0.161426 |
| hmr | 0.044127 | -0.012049 | 1.000000 | 0.125404 | 0.429046 |
| second-hand | 0.868262 | 0.354711 | 0.125404 | 1.000000 | 0.702494 |
| stock | 0.537030 | 0.161426 | 0.429046 | 0.702494 | 1.000000 |

1인 가구 수와 변화된 사회 모습을 나타내는 단어와의 상관관계를 아래와 같이 정리할 수 있습니다.

- 1인 가구 수와 구독서비스의 상관관계지수는 0.425281로 약한 양적 상관관계가 있다.
- 1인 가구 수와 가정간편식의 상관관계지수는 0.044127로 상관관계가 거의 없다.
- 1인 가구 수와 중고거래의 상관관계지수는 0.868262로 강한 양적 상관관계가 있다.
- 1인 가구 수와 주식의 상관관계지수는 0.537030으로 약한 양적 상관관계가 있다.

## 13.3.3 전체 코드 확인하기

DnA13-3.ipynb

```
from google.colab import files
myfile = files.upload()
```

```
파일 선택 live_alone_monthly.csv
• live_alone_monthly.csv(text/csv) - 2109 bytes, last modified: 2023. 7. 22. - 100% done
Saving live_alone_monthly.csv to live_alone_monthly.csv
```

```
import io
import pandas as pd
import numpy as np
from matplotlib import pyplot as plt
```

```
df = pd.read_csv(io.BytesIO(myfile['live_alone_monthly.csv']))
```

```
df
```

| | year | live_alone | subscription | hmr | second-hand | stock |
|---|---|---|---|---|---|---|
| 0 | 2018-01-01 | 7749175 | 0.04 | 27.81 | 38.21 | 18.90 |
| 1 | 2018-02-01 | 7786308 | 0.25 | 32.49 | 36.03 | 19.24 |
| 2 | 2018-03-01 | 7824352 | 0.11 | 34.06 | 47.76 | 16.28 |

..이하생략..

```
live_alone = df['live_alone']
sub = df['subscription']
hmr = df['hmr']
used = df['second-hand']
st = df['stock']
```

```
plt.scatter(live_alone, sub, color = '#FF5733', marker = 'o', s = 25)
plt.scatter(live_alone, hmr, color = '#33FFCE', marker = '^', s = 25)
plt.scatter(live_alone, used, color = 'mediumpurple', marker = '*', s = 30)
plt.scatter(live_alone, st, color = 'dodgerblue', marker = 'D', s = 20)
plt.xlabel('single-person households registration')
plt.ylabel('subscription, hmr, used, st')
plt.show()
```

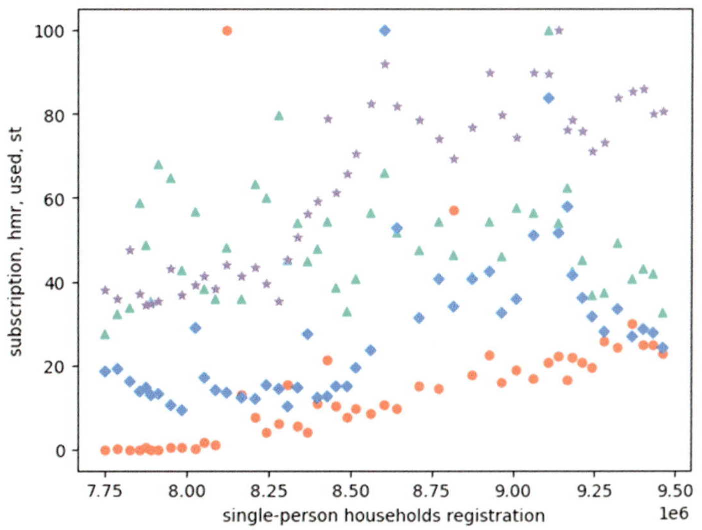

```python
df.corr(method='pearson')
```

| | live_alone | subscription | hmr | second-hand | stock |
|---|---|---|---|---|---|
| live_alone | 1.000000 | 0.425281 | 0.044127 | 0.868262 | 0.537030 |
| subscription | 0.425281 | 1.000000 | -0.012049 | 0.354711 | 0.161426 |
| hmr | 0.044127 | -0.012049 | 1.000000 | 0.125404 | 0.429046 |
| second-hand | 0.868262 | 0.354711 | 0.125404 | 1.000000 | 0.702494 |
| stock | 0.537030 | 0.161426 | 0.429046 | 0.702494 | 1.000000 |

**TIP 엑셀을 활용하여 시각화하기**

실제 학생들과 수업할 때는 데이터 시각화 자료를 통하여 상관관계를 찾아가는 활동을 할 수 있습니다.

① 전처리한 데이터의 X축 데이터와 Y축 데이터를 선택합니다.

| live_alone | subscription | hmr | second-hand | stock |
|---|---|---|---|---|
| 7749175 | 0.04 | 27.81 | 38.21 | 18.9 |
| 7786308 | 0.25 | 32.49 | 36.03 | 19.24 |
| 7824352 | 0.11 | 34.06 | 47.76 | 16.28 |
| 7853113 | 0.04 | 58.92 | 37.09 | 13.93 |
| 7872870 | 0.51 | 48.7 | 34.53 | 14.93 |
| 7887878 | 0.04 | 35.4 | 34.74 | 13.17 |
| 7911679 | 0.07 | 68.01 | 35.54 | 13.39 |
| 7950953 | 0.48 | 64.75 | 43.06 | 10.81 |
| 7984747 | 0.74 | 42.91 | 36.76 | 9.56 |
| 8023914 | 0.45 | 56.74 | 39.18 | 29.11 |

② [삽입]에서 분산형 데이터 차트( )를 클릭합니다. 데이터 축의 범위가 넓게 설정되어 있으면 데이터의 분산을 확인하기 어려우므로 X축 데이터를 클릭한 뒤 [축 서식]에 들어가서 최소, 최대 경계를 설정해주어야 합니다.

③ 데이터를 시각화한 자료만을 통해 데이터 사이의 상관관계를 쉽게 파악할 수 있습니다.

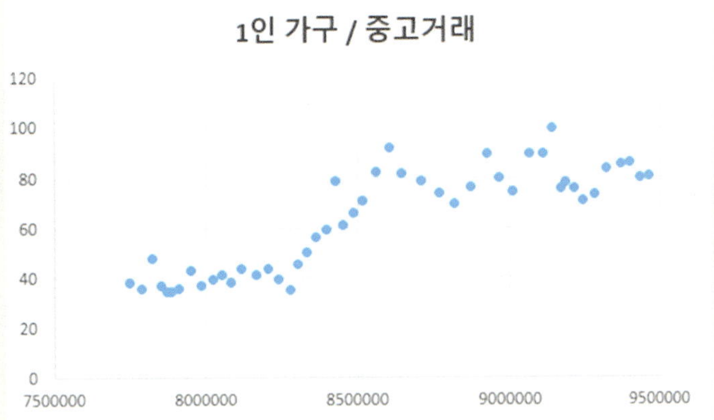


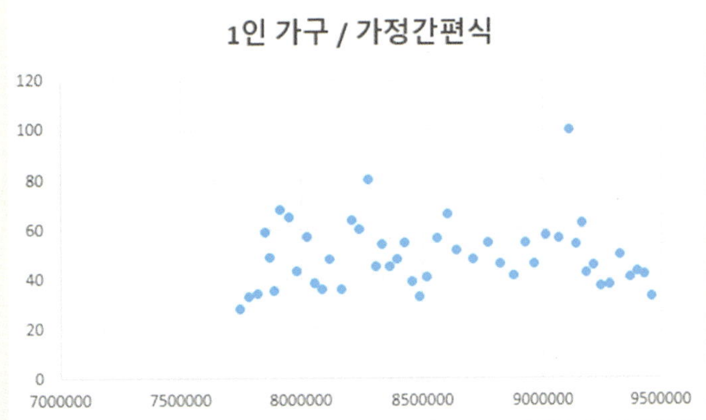

## 13.4 문제 해결하기

- 1인 가구 증가와 관련이 있는 사회변화 모습은 무엇인가?
- 1인 가구 증가와 관련된 적절한 국가적 정책과 지원은 무엇인가?

분석한 데이터를 기반으로 위의 질문에 대한 문제를 해결하기 위하여 다양한 추가 활동을 할 수 있습니다. 실제 수업에서 활용할 수 있는 추가적인 활동 몇 가지를 살펴봅시다.

### 〈실제 경험 및 사례와 연결하기〉

1인 가구 수와 변화된 사회 모습을 나타내는 단어 중 가장 강한 상관관계를 나타내는 단어는 '중고거래'입니다. 최근 들어서 중고거래 플랫폼의 사용자 수가 급증하고 있습니다. 이처럼 데이터 분석 결과와 학생들의 실제 경험을 연결시켜 최근 나타나는 다양한 사회변화 모습을 정리할 수 있습니다. 구체적인 예시 활동은 아래와 같습니다.

[활동 예시]

| 데이터 분석 결과 | 실제 경험 및 사례 | 사회 변화 모습 |
|---|---|---|
| 최근 1인 가구 수가 급증하고 있다. | 혼자사는 일상을 보여주는 예능 프로그램이 오랫동안 인기를 끌고 있다. | 음식, 가구, 생필품 등 1인 가구를 위한 다양한 제품들이 출시되고 있다. |
| 1인 가구 수의 증가와 중고거래 플랫폼 사용자 수의 증가는 관련이 있다. | 실제로 중고거래 플랫폼을 사용하여 생필품을 구매한 적이 있다. | SNS를 통한 가까운 거리 중심의 다양한 교류가 활성화되고 있다. |
| … | … | … |

데이터 분석 결과와 실제 경험 및 사례를 바탕으로 사회 변화 모습을 일반화할 수 있습니다.

### 〈2025 사회 변화 보고서 쓰기〉

앞에서 제시한 1인 가구 보고서와 데이터 분석 결과를 참고하여 2025 사회 변화 보고서를 쓰는 활동입니다. 너무 먼 미래보다는 다가올 3~5년 내의 미래의 모습을 예측해보는 것입니다. 구독서비스, 중고거래, 가정간편식에 대한 인기는 여전할지, 새롭게 등장하는 단어가 있을지 생각해볼 수 있습니다.

[활동 예시]

〈2025 사회 변화 보고서〉

중고거래 플랫폼에 구독 서비스 도입하다
1인 가구 수의 증가세가 줄지않고 중고거래 플랫폼의 사용자가 더욱더 활성됨에 따라 중고거래 플랫폼도 구독 서비스를 도입하고 있다 …

CHAPTER

# 14 점점 상승하고 있는 지구의 기온

14.1 문제 상황 인식하기
14.2 데이터 수집하기
14.3 데이터 분석하기
14.4 엔트리를 활용한 선형회귀분석
14.5 문제 해결하기

들어가며

데이터는 교과서 또는 일상에서 만날 수 있는 다양한 주제와 함께 실제 교육에서 활용할 수 있습니다. 본 차시에서는 앞에서 배운 선형회귀분석을 활용한 데이터 기반 주제 중심 교육사례(과학)를 소개합니다.

## 14.1 문제 상황 인식하기

이번 교육 사례의 주제는 '상승하고 있는 지구의 기온'과 '선형회귀분석'입니다. 이미 앞 차시에서 선형회귀를 학습했지만 이번에는 본 주제를 더 확장 시켜서 초등 과학 교과 수업과 융합한 데이터 융합 수업 사례를 소개해보겠습니다. 2022 개정 과학과 교육과정 '기후변화와 우리 생활' 단원에 나오는 성취기준을 먼저 살펴봅시다.

> [4과16-02] 기후변화의 심각성에 관심을 가지고, 기후변화가 우리 생활과 환경에 미치는 영향을 설명할 수 있다.

지구의 온도 상승으로 인해 이상기후 현상이 자주 발생하고 있습니다. 삶에 영향을 주는 기후변화의 심각성을 인지하기 위해 사례를 살펴보며 이로 인한 부정적인 결과를 예측해 볼 필요가 있습니다. 이번 장에서는 실제 우리나라의 연평균 기온 데이터를 기반으로 100년 후의 기온을 예측해보겠습니다. 학생들은 데이터 분석을 통해 기온이 올라가는 것을 직접 확인하며 환경 문제의 심각성을 느낄 수 있을 것입니다.

### (1) 그림책을 활용한 문제 인식

투발루는 남태평양 한가운데에 있는 산호초가 쌓여 만들어진 작은 섬으로 푸른 바다와 새하얀 모래가 어우러진 아름다운 섬입니다. 하지만 지구 온난화로 인해 투발루 사람들은 물 부족, 식량 부족, 쓰레기 문제 등 일상생활에 많은 어려움을 겪고 있습니다. 더 큰 문제는 바닷물에 잠겨 섬이 사라질 위기에 처했다는 것입니다. 투발루가 사라지면 그 곳에 사는 사람들은 어디로 가야 할까요? 우리가 투발루를 위해 할 수 있는 일은 없을까요?

(우리의 섬 투발루, 조민희 글그림, 크레용하우스, 2019)

학생들은 또래가 들려주는 투발루 섬 이야기를 통해 지구 온난화가 인간에게 미치는 영향을 생각해 볼 수 있습니다. 하지만 자신과는 상관 없는 먼 나라의 이야기로만 여길 수 있기 때문에 실제 데이터를 분석할 필요가 있습니다. 투발루가 아닌 우리가 살고 있는 대한민국은 어떨까요?

### (2) 실제 데이터를 활용한 문제 인식

아래에 있는 그래프는 1973년부터 2022년까지 대한민국의 연평균기온을 시각화한 그래프입니다. 매년 연평균기온이 상승과 하락을 반복하고 있지만 결과적으로는 우상향을 하고 있음을 확인할 수 있습니다.

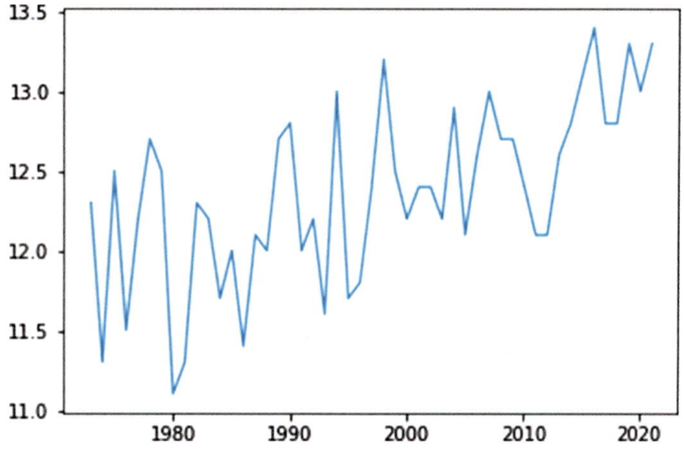


기온 상승은 현재 전 세계적으로 가장 이슈가 되는 문제이며 환경 운동가들은 환경보호는 더 이상 여유를 가진 자가 아닌 생존을 위해 모두가 실천에 옮길 것을 촉구하고 있습니다. 이에 실제 데이터 수집 및 선형회귀분석을 통하여 100년 후의 연평균기온을 예측해보고 이를 막기 위해 개인이 실천할 수 있는 일을 생각해보고 내면화하는 활동으로 구성하였습니다.

- 연평균 기온 상승의 원인은 무엇일까?
- 연평균 기온이 상승하면 무슨 일이 일어날까?
- 연평균 기온이 1℃ 상승하는 동안 걸리는 기간은 얼마일까?
- 100년 후인 2122년에는 연평균 기온이 몇 ℃일까?
- 지구 기온 상승을 늦추기 위해 내가 실천할 수 있는 일은 무엇일까?

## 14.2 데이터 수집하기

지구의 평균 기온이 상승하며 기후 변화의 위기가 찾아오고 있습니다. 지구의 평균 기온이 상승하면 모든 지역의 평균 기온 역시 상승하는 것으로 여기고 대한민국의 연평균 기온 데이터를 분석해보도록 하겠습니다.

### (1) 데이터 수집하기

기온과 관련한 데이터는 기상청 기상자료개방포털에서 무료로 확인할 수 있습니다. 사이트에 접속하여 대한민국의 연평균 기온 데이터를 수집하여 봅시다.

◈ '대한민국 연도별 평균 기온' 데이터를 수집해 봅시다.

① 기상청 기상자료개방포털 사이트에 접속합니다.
https://data.kma.go.kr/cmmn/main.do

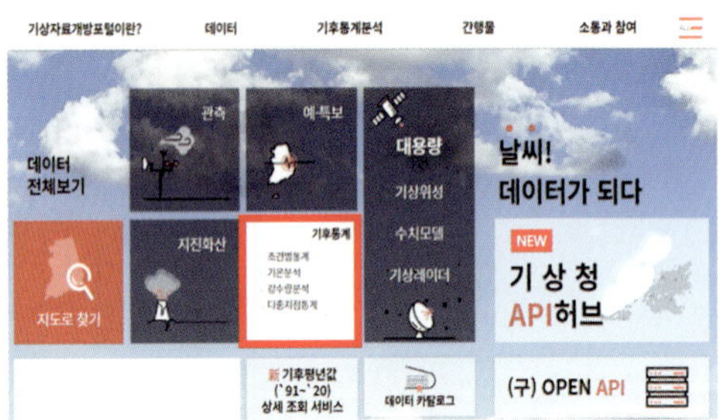


② [데이터 전체보기] - [기후통계] - [기온분석]을 클릭합니다.

③ 검색조건에서 자료구분(년), 자료형태(기본), 지역/지점(전국), 기간(1973~2023)로 설정한 후 > 검색을 눌러줍니다.

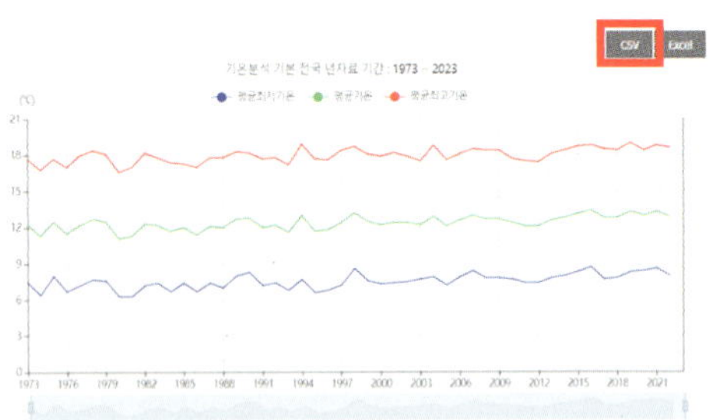


④ 원하는 대로 데이터가 나온 것을 확인한 후 csv, excel 중 원하는 형태의 데이터를 선택하여 다운로드합니다. 여기서는 csv 형태의 파일을 다운받아보겠습니다.

**TIP**

지역별 선택이 가능하므로 우리 고장의 연평균 기온을 살펴보는 선택 활동도 할 수 있습니다.

# 14.3 데이터 분석하기

## 14.3.1 코랩을 활용한 선형회귀분석

### (1) 데이터 전처리하기

◈ csv 파일을 확인하여 불필요한 데이터를 정리해 봅시다.

데이터프레임을 만들 때 1행~7행은 필요하지 않으니 1행~7행을 삭제합니다. 또한 열 중 지점과 관련한 정보는 필요하지 않으니 B열을 삭제합니다. 마지막으로 코드 입력시 좀 더 편리하도록 한글로 된 column이름을 영어로 바꿔보겠습니다.

| | A | B | C | D | E | F |
|---|---|---|---|---|---|---|
| 1 | 기온분석 | | | | | |
| 2 | [검색조건] | | | | | |
| 3 | 자료구분 : 년 | | | | | |
| 4 | 자료형태 : 기본 | | | | | |
| 5 | 지역/지점 : 전국 | | | | | |
| 6 | 기간 : 1973~2022 | | | | | |
| 7 | | | | | | |
| 8 | 년 | 지점 | 평균기온(° | 최저기온(° | 최고기온(°C) | |
| 9 | 1973 | 전국 | 12.3 | 7.5 | 17.7 | |
| 10 | 1974 | 전국 | 11.3 | 6.4 | 16.8 | |
| 11 | 1975 | 전국 | 12.5 | 8 | 17.7 | |

[데이터 전처리 전]

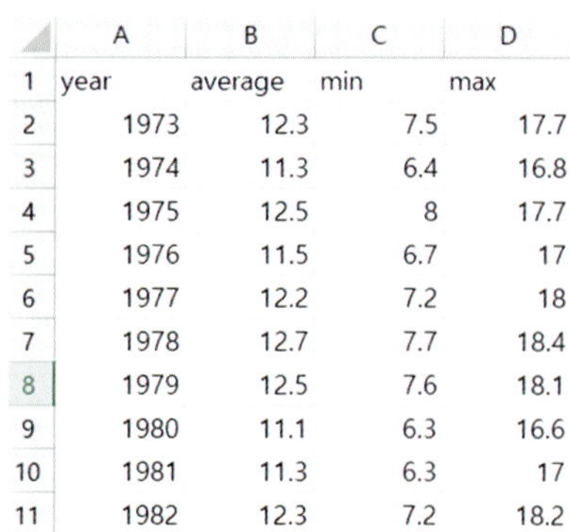

| | A | B | C | D |
|---|---|---|---|---|
| 1 | year | average | min | max |
| 2 | 1973 | 12.3 | 7.5 | 17.7 |
| 3 | 1974 | 11.3 | 6.4 | 16.8 |
| 4 | 1975 | 12.5 | 8 | 17.7 |
| 5 | 1976 | 11.5 | 6.7 | 17 |
| 6 | 1977 | 12.2 | 7.2 | 18 |
| 7 | 1978 | 12.7 | 7.7 | 18.4 |
| 8 | 1979 | 12.5 | 7.6 | 18.1 |
| 9 | 1980 | 11.1 | 6.3 | 16.6 |
| 10 | 1981 | 11.3 | 6.3 | 17 |
| 11 | 1982 | 12.3 | 7.2 | 18.2 |

[데이터 전처리 후]

데이터 파일을 temperature라는 이름의 csv파일로 저장합니다.

### (2) 데이터 시각화하기

◈ 파일을 업로드할 수 있는 코드를 입력해 봅시다.

DnA14-3.ipynb

```
from google.colab import files                    # csv파일 불러오기
myfile=files.upload()
```

```
파일 선택 temperature.csv
• temperature.csv(text/csv) - 972 bytes, last modified: 2022. 9. 10. - 100% done
Saving temperature.csv to temperature.csv
```

◈ 데이터프레임을 생성해 봅시다.

DnA14-3.ipynb

```
import io                                         # 데이터 입출력
import pandas as pd                               # pandas 모듈 가져오기
```

```
df=pd.read_csv(io.BytesIO(myfile['temperature.csv']))
df
```

| | year | average | min | max |
|---|---|---|---|---|
| 0 | 1973 | 12.3 | 7.5 | 17.7 |
| 1 | 1974 | 11.3 | 6.4 | 16.8 |
| 2 | 1975 | 12.5 | 8.0 | 17.7 |
| | | ... (중략) ... | | |
| 47 | 2020 | 13.0 | 8.4 | 18.4 |
| 48 | 2021 | 13.3 | 8.6 | 18.8 |

위 데이터에서 year은 연도, average는 연평균 기온(℃), min은 최소 기온(℃), max는 최고 기온(℃)을 의미합니다.

◈ 그래프를 그려 추이를 확인해 봅시다.

year(연도)를 가로축, average(연평균 기온(℃))을 세로축으로 하는 그래프를 그려보겠습니다.

DnA14-3.ipynb

```python
xi = df['year']
y = df['average']
```

```python
import matplotlib.pyplot as plt
plt.plot(xi, y)                          # (xi, y)에 대한 꺾은선 그래프
```

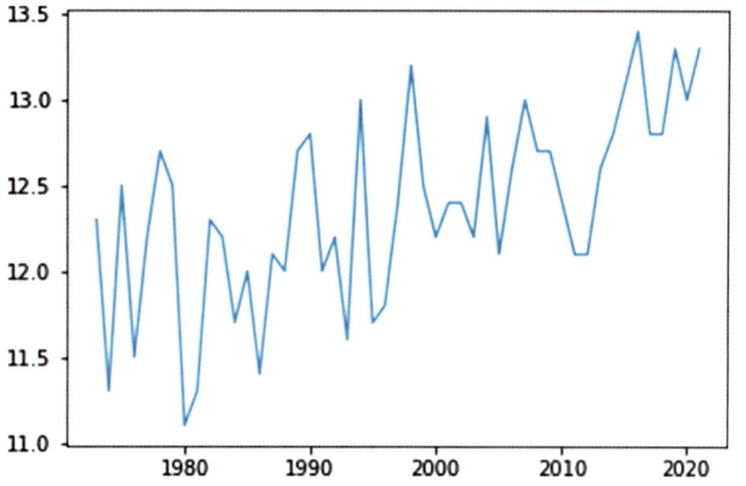


매년 연평균기온이 상승과 하락을 반복하고 있지만 결과적으로는 우상향의 추이를 보이고 있음을 확인할 수 있습니다.

## (3) 결과 예측하기

◈ 선형회귀분석 코드를 입력하여 결과값을 예측해 봅시다.

DnA14-3.ipynb

```python
import numpy as np
from pylab import plot
from scipy import stats
```

```python
stats.linregress(xi,y)                   # (xi, y)에 대한 선형회귀분석
```

```
LinregressResult(slope=0.02423469387755103, intercept=-36.03137755102043, rvalue=0.6175772266849391,
pvalue=2.2783116081842297e-06, stderr=0.004501960930458712, intercept_stderr=8.990641411500517)
```

14 선형회귀분석 결과 기울기는 0.02..., y절편은 -36.03...입니다.

◈ 선형회귀분석에 대한 결과를 정리해 봅시다.

DnA14-3.ipynb

```
15 slope, intercept, r_value, p_value, std_err=stats.linregress(xi,y)

16 print('r value:', r_value)                       # 결정계수(r값)
17 print('p value:', p_value)                       # 유의확률(p값)
18 print('standard deviation:', std_err)            # 표준편차
19 print('slope:', slope)                           # 기울기
20 print('intercept:', intercept)                   # y절편
```

```
r value: 0.6175772266849391
p value: 2.2783116081842297e-06
standard deviation: 0.004501960930458712
slope: 0.024234693877551O3
intercept: -36.031377551O2043
```

15 선형회귀분석을 통해 나온 각각의 값을 변수로 지정해 줍니다.

16 결정계수는 0~1사이의 값을 가지며 1(100%)에 가까울수록 신뢰도가 높은 선형 회귀 직선을 의미합니다. 우리의 결정계수는 0.6으로 절반 보다는 높은 값이므로 신뢰도가 확보되었습니다.

17 pvalue(유의확률)은 0.05보다 작으면 유의미합니다. e-06의 경우 소수 여섯째자리를 의미합니다. 즉, 우리의 pvalue는 0.05보다 한참 작은 값이므로 유의미합니다.

◈ 선형회귀분석이 잘 되었는지 임의의 값을 입력하여 테스트를 해 봅시다.

DnA14-3.ipynb

```
21 xtest = 2020
22 ytest = slope * xtest + intercept
23 print(ytest)
```

```
12.922704081632652
```

21 값을 확인해 보기 위해 임의의 x값을 설정합니다.

22 y=ax + b의 일차함수 식입니다. 여기서 a는 기울기로 위에서 구한 slope의 값, b는 y절편으로 위에서 구한 intercept의 값입니다.

◈ 선형회귀분석에 대한 그래프를 그려 봅시다.

DnA14-3.ipynb

```
24 line=slope * xi + intercept
```

```
25 plot(xi, y, 'o', xi, line, 'r-')
```

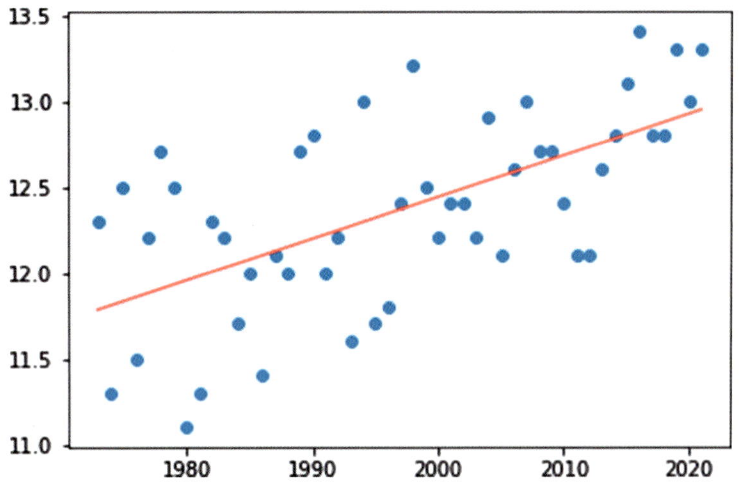


24 y=ax+b의 일차함수 식입니다. line의 값은 기울기*훈련값 + y절편값 으로 나타냅니다.

25 두 개의 그래프를 동시에 그립니다. (xi, y)에 대한 그래프를 ●모양의 마커로 나타냅니다. (xi, line)에 대한 그래프를 빨간 선으로 나타냅니다.

## 14.3.2 전체 코드 확인하기

DnA14-3.ipynb

```
from google.colab import files                # csv파일 불러오기
myfile=files.upload()
```

```
파일 선택 temperature.csv
• temperature.csv(text/csv) - 972 bytes, last modified: 2022. 9. 10. - 100% done
Saving temperature.csv to temperature.csv
```

```
import io                                     # 데이터 입출력
import pandas as pd                           # pandas 모듈 가져오기
```

```
df=pd.read_csv(io.BytesIO(myfile['temperature.csv']))
df
```

| | year | average | min | max |
|---|---|---|---|---|
| 0 | 1973 | 12.3 | 7.5 | 17.7 |
| 1 | 1974 | 11.3 | 6.4 | 16.8 |
| 2 | 1975 | 12.5 | 8.0 | 17.7 |

… (이하생략) …

```
xi = df['year']
y = df['average']
```

```
import matplotlib.pyplot as plt
plt.plot(xi, y)                         # (xi, y)에 대한 꺾은선 그래프
```

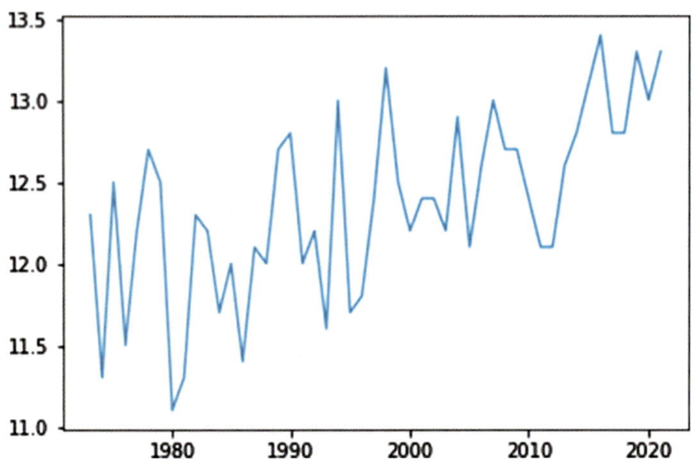


```
import numpy as np
from pylab import plot
from scipy import stats
```

```
stats.linregress(xi, y)                 # (xi, y)에 대한 선형회귀분석
```

```
LinregressResult(slope=0.024234693877551O3, intercept=-36.03137755102043, rvalue=0.6175772266849391,
pvalue=2.2783116081842297e-06, stderr=0.004501960930458712, intercept_stderr=8.990641411500517)
```

```
slope, intercept, r_value, p_value, std_err=stats.linregress(xi,y)
```

```
print('r value:', r_value)              # 결정계수(r값)
```

```
print('p value:', p_value)                        # 유의확률(p값)
print('standard deviation:', std_err)             # 표준편차
print('slope:', slope)                            # 기울기
print('intercept:', intercept)                    # y절편
```

```
r value: 0.6175772266849391
p value: 2.2783116081842297e-06
standard deviation: 0.004501960930458712
slope: 0.02423469387755103
intercept: -36.03137755102043
```

```
xtest = 2020
ytest = slope * xtest + intercept
```

```
print(ytest)
```

```
12.922704081632652
```

```
line=slope * xi + intercept
```

```
plot(xi, y, 'o', xi, line, 'r-')
```

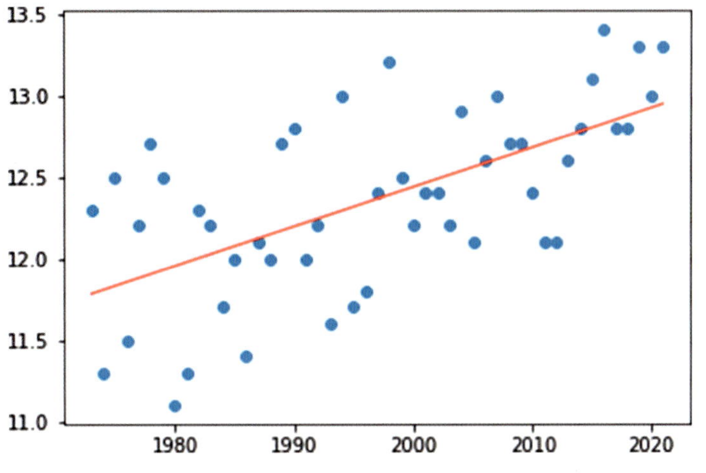


```
from sklearn.linear_model import LinearRegression
```

## 14.4 엔트리를 활용한 선형회귀분석

엔트리는 이미지 기반의 교육용 프로그래밍 언어이며 초등 실과 교과서에서 공통적으로 채택하고 있는 플랫폼이기 때문에 초등학생에게 매우 익숙하다는 장점이 있습니다. 또한 영문을 입력하지 않고도 블록을 쌓듯이 드래그 앤 드랍으로 쉽게 선형회귀분석이 가능합니다.

### (1) 데이터 수집하기(불러오기)

[데이터분석] 블록 탭을 클릭한 후 [테이블 불러오기]를 누릅니다. 창이 열리면 [테이블 추가하기]를 누릅니다. [테이블 선택] 탭을 누르면 여러 가지 데이터가 제공이 됩니다. 이중 계절별 기온 테이블을 선택하여 추가하기를 눌러줍니다.

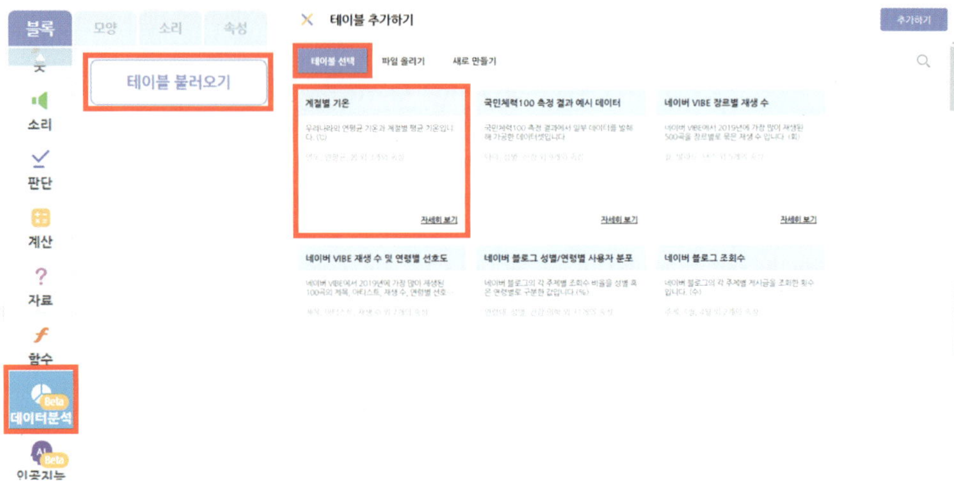


데이터가 테이블로 정리된 것을 확인할 수 있습니다.

### (2) 데이터 시각화하기

[차트] 탭을 눌러줍니다. [+] 버튼을 누르면 테이블로 정리한 데이터를 그래프로 나타낼 수 있습니다. 목적에 맞는 그래프를 선택합니다. 우리는 시간의 흐름에 따른 변화를 보아야 하기 때문에 선그래프로 나타내겠습니다.

가로축에는 연도, 계열(세로축)에는 연평균을 선택하면 그래프가 자동으로 그려집니다.

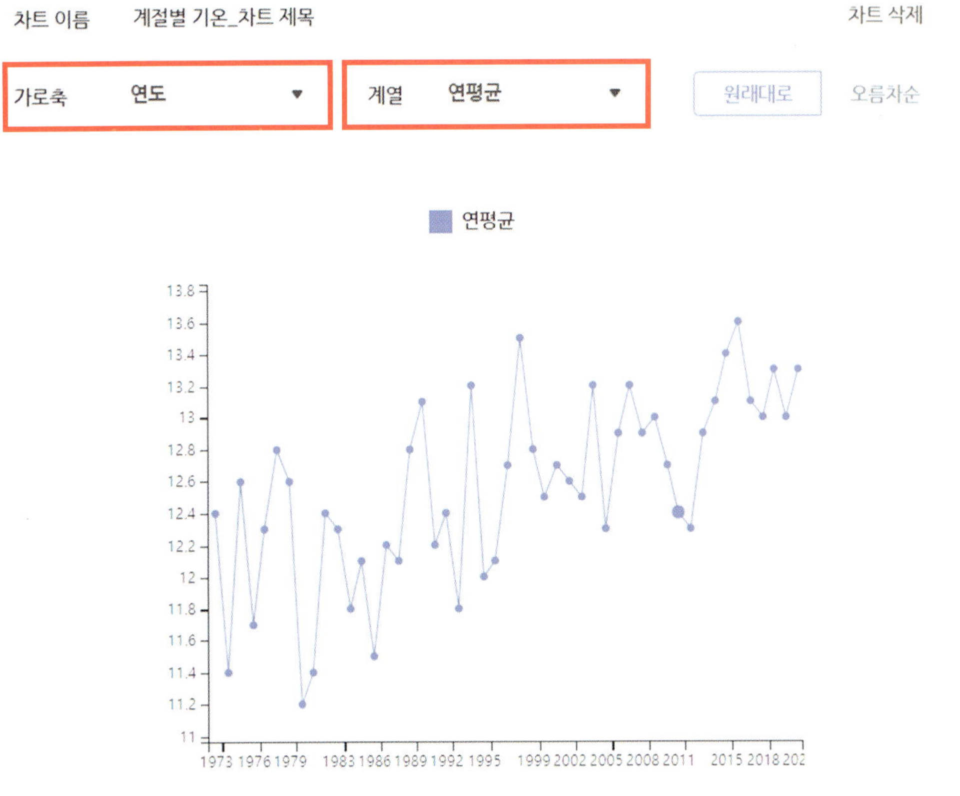

### (3) 선형회귀분석 실행하기

적용하기를 눌렀더니 맨 처음과는 다르게 [데이터분석]에 블록이 생성되었습니다.

[인공지능]블록 탭을 선택한 후 [인공지능 모델 학습하기]를 눌러줍니다.

[인공지능]블록 탭을 선택한 후 [인공지능 모델 학습하기]를 눌러줍니다. 아홉가지의 학습 모델 중에서 [예측:숫자] 모델을 선택합니다.

◈ 아래 그림과 같은 창에서 순서대로 적용해 봅시다.

① 처음에 불러오기했던 [계절별 기온] 테이블을 선택합니다.

② 테이블이 선택되면 해당 테이블에 있던 column이름을 확인할 수 있습니다.

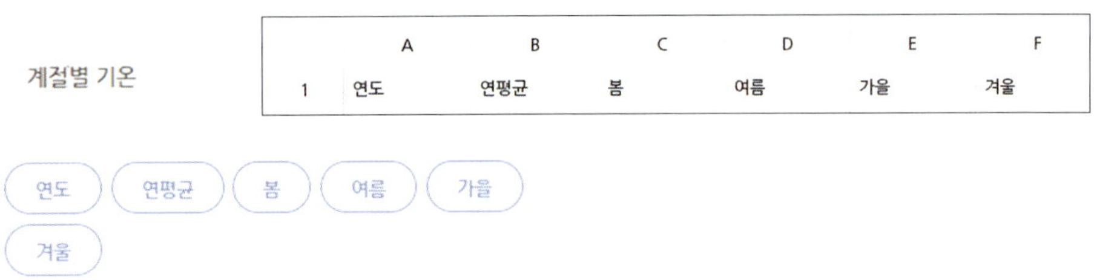

③ 핵심 속성에는 [연도], 예측 속성에는 [연평균]을 드래그 앤 드롭하여 설정해 줍니다.

④ 모델 학습하기를 눌러 결과를 확인해 봅시다.

회귀분석 그래프와 회귀식이 나온 것을 확인할 수 있습니다. 이때 주의할 점은 같은 데이터를 사용하더라도 [모델 학습하기]를 누를 때마다 회귀식이 조금씩 달라질 수 있어 교재와 같은 값이 나오지 않을 수도 있습니다.

## 14.5 문제 해결하기

실제 지구의 온도가 오르고 있다는 것을 데이터를 통해 확인하였으니 이에 대한 원인과 결과를 알아보고 실천에 옮기기 위한 다양한 활동을 해 봅시다. 실제 수업에서 활용할 수 있는 추가적인 활동을 몇 가지 소개해보도록 하겠습니다.

### (1) 동영상 감상 활동

유튜브에는 지구 온도의 상승과 관련한 다양한 다큐멘터리 및 설명 채널이 올라와 있습니다. 학급에서 학생의 수준에 맞는 동영상을 선정하여 감상한 후 영상에 대한 내용과 소감에 대해 이야기를 나누는 활동을 할 수 있습니다.

https://youtu.be/xRN4Dazo4zM
출처 : 유튜브, 차이나는 클라스

[활동 예시] 빈칸에 대한 내용을 예측하고 영상을 통해 확인하기

- 지구가 1도 오르면 '천재지변'이 일어난다.
- 지구가 2도 오르면 '감염병'이 발생한다.
- 지구가 3도 오르면 '3차 세계대전'이 시작된다.
- 지구가 4도 오르면 '멸종'이 온다.

### (2) 조사 활동

학생들은 인터넷 검색, 책, 뉴스, 신문 등 다양한 조사 활동을 통해서 지구 기온 상승의 원인과 결과를 찾아보며 환경 문제의 심각성을 깨달을 수 있습니다. 이를 바탕으로 지구 기온 상승을 늦추기 위해 실천할 수 있는 일들을 생각해 보는 활동으로 연계합니다.

#### 지구 기온 상승의 원인

예) 대량의 쓰레기를 소각하면서 메탄 가스가 발생한다.
예) 사람들이 소고기를 생산하기 위해 소를 대량으로 키우면서 소가 내뿜는 방구에서 메탄 가스가 많이 나온다.

#### 지구 기온 상승의 결과

예) 온도에 민감한 해초류가 죽으면서 먹이사슬이 망가져 생태계가 연속적으로 파괴된다.
예) 농작물 생산 감소로 식량 전쟁을 불러올 수 있다.
예) 영구동토층이 녹으면서 고대 세균 및 바이러스의 출현으로 감염병이 유행한다.

**지구 기온 상승을 늦추기 위해 실천할 수 있는 일**

예) 필요 없는 물건은 나누거나 중고거래를 하여 버려지는 일이 없게 한다.
예) 고기 반찬만 고집하지 않고 야채를 즐겨 먹는다.
예) 덥다고 에어컨을 세게 틀지 않고 적정 온도로 맞춰서 튼다.

### (3) 투발루 친구에게 편지 쓰기

문제 상황 제시 단계에서 활용한 도서와 연계한 활동입니다. 데이터 분석 활동과 조사 활동을 바탕으로 알게 된 사실과 이를 통해 느낀 점, 실천 다짐 등을 넣어 투발루의 상황을 알려준 친구에게 답장을 씁니다. 공부한 내용과 이에 대한 생각과 느낌을 글로 조직하는 활동은 학습 주제와 일상생활을 연관시키고 환경 보호 실천을 위한 내면화에 도움이 될 것입니다.

[활동 예시]

To. 투발루의 친구에게

안녕, 나는 대한민국에 살고 있는 윤이라고 해. 지구 온난화 때문에 투발루 섬이 물에 잠기고 있다는 사실을 알게 되었어. 솔직히 말하면 우리나라는 투발루 섬과 거리가 멀기 때문에 나랑은 별로 상관 없는 일인 줄 알았어. 그런데 데이터를 통해 살펴 보니 우리나라도 연평균 기온이 점점 상승하고 있더라. 그리고 올해 기록적인 폭우와 태풍을 만나게 되었어. 이렇게 직접 겪어 보니 정말 무섭더라. 너희가 생존을 위해 여러 가지 활동을 하는 동안 먼 일이라고만 생각하고 별 관심을 갖지 않았던 내가 너무 창피했어. 앞으로는 나도 지구 기온이 더 이상 올라가지 않도록 노력해 보려고 해. 그 동안은 더우면 무조건 에어컨을 켜서 18℃로 맞췄는데 이제는 정말 더울 때만 에어컨 적정 온도를 맞춰서 켤 거야. 그리고 학교 올 때도 조금 멀지만 아빠한테 태워달라고 하지 않고 걸어 볼게. 마지막으로 고기 반찬만 고집하지 않고 야채도 먹어볼거야. 고기를 먹는 것만으로도 탄소 배출을 한다는 것에 깜짝 놀랐지 뭐야. 우리 함께 노력해서 지구를 아니 우리 스스로를 지키자.

From. 윤이가

### (4) 애니메이션으로 사람들에게 알리기

엔트리를 활용하여 애니메이션을 만들 수 있습니다. 애니메이션에 ① 문제 상황 알리기, ② 그래프 보여주기, ③ 그래프 해석한 내용 알려주기, ④ 선형회귀분석을 바탕으로 예측하기, ⑤ 조사한 내용 알리기, ⑥ 실천할 내용 알리기, ⑦ 사람들에게 하고 싶은 말을 넣음으로써 데이터를 분석한 내용, 지구 기온 상승에 대해 조사 및 공부한 내용, 내면화한 내용 모두를 포함할 수 있는 활동입니다.

교사가 코드를 제공하여 같은 코드를 사용하게 되더라도 학생이 사용하고 싶은 오브젝트, 배경, 말하기에 들어가는 내용이 달라짐에 따라 학생 스스로 다양한 산출물을 낼 수 있습니다.

프로그래밍에 어려움을 느끼는 학생들을 위하여 교사가 예시 작품을 공유한 후에 [리메이크하기]를 통해 내용을 변경하는 방법도 있습니다.

### [공유된 작품 리메이크하기]

### [리메이크하기에 입력된 코드]

말하기 블록의 내용을 자신의 생각을 담은 내용으로 수정하여 개인 작품을 산출할 수 있습니다.

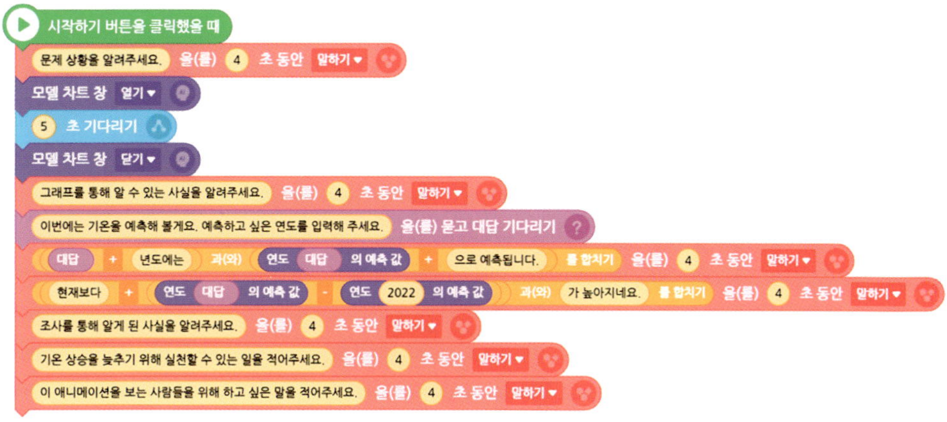

시작하기 버튼을 클릭했을 때
문제 상황을 알려주세요. 을(를) 4 초 동안 말하기
모델 차트 창 열기
5 초 기다리기
모델 차트 창 닫기
그래프를 통해 알 수 있는 사실을 알려주세요. 을(를) 4 초 동안 말하기
이번에는 기온을 예측해 볼게요. 예측하고 싶은 연도를 입력해 주세요. 을(를) 묻고 대답 기다리기
대답 + 년도에는 과(와) 연도 대답 의 예측 값 + 으로 예측됩니다. 를 합치기 을(를) 4 초 동안 말하기
현재보다 + 연도 대답 의 예측 값 - 연도 2022 의 예측 값 과(와) 가 높아지네요. 를 합치기 을(를) 4 초 동안 말하기
조사를 통해 알게 된 사실을 알려주세요. 을(를) 4 초 동안 말하기
기온 상승을 늦추기 위해 실천할 수 있는 일을 적어주세요. 을(를) 4 초 동안 말하기
이 애니메이션을 보는 사람들을 위해 하고 싶은 말을 적어주세요. 을(를) 4 초 동안 말하기

APPENDIX

# A 인공지능을 구현해보자

A.1 텍스트 기반 인공지능
A.2 이미지 기반 인공지능
A.3 사운드 기반 인공지능

들어가며

인공지능을 쉽게 구현할 수 있는 도구가 다양합니다. 이를 통해 인공지능을 직접 구현하고 원리를 보다 더 직관적으로 이해할 수 있습니다. 또한 학생들에게 쉽게 인공지능을 가르치기 위해서는 이러한 도구의 사용은 필수적입니다. 인공지능을 보다 편리하게 구현할 수 있는 도구들을 사용해봅시다.

인공지능을 체험하고 활용할 수 있는 다양한 플랫폼이 있습니다. 일반적으로 우리가 사용하는 인공지능 플랫폼은 텍스트 기반의 인공지능 플랫폼, 이미지 기반의 인공지능 플랫폼, 사운드 기반의 인공지능 플랫폼으로 나눌 수 있습니다. 물론, 한 플랫폼에서 이 모든 것을 다 지원하기도 하고, 하나만 지원하기도 하여 정확하게 이 분류대로 나누기는 어렵습니다. 여기에서는 텍스트, 이미지 사운드 기반의 세 가지의 분류로 나눠서 다양한 플랫폼을 사용하고 체험해봅시다.

## A.1 텍스트 기반 인공지능

### A.1.1 ChatGPT

#### (1) ChatGPT 소개

ChatGPT란, 말 그대로 Chat과 GPT(Generative Pre-trained Transformer)가 합쳐진 단어입니다. 즉, GPT 모델과 말하다라는 것인데 이 책이 만들어지는 현재, ChatGPT는 Open AI가 출시한 언어모델 GPT-4까지 탑재되어 있습니다. 우리가 ChatGPT의 프롬프트(Prompt)에 대화를 입력하면 GPT 모델에서 딥러닝 방식으로 그에 가장 알맞은 응답(Response)을 생성하는 것입니다.

그러면 GPT란 무엇일까요? GPT라는 것은 Open AI가 만든 언어 모델로 2018년 6월에 GPT-1이 출시됩니다. 오픈소스로 누구나 살펴볼 수 있으며, 인간과 간단한 대화 정도가 가능한 수준이였습니다. 2019년에는 GPT-2가 출시되는데 역시 오픈소스로 누구나 사용이 가능했습니다. 하지만 매개변수가 약 15억개로 매우 적은 수준이라 답변의 정확도가 떨어집니다. 오픈소스로 되어 있는 만큼 연구용으로 사용되기에는 적합하지만, 실제 프로그램에 사용하기에는 성능이 부족합니다.

GPT가 현재처럼 각광을 받게 된 것은 2020년 GPT-3가 나오기 시작하면서입니다. 2020년 5월 GPT-3가 출시되었는데 2019년에 출시된 GPT-2와 비교하자면 매개변수가 무려 116배 이상 늘어난 약 1750억개입니다. 이는 기존에 출시된 언어 모델 중에 가장 많은 매개변수를 가지고 있던 마이크로소프트의 튜링 NLG보다 약 10배 이상의 매개변수를 가지고 있을 정도로 많은 내용이 학습되어 있는 것입니다.

GPT-3는 2020년 11월에 오픈베타 버전이 출시되어 많은 사람들을 놀라게 하였습니다. 간단한 사람과의 문답은 물론이고, 개념설명, 비교, 표에 정리하기, 글짓기, 기초적인 사칙연산, 번역, 코딩 등이 가능하기 때문입니다. 물론, 딥러닝 기반의 GPT의 특성 상 너무나 많은 데이터를 학습해야 하며, 실제로 인간처럼 기억하고 추론하는 능력까지 가지고 있는 것은 아닙니다. 하지만, 기존의 GPT와는 다르게 오픈AI는 더 이상 오픈소스로 GPT를 공개하지 않고, 마이크로소프트와 협약하여 유료 라이센스 서비스를 운영하고 있습니다. 2022년 11월 30일에는 GPT3를 사용하며 드러난 문제점을 보완한 GPT 3.5 기반 ChatGPT 베타버전이 공개되었습니다. 2023년 3월에는 마이크로소프트에서 발표한 인공지능 어시스턴트인 Copilot을 공개했는데, Microsoft 365 제품 군에 GPT-4가 사용되었고, ChatGPT Plus라는 이름으로 GPT-4를 유료로 사용할 수 있게 되었습니다.

ChatGPT는 엄청난 성능 덕에 화제가 되어 단 5일만에 일간 활성화 사용자 수(DAU)가 100만명에 도달했다고 합니다. 다른 사이트와 비교해본다면 대략 인스타그램이 3개월, 스포티파이가 5개월, 카카오톡 6개월, 페이스북 10개월, 링크드인 15개월, 트위터 2년, 넷플릭스 3년 6개월 정도입니다. 2023년 1월 기준으로 월간 활성화 사용자 수(MAU)가 1억명을 돌파하여 세계 곳곳에서 널리 활용되고 있음을 알 수 있습니다.

### (2) ChatGPT 사용법

ChatGPT는 가입을 해야 사용할 수 있는데, 초기화면에서 Sign up을 눌러 가입을 하시면 됩니다. 가입은 오픈AI 홈페이지에서 직접 가입해도 되고, 구글 계정, 마이크로소프트 계정, 애플 계정으로 간단하게 연결하여 사용할 수 있습니다.

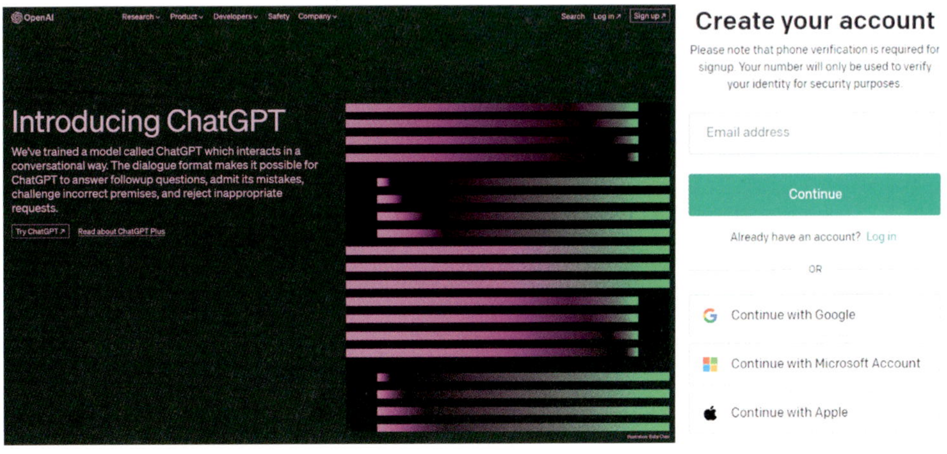

ChatGPT에 로그인하면 다음과 같은 화면이 열립니다. 아래 대화를 입력할 수 있는 프롬포트에 원하는 질문을 누르면 ChatGPT가 답변을 해 줄 것이고, 좌측에 그 동안 대화했던 것이 저장되어 목록화됩니다.

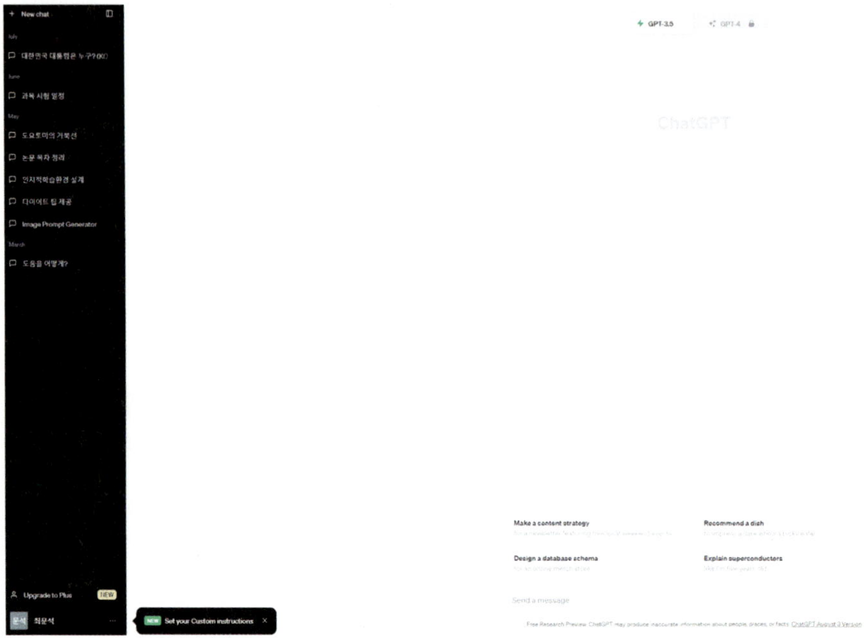


ChatGPT에 질문을 할 때 질문은 구체적으로 해주는 것이 좋습니다. 구체적으로 질문한다는 것이 무엇인지 다음 두 사례를 비교하며 알아봅시다.

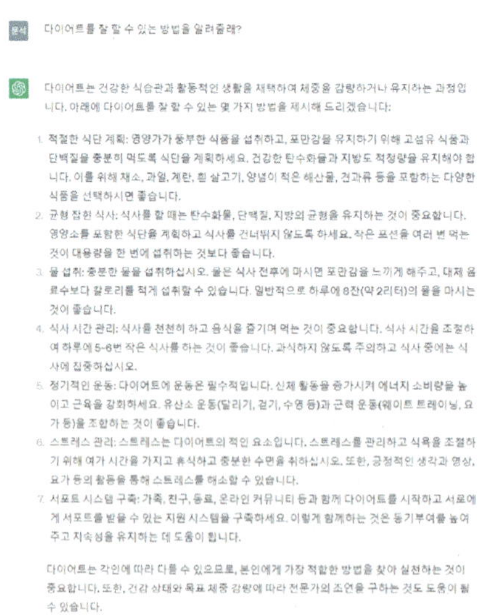


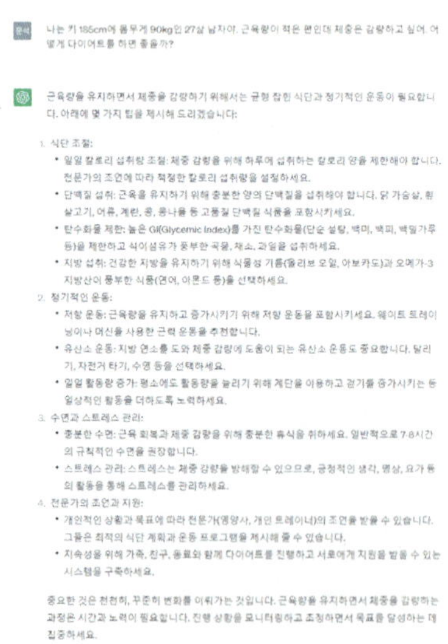

똑같은 '다이어트'라는 주제로 질문을 했습니다. 좌측 편에는 추상적인 질문을 제시하였고, 우측에는 구체적인 정보를 제시하며 다이어트에 대한 질문을 하였습니다. 비슷한 질문이지만 우측에 조금 더 구체적인 내용이 나옵니다. 이를 더 발전시켜서 다이어트를 위해 실천할 수 있는 내용에 대한 질문을 실행해 보겠습니다.

문석 나는 키 185cm에 몸무게 90kg인 27살 남자야. 근육량이 적은 편인데 체중은 감량하고 싶어. 어떻게 다이어트를 하면 좋을까? 한 달 동안 구체적으로 실천할 다이어트 계획을 표로 만들어줄래?

다이어트 계획을 한 달 동안 구체적으로 실천하기 위해 아래 표를 참고하세요. 이 계획은 체중 감량과 근육 유지를 위한 균형 잡힌 식단과 정기적인 운동을 포함합니다. 단, 식단과 운동 계획은 개인적인 상황에 맞게 조정될 수 있으니 자신에게 맞게 수정하시기 바랍니다.

| 날짜 | 식단 | 운동 |
|---|---|---|
| Day 1 | 아침: 닭가슴살 샐러드<br>점심: 국수<br>저녁: 그릴한 연어 | 유산소 운동 30분 (조깅 또는 실내 사이클) |
| Day 2 | 아침: 계란 토스트<br>점심: 샐러드와 흰살 닭고기<br>저녁: 오믈렛 | 전신 근력 운동 (벤치프레스, 스쿼트, 데드리프트) |
| Day 3 | 아침: 고구마 슬라이스와 자연 볶음<br>점심: 콩나물국밥<br>저녁: 소고기 스테이크와 채소 | 유연성과 근력 운동 (요가 또는 필라테스) |
| Day 4 | 아침: 고단백 요거트와 견과류<br>점심: 그릴한 치킨과 샐러드<br>저녁: 토마토 스파게티 | 유산소 운동 30분 (수영 또는 자전거 타기) |
| Day 5 | 아침: 단백질 훈제오믈렛<br>점심: 소고기 라이스볼<br>저녁: 베이크드 연어와 채소 | 전신 근력 운동 (레그프레스, 레터럴 레이즈, 푸시업) |
| Day 6 | 아침: 그릭 요거트와 과일<br>점심: 차돌박이 샐러드<br>저녁: 씨푸드 스튜 | 유연성과 근력 운동 (필라테스 또는 스트레칭) |
| Day 7 | 아침: 씨리얼과 저지방 우유<br>점심: 닭가슴살 샌드위치<br>저 | |

구체적으로 실천할 내용을 묻자 다이어트를 하는 데에 필요한 식단을 표로 제공하였습니다. 이처럼 질문이 구체적일수록 ChatGPT의 대답도 구체적이 됩니다.

## (3) ChatGPT API를 활용한 Colab 챗봇만들기

ChatGPT의 API 기능을 활용하여 Colab으로 챗봇을 만들 수 있습니다. 아래의 OpenAI 사이트에서 ChatGPT를 가입했던 아이디로 로그인하셔서 API 키를 발급받으면 됩니다.

https://platform.openai.com/

단, API 키를 발급받는 것은 유료이기 때문에 가입한 지 3개월 내에 사용할 수 있는 18$의 크레딧을 이용하거나 혹은 돈을 지불해야 사용해볼 수 있습니다.

**TIP**

ChatGPT를 가입한지 3개월이 넘었다면 새로운 계정을 만들어보세요.

**DnA A-1.ipynb**

1
```
!pip install -q openai
```

```
━━━━━━━━━━━━━━━━━━━━━━━━━━━━━━━━━━━━━━━━ 72.0/72.0 kB 2.4 MB/s eta 0:00:00
━━━━━━━━━━━━━━━━━━━━━━━━━━━━━━━━━━━━━━━━ 1.0/1.0 MB 9.6 MB/s eta 0:00:00
━━━━━━━━━━━━━━━━━━━━━━━━━━━━━━━━━━━━━━━━ 114.5/114.5 kB 3.6 MB/s eta 0:00:00
━━━━━━━━━━━━━━━━━━━━━━━━━━━━━━━━━━━━━━━━ 268.8/268.8 kB 11.4 MB/s eta 0:00:00
━━━━━━━━━━━━━━━━━━━━━━━━━━━━━━━━━━━━━━━━ 149.6/149.6 kB 10.4 MB/s eta 0:00:00
```

2
```
import openai
```

3
```
openai.api_key = 'sk-'
# sk- 뒤에 발급받은 API키를 입력
# ChatGPT 가입 시 3개월동안 사용할 수 있는 18$의 크레딧으로 키 발급가능
```

```
파일 선택 easy-ai-practi...7563ec0.json
• easy-ai-practice-478467563ec0.json(application/json) - 2315 bytes, last modified: 2023. 3. 25. - 100% done
Saving easy-ai-practice-478467563ec0.json to easy-ai-practice-478467563ec0 (1).json
```

4
```
messages = [
    {"role": "system", "content": "You are a kind helpful assistant."},
]
```

5
```
while True:
    message = input("User : ")
    if message:
        messages.append(
            {"role": "user", "content": message},
        )
        chat = openai.ChatCompletion.create(
            model="gpt-3.5-turbo", messages=messages
        )

    reply = chat.choices[0].message.content
    print(f"ChatGPT: {reply}")
    messages.append({"role": "assistant", "content": reply})
```

```
User : 
```

위와 같이 프롬포트 칸이 나타나면, 여기에 대화를 입력하여 GPT-3.5 모델이 적용된 ChatGPT와 대화할 수 있습니다.

TIP

ChatGPT4 버전의 API가 곧 출시되어 GPT-4 모델이 적용된 ChatGPT API 기능을 사용할 수 있게 될 예정입니다. 출시가 된다면 제공된 Colab 파일을 업데이트 해두도록 하겠습니다.

### (4) pollinations AI API를 활용한 ChatGPT 그림 그리기

2023년 3월에 OpenAI에서 ChatGPT plugin 지원을 발표했습니다. ChatGPT의 발표가 아이폰의 출시와 비교할 수 있다면, ChatGPT plugin의 발표는 애플 사의 앱스토어 발표와 비교할 수 있는 사건입니다.

ChatGPT는 그림을 생성해주지 않습니다. 하지만 pollinations AI를 이용하면 ChatGPT 내에서도 그림을 생성할 수 있습니다. 이를 직접 수행해봅시다.

① 프롬포트 창에 다음과 같이 입력해봅시다.

You will now act as a prompt generator. I will describe an image to you, and you will create a prompt that could be used for image-generation. Once I described the image, give a 5 word summary and then include the following

(markdown) = ![Image (https://image.pollinations.ai/prompt/{description}), where {description} = {sceneDetailed},%20{adjective1},%20{charactersDetailed},%20{adjective2},%20{visualStyle1},%20{visualStyle2},%20{visualStyle3},%20{genre},%20{artistReference}

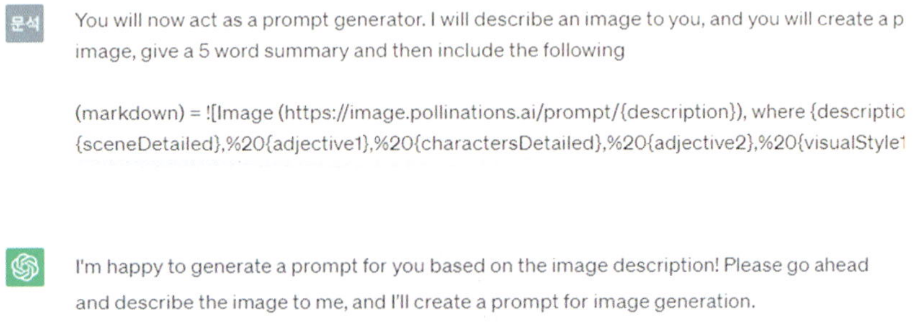


② 원하는 그림을 그릴 수 있도록 다섯 단어 이내로 그림에 관한 내용을 입력합니다. 그러면 다음과 같이 원하는 그림을 출력할 수 있습니다.

문석 눈 내리는 골목길

**Image Summary:** Snowy street with falling snowflakes, cozy atmosphere, pedestrians walking, vintage aesthetic.

(markdown) =

문석 비올 때 먹는 파전과 막걸리

**Image Summary:** Enjoying rainy weather with savory scallion pancakes (pajeon) and traditional rice wine (makgeolli), lively atmosphere, friends socializing, rustic setting.

(markdown) =

## A.1.2 ML4KIDS

### (1) ML4KIDS 소개

ML4KIDS (Machine Learning for Kids)는 영국에서 개발한 어린이들을 대상으로 한 기계학습 교육 플랫폼입니다. 이 플랫폼은 IBM Watson이 기반이 되었으며, 어린이들이 기계학습의 기본 개념을 이해하고, 간단한 기계학습 모델을 만들고 테스트할 수 있는 환경을 제공합니다. 한글화가 되어 있어 학생들이 사용하기에 편리합니다. 이 책에서는 텍스트 기반으로 분류했지만, 이미지 기반 및 사운드 기반 모두에 사용이 가능한 프로그램입니다. 또한 이 사이트의 장점은 모든 OS에서 지원된다는 것입니다. 윈도우, 안드로이드, iOS, 크롬북 등 다양한 기기들을 활용하여 똑같은 결과물을 만들 수 있다는 점에서 교육 현장에 적용하기 좋은 사이트라고 할 수 있습니다.

https://machinelearningforkids.co.uk/

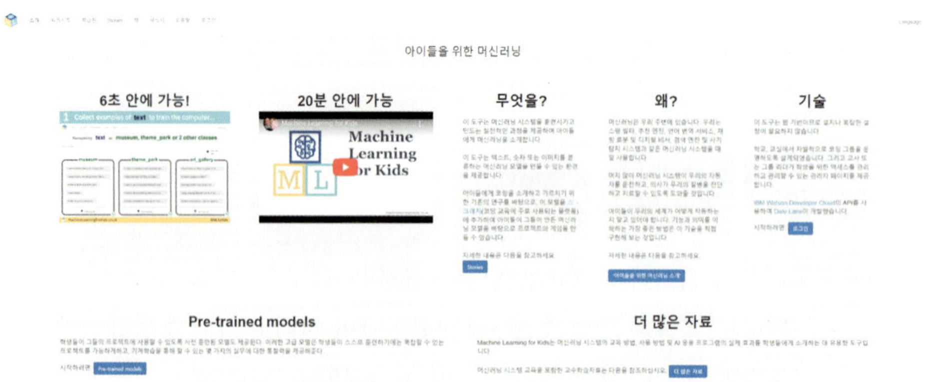

### (2) ML4KIDS을 활용한 텍스트 기반 기계학습 프로젝트

① 이번에는 텍스트를 훈련시키고자 합니다. 초기화면에서 '시작해봅시다'를 클릭합니다.

② 가입이 되어 있지 않아도 '지금 실행해보기'를 누르면 바로 사용 가능합니다. 하지만 여러 가지 프로젝트를 수행하고 저장하기 위해서는 가입이 필요합니다. 자신에 환경에 맞게 가입하고 로그인하거나, 지금 실행해보기를 눌러 바로 실행해봅시다.

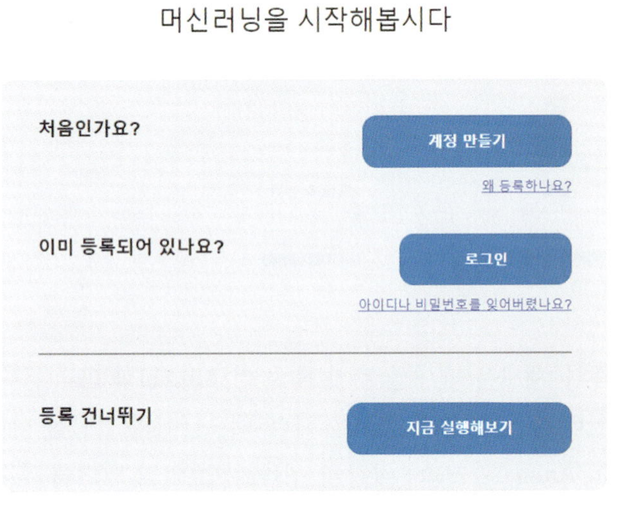


③ 당신의 머신러닝 프로젝트 창이 뜰 것입니다. 우측 상단의 프로젝트 추가 버튼을 눌러서 새로운 프로젝트를 추가할 수 있습니다.

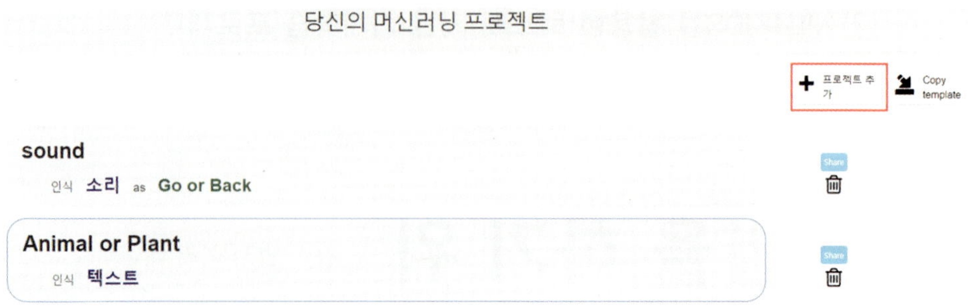


④ 새로운 머신러닝 프로젝트 창이 뜹니다. 프로젝트 이름은 Animal or Plant로, 인식은 텍스트로, 언어는 Korean으로 설정하고 만들기를 눌러줍니다.

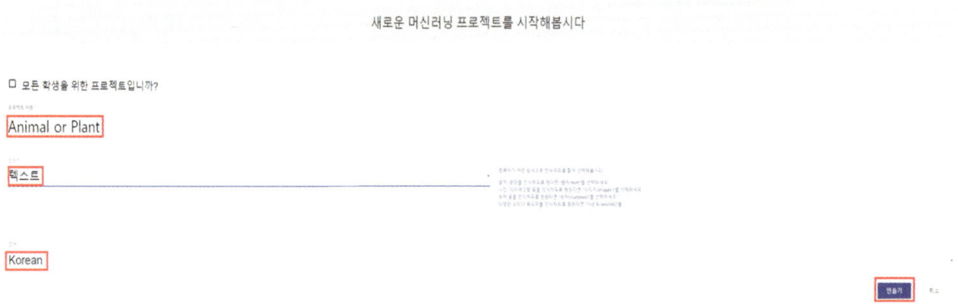


⑤ Animal or Plant를 클릭하면 다음과 같은 화면이 나타납니다. 훈련을 눌러봅시다.

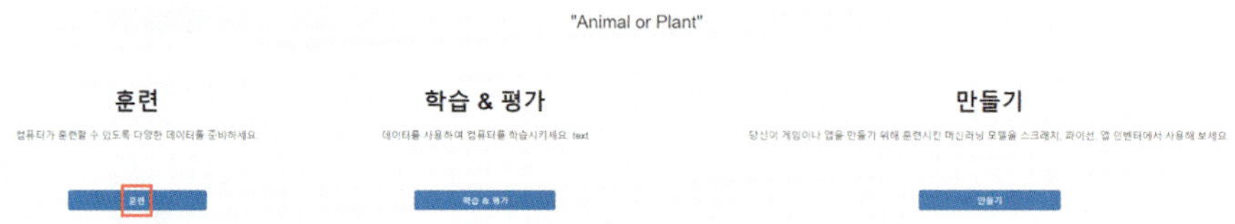


⑥ 우측의 '새로운 레이블 추가'를 눌러 Animal과 Plant를 만듭니다. 그리고 하단의 '데이터 추가'를 눌러 동물을 나타내는 단어와 식물을 나타내는 단어를 추가해 봅시다. Animal과 Plant 각각의 우측 하단에 몇 단어를 추가하였는지 확인할 수 있는데 비슷한 숫자로 맞춰줍시다. 다 되었으면 '프로젝트로 돌아가기' 버튼을 선택합시다.

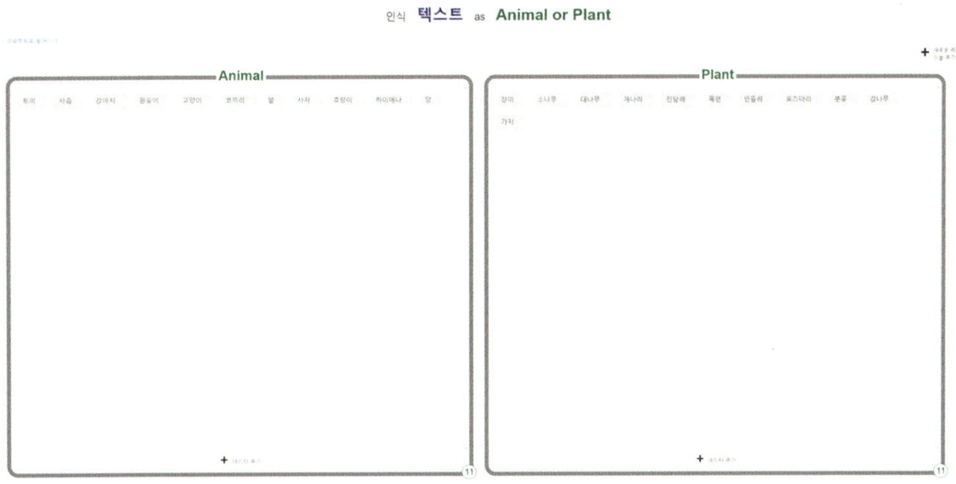


⑦ 학습&평가를 눌러봅시다. 그리고 '새로운 머신러닝 모델 만들기' 를 눌러봅시다. 그 후 학습시킨 단어가 아닌 다른 단어를 입력하여 동물과 식물을 구분할 수 있는지 확인해봅시다. 이 때 새로 입력하는 단어는 기존에 훈련했던 단어가 아닌 새로운 단어를 입력해야 합니다. '펭귄'을 입력했더니 60%의 신뢰도로 동물로 판정하였습니다. 더 많은 단어를 학습시킨다면 정확도가 더 높아질 것입니다.

### A.1.3 텍스트 기반 인공지능 사용 사이트 추천

① ChatSonic - 문자 기반 인공지능 조수: https://lnkd.in/dbKtMMaE
② ChatABC - 작문 처리 단순화: https://chatabc.ai
③ Kickresume - 눈길 끄는 이력서: https://www.kickresume.com
④ ResumeI - 인상적인 이력서 작성: https://www.resumai.com
⑤ Copilot - 스마트한 코딩 도우미: https://lnkd.in/dzekWja7

## A.2 이미지 기반 인공지능

### A.2.1 Stable Diffusion

#### (1) Stable Diffusion 소개

2022년에 Stability AI에서 오픈소스 머신러닝 전용 라이선스로 출시한 Text-to-image 인공지능 모델입니다. Stable Diffusion은 일반 오픈소스 라이선스와는 조금 다르기 때문에 이를 사용할 경우 라이선스를 확인해 볼 필요가 있습니다. 기존의 제품과 달리 컴퓨터 사용 리소스가 적어 개인용 컴퓨터에서도 잘 돌아간다는 장점이 있습니다.

이를 활용한 웹사이트, 어플리케이션도 많이 출시되었는데, 미국 앱스토어 기준으로 2022년 12월에 1위를 달성한 Lensa AI라는 어플리케이션은 Stable Diffusion를 사용하여 10장 정도의 얼굴 사진을 업로드하면 다양한 스타일의 일러스트 50~200장 정도로 변환해줍니다. 기존에도 나온 어플리케이션은 원본 사진은 그대로 유지한 상태에서 스타일만 바꿔주는 반면에 Lensa AI는 얼굴은 비슷하게 하되 전혀 다른 새로운 자세나 스타일을 만들어냅니다.

이처럼 Stable Diffusion은 다양하게 사용할 수 있으며, 일반인들도 쉽게 코랩에서 구현할 수 있습니다.

**TIP**
Colab의 정책 변화로 인해 Stable Diffusion은 더 이상 Colab 무료버전에서는 작동하지 않습니다. Colab을 유료로 사용하거나, 학교나 기관에서 제공하는 Workspace 계정을 사용하는 분 중 일부 사용자는 구현이 가능합니다.

#### (2) Stable Diffusion 사용법

Stable Diffusion을 사용하는 방법에는 여러 가지가 있습니다. 그 중에서 코랩에서 Stable Diffusion을 구현하는 방법을 알아봅시다.

이미 Github에 가면 Stable Diffusion을 코랩에서 구동 가능하게 해주는 프로젝트가 많이 있는데, 이번에는 다음 링크를 들어가서 사용해봅시다.

https://github.com/camenduru/stable-diffusion-webui-colab

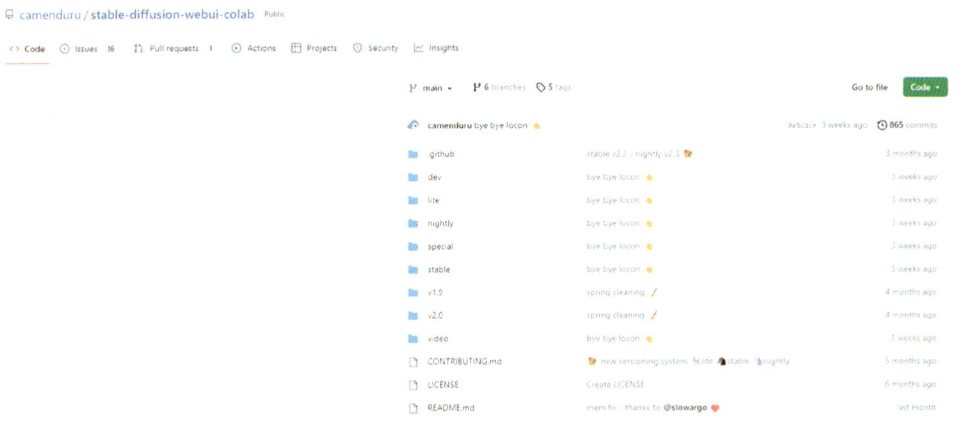


README.md 파일을 누르면 다양한 버전의 Stable Diffusion에 대한 정보가 나옵니다. 그 후 Open in Colab을 눌러 원하는 종류의 Stable Diffusion을 사용할 수 있습니다. 일단 필수적으로 구글드라이브에 설치해야 하는 것을 먼저 설치해보겠습니다.

## How to install latest version and ControlNet to Google Drive ?

https://github.com/camenduru/stable-diffusion-webui-colab/tree/drive

or please select `drive` from `switch branches/tags`

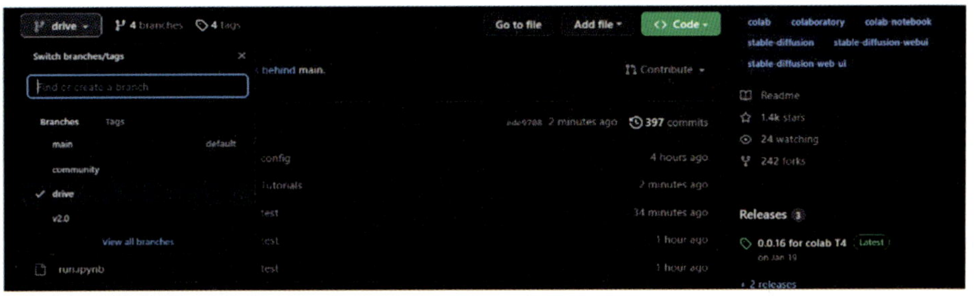


`lite` has a stable WebUI and stable installed extensions.

`stable` has ControlNet v1.1, a stable WebUI, and stable installed extensions.

`nightly` has ControlNet v1.1 the latest WebUI with PyTorch 2.0, and daily installed extension updates.

위의 사진처럼 들어간 링크에서 아래로 오다 보면 어떻게 설치하는지 나옵니다. 링크를 눌러 설치 사이트에 들어갑니다.

https://github.com/camenduru/stable-diffusion-webui-colab/tree/drive

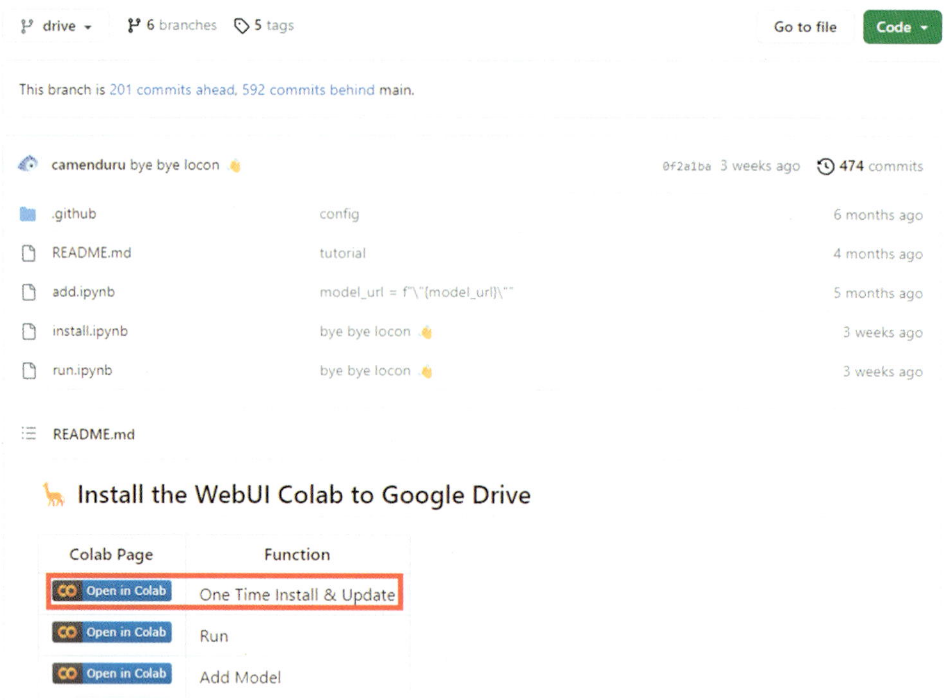


들어가면 다음과 같은 화면이 뜨는데, Open in Colab 버튼을 눌러 One Time Install & Update를 눌러줍니다.

다음과 같은 화면에서 설치를 시작합니다. 이때 구글 드라이브에 약 50G 용량이 있어야 설치가 가능합니다.

README.md

| lite | stable | nightly | Info - Token - Model Page |
|---|---|---|---|
| lite | stable | nightly | stable_diffusion_webui_colab<br>CompVis/stable-diffusion-v-1-4-original |
| lite | stable | nightly | waifu_diffusion_webui_colab<br>hakurei/waifu-diffusion-v1-3 |
| lite | stable | nightly | stable_diffusion_inpainting_webui_colab<br>runwayml/stable-diffusion-inpainting |
| lite | stable | nightly | stable_diffusion_1_5_webui_colab<br>runwayml/stable-diffusion-v1-5 |
| lite | stable | nightly | mo_di_diffusion_webui_colab<br>(Use the tokens `modern disney style` in your prompts for the effect.)<br>nitrosocke/mo-di-diffusion |
| lite | stable | nightly | arcane_diffusion_3_webui_colab<br>(Use the tokens `arcane style` in your prompts for the effect.)<br>nitrosocke/Arcane-Diffusion |
| lite | stable | nightly | cyberpunk_anime_diffusion_webui_colab<br>(Use the tokens `dgs illustration style` in your prompts for the effect.)<br>DGSpitzer/Cyberpunk-Anime-Diffusion |
| lite | stable | nightly | midjourney_v4_diffusion_webui_colab<br>(Use the tokens `mdjrny-v4 style` in your prompts for the effect.)<br>prompthero/midjourney-v4-diffusion |
| lite | stable | nightly | papercut_diffusion_webui_colab<br>(Use the tokens `PaperCut` in your prompts for the effect.)<br>Fictiverse/Stable_Diffusion_PaperCut_Model |
| lite | stable | nightly | samdoesart_diffusion_webui_colab<br>(Use the tokens `SamDoesArt` in your prompts for the effect.)<br>Sandro-Halpo/SamDoesArt-V3 |
| lite | stable | nightly | anything_3_webui_colab<br>ckpt/anything-v3.0 |
| lite | stable | nightly | woolitize_webui_colab<br>(Use the tokens `woolitize style` in your prompts for the effect.)<br>plasmo/woolitize |
| lite | stable | nightly | inkpunk_webui_colab<br>(Use the tokens `nvinkpunk style` in your prompts for the effect.)<br>Envvi/Inkpunk-Diffusion |
| lite | stable | nightly | rando_mix_3_webui_colab<br>(Thanks to Sint for the suggestion ❤️)<br>sentet1c/RandoMix3 |
| lite | stable | nightly | f222_webui_colab<br>lilpotat/f2 |
| lite | stable | nightly | berry_mix_1_5_webui_colab<br>lilpotat/rbm |

설치가 다 되었다면 README.md에서 원하는 버전을 실행하여 사용할 수 있습니다.

**TIP**
Stable Diffusion Online을 사용하면 회원가입 없이도 웹사이트에서 Stable Diffusion을 즐길 수 있습니다. https://stablediffusionweb.com에 접속해보세요.

## A.2.2 AI for Oceans

### (1) AI for Oceans 소개

AI for Oceans는 Code.org에서 개발한 기계학습과 인공지능의 윤리적 사용에 대해 쉽게 배울 수 있는 사이트입니다. 가입과 로그인이 필요없는 점, 직관적으로 사용할 수 있다는 점, 마치 게임을 하듯이 사용할 수 있다는 점에서 초등학교 저학년 혹은 중학년에게 추천할 수 있는 사이트입니다. 검색창에 AI for Oceans를 검색하거나 주소창에 아래와 같이 입력하여 접속하세요. 바로 프로그램을 실행시킬 수도 있고, 교사를 위한 자료와 학생을 위한 자료를 먼저 보고 실행할 수도 있습니다.

```
https://code.org/oceans
```

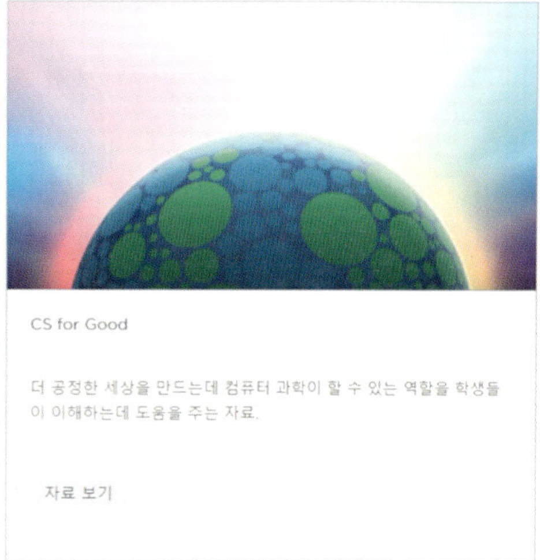


## 참고 code.org란?

Code.org는 미국 K-12 컴퓨터 과학 프로그램을 무료로 배울 수 있도록 비영리 단체가 운영하는 사이트입니다. 수천만명의 학생과 백만명의 교사가 사용하는 사이트로, 전 세계의 학생과 교사가 컴퓨터 과학에 대해 쉽게 접근하여 공부할 수 있게 하는 것이 이 사이트의 운영 목적입니다.

또한 이 사이트의 장점은 다양한 플랫폼에서 활용할 수 있다는 점입니다. 즉, 홈페이지에서 동작하기 때문에 윈도우뿐만 아니라 안드로이드, iOS 등 다양한 플랫폼에서 구동이 가능하다는 점입니다.

검색창에 Code.org를 검색하거나 주소창에 https://code.org/를 입력하여 접속하세요. 많은 컴퓨터 과학 교육용 자료를 얻을 수 있습니다.

무엇을 해야할지 모르겠다면, 화면 상단의 '과정 카달로그'를 클릭하여 Code.org가 제공하는 커리큘럼을 실행해보세요. 연령에 따라 할 수 있는 커리큘럼을 제공합니다.

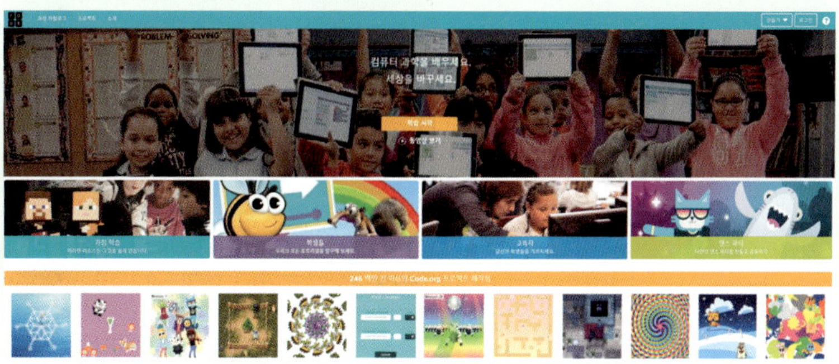

## (2) AI for Oceans 사용하기

① 초기화면에서 '지금해보기'를 클릭합니다.

② 다음과 같은 화면이 나타나며 기계학습에 대한 학습이 시작됩니다. 동영상에 자막이 첨부되어 있으니 플레이를 눌러 기계학습에 대해 배웁니다. 끝났다면 '계속하기'를 선택합니다.

③ 물고기에게 라벨을 달아 분류하고 '계속하기'를 누르세요. 학습된 대로 인공지능이 물고기를 구별할 것입니다. 필요하다면 추가 학습까지 완료하시기 바랍니다.

④ 다음과 같은 화면이 나타나며 기계학습을 더 하게 됩니다. 학습결과를 살펴보고 데이터를 제공하여 우리가 만든 모델이 잘 작동되도록 합시다.

⑤ 지금까지 한 내용들이 기계학습과 어떻게 관련이 있는지를 살펴보는 영상을 시청합니다. 사람이 분류해 놓은 데이터에 따라 기계학습된 모델이 작동하기 때문에 양질의 데이터가 중요하다는 사실을 우리가 직접 실험을 통해 확인해 본 것입니다.

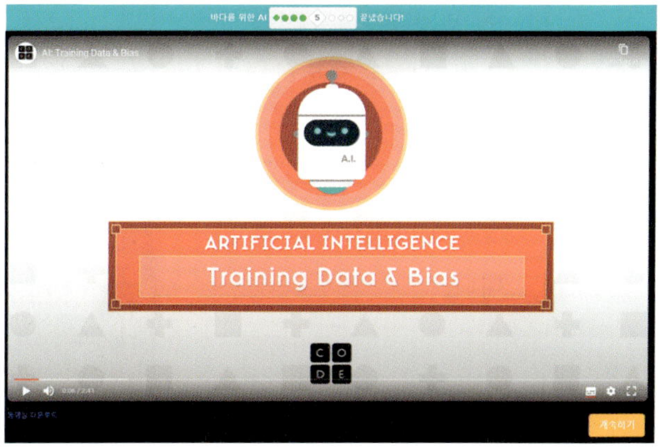


⑥ 다음과 같은 화면이 나타나며 조건에 따라 인공지능에게 분별하는 방법을 가르쳐주려고 합니다. 원하는 색과 모양을 골라 이전과 같이 인공지능을 학습시켜 봅시다.

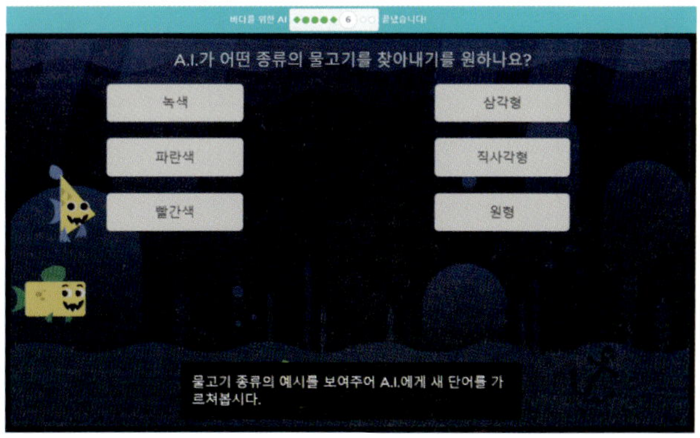


⑦ 인공지능이 어떻게 작동하는지, 그에 따라 사회적인 이슈가 무엇이며 윤리적으로 사용해야 됨을 알려주는 동영상이 나타납니다. 잘 살펴보고 '계속하기'를 누릅니다.

⑧ 인공지능이 공정하고 중립적으로 작동하는지 알 수 있는 화면이 나옵니다. 잘 살펴보고 계속 실행하면 끝이 나게 됩니다.

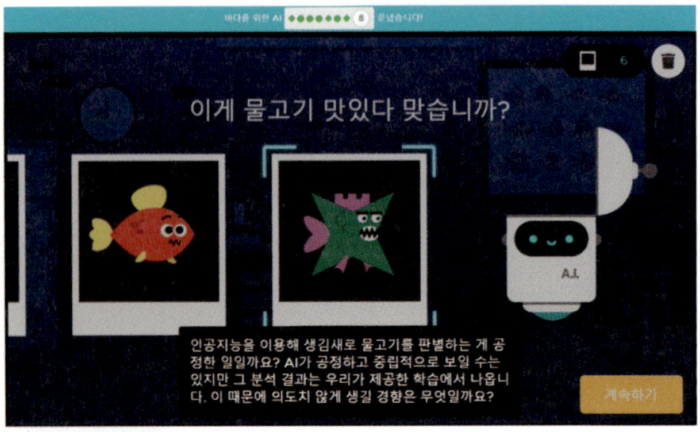


⑨ 모든 과정을 마치고 인증서를 발급받을 수 있게 됩니다.

### A.2.3 이미지 기반 인공지능 사용 사이트 추천

① StockImg- 북커버, 배경화면, 포스터 로고 등의 이미지 제작: https://stockimg.ai

② Midjourney- 공모전에서 1등한 AI 이미지 생성기: https://midjourney.com

③ NightCafe- 인공지능으로 만드는 예술 작품: https://nightcafe.studio

④ Photosonic- 인공지능을 활용한 독특한 이미지 생성: https://photosonic.writesonic.com

⑤ Microsoft Designer- 이미지를 넣고 텍스트를 입력하여 원하는 디자인 작업 수행: https://designer.microsoft.com

## A.3 사운드 기반 인공지능

### A.3.1 클로바노트

#### (1) 클로바노트 소개

네이버에서 만든 클로바노트는 녹음한 내용을 텍스트 파일로 변환할 수 있는 soundto-text 기능이 내장된 프로그램입니다. 이 프로그램은 네이버가 자체 개발한 초대규모AI를 사용해서 음성을 인식하게 하는 프로그램으로, 음성을 인식하여 사람을 구분하고 시간을 표시하여 대화 형태의 텍스트로 변환해주는 것이 특징입니다. 중요한 부분에는 북마크 기능을 통해 쉽게 찾을 수 있도록 해주며, AI 요약 기능을 통해 음성 기록을 요약해주고, 직접 편집할 수도 있습니다. 또한 음성 기록을 검색해서 특정 발화자의 음성 기록만을 확인하는 기능도 있습니다.

이 프로그램은 특히 국내 기업에서 만들어 한국어 인식 부분에서 강점이 있으며, 한국어뿐만 아니라 영어, 중국어, 일본어도 지원됩니다. 이 기능을 활용하여 대학교의 수업을 녹음하여 필기를 대신한다던가, 유튜브에서 찾은 동영상의 스크립트를 만들어 공부하는데 활용하거나 회의록 작성을 대신하는 등 다양한 용도로 사용될 수 있습니다.

이 프로그램 역시 사운드 기반 인공지능에서 소개하기는 하지만, 텍스트를 인식하여 요약해주는 기능도 탑재되어 있어 사운드에만 국한하지 않는다는 것을 확인할 수 있습니다.

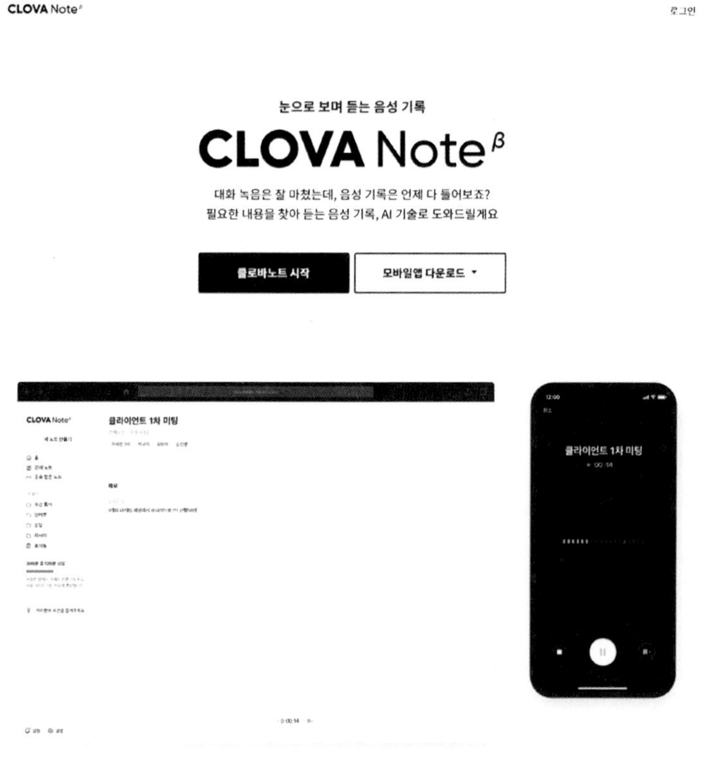

## (2) 클로바노트 사용법

클로바노트는 PC버전과 안드로이드, iOS버전이 있습니다. 현재 베타 서비스 기간으로 음성을 텍스트로 바꾸는 것은 매달 300분 무료 사용 시간이 주어지며, 월 사용시간을 소진하더라도 모바일앱에서 녹음하는 기능은 무제한으로 이용할 수 있습니다. 또한 내용을 요약해주는 AI 요약 기능 서비스는 한 달에 15회 사용할 수 있습니다.

모바일에서 사용한다면 앱스토어 혹은 플레이스토어에 클로바노트를 검색하여 설치하시고, PC 버전에서 사용한다면 검색엔진에서 클로바노트를 검색하고 들어가거나 다음 URL로 접속하면 됩니다.

```
https://clovanote.naver.com/
```

다음과 같은 초기화면이 나타났습니다. 새 노트 만들기를 누르고, 파일을 첨부하면 음성 파일이 텍스트로 변환됩니다.

우측에 있는 'AI가 요약한 핵심 내용을 확인해 보세요.'를 누르면 AI가 요약을 시작합니다.

요약하기 버튼을 눌러봅시다.

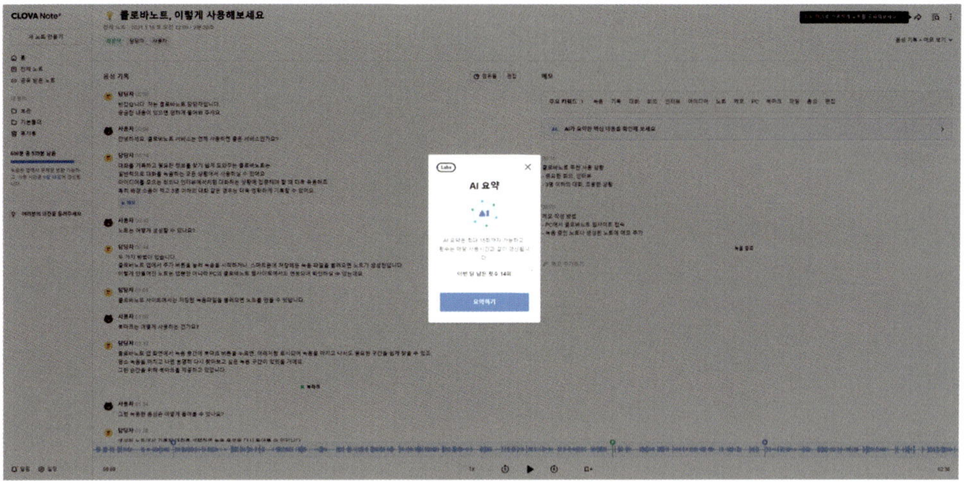


요약이 잘 되었습니다. 키워드와 함께 요약 내용을 참고한다면 곳곳에서 유용하게 사용할 수 있을 것입니다.

## A.3.2 사운드 기반 인공지능 사용 사이트

① MurfAI –문자를 진짜 사람의 음성으로 바꿔주는 사이트: https://murf.ai

② 타입캐스트 – 인공지능 성우를 통한 컨텐츠 제작: https://typecast.ai

③ Aiva – 음악 구성 기술과 오케스트라를 학습해 만든 작곡사이트: https://aiva.ai

④ Beatoven- 저작권 무료의 음악 생성 사이트: https://www.beatoven.ai

# 참고문헌


교육부. (2015). 초등학교 교육과정.

교육부. (2015). 2015개정 과학과 교육과정.

교육부. (2015). 2015개정 사회과 교육과정.

교육부. (2015). 소프트웨어교육 운영지침 및 해설서.

교육부. (2020). 인공지능시대 교육정책방향과 핵심과제.

교육부. (2019). 인공지능 국가전략.

교육부. (2022). 초등학교 교육과정.

교육부. (2022). 2022개정 과학과 교육과정.

교육부. (2022). 2022개정 사회과 교육과정.

교육부. (2022). 2022개정 수학과 교육과정.

교육부. (2022). 2022개정 실과(기술·가정)/정보과 교육과정.

구글 코랩(Google Colab)에서 Mecab형태소 분석기, konlpy 쉽게 설치하기. (2022). 출처: https://teddylee777.github.io/colab/colab-mecab/

국립민속박물관 한국민속문학사전(민요 편). (n.d.). 도라지타령. 출처: https://terms.naver.com/entry.naver?docId=2273688&cid=50223&categoryId=51052

김광수. (2021). 인공지능(AI)융합 소프트웨어 교육이 초등학생의 컴퓨팅 사고력에 미치는 영향. 석사학위논문. 한국교원대학교.

김정아 외. (2019). 파이썬을 활용한 데이터 시각화 교육이 초등학교 6학년 학생의 컴퓨팅사고력에 미치는 효과. 정보교육학회논문지. 23(3). 197-206.

머신러닝 K-NN알고리즘(K-최근접 이웃)개념. (2022). 출처: https://m.blog.naver.com/bestinall/221760380344

박응용. (2015). 점프 투 파이썬. 이지스퍼블리싱.

배영권, 신승기. (2017). Computational Thinking의 해외 적용 사례 분석을 통한 소프트웨어교육의 시사점 분석 연구. 2017 한국정보교육학회 하계 학술대회. pp.143-155.

신승기, 배영권. (2018). 미국 컴퓨터교육 프레임워크 분석을 통한 Computational Thinking의 개념과 소프트웨어 교육과정 편성의 시사점 분석. 정보교육학회 논문지. 22(2). pp.251-262.

신승기. (2019). Computational Thinking기반의 인공지능교육 프레임워크 및 인지적 학습환경 설계. 정보교육학회논문지. 23(6). pp.639-653.

신승기. (2020). Computational Thinking기반 인공지능교육을 통한 학습자의 인지적 역량 평가 프레임워크 설계. 정보교육학회논문지. 24(1). pp.59-69.

신승기. (2021). 모듈형 데이터 분석 도구를 활용한 컴퓨팅사고력 기반의 초등학교 인공지능교육 교수학습방법 연구. 정보교육학회논문지. 25(6). pp.917-925.

신승기. (2023). 공공데이터 활용 데이터사이언스 교육을 위한 초등학교 교수학습모형 개발 연구. 정보교육학회논문지. 27(1). pp.57-69.

윤소희, 장봉석. (2020). 초등학생 대상 파이썬(Python)활용 교육의 효과에 대한 메타분석. 산업융합연구. 18(5). pp.97-101.

이영준 외. (2014). 초중등 단계 Computational Thinking 도입을 위한 기초 연구. 한국과학창의재단.

이영호. (2019). 블록형 프로그래밍 언어 기반 인공지능 교육이 학습자의 인공지능 기술 태도에 미치는 영향 분석. 정보교육학회논문지. 23(2). pp.189-196.

이재호, 이승훈. (2020). 초등 AI 교육 플랫폼에 대한 전문가 인식조사 연구. 정보교육학회논문지. 24(5). pp.483-494.

임화경. (2017). 컴퓨팅 사고력이 중요한 프로그래밍 교육에서 'code.org'를 활용한 교수방안. 멀티미디어학회논문지. 20(2). pp.382-395.

유유상종-친구를 보고 판단하기, K-NN. (2020). 출처: https://brunch.co.kr/@hvnpoet/102

윤인성. (2022). 혼자 공부하는 파이썬. 한빛미디어.

정영식. (2015). 초등학생을 위한 알고리즘 및 프로그래밍 교육과정 모델 개발. 정보교육학회논문지. 19(4). pp.459-466.

최현종. (2021). 컴퓨팅 사고력에 기반한 인공지능 사고력 교육에 관한 고찰. 컴퓨터교육학회 논문지. 24(3). pp.57-65.

최형윤. (2023). 스토리텔링 기반 초등 인공지능 메이킹 교육의 효과성 검증. 국내석사학위논문. 서울교육대학교.

한국교육학술정보원. (2018). 초등교사 소프트웨어(SW)교육 역량 강화 연수.

JASP. (n.d.). A Fresh Way to Do Statistics. Retrieved from https://jasp-stas.org

Aho, A. V. (2012). Computation and Computational thinking. The Computer Journal. 55(7). pp.832-835.

Albawi, S., Mohammed, T. A., & Al-Zawi, S. (2017, August). Understanding of a convolutional neural network. In 2017 international conference on engineering and technology (ICET) (pp. 1-6). IEEE.

Awad, E., Dsouza, S., Kim, R., Schulz, J., Henrich, J., Shariff, A., ... & Rahwan, I. (2018). The moral machine experiment. Nature. 563(7729). pp.59-64.

Bloom, B. S. (1956). Taxonomy of educational objectives. Vol. 1: Cognitive domain. New York:McKay. pp.20-24.

Bloom, B.S. (Ed.). Engelhart, M.D., Furst, E.J., Hill,W.H., Krathwohl, D.R. (1956). Taxonomy of Educational Objectives, Handbook I: The Cognitive Domain. New York: David McKay Co Inc.

Bostrom, N. (1998). How long before superintelligence?. International Journal of Futures Studies. 2.

Brennan, K., & Resnick, M. (2012). New frameworks for studying and assessing the development of computational thinking. In Proceedings of the 2012 annual meeting of the American Educational Research Association. Vancouver. Canada.

Buchanan, B. G., & Shortliffe, E. H. (Eds.). (1984). Rule-Based Expert Systems: The MYCIN Experiments of the Stanford Heuristic Programming Project. Addison-Wesley.

CAS. (2014). Computational Thinking. Retrieved from https://www.computingatschool.org.uk/resources/2012/november/computational-thinking

Charniak, E., & McDermott, D. (1985). Introduction to Artificial Intelligence (AddisonWesley, Reading, MA, 1984).

ChatGPT, '월간 사용자1억' 두 달 만에 달성…역대 최단 기록. (2023). 테크튜브. 출처: https://www.techtube.co.kr/news/articleView.html?idxno=2959

ChatGPT. (n.d.). 위키백과. 출처: https://ko.wikipedia.org/wiki/ChatGPT

Computer Science Teachers Association (CSTA) and the International Society for Technology in Education (ISTE). (2011). Computational Thinking Teacher Resources. Second Edition. Retrieved from https://c.ymcdn.com/sites/www.csteachers.org/resource/resmgr/472.11CTTeacherResources_2ed.pdf

Creswell, A., White, T., Dumoulin, V., Arulkumaran, K., Sengupta, B., & Bharath, A. A. (2018). Generative adversarial networks: An overview. IEEE signal processing magazine. 35(1). pp.53-65.

Curzon, P., & McOwan, P. W. (2016). The Power of Computational Thinking: Games, Magic and Puzzles to Help You Become a Computational Thinker.

Gspread 5.9.0. (n.d.). gspread. Retrieved from https://pypi.org/project/gspread/

Graves, A. (2013). Generating sequences with recurrent neural networks. arXiv preprintarXiv:1308.0850.

Gu, J., Wang, Z., Kuen, J., Ma, L., Shahroudy, A., Shuai, B., ... & Chen, T. (2018). Recent advances in convolutional neural networks. Pattern recognition. 77. pp.354-377.

Haugeland, J. (1985). Artificial intelligence: the very idea.

ICPSR. (2020). Guide to Social Science Data Preparation and Archiving. 6th edition. Retrieved from https://icpsr.umich.edu/files/deposit/dataprep.pdf

ICPSR. (2023). About ICPSR. Retrieved from https://icpsr.umich.edu/web/pages/about

ISTE&CSTA. (2011). Computational Thinking in K-12 Education teacher resources, Retrieved from https://cdn.iste.org/www-root/2020-10/ISTE_CT_Teacher_Resources_2ed.pdf

ISTE&CSTA. (2011). Operational Definition of Computational Thinking for K-12 Education. Retrieved from https://cdn.iste.org/www-root/Computational_Thinking_Operational_Definition_ISTE.pdf

Jeannette M. Wing (2006). Computational thinking. Communications of the ACM. 49(3). pp.33-35.

Jeannette M. Wing (2011). Research Notebook: Computational Thinking—What and Why? The Link Magazine, Spring. Carnegie Mellon University. Pittsburgh.

Jones, S. P. (2013). Computing at school in the UK. ACM.

Jones, S. P. (2013). What Every Child Should Learn. Presentation in KONFERENCEN 13. Denmark.

Kaleliğlu, F. (2015). A new way of teaching programming skills to K-12 students: Code.org. Computers in Human Behavior. 52. pp.200-210.

Kirkpatrick, D., & Kirkpatrick, J. (2006). Evaluating training programs: The four levels. Berrett-Koehler Publishers.

Kirkpatrick, J. (2015). An Introduction to the New World Kirkpatrick® Model. K. Partners (Ed.). Newnan. GA. USA: Kirkpatrick Partners. LLC.

Klionsky, D. J., Abdel-Aziz, A. K., Abdelfatah, S., Abdellatif, M., Abdoli, A., Abel, S., ... & Bartek, J. (2021). Guidelines for the use and interpretation of assays for monitoring autophagy. autophagy. 17(1). pp.1-382.

Kurzweil, R., Richter, R., Kurzweil, R., & Schneider, M. L. (1990). The age of intelligent machines (Vol. 580). Cambridge: MIT press.

Matplotlib 한글 폰트 설정. (2020). 출처: https://hanryang1125.tistory.com/23

Mentimeter. (n.d.). Please enter the code. Retrieved from https://www.menti.com/

Mentimeter. (n.d.). Retrieved from https://www.mentimeter.com/

Microsoft (2022). The team data science process lifecycle. Retrieved from https://learn.microsoft.com/en-us/azure/architecture/data-science-process/lifecycle

Mitchell, T. M. (2007). Machine learning (Vol. 1). New York: McGraw-hill.

Nilsson, N. J. (1998). Artificial intelligence: a new synthesis. Morgan Kaufmann.

Poole, D. I., Goebel, R. G., & Mackworth, A. K. (1998). Computational intelligence (Vol. 1). New York: Oxford University Press.

Python ver3.11.3. (n.d.). Retrieved from https://docs.python.org/ko/3/

Quantib (2019). The ultimate guide to AI in radiology. Retrieved from https://www.quantib.com/the-ultimate-guide-to-ai-in-radiology

Russell, S. J., & Norvig, P. (2020). Artificial Intelligence: A Modern Approach (4th ed.). Pearson.

Seaborn: statistical data visualization. (n.d.). Retrieved from https://seaborn.pydata.org/

Searle, J. R. (1980). Minds, brains, and programs. Behavioral and brain sciences. 3(3). pp.417-424.

Shin, S. (2021). A study on the framework design of artificial intelligence thinking for artificial intelligence education. International Journal of Information and Education Technology. 11(9). pp.392-397.

Silapachote, P., & Srisuphab, A. (2017). Engineering Courses on Computational Thinking Through Solving Problems in Artificial Intelligence. International Journal of Engineering Pedagogy. 7(3). pp.34-49.

STUDENT. (1908) The probable error of a mean. Biometrika. 6(1). pp.1-25.

Turing, A. M. (1950). Computing machinery and intelligence. Mind. 59(236). 433-460.

Tyler, R. W. (1949). Tyler, Ralph W., Basic Principles of Curriculum and Instruction. Chicago:The University of Chicago Press. 1949.

Van Rossum, G. (2003). An introduction to Python (p. 115). F. L. Drake (Ed.). Bristol: Network Theory Ltd..

Van Rossum, G., & Drake, F. L. (1995). Python reference manual (pp. 1-59). Amsterdam: Centrum voor Wiskunde en Informatica.

Wang, P. S. (2015). From Computing to Computational Thinking. Boca Raton. FL: CRC Pres.

Wing, J. M. (2019). The data life cycle. Harvard Data Science Review. 1(1). pp.1-6.

Winston, P. H. (1992). Artificial intelligence. Addison-Wesley Longman Publishing Co., Inc..

Yi, X., Walia, E., & Babyn, P. (2019). Generative adversarial network in medical imaging: A review. Medical image analysis. 58. pp.101-552.

Zaremba, W., Sutskever, I., & Vinyals, O. (2014). Recurrent neural network regularization. arXiv preprint arXiv:1409.2329.

Zeng, D. (2013). From computational thinking to ai thinking. IEEE Intelligent Systems. (6). pp.2-4.

Zhang, L., & Agrawala, M. (2023). Adding conditional control to text-to-image diffusion models. arXiv preprint arXiv:2302.05543.